# Estudos de Geografia

EDIÇÃO REFORMULADA

O espaço do mundo I

**JAMES ONNIG TAMDJIAN**
Geógrafo formado pela Pontifícia Universidade Católica
e professor de Geografia da rede particular de ensino

**IVAN LAZZARI MENDES**
Geógrafo formado pela Universidade de São Paulo e professor
de Geografia da rede particular de ensino

8

Edição Reformulada

FTD

São Paulo – 2012

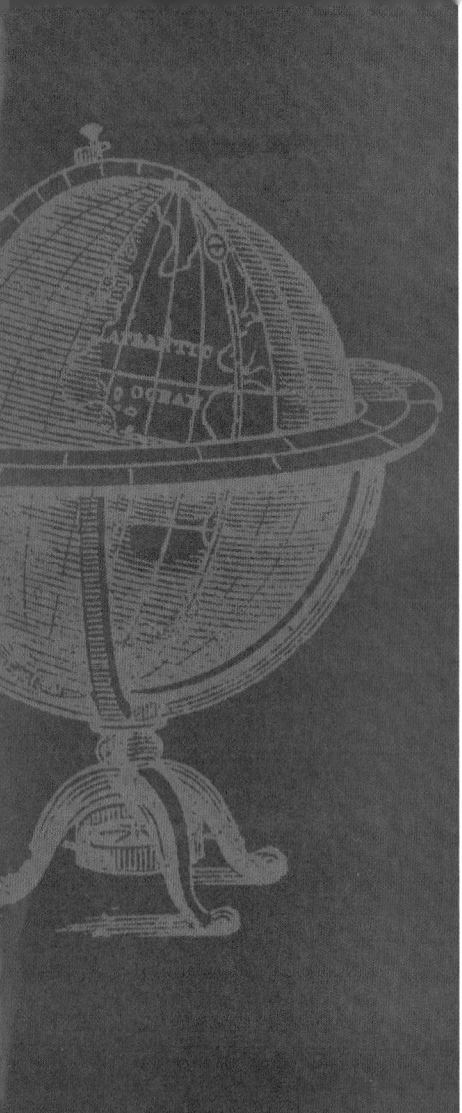

**Geografia – Estudos de Geografia – Edição reformulada**
Copyright © James Onnig Tamdjian e Ivan Lazzari Mendes, 2012
Todos os direitos reservados à
**EDITORA FTD S.A.**
Matriz: Rua Rui Barbosa, 156 – Bela Vista – São Paulo – SP
CEP 01326-010 – Tel. (0-XX-11) 3598-6000
Caixa Postal 65149 – CEP da Caixa Postal 01390-970
Internet: <www.ftd.com.br>
E-mail: ciencias.sociais@ftd.com.br

**Diretora editorial**
Silmara Sapiense Vespasiano

**Editora**
Débora Lima

**Editora adjunta**
Alaíde Santos

**Editora assistente**
Mariana Albertini

**Assistentes de produção**
Ana Paula Iazzetto e Lilia Pires

**Assistente editorial**
Claudia C. Sandoval

**Preparadoras**
Lucila Vrublevicius Segóvia, Claudia Yumiko Anazawa e
Eliza Hitomi Yamane

**Revisores**
Bárbara Borges e Fernando Cardoso

**Estagiárias**
Layza Real e Maria Aline Fernandes

**Coordenador de produção editorial**
Caio Leandro Rios

**Editor de arte**
Fabiano dos Santos Mariano

*Projeto gráfico*
Claudio Cuellar

*Capa*
Fabiano dos Santos Mariano

*Fotos da capa*
Walter Bibikow/Age Fotostock/Easypix; David Brabiner/
Alamy/Otherimages e Photodisc/Getty Images

*Ilustrações que acompanham o projeto*
Luís Moura, Mário Couto Pita e Rigo Rosário Jr.

*Cartografia*
Mário Yoshida e Sonia Vaz

**Iconografia**
*Supervisora*
Célia Rosa

*Pesquisadores*
Etoile Shaw, Odete Ernestina
Pereira e Rosely Ladeira

*Assistente*
Cristina Mota

**Editoração eletrônica**
*Diagramação*
Maurilo R. Sampaio, Nadir
Fernandes Racheti e Rigoberto
R. do Rosário Jr.
Setup Bureau Editoração Eletrônica

*Tratamento de imagens*
Ana Isabela Pithan Maraschin
Eziquiel Racheti e Vânia Aparecida
Maia de Oliveira

**Gerente executivo
do parque gráfico**
Reginaldo Soares Damasceno

Dados Internacionais de Catalogação na Publicação (CIP)
(Câmara Brasileira do Livro, SP, Brasil)

---

Tamdjian, James Onnig
    Estudos de geografia : o espaço do mundo I,
8º ano / James Onnig Tamdjian, Ivan Lazzari
Mendes. — São Paulo : FTD, 2012.

"Edição reformulada"
Suplementado pelo manual do professor.
ISBN 978-85-322-8352-8

    1. Geografia (Ensino fundamental) I. Mendes, Ivan Lazzari.
II. Título. III. Série.

12-10633                       CDD-372.891

---

Índices para catálogo sistemático:
1. Geografia : Ensino fundamental   372.891

Estudantes,

Bem-vindos ao mundo.

Este ano letivo vai ser dedicado aos estudos sobre o espaço geográfico mundial.

Em primeiro lugar, é preciso compreender como e por que a economia e a política têm tamanha influência nas alterações que ocorrem nos territórios e nos lugares, a ponto de, ao longo de milênios, terem sido desencadeadas guerras e conflitos, demonstrando a imensa importância de conquistar e dominar terras como forma de gerar vantagens para supostos vencedores.

Vamos estudar também as mudanças recentes, em escala global, que levam a uma nova forma de relacionamento entre os países, chamada de globalização. Todos os países do mundo, sem exceção, veem-se hoje obrigados a dialogar em órgãos internacionais e a unir-se em blocos regionais ou grupos de interesses comuns para que suas vozes sejam ouvidas e seus direitos sejam respeitados.

Em seguida, vamos nos dedicar a compreender a evolução da América e da Europa, de povos e civilizações milenares que atingiram níveis espantosos nas artes e nas ciências antes de soçobrarem vítimas da violência, da fome e de epidemias. Vamos conhecer também as múltiplas paisagens desses continentes, moldadas ao longo de milhões de anos, bem como as sociedades que aí evoluem continuamente: país por país, cada qual com sua história, sua população, sua economia, suas religiões, seus hábitos e seus costumes.

Bons estudos!

*Os autores.*

# CAPÍTULO 1

## A ECONOMIA TAMBÉM MUDA O ESPAÇO GEOGRÁFICO  8

O espaço geográfico e suas alterações  8
Isolamento, insegurança e fome na origem do capitalismo  9
As primeiras manifestações do capitalismo  10
O comércio criou um novo espaço geográfico  11
A colonização capitalista  12
Foi preciso acelerar a produção  13
O imperialismo  15
A fase financeira do capitalismo  16
A experiência socialista  16
As mudanças introduzidas durante o imperialismo  18
A grande crise  19
As disputas econômicas acarretaram guerras  21
Um novo capitalismo depois da Segunda Guerra Mundial  23

# CAPÍTULO 2

## O ESPAÇO GEOGRÁFICO MUNDIAL DURANTE A GUERRA FRIA  25

Na Europa arrasada, nasce a Guerra Fria  25
Os aspectos econômicos da bipolaridade mundial  28
A universalização da Guerra Fria  29
A Guerra Fria agrava os problemas da África  30
Renasce o capitalismo japonês  34
Os países não alinhados  36
Uma nova Divisão Internacional do Trabalho  38
Mais um produto do capitalismo internacional: o Gatt  39
O "choque do petróleo", um duro golpe para o capitalismo  40
A Terceira Revolução Industrial  41

# CAPÍTULO 3

## O FIM DO SOCIALISMO SOVIÉTICO E A NOVA ORDEM MUNDIAL  48

A crise da União Soviética  48
As mudanças no bloco socialista  50
O início da Nova Ordem Mundial  52
Surge a globalização neoliberal  53
A Terceira Revolução Industrial estimula a globalização  56
A Revolução Técnico-científico-informacional  58
A globalização no nosso dia a dia  60
A fábrica global muda o espaço geográfico mundial  61
A rede imaterial potencializa o mercado de capitais  62
As redes são comandadas pelas cidades globais  62
A outra face da globalização  63

# CAPÍTULO 4

## ORGANISMOS INTERNACIONAIS  68

O fim do padrão dólar-ouro e o G8  68
Os organismos internacionais  71
A OMC e o poder crescente do G20  72
Os blocos econômicos regionais  73
As contradições do mundo globalizado: norte x sul  74

Fórum Econômico Mundial × Fórum Social Mundial   76
A ONU na Nova Ordem Mundial   77
Novas formas de avaliar o desenvolvimento   79
Os efeitos negativos da globalização nos países ricos   80

## CAPÍTULO 5 — AMÉRICA: O ESPAÇO GEOGRÁFICO ANTES DA COLONIZAÇÃO   85

Os indígenas e seu espaço geográfico   85
Os indígenas da América do Norte   87
   Apaches e navajos   88
   A apropriação das terras indígenas nos Estados Unidos   88
Os indígenas da América Central   89
   Os astecas   90
   Os maias   91
Os indígenas da América do Sul   93
   Os incas   93

## CAPÍTULO 6 — AMÉRICA DO NORTE   100

As duas Américas: Anglo-Saxônica e Latina   100
Um continente com grande diversidade natural   101
A divisão física do continente   103
Os aspectos físicos da América do Norte   103
   O Oeste e suas grandes montanhas   105
   O Alasca   106
   Os grandes rios do Oeste   107
   O clima do Oeste   109
   As planícies centrais   111
   Os rios das planícies centrais   112
   O clima das planícies   112
   Os planaltos cristalinos do Leste   113
   A Península do Labrador   113
   Os rios do Leste   113
   A Península da Flórida   114
   O relevo do México   114
   O clima mexicano   116

## CAPÍTULO 7 — ESTADOS UNIDOS DA AMÉRICA   123

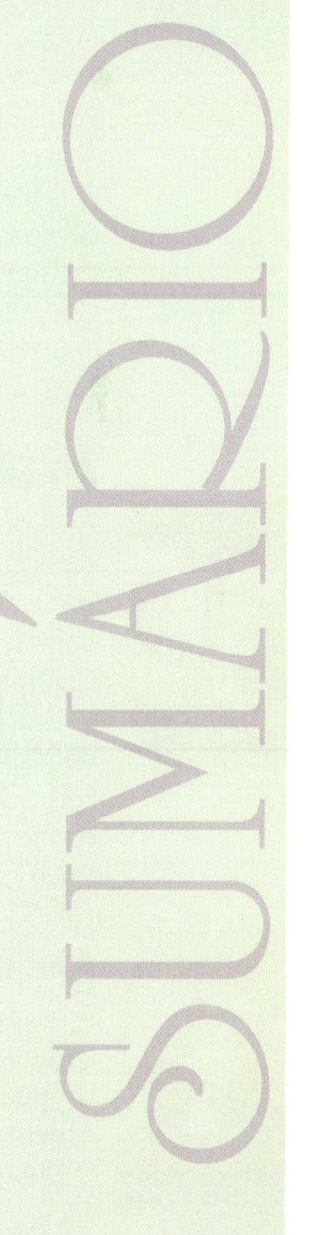

A formação dos Estados Unidos   123
A expansão territorial dos Estados Unidos   125
A expansão marítima dos Estados Unidos   127
O povoamento dos Estados Unidos   127
O espaço urbano-industrial dos Estados Unidos   129
   *Manufacturing Belt*   129
   A costa oeste   135
   *Sun Belt*   137
O espaço agrário dos Estados Unidos   138
   *Green Belts*   140
   *Ranching Belt*   141
   O sistema agrícola *dry farming* do Oeste   141
A população dos Estados Unidos   142

## CANADÁ E MÉXICO 152

O gigantesco Canadá  152
A formação do Canadá  153
A questão de Quebec  154
O espaço geográfico do Canadá  156
A urbanização e a população canadense  161
O México  163
O espaço geográfico mexicano  163
A internacionalização da economia mexicana  167
A população e a urbanização do México  168
O Nafta  172

## AMÉRICA CENTRAL  182

Uma ponte entre o Norte e o Sul  182
As ilhas da América Central  184
A colonização da América Central  185
A área de influência dos Estados Unidos  186
O caso do Panamá  187
O caso de Cuba  188
   O rompimento entre Cuba e Estados Unidos  190
Porto Rico, Estado associado aos Estados Unidos  194
A experiência socialista na Nicarágua  195
O instável Haiti  196
O espaço geográfico da América Central ístmica  197
Costa Rica, um país bem-sucedido  198
Um país chamado Belize  198
O espaço geográfico da América Central insular  199
MCCA e Caricom  201

## AMÉRICA ANDINA  208

A colonização de exploração europeia altera o espaço geográfico sul-americano  208
Um espaço geográfico muito parecido em todos os países  209
Bolívia  212
Colômbia  213
   Natureza exuberante  215
Venezuela  216
Peru  218
Equador  219
Chile  220

## AMÉRICA PLATINA  231

A bacia do rio da Prata  231
Paraguai  232
Uruguai  234
Argentina  237
O Mercosul  244

## CAPÍTULO 12

### UNIÃO EUROPEIA   253

Imediato pós-Segunda Guerra: a Europa vulnerável ao poderio das superpotências   253
Os Estados Unidos financiam a Europa Ocidental   254
A Europa Ocidental busca retomar sua soberania   255
A Ceca dá origem à CEE   256
A expansão da Comunidade Econômica Europeia (CEE)   258
Nasce a União Europeia   259
Os mais novos membros da União Europeia   261
Os órgãos importantes da União Europeia   264
As divergências na União Europeia (UE)   266
Os imigrantes: problema ou solução?   268
As importantes ausências no bloco   269
A situação da Turquia   270

## CAPÍTULO 13

### EUROPA: ASPECTOS FÍSICOS   273

A Europa faz parte da Eurásia   273
Um pouco da história da Terra na formação da Europa   274
    As terras do Norte da Europa   274
    As bacias sedimentares da região central da Europa   276
    As montanhas no sul da Europa   278
A vegetação da Europa também reflete o clima   279
    A Europa subpolar   280
    A Europa temperada e suas formações vegetais   281
    Uma importante floresta no norte da Europa   283
    Na parte sul da Europa, a floresta mediterrânea   284

## CAPÍTULO 14

### EUROPA: POPULAÇÃO E NACIONALISMOS   290

A Europa já foi um continente de emigrantes   290
As mudanças de comportamento   293
A urbanização da população europeia   294
O envelhecimento da população europeia   296
Os imigrantes   297
O povoamento do território   300
O desenvolvimento humano   303
Os conflitos europeus   306
    O País Basco   307
    A Irlanda do Norte   307
    Uma situação nova: a divisão da Bélgica   308
    Os problemas da Itália   309
    Os conflitos ocultos na antiga Iugoslávia   310
    A Espanha reivindica Gibraltar   311

Glossário   319

Bibliografia   334

## CAPÍTULO 1

# A ECONOMIA TAMBÉM MUDA O ESPAÇO GEOGRÁFICO

Neste capítulo, veremos como as atividades econômicas – a agricultura, o comércio e a indústria – transformaram o espaço geográfico mundial ao se expandir.

Houve um prolongado desenvolvimento dos processos de transformação dos recursos da natureza pelos seres humanos.

Pouco a pouco, os seres humanos deixaram de ser nômades, ao mesmo tempo que modificavam o espaço geográfico rasgando estradas, cultivando plantas, estabelecendo pequenas vilas.

Na imagem ao lado, nota-se a transformação do espaço geográfico pelas indústrias.

## O espaço geográfico e suas alterações

É preciso lembrar que essas modificações no espaço geográfico eram feitas para satisfazer às necessidades da vida social das populações. Sempre a partir da natureza, começaram a ser produzidos os mais variados objetos.

Com o passar do tempo, esses objetos começaram a ser trocados. Nascia assim o comércio, um dos alicerces do que hoje chamamos de **economia capitalista**.

Para entendermos como funciona a economia capitalista e conhecermos suas características, vamos estudar algumas das principais mudanças ocorridas no espaço geográfico ao longo dos séculos.

A litografia, de 1855, mostra fábricas em Sheffield, na Inglaterra.

Toda vez que você vir uma palavra com esse destaque, consulte o Glossário, no final do livro.

# Isolamento, insegurança e fome na origem do capitalismo

Com o fim do Império Romano (753 a.C.-476 d.C.), muitas regiões da Europa ficaram isoladas. Não havia mais segurança nas poucas vias que existiam na parte central da Europa. Sem um exército para proteger os viajantes e comerciantes, multiplicaram-se os assaltos e as mortes violentas nesses caminhos. Além disso, o fim do Império representou o fim da união entre as regiões, que passaram a ser comandadas por lideranças locais, que não tinham mais de prestar contas a um poder central.

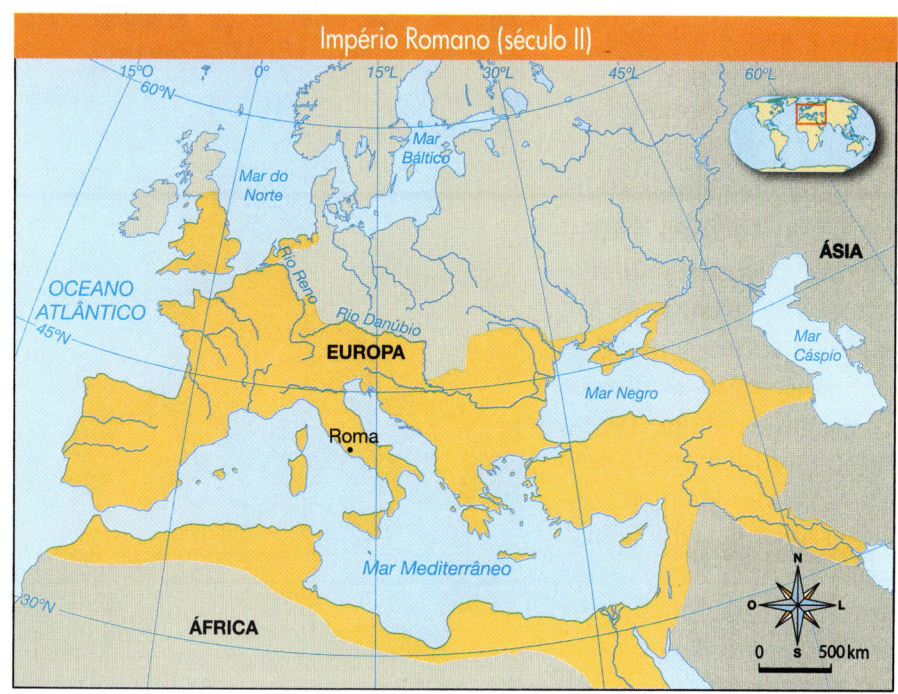

**Império Romano (século II)**

A cidade de Roma foi tão importante que o poder de seus governantes se estendeu por uma vasta área da Europa e chegou até a Ásia e a África.

Fonte: ATLAS of the World History. Londres: Times Books, 1992.

Em vastos trechos do território europeu, antigos chefes militares romanos se apoderaram de extensas áreas. As terras que conquistaram ficaram conhecidas como **feudos** (do latim *feudum*, significa propriedade), e neles vigoravam leis muito específicas. Essas leis estipulavam uma série de obrigações dos camponeses, servos, para com os senhores feudais, proprietários das terras.

Nos feudos eram cultivados alimentos. Também abrigavam pequenas manufaturas, que transformavam o couro em roupas, a madeira em móveis e os metais em ferramentas e armas.

Dessa forma, essas propriedades formadas por grandes extensões de terras eram autossuficientes, pois dependiam muito pouco de mercadorias que vinham de fora de seus limites. Cada vez mais, a produção feudal passou a ter como destino o autoconsumo dos habitantes do feudo.

Esse período da história, conhecido como feudalismo, estendeu-se do século V até o século XII.

Ao longo dos séculos XI e XII ocorreram pouquíssimas guerras na Europa. Nesse período vigoravam pactos, alianças e acordos, entre os senhores feudais, pelos quais eles se comprometiam a unir-se em caso de guerra.

Essa época de relativa paz favoreceu muito o crescimento da população que habitava os feudos, já que os homens não iam para a guerra e, assim, podiam aumentar suas famílias.

Consequentemente, apesar do surgimento de novas técnicas de produção agrícola, os alimentos foram se tornando escassos, insuficientes para abastecer uma população que crescia rapidamente.

Diante dessa preocupante situação, os senhores feudais passaram a incentivar muitos moradores de suas terras a sair em busca de sobrevivência nas poucas vilas que existiam na Europa medieval.

Para ganhar a vida, esses novos moradores das vilas europeias foram se tornando artesãos – sapateiros, ferreiros, coureiros, marceneiros, carpinteiros. Muitos se tornaram comerciantes de alimentos, roupas e bebidas. Esses pequenos produtores e comerciantes passaram a se reunir frequentemente para trocar, comprar e vender mercadorias, o que deu origem às feiras.

O detalhe, ao lado, de uma ilustração do século XII, mostra comércio de tecidos em plena rua.
O esgotamento de recursos nos feudos fez com que milhares de servos migrassem para as cidades, fazendo renascer o comércio europeu.

Séc. XIII. Museu Cívico Medieval, Bolonha

## As primeiras manifestações do capitalismo

As atividades econômicas que surgiram e se desenvolveram nas vilas deram impulso a um tipo de trabalho que havia perdido sua importância e tinha pouca expressão por volta dos séculos XI e XII na Europa: o **comércio**. Lojas, barracas de venda de alimentos e roupas, pequenas manufaturas, mascates (vendedores ambulantes) e feiras foram ganhando importância no dia a dia da população do continente e alteraram radicalmente sua economia.

Com o passar do tempo, os comerciantes perceberam que poderiam ganhar mais dinheiro estabelecendo novas rotinas de trabalho. Uma nova prática adotada pelos comerciantes foi a contratação de pessoas mediante o pagamento de uma remuneração, que podia ser mensal, semanal ou diária. Os trabalhadores, então, passaram a receber um pagamento em dinheiro, que ficou conhecido como **salário**.

Neste contexto, os governantes europeus passaram a cobrar impostos dos comerciantes. Estes, por sua vez, passaram a ter mais liberdade para realizar seus negócios e puderam tornar-se proprietários de suas casas, das lojas e dos locais de onde retiravam a matéria-prima necessária para a produção de suas mercadorias. Desse modo, entre os séculos XIII e XIV, popularizou-se a propriedade particular.

Uma vez donos de suas terras e de seu comércio, esses negociantes passaram a expandir ainda mais suas atividades econômicas. Logo, até mesmo as terras e as casas viraram mercadorias, fato que acelerou os negócios por todo o continente europeu.

A aquisição de mercadorias tão valiosas gerou a necessidade de capital. Uma das principais características desse período passou a ser uma grande circulação de moedas. Afinal, as pessoas perceberam que, para produzir mais, consumir mais e vender mais, era necessário dispor de quantidades cada vez maiores de moedas.

## O comércio criou um novo espaço geográfico

Pouco a pouco, os feudos foram perdendo importância política e econômica para os comerciantes, que passaram a ter muita força em todos os setores da vida social europeia.

Em consequência, cidades, vilas e aldeamentos cresceram rapidamente: novas oportunidades surgiam a cada atividade comercial que era iniciada.

Com o tempo, o comércio mudou o modo de vida em toda a Europa. Os comerciantes proliferavam, e crescia a concorrência entre eles.

Uma das primeiras estratégias desenvolvidas para vencer essa concorrência foi reduzir os preços das mercadorias. Mas havia limites para essa redução: não era possível diminuir os preços das mercadorias infinitamente.

Então, foi necessário encontrar outra forma de vencer a disputa comercial: oferecer produtos de melhor qualidade quando comparados aos de outros comerciantes.

Diante do cenário de concorrência, muitos comerciantes se convenceram de que poderiam lucrar mais se encontrassem matérias-primas mais baratas e mercadorias ainda desconhecidas na Europa.

Surgia, assim, a necessidade de ultrapassar os limites do território europeu.

Então começaram a ser criadas novas rotas terrestres e marítimas que levariam os comerciantes europeus até os lugares que ofereciam novas oportunidades de negócios. Um dos meios mais importantes utilizados para levá-los a terras distantes foram as expedições marítimas.

Séc. XV. Castelo de Issogne, Aosta

Afresco de comércio medieval com loja de especiarias no século XV. Nessa época, o comerciante já era obrigado a oferecer melhor qualidade para vencer a concorrência.

Para realizar essas viagens, foram necessários anos de estudos e descobertas que alteraram a fisionomia do mundo conhecido nos séculos XV e XVI. Essa época decisiva para os europeus ficou conhecida como período das **Grandes Navegações**.

As Grandes Navegações colocaram os comerciantes europeus em contato com continentes distantes, que se tornaram novas fontes de riquezas. Em poucas décadas, regiões que até então eram completamente desconhecidas dos europeus passaram a ser importantes fornecedoras de mercadorias para os ricos comerciantes.

À esquerda, astrolábio italiano do século XV. Para trazer à Europa as novas mercadorias, grandes embarcações e equipamentos de navegação foram desenvolvidos, com base nos conhecimentos dos chineses e dos árabes.

## A colonização capitalista

Os navegantes europeus ancoraram seus barcos em locais onde nunca haviam estado antes, habitados por povos que viviam praticamente isolados.

Na maior parte das vezes, o contato gerava desconfiança por parte das populações nativas. Algumas delas pediam compensações pela retirada de produtos da natureza nas terras que acreditavam ser suas.

Entretanto, em muitas regiões, os habitantes nativos passaram a trabalhar para os conquistadores europeus, à custa de uma alteração profunda do seu modo de vida. Depois de muitos séculos de exploração e verdadeiros saques à natureza da África, da América e da Ásia, milhões de pessoas haviam perdido a vida em decorrência das doenças levadas pelos europeus, bem como das matanças e das guerras promovidas pela caça aos escravos.

Povos foram aniquilados por outros povos, em episódios de genocídio. Dezenas de populações, com hábitos, línguas, costumes e conhecimentos próprios, simplesmente desapareceram.

Cenas de matanças e guerras desencadeadas pelos conquistadores europeus: batalha entre indígenas brasileiros e soldados (1825).

Os colonizadores que produziram tamanho morticínio procuravam nessas terras conquistadas apenas mercadorias valiosas, produtos que pudessem proporcionar grandes lucros na Europa.

Essa fase, conhecida como colonialismo, estendeu-se das Grandes Navegações (séculos XV e XVI) até o século XVIII. Caracterizou-se pela conquista e ocupação de vastos territórios da África, Ásia e América pelos europeus, que deles extraíam produtos valiosos com mão de obra escrava abundante e barata.

## O mundo dividido

As Grandes Navegações dividiram o mundo em metrópoles e colônias, e cada parte passou a desempenhar uma função específica do ponto de vista econômico.

As metrópoles controlavam a economia das colônias, para as quais forneciam produtos manufaturados (roupas, utensílios, ferramentas etc.). Já as colônias tinham a função básica de abastecer as metrópoles com mercadorias simples e valiosas, como ouro, especiarias, madeira, pedras preciosas, marfim, açúcar etc.

Essa divisão de funções entre metrópoles e colônias passou a ser chamada de **Divisão Internacional do Trabalho**.

O colonialismo, ao criar a Divisão Internacional do Trabalho, estabeleceu o capitalismo como um sistema econômico mundial.

E o que significou essa mundialização do capitalismo?

Lugares muito distantes entre si passaram a ter uma ligação muito forte, já que se tornaram interdependentes. O comércio planetário criou uma rede de rotas comerciais que passou a constituir a maior fonte de riqueza entre os séculos XVI e XVIII.

Quando uma área da África, da Ásia ou da América era colonizada, passava a integrar o sistema econômico capitalista. Então, sua paisagem natural era alterada para atender aos interesses comerciais e seus habitantes passavam a trabalhar para companhias europeias.

Muitos estudiosos chamam essa fase histórica de **mercantilismo**. Nesse período, a exploração das colônias favoreceu a multiplicação de gigantescas empresas europeias, que gradativamente dominaram a economia mundial. A propriedade particular, a liberdade comercial e o trabalho assalariado, características básicas do capitalismo na Europa, foram se tornando comuns também nas colônias.

No início do século XVI, o comércio de produtos das colônias, que parecia ser um privilégio de alguns comerciantes portugueses e espanhóis, passou a ser praticado por ricos empresários da Inglaterra, da França e da Holanda. Esses novos comerciantes também queriam colonizar terras distantes para obter vantagens.

Não foram poucos os casos em que esses países europeus se envolveram em guerras pela posse desses novos espaços geográficos.

## Foi preciso acelerar a produção

A concorrência crescente entre as potências europeias levou ricos homens de negócios a investir grandes somas em pesquisas para encontrar maneiras de tornar a produção de mercadorias mais barata e eficiente. Os resultados das várias pesquisas assim financiadas transformaram profundamente o capitalismo.

Até então, a maior parte das mercadorias eram negociadas *in natura*, ou seja, comercializadas exatamente como eram retiradas da natureza. Os produtos que sofriam alguma transformação passavam por pequenas manufaturas domésticas ou eram elaborados por artesãos que buscavam agregar valor ao produto para poderem cobrar mais caro.

Pouco a pouco, foram surgindo máquinas que aceleravam a produção. Iniciava-se, assim, na segunda metade do século XVIII, a Revolução Industrial.

Ao acelerar a produção, a Revolução Industrial produziu enormes mudanças no espaço geográfico. A invenção de muitas outras máquinas permitiu aumentar a produção de uma grande variedade de mercadorias. Como exemplo, podemos lembrar que, além de roupas, passaram a ser produzidos, numa escala bem maior, calçados, móveis, utensílios domésticos, materiais para construção etc.

Máquina a vapor de James Watt, em 1765. O surgimento desse tipo de máquina tornou-se símbolo da Revolução Industrial. Existiam máquinas a vapor para várias finalidades. Graças à essa variedade, era imensa a quantidade de mercadorias comercializadas.

Foi necessário procurar novos mercados consumidores para comercializar uma produção muito variada e que crescia sem parar. Ao mesmo tempo, tornaram-se necessários novos mercados fornecedores de matérias-primas que pudessem abastecer as máquinas cada vez mais ágeis e produtivas.

Isso tudo levou a uma radical transformação do modo de vida no século XIX, não apenas na Europa, mas em todo o mundo.

Outra característica da Revolução Industrial foi o desenvolvimento de meios de transporte mais eficientes. Afinal, era preciso deslocar mais produtos em menos tempo para escoar a produção.

A Inglaterra foi a primeira nação a conseguir resultados importantes com a Revolução Industrial.

O grande desenvolvimento do setor têxtil, da siderurgia e da construção naval tornou-se uma das marcas registradas desse país. Muitos estudiosos denominam essa fase inicial do século XIX de **Primeira Revolução Industrial**.

Acima, locomotiva a vapor em litografia britânica de 1846. Os trens e os navios movidos a vapor eram mais rápidos, seguros e eficientes.

A gravura, de 1879, mostra a concentração de fábricas em Sheffield, na Inglaterra.

Mas isso tudo não seria possível sem uma mudança na relação da sociedade europeia com o espaço geográfico. Os europeus exploraram de maneira acelerada seus recursos naturais, chegando a esgotar várias jazidas minerais e a devastar enormes áreas de florestas.

Uma das consequências da Revolução Industrial no espaço geográfico europeu foi o êxodo rural.

Num curto período, milhões de pessoas saíram dos campos em direção às cidades industriais europeias, onde se localizava a maioria das fábricas e, portanto, estavam as melhores oportunidades de emprego.

Por causa do aumento populacional e da falta de saneamento básico, além das doenças, a situação social se tornou tão trágica que obrigou os governantes europeus a tomarem medidas para evitar a morte de milhares de trabalhadores, fato que comprometeria a produção e o sistema capitalista. Por isso, a Medicina foi popularizada e o saneamento básico chegou aos bairros superlotados de operários. A adoção desse conjunto de medidas em curto espaço de tempo constituiu uma verdadeira revolução médico-sanitária.

Durante o mercantilismo (séculos XV, XVI e XVII), os europeus avançaram principalmente sobre as terras da América. Nessa época, apenas algumas localidades da África e da Ásia mantinham contato direto com as potências europeias, que estavam estruturando uma economia capitalista.

Contudo, a Revolução Industrial acabou gerando a necessidade de novas conquistas territoriais. No século XIX, os países industrializados europeus já não tinham mais o domínio direto da América, pois muitas nações haviam declarado a independência.

## A independência da América

No início do século XIX, muitas colônias americanas pagavam altos impostos às metrópoles e os ricos comerciantes instalados nas colônias eram obrigados a negociar somente com as grandes empresas da metrópole. Muitos desses homens de negócios achavam injusta tal situação e contribuíram para promover a independência das colônias.

As colônias conseguiram sua independência política e passaram a ter seu próprio governo. Entretanto, continuaram dependendo totalmente dos investimentos, dos mercados de consumo e dos parques produtivos das potências europeias.

Assim, pode-se dizer que esses países tiveram uma independência apenas formal, pois suas economias mantiveram-se fortemente dependentes das antigas metrópoles.

No século XIX os exploradores europeus partiram para a conquista da Ásia e da África, financiados por grandes empresas e apoiados por seus governos. Começava uma nova fase do capitalismo industrial, conhecida como **imperialismo**: era necessário expandir cada vez mais os horizontes geográficos para continuar produzindo.

# O imperialismo

Como já havia ocorrido na América nos séculos XVI, XVII e XVIII, a partir de meados do século XIX os europeus lançaram-se, com todas as suas forças, na colonização da Ásia e da África.

Com exércitos poderosos e recursos financeiros de grandes empresas, as potências europeias dominaram rapidamente esses continentes. Os europeus impunham total domínio sobre os territórios conquistados e se comportavam como se fossem os donos das nações vencidas, chegando a impor seus idiomas e crenças religiosas. Ou seja, constituíam verdadeiros impérios, à semelhança dos que surgiram e desapareceram na Antiguidade.

As nações africanas e asiáticas passaram a depender do dinheiro europeu, que recebiam ao vender suas mercadorias a preços muito baixos.

Como recebiam muito pouco pela venda das mercadorias, as nações africanas não tinham excedentes para investir em educação, saúde, moradia, transportes. Essa carência tirou dessas nações qualquer possibilidade de desenvolvimento.

## A fase financeira do capitalismo

No final do século XIX e início do século XX aconteceram grandes mudanças dentro do capitalismo. Os lucros das potências europeias alcançaram números impressionantes. Isso foi resultado da exploração das colônias e da expansão dos mercados consumidores em diversas partes do planeta.

Esses lucros eram depositados em instituições bancárias, que acumularam um volume enorme de dinheiro e logo perceberam que poderiam se associar aos ricos industriais, oferecendo empréstimos a juros.

E os industriais, que eram os maiores correntistas, isto é, possuíam mais recursos nos bancos, passaram a ser sócios desses bancos. Surgia, assim, o **capitalismo financeiro**.

O capitalismo financeiro expandiu uma atividade que já existia havia muito tempo, mas trazia uma novidade: no início do século XX, popularizaram-se os empréstimos bancários. Mais pessoas e empresas passaram a ter a possibilidade de conseguir dinheiro emprestado para os mais diversos fins.

Os financiamentos incentivaram as pessoas a abrir empresas e ampliar os negócios. Assim, o capitalismo fortaleceu-se em quase todos os lugares do mundo.

## A experiência socialista

À medida que o capitalismo avançava em todo o mundo, foram surgindo profundas diferenças entre os países industrializados e aqueles que haviam sido colonizados.

No início do século XX, mesmo enfrentando algumas dificuldades econômicas, os países industrializados apresentavam uma situação mais favorável.

Os países que haviam sido colonizados e as colônias que ainda existiam, sobretudo na África e na Ásia, lutavam com graves problemas sociais, como epidemias, analfabetismo, mortalidade infantil.

Mas existiam alguns casos especiais. A Rússia, por exemplo, não se enquadrava nessa divisão. Afastada do centro da Revolução Industrial, manteve a servidão (herança da época feudal) até o século XIX. A economia ainda era basicamente rural, e as poucas indústrias estavam sob controle de empresários franceses e ingleses.

O governo russo era exercido pela Monarquia absolutista da dinastia Romanov desde o século XIV. Afastados dos interesses do povo e envolvidos em muitas disputas pelo poder, os Romanov não tinham discernimento nem habilidade para enfrentar a tarefa de diminuir a miséria da população. Para piorar a situação, a Monarquia russa envolveu-se em vários conflitos externos, que consumiam grande volume de recursos humanos e econômicos, o que dificultava ainda mais a situação interna.

Nessa época, o capitalismo na Rússia era um dos menos avançados de toda a Europa, e isso ocorria também em muitas regiões vizinhas da Rússia, onde a população enfrentava enormes problemas.

Esse quadro trágico marcava o início do século XX, época em que o povo russo iniciou movimentos de revolta contra seus governantes. Logo essas revoltas começaram a ser organizadas por grupos revolucionários que pregavam abertamente a derrubada da Família Real.

Durante a Primeira Guerra Mundial; (1914-1918), a situação da economia do país piorou ainda mais. Parte da população passava fome, e os soldados russos não estavam equipados como os inimigos para enfrentar a guerra. Milhares de combatentes morreram congelados, e muitos outros soldados que se encontravam na frente de batalha voltaram para casa pregando o fim da Monarquia.

Em outubro de 1917, os revolucionários russos tomaram o poder. Derrubaram a Monarquia e colocaram em prática um outro sistema econômico, totalmente diferente do sistema capitalista: o **socialismo**.

De maneira geral, o socialismo se caracterizava como um sistema econômico no qual a propriedade deveria ser controlada pelo Estado. Os revolucionários acabaram com a propriedade privada das terras e das fábricas. O governo russo passou a ser exercido pelos sovietes, conselhos de camponeses e operários. Isso explica por que o nome do país mudou para República Socialista Soviética da Rússia.

Soldados do exército russo amotinados em 1917, com faixas que exigem a República. As péssimas condições de vida foram decisivas para a permanente situação de revolta então instalada.

Lênin, revolucionário e, posteriormente, chefe de Estado russo, fala para a multidão em praça de São Petersburgo, em 1917. Liderados por ele, os trabalhadores desencadearam uma revolução que iria mudar a economia e a política da Rússia.

## Notícias da Rússia de 1917

Foi muito grande o impacto das notícias que vinham da Rússia entre 1917 e 1918. O que imaginariam um industrial inglês, um rico fazendeiro no Brasil, um poderoso comerciante francês, um banqueiro dos EUA?

Todos eles e seus iguais passaram a temer o socialismo. Passaram a temer que os trabalhadores, em geral sempre descontentes com os baixos salários e as péssimas condições de vida, se revoltassem contra um sistema que enriquecia somente os donos dos meios de produção.

Naquele momento, o capitalismo passou a ter um sistema econômico concorrente, opositor, uma alternativa que jamais havia surgido antes.

## Karl Marx e o socialismo

O pensador alemão Karl Marx deu uma importante contribuição aos estudos de Economia quando escreveu *O capital*. O livro faz uma análise detalhada do sistema capitalista, retratando sua evolução e prevendo seu esgotamento, o que, para muitos, ainda é fonte de muita controvérsia.

Marx pregou a construção de um sistema que chamou de socialismo. Segundo suas próprias palavras, seria a superação do capitalismo, já que levaria a uma sociedade mais justa e igualitária.

O pensador alemão acreditava que o capitalismo levaria a uma concentração de renda jamais vista e que milhões de pessoas em todo o mundo estariam excluídas da possibilidade de consumo dos bens produzidos pela própria sociedade. As revoltas seriam muitas, e as pessoas iriam preferir um outro sistema, o socialismo. Por isso, Marx é chamado de "Pai do socialismo científico". O termo *científico*, aí, decorre dos estudos detalhados de Marx sobre esse novo sistema socioeconômico.

Após algumas experiências que ocorreram em importantes movimentos sociais da Europa, o socialismo foi implantado como modelo econômico em 1917, na Rússia, onde vigorou até 1990, como veremos ao longo deste livro.

## As mudanças introduzidas durante o imperialismo

No final do século XIX e início do século XX, as empresas dos países industrializados tinham poder ilimitado sobre a economia mundial. Elas geravam empregos e pagavam salários, que ajudavam a movimentar a economia de muitos lugares do planeta.

Nessa fase, os bancos já exerciam uma enorme influência na economia e obtinham enormes vantagens, tanto nos seus países de origem quanto nos países colonizados.

Apesar de já possuírem grande poder financeiro, esses grupos empresariais eram favorecidos pelos governantes das colônias durante o imperialismo.

Era comum, no século XIX, as metrópoles entregarem colônias inteiras a uma única corporação empresarial. Nessas condições, a empresa beneficiada não tinha concorrentes na exploração econômica desses territórios, tornando-se muito lucrativa. Essa situação constituía um exemplo de monopólio.

Linha de montagem do Ford T, em 1913. Esse foi o primeiro carro do mundo a ser produzido em série. As linhas de montagem criaram empregos em massa e se transformaram numa das características do capitalismo.

## O que é monopólio?

O monopólio ocorre quando uma empresa não tem concorrência alguma no mercado de determinado produto. Desse modo, os consumidores não têm opção de comprar de outro fornecedor. Essa situação torna os consumidores reféns da empresa monopolista, que pode cobrar o preço que bem entender para manter e aumentar seus lucros.

O monopólio é considerado um grande problema para o capitalismo, uma vez que a base teórica desse sistema prevê que a concorrência é a única forma de expansão da economia.

Pouco a pouco, essa tendência de formar monopólios ameaça dominar o sistema capitalista. As empresas mais poderosas acabam comprando ou levando à falência as empresas menores.

Para se protegerem da concorrência, muitas empresas fazem acordos chamados de cartéis.

### Cartéis

Cartel é um acordo entre empresas que atuam num mesmo ramo da economia.

O acordo determina, por exemplo:
- a divisão da área de atuação entre elas;
- a prática do mesmo preço, a fim de eliminar qualquer possibilidade de concorrência.

Atualmente, a maioria dos países impõe leis contra a existência de cartéis e de trustes, mas essas poderosas formas de monopólio continuam atuando com grande força e influência.

Por isso, muitos estudiosos chamam a atual fase histórica de **capitalismo monopolista**. Afinal, as grandes corporações transnacionais têm o controle da maior parte da economia mundial.

## A grande crise

Apesar de tamanho crescimento, o capitalismo apresentava muitos problemas no início do século XX. Os salários dos trabalhadores eram muito baixos, e a qualidade de vida da maior parte da população era precária.

Ao mesmo tempo, o progresso das técnicas aumentava consideravelmente a produção. Os meios de comunicação se expandiram, permitindo maior troca de informações pelo mundo. A ampliação das ligações telefônicas e de telex (sistema internacional de comunicações escritas, que enviava mensagens de um terminal a outro) permitiu que as empresas recebessem informações rápidas sobre o ritmo de vendas de seus produtos. Desse modo, passaram a acelerar ou retardar a sua produção de acordo com o consumo.

Esse novo cenário mostrava um sistema capitalista mais dinâmico, mas incapaz de corrigir as crescentes injustiças sociais.

Essa situação sofreria uma brusca reviravolta com a Crise de 1929, que atingiu praticamente o mundo todo.

Naquele ano o consumo mundial estava em queda. Os salários eram muito baixos e não eram reajustados há tempos, impedindo que os trabalhadores consumissem os produtos que eles mesmos, num ritmo cada vez maior, fabricavam.

Na Europa, os problemas econômicos eram outros. As empresas pagavam baixos salários porque os impostos eram muito elevados – para sustentar uma crescente indústria armamentista. Dessa forma, a exploração dos trabalhadores não permitia que o consumo crescesse.

Nesse período, muitas pessoas ganhavam dinheiro comprando e vendendo ações de empresas nas bolsas de valores.

Muitos investidores, preocupados com a situação difícil vivida na Europa e nos Estados Unidos, passaram a vender simultaneamente as ações de muitas empresas. Essas vendas colocaram, repentinamente, muitas ações no mercado: mais ações à venda do que pessoas dispostas a comprá-las.

Desse modo, os preços das ações despencaram, desvalorizando e descapitalizando as empresas, que ficaram sem recursos para novos investimentos ou mesmo para se manter. Faliram também os bancos associados às empresas. A falência e a descapitalização levaram as empresas a demitir trabalhadores em massa, dando início a um período que ficou conhecido, nos Estados Unidos, como a **Grande Depressão**.

Em razão da Grande Depressão, os governantes dos Estados Unidos e dos países europeus passaram a se preocupar com o andamento da economia capitalista. Eles perceberam que os governos teriam de socorrer as empresas, para evitar demissões em massa e graves problemas sociais.

Em 1938, desempregados de Cleveland, Ohio (EUA), fazem fila para conseguir algumas batatas. A maior parte da população mundial sofreu as consequências da Crise de 1929.

## Keynesianismo

Quando a Grande Depressão (chamada também de *Crash* da Bolsa de Valores de Nova York) atingiu a economia dos Estados Unidos e, consequentemente, do mundo todo, o pensador inglês John Maynard Keynes passou a difundir uma nova teoria.

Chamada de keynesianismo, essa teoria defende a intervenção dos governos na economia capitalista, a fim de evitar problemas como os que ocorreram em praticamente todo o mundo por causa da crise de 1929.

Desse modo, os governos deveriam disponibilizar recursos para salvar empresas ameaçadas de falência; construir estradas e usinas; administrar portos e aeroportos. Além de gerar novos empregos, tais medidas expandiriam a economia, prevenindo novas crises catastróficas.

Os adeptos do liberalismo opõem-se ao keynesianismo, pois são contrários à intervenção do Estado na economia.

Em razão da Grande Depressão, centenas de milhares de empresas faliram no mundo todo, inclusive no Brasil.

Desde essa época, muitas mudanças aconteceram na economia mundial, afetando as relações internacionais e o modo de vida, sobretudo na Europa.

## As disputas econômicas acarretaram guerras

No final do século XIX, a economia da Alemanha crescia aceleradamente. O país sentiu-se, então, compelido a conquistar novos territórios, onde haveria mais consumidores para adquirir suas mercadorias e novas fontes de matérias-primas para abastecer suas indústrias.

Quando foi iniciada a política expansionista alemã, porém, a maior parte da África e da Ásia já estava colonizada por outras potências europeias, como a Inglaterra, a França e a Bélgica.

Esse fato gerou grandes tensões entre as potências europeias. Para tentar resolver a questão, que envolvia disputas territoriais, os governantes europeus convocaram a Conferência de Berlim.

Nessa conferência, realizada entre 1884 e 1885, algumas potências concordaram em dividir parte de suas possessões, buscando evitar novos conflitos. Mas a Alemanha saiu descontente da reunião, pois obteve áreas menores e menos importantes do que ambicionava.

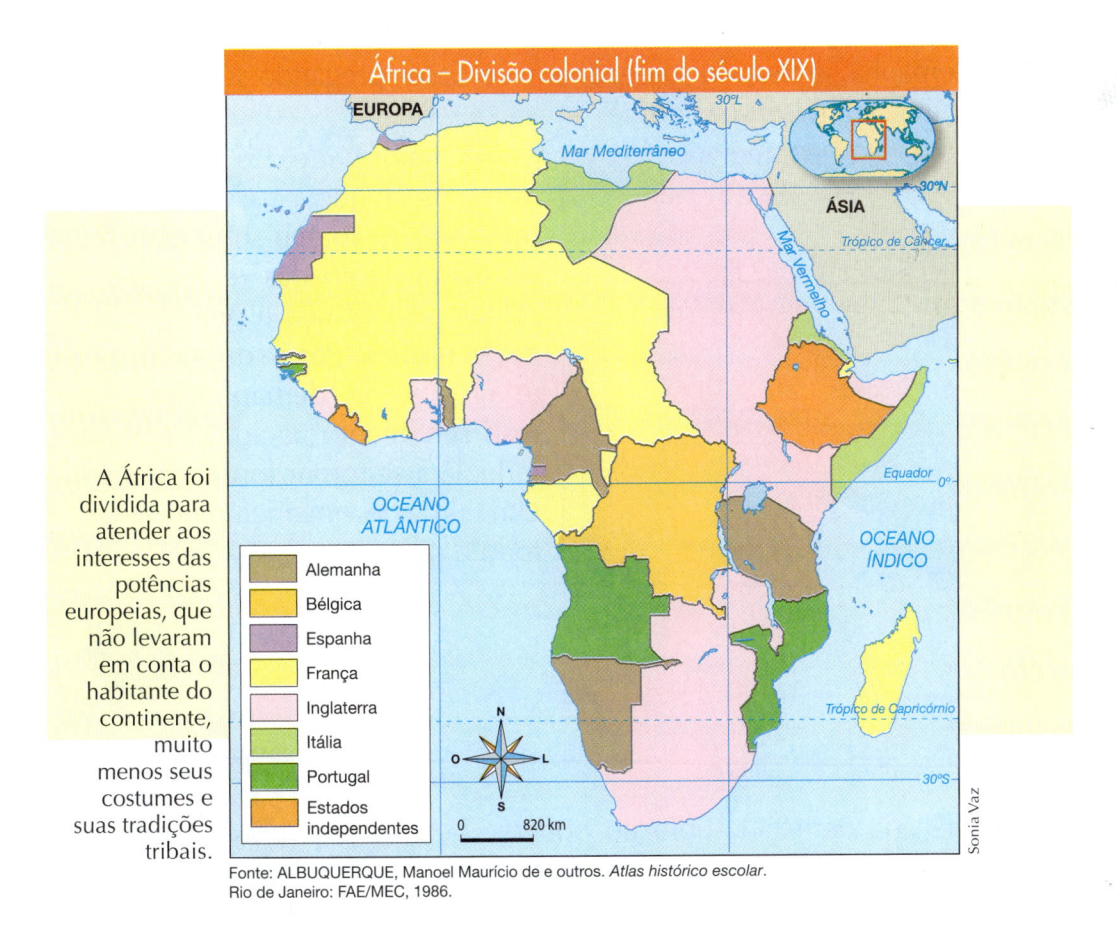

A África foi dividida para atender aos interesses das potências europeias, que não levaram em conta o habitante do continente, muito menos seus costumes e suas tradições tribais.

África – Divisão colonial (fim do século XIX)

- Alemanha
- Bélgica
- Espanha
- França
- Inglaterra
- Itália
- Portugal
- Estados independentes

Fonte: ALBUQUERQUE, Manoel Maurício de e outros. *Atlas histórico escolar*. Rio de Janeiro: FAE/MEC, 1986.

De fato, o crescimento da indústria alemã exigia cada vez mais matérias-primas para abastecer sua produção.

Sem possuir territórios coloniais suficientes na África e na Ásia para atender a essa necessidade crescente, a Alemanha entrou em disputa com a vizinha França pelo domínio da Alsácia-Lorena, região fronteiriça entre esses dois países. A guerra franco-alemã, ocorrida em 1870, levou à incorporação dessa região ao território alemão.

Ao mesmo tempo, a Alemanha tentava ampliar sua influência em todo o Oriente Médio. Para tanto, projetou a construção da Estrada de Ferro Berlim-Bagdá, que deveria atravessar os Impérios Austro-Húngaro e Turco-Otomano. Desse modo, esses impérios se transformaram em aliados da Alemanha, formando a chamada Tríplice Aliança.

Como a ferrovia chegaria às ricas reservas de petróleo do Oriente Médio, a Inglaterra e a França, que já tinham forte influência econômica na região, passaram a temer a concorrência da Tríplice Aliança.

O projeto expansionista alemão descontentava também o Império Russo, que temia perder influência no Leste Europeu.

Dessa forma, a França, a Inglaterra e a Rússia formaram a Tríplice Entente, para deter o avanço alemão.

Nesse cenário geopolítico tenso, marcado por acusações entre os dois grupos de países, explodiu a Primeira Guerra Mundial (1914-1918).

O conflito foi extremamente violento e, ao final, levou à derrota da Alemanha.

As potências vencedoras reuniram-se em Versalhes, na França, em 1919. O **Tratado de Versalhes** foi elaborado nessa reunião e previa pesadas multas para a Alemanha, arrasando sua economia e desempregando sua população, que foi entregue à miséria e à fome.

Pelo Tratado de Versalhes, em 1919, a Alemanha foi obrigada a devolver a Alsácia-Lorena à França. Essa região tem enormes jazidas de carvão, adequado para abastecer indústrias siderúrgicas. Além disso, algumas localidades possuem minério de ferro, imprescindível para a economia industrial da época.

**Alsácia-Lorena (1870)**

Fonte: ATLAS of the World History. Londres: Times Books, 1992.

A maior parte dos alemães deu-se conta de que a crise socioeconômica que se abateu sobre o país era resultado direto das resoluções impostas pela França e pela Inglaterra em Versalhes. Por isso, gradualmente, cresceu na Alemanha um rancoroso sentimento nacionalista, que a induzia a se tornar forte novamente. Um clima de vingança pairava sobre todo o país.

Na década de 1930 subiu ao poder na Alemanha um grupo que pregava essa vingança, bem como o retorno da grande potência que esse país havia sido num passado não muito distante. Era o Partido Nacional Socialista dos Trabalhadores Alemães, mais conhecido como Partido Nazista. O partido era liderado por Adolf Hitler, um dos mais estrategistas líderes políticos em toda a história.

Hitler faz a saudação nazista para a bandeira olímpica nas Olimpíadas de Berlim, em 1936. Os primeiros 50 anos do século XX foram muito conturbados e afetaram a economia capitalista.

A política expansionista de Hitler foi uma das grandes responsáveis pela eclosão da Segunda Guerra Mundial, que se estendeu de 1939 a 1945, envolveu grande número de países e deixou um saldo de 50 milhões de mortos.

Em agosto de 1945, nos momentos finais desse violento conflito mundial, registrou-se um dos atos mais tenebrosos do ser humano: o lançamento de duas bombas atômicas pelos Estados Unidos sobre o Japão, que mataram imediatamente cerca de 100 mil pessoas em cada uma das cidades atingidas, Hiroshima e Nagasaki.

Desde então, muita coisa mudou tanto na política quanto na economia.

## Um novo capitalismo depois da Segunda Guerra Mundial

Apesar de seu enorme poderio militar, no final da guerra os Estados Unidos perceberam que a vitória não seria completa, uma vez que outra potência surgia com o encerramento do conflito.

Tratava-se da União das Repúblicas Socialistas Soviéticas (URSS), que pregava a expansão do socialismo e ameaçava o capitalismo mundial.

Antes mesmo de a Segunda Guerra Mundial acabar, os Estados Unidos fizeram uma série de acordos estratégicos para barrar o avanço do socialismo.

Por exemplo, em 1944 o governo dos Estados Unidos patrocinou a Conferência de Bretton Woods. Nessa cidade estadunidense reuniram-se 44 países importantes da economia mundial. Ficou decidido que o comércio entre eles se basearia no padrão ouro-dólar (os EUA garantiam sua moeda em ouro).

Os países passaram, então, a pagar suas importações em dólar, o que gerou uma relação financeira muito forte com os Estados Unidos. Todos os países buscavam vender para eles a fim de conseguir dólares, necessários para comprar mercadorias de outras nações.

Para conseguir dólares, muitos países e suas empresas vendiam aos Estados Unidos quase a preço de custo, fato que impulsionou o consumo interno nos Estados Unidos e prejudicou, ao mesmo tempo, as taxas de lucro e o valor dos salários nos países exportadores.

Os Estados Unidos impuseram ainda outras formas de garantir o crescimento do capitalismo e, desse modo, evitar o avanço do socialismo sobre regiões tradicionalmente capitalistas.

Faz parte desse contexto a criação de organizações que sustentassem o sistema capitalista em escala mundial. Uma dessas organizações criadas no imediato pós-Segunda Guerra, o Fundo Monetário Internacional (FMI), deveria socorrer os países em dificuldades financeiras. A concessão de empréstimos dava ao FMI o direito de monitorar e fiscalizar o país durante todo o período referente ao prazo de pagamento das dívidas contraídas.

Outro órgão importante, o Banco Internacional de Reconstrução e Desenvolvimento (Bird ou Banco Mundial), passou a conceder empréstimos com juros baixos para os países mais pobres, para a construção de portos, aeroportos, rodovias, ferrovias, usinas hidrelétricas.

Os participantes da Conferência de Bretton Woods acreditavam que os empréstimos do FMI e do Banco Mundial – ou seja, dos países ricos para os países pobres, com juros – facilitariam a produção e a circulação de mercadorias, fato que certamente ajudaria no fortalecimento e na expansão do capitalismo.

Assim, um novo capitalismo surgia logo após a Segunda Guerra Mundial. Um sistema capitalista que, apesar de temer o socialismo, tinha defensores empenhados em mantê-lo presente na maior parte dos países do mundo.

## Você no assunto

No nosso dia a dia, fazemos uso de produtos fabricados por empresas estrangeiras. Faça uma lista de todos os objetos que você utilizou/usou ao longo do dia e aponte quais deles foram fabricados por transnacionais.

## Criar e entender

Acompanhe com interesse as propagandas de bancos em jornais, revistas, na TV e na internet. Faça uma lista dos *slogans* usados e procure interpretar as mensagens que eles transmitem. Confira se essas mensagens refletem a essência das atividades bancárias: acumular capitais próprios e alheios para investir e emprestar visando a lucros e juros.

## Refletindo sobre o tema

**1.** Observe os textos a seguir:

"Será que alguém pode negar que há mais justiça, mais ordem material e moral, mais equidade, mais virtudes sociais na África do Norte depois que a França realizou sua conquista?".

(Jules Ferry, na Câmara dos Deputados da França, em 1895)

"A ideia que acalento representa a solução do problema social: para salvar os 40 milhões de habitantes do Reino Unido de uma mortífera guerra civil, nós, os políticos coloniais, devemos apoderar-nos de novos territórios; para eles enviaremos o excedente de população e neles encontraremos novos mercados para os produtos das nossas fábricas e das nossas minas.".

(Cécil Rhodes, imperialista inglês, milionário)

- Os dois discursos são defesas do Imperialismo. Indique em cada um a ideia que exemplifica essa postura.

**2.** Durante o século XIX, eram cada vez mais necessários capitais para financiar investimentos. Os bancos criaram então novas modalidades de operações para captar recursos que se destinariam a empréstimos de longo prazo, os quais geralmente envolviam valores gigantescos.

- Descreva em seu caderno as atividades dos bancos europeus durante o século XIX.

## Vamos pesquisar

Pesquise em jornais ou revistas três propagandas de empresas que comprovam, pela oferta de produtos para serem vendidos a prazo, o predomínio do capitalismo financeiro na atualidade.

# CAPÍTULO 2

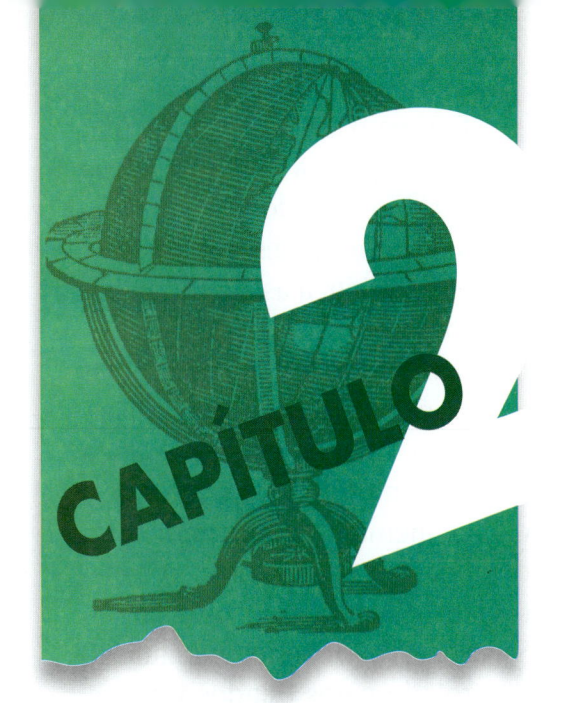

# O ESPAÇO GEOGRÁFICO MUNDIAL DURANTE A GUERRA FRIA

A evolução do capitalismo gerou grandes diferenças socioeconômicas entre os países. Essas contradições se acentuaram após a Segunda Guerra Mundial, quando os Estados Unidos e suas grandes empresas passaram a liderar a produção econômica e a expansão territorial do sistema capitalista.

Este capítulo mostra que essa expansão territorial do capitalismo resultou na reconstrução do espaço geográfico mundial.

## Na Europa arrasada, nasce a Guerra Fria

A Europa foi o principal cenário da Segunda Guerra Mundial. Por isso, ao final do conflito, quase todos os países do continente estavam destruídos e economicamente arrasados.

Os países vencedores (Estados Unidos, Reino Unido, França e União Soviética) reordenaram o mapa político da Europa em função dos acontecimentos finais da Segunda Grande Guerra.

Nos últimos anos da guerra, a União Soviética deteve sozinha o avanço das tropas nazistas na Europa Oriental. Ao mesmo tempo que avançavam, forçando os alemães a recuarem, os soviéticos implantavam governos socialistas nos países do Leste Europeu libertados, transformando-os em seus aliados. Além disso, o avanço dos soldados soviéticos pelo território alemão precipitou a rendição dos nazistas.

AKG Images/Latinstock

A população de Praga, capital da República Tcheca (à época, Tchecoslováquia), saúda as tropas soviéticas, em 10 de maio de 1945. Elas eram vistas como libertadoras nos países que estavam sob domínio dos nazistas.

A foto acima, de 1945, mostra o limite entre os setores norte-americano e britânico em Berlim. Nos anos seguintes à guerra, a cidade foi governada por militares dos países aliados.

Em maio de 1945, a Alemanha foi obrigada a se render e teve o território ocupado pelos vencedores da guerra. Nesse momento, a União Soviética assumira o controle da região leste da Alemanha. Já a parte oeste foi ocupada pelas três grandes potências capitalistas de então: Estados Unidos, França e Reino Unido. Vale lembrar que a capital alemã, Berlim, também foi dividida em dois setores: o leste, socialista, controlado pela União Soviética; e o oeste, capitalista, controlado pelos Estados Unidos, pela França e pelo Reino Unido.

Na verdade, a divisão do território alemão significa muito mais do que o final da Segunda Grande Guerra. Constitui um dos episódios iniciais da Guerra Fria, expressão que identifica uma época de intensa disputa geopolítica entre os Estados Unidos e a União Soviética.

Os Estados Unidos e a União Soviética, que haviam sido aliados na Segunda Guerra Mundial, lutando contra os nazistas, tornaram-se rivais logo depois da rendição alemã, pois cada um defendia a expansão de diferentes sistemas socioeconômicos. Aliás, sistemas contrários: os Estados Unidos eram capitalistas, e a União Soviética defendia o socialismo.

Essa rivalidade foi caracterizada pela disputa de vastos territórios, espalhados por todos os continentes. Para tanto, era importante demonstrar força militar cada vez maior, e por isso tanto os Estados Unidos quanto a União Soviética desenvolviam permanentemente a produção de novos armamentos.

Essa disputa territorial entre os dois países dividiu o mundo em dois polos, fato que ficou conhecido como **bipolaridade**.

As forças militares dos dois rivais tornaram-se descomunais em relação às dos demais países do mundo. Superpotências detentoras de sofisticados armamentos, os Estados Unidos e a União Soviética haviam se transformado nos dois grandes líderes mundiais.

O poder bélico desses países era muito semelhante. Portanto, durante a Guerra Fria havia um equilíbrio de poder, já que nenhum dos dois países conseguiria arrasar o outro sem sofrer consequências igualmente devastadoras.

Desse modo, uma guerra entre eles se tornou impensável, já que geraria destruição recíproca. A principal função das armas que desenvolviam era a intimidação.

Esse equilíbrio de poder impediu a eclosão de uma guerra direta entre os Estados Unidos e a União Soviética, mas não foi capaz de evitar a ocorrência de fatos que causaram extrema tensão nas relações internacionais.

O equilíbrio do terror, outro termo muito usado para retratar a Guerra Fria, era particularmente notório no espaço geográfico da Europa.

Os líderes norte-americanos acreditavam que poderia ocorrer um rápido avanço do socialismo soviético na Europa. Então, resolveram tomar medidas para consolidar o capitalismo em muitos países europeus.

**Europa (após a Segunda Guerra Mundial)**

Fonte: GIRARDI, Gisele; ROSA, Jussara Vaz. *Atlas geográfico do estudante*. São Paulo: FTD, 2011.

A Europa passou a ser intensamente disputada pelas duas superpotências: EUA e União Soviética.

Isso ocorreu depois que o presidente norte-americano Harry Truman solicitou, em 1946, que o general George Marshall, ex-comandante da Segunda Guerra Mundial, providenciasse um relatório sobre a situação geral do continente europeu. Após percorrer durante meses diversos países da Europa Ocidental, Marshall informou aos líderes dos Estados Unidos que a economia do continente estava arrasada, o que gerava desemprego generalizado.

Muito preocupado com o que viu, o general alertou que, se nada fosse feito, o descontentamento tomaria conta da população dos países da Europa Ocidental. Isso poderia levar os trabalhadores a exigir mudanças em seus países. Uma delas poderia ser a adoção do sistema socioeconômico socialista, o que abriria caminho para a expansão da União Soviética sobre toda a Europa. Nessa época, os soviéticos já controlavam a política e a economia de toda a Europa Oriental.

Para evitar essa possível expansão do socialismo sobre todo o território europeu – o que seria catastrófico para o capitalismo –, os Estados Unidos lançaram o "Plano Marshall", em 1947. Esse plano previa um empréstimo de mais de 13 bilhões de dólares a todo o continente europeu, visando sua reestruturação econômica e social.

Pressionados pela União Soviética, os países do Leste Europeu foram obrigados a rejeitar essa ajuda.

As relações entre as duas superpotências pioravam a cada ano, e o acúmulo de tensões provocou, em 1949, o desmembramento do território alemão. Surgiram, assim, "duas Alemanhas": a República Federal Alemã, capitalista, e a República Democrática Alemã, socialista.

Outro aspecto da Guerra Fria foi a multiplicação de acordos internacionais no interior de cada um dos dois blocos de países. Um desses acordos deu origem à Organização do Tratado do Atlântico Norte (Otan). Liderada pelos Estados Unidos, essa aliança militar contou com a participação de outros importantes países capitalistas: Inglaterra, França, Itália, Bélgica, Holanda e Espanha. Sua finalidade principal era construir e manter bases militares na Europa para impedir um possível avanço dos socialistas soviéticos.

Os soviéticos reagiram à formação da Otan. Primeiramente demonstraram poderio militar por meio de um teste nuclear no deserto do Cazaquistão, em 1949, que punha fim ao monopólio nuclear dos Estados Unidos. Algum tempo depois, em 1955, outra medida importante foi adotada: a União Soviética selou sua aliança militar, por meio do "Pacto de Varsóvia", um acordo que aproximou ainda mais a superpotência socialista e os países do Leste Europeu.

## Pare, pense e faça

Durante a Guerra Fria, o que significava afirmar que um determinado país integrava a área de influência de uma das duas superpotências?

## Os aspectos econômicos da bipolaridade mundial

Nessa nova ordem mundial bipolar eram cada vez mais profundas as diferenças políticas, econômicas e sociais entre os mundos capitalista e socialista. Enquanto nos países capitalistas havia forte concorrência entre as empresas particulares, nos socialistas toda a economia era controlada pelo Estado.

O Estado socialista planejava toda a economia: a produção, a comercialização e o consumo eram previamente determinados. Em função da planificação detalhada da economia, a União Soviética e seus aliados também não permitiam que as populações dos territórios que compunham o bloco socialista emigrassem para o bloco capitalista.

Essa restrição ficou muito evidente com a construção do Muro de Berlim, em 1961. Erguida pelas tropas soviéticas em tempo recorde, essa barreira dividiu a antiga capital alemã ao meio, consolidando os dois setores: o Oeste, capitalista, e o Leste, socialista.

Berlinenses do lado ocidental junto ao Muro de Berlim, em 1961. Essa barreira de concreto e arame farpado acabou se tornando um dos maiores símbolos da Guerra Fria.

# A universalização da Guerra Fria

Uma das características principais da Guerra Fria foi a <mark>corrida armamentista</mark>, isto é, o desenvolvimento incessante de novas armas pelos Estados Unidos e pela União Soviética.

Se nunca tinha havido um conflito armado entre essas superpotências, por que havia tamanha demanda por armas?

Ocorre que, além de se envolverem numa disputa ideológica, os Estados Unidos e a União Soviética se enfrentaram indiretamente. Forneciam armas e dinheiro a grupos armados envolvidos em inúmeros conflitos em todo o mundo, pretendendo com isso expandir sua área de influência. Ou seja, a principal disputa consistia em converter o maior número possível de países em aliados.

## As duas ideologias do mundo bipolar

Ideologia é um conjunto de ideias organizado como um instrumento de ações sociais e de luta política.

Durante a Guerra Fria, duas ideologias se tornaram dominantes. Uma delas era difundida pelos Estados Unidos e seus aliados: atrelava o capitalismo aos princípios da democracia. A outra era usada pela União Soviética e seus aliados: defendia a igualdade social mesmo que à custa de algumas liberdades.

Atualmente, a ideologia capitalista predomina em nível mundial, mas persistem problemas que desrespeitam os direitos humanos, como a desigualdade social, a fome, a miséria, a intolerância, a manipulação da informação, a exploração infantil, a corrupção.

Dentre os principais conflitos da Guerra Fria, destacam-se alguns:

- A Guerra da Coreia, entre 1950 e 1953, dividiu o território coreano em dois países: a Coreia do Norte, socialista, e a Coreia do Sul, capitalista.

- Em 1956, um intenso movimento popular exigia mais democracia na Hungria, que era um país socialista. Essa agitação social foi sufocada pela intervenção das tropas soviéticas.

- Em 1959, Fidel Castro e Ernesto Che Guevara lideraram uma vitoriosa revolta popular em Cuba, então sob uma ditadura sanguinária aliada dos Estados Unidos. Dois anos depois da Revolução Cubana, em 1961, o país se aproximou da União Soviética e aderiu ao socialismo.

Em 2006, soldados sul-coreanos patrulham a cerca que separa as duas Coreias. Essa separação constitui uma das poucas divisões territoriais que se mantém desde a Guerra Fria.

Soldados americanos em pausa de batalha no Vietnã, em 1967. A Guerra do Vietnã foi um violento conflito e um dos episódios mais sangrentos da Guerra Fria.

- No início da década de 1960, os Estados Unidos se envolveram num conflito conhecido como Guerra do Vietnã. Os guerrilheiros vietnamitas, que combateram ferozmente as tropas norte-americanas, lutavam também pela implantação do socialismo. Milhões de vietnamitas e dezenas de milhares de norte-americanos morreram nesse conflito, que se estendeu até meados da década de 1970 e terminou com a derrota dos Estados Unidos.

- Em 1968, houve uma revolta popular na Tchecoslováquia. Sua intenção era acabar com a influência soviética no país e ampliar as reformas liberais que vinham acontecendo. A exemplo do que ocorrera na Hungria, as tropas soviéticas intervieram, reprimindo os dissidentes.

- Em 1979, a União Soviética invadiu o Afeganistão para apoiar uma revolta liderada pelos comunistas daquele país. Entretanto, grupos tribais afegãos armados e treinados pelos Estados Unidos resistiram durante 10 anos, até a retirada das tropas soviéticas.

- Em 1979, uma revolução liderada por religiosos muçulmanos derrubou o monarca iraniano xá Reza Pahlev, que era aliado dos Estados Unidos. Em seu lugar, assumiu o Aiatolá Khomeini, líder político da revolução.

Ao lado, o Aiatolá Khomeini em foto de fevereiro de 1979.

## A Guerra Fria agrava os problemas da África

As frequentes notícias sobre a miséria na África quase nunca fazem referência às origens desse problema.

O que sabemos é que a África foi dominada pelos europeus, que exploraram muitas de suas riquezas, deixando a população em situação de extrema miséria e carência generalizada.

No entanto, esse cenário resulta, em grande parte, da destruição do modo de produção africano.

E o que é modo de produção?

Modo de produção é o conjunto de procedimentos que uma sociedade adota para garantir sua própria sobrevivência; é a sua organização socioeconômica.

Na África, o modo de vida se baseava no cultivo de alimentos para o autossustento das tribos. E isso foi radicalmente alterado quando os europeus introduziram diferentes formas de plantio. Grandes áreas foram ocupadas por monoculturas para exportação. Os agricultores das tribos foram transformados em trabalhadores braçais, recebendo baixíssimos salários e sendo brutalmente explorados. As sociedades tribais africanas, então, empobreceram continuamente até atingir a miséria mais extrema.

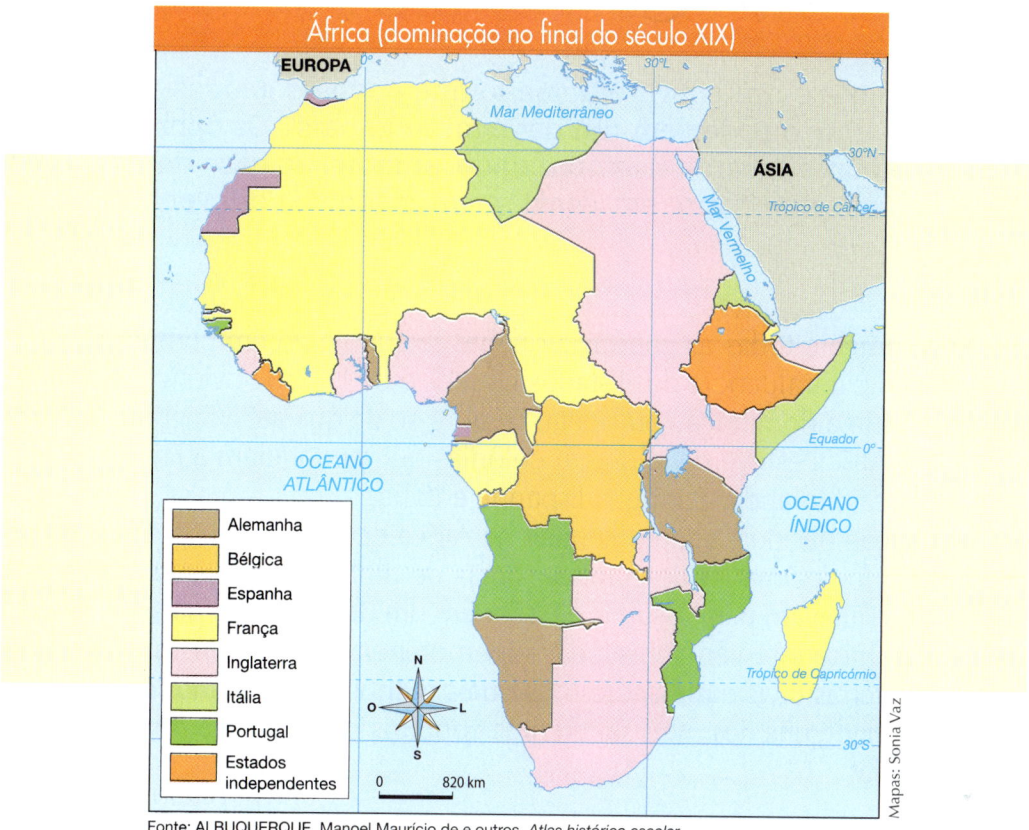

África (dominação no final do século XIX)

Fonte: ALBUQUERQUE, Manoel Maurício de e outros. *Atlas histórico escolar*. Rio de Janeiro: FAE/MEC, 1986.

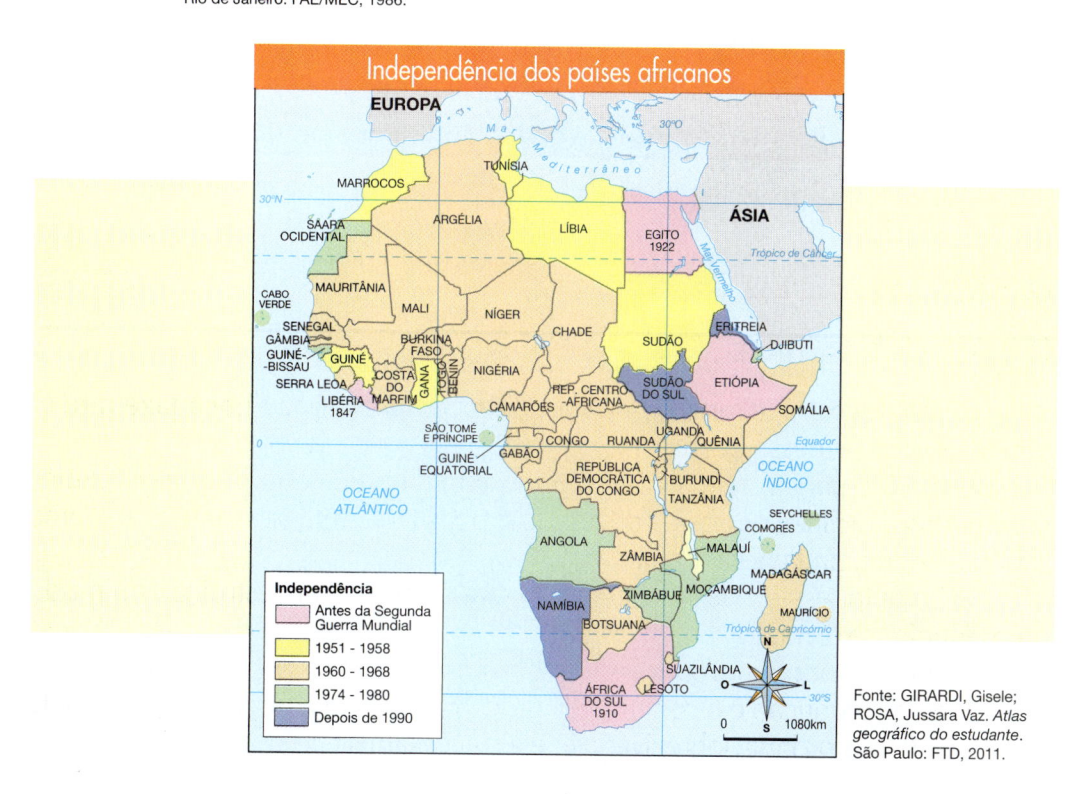

Independência dos países africanos

Fonte: GIRARDI, Gisele; ROSA, Jussara Vaz. *Atlas geográfico do estudante*. São Paulo: FTD, 2011.

As péssimas condições de vida se agravaram com a eclosão de inúmeros conflitos, que se espalharam pelo continente durante a Guerra Fria. Em muitos casos, os países africanos lutavam para se livrar da dominação estrangeira e, em alguns casos, sangrentas guerras civis eram travadas.

## Você sabia que...

... guerra civil é um conflito armado que envolve grupos rivais que visam assumir o poder em um determinado país? Os oponentes são pessoas de uma mesma nacionalidade, embora no caso da África as guerras civis envolvam, em geral, grupos étnicos diferentes.

Praticamente todas as guerras africanas tiveram algo em comum durante a Guerra Fria: a influência dos Estados Unidos e da União Soviética, que queriam substituir a dominação europeia. Lembre-se de que até a Segunda Guerra Mundial a África esteve dividida em colônias que pertenciam a França, Inglaterra, Bélgica, Holanda, Portugal, Espanha e Itália.

A atuação das duas superpotências na África ocorria por meio da venda de armas e do fornecimento de grandes somas de dinheiro para grupos armados aliados, que lutavam para assumir o poder em um determinado país.

Essa política intervencionista das superpotências contribuiu para a proliferação de guerras civis e massacres nos quais milhões de africanos pereceram.

A seguir, alguns dos mais sangrentos conflitos ocorridos na África durante a Guerra Fria:

- **Guerra de libertação da Argélia**: luta armada da população local contra a colonização imposta pela França. Culminou com a independência da Argélia, em 1962.

Barricada em rua de Argel, capital da Argélia, em janeiro de 1960. A França explorava avidamente as riquezas da região, como o petróleo, e isso levou os argelinos a lutar contra sua presença.

- **Guerra da República Democrática do Congo**: desde o final do século XIX, o Congo era uma colônia belga. Por causa das inúmeras riquezas naturais do território congolês, os belgas resistiram à independência, reprimindo os nacionalistas. Na década de 1950, o líder nacionalista Patrice Lumumba intensificou a luta anticolonialista até conseguir a independência, em junho de 1960. No entanto, os interesses econômicos ligados à exploração de minérios financiaram vários movimentos separatistas e sucessivos golpes militares, que impediram o desenvolvimento político e socioeconômico do país.

- **Guerra da Somália**: situada no chamado "chifre da África", a Somália constitui ponto de passagem dos petroleiros vindos do Golfo Pérsico, além de possuir, ele mesmo, grandes reservas petrolíferas. Por isso é disputado pelas grandes potências, que tentam se apoderar do petróleo financiando grupos tribais rivais, o que desencadeia conflitos. Esse quadro se agravou muito desde a década de 1990, quando os Estados Unidos intensificaram o envio de armas e dinheiro a grupos aliados, inclusive de países vizinhos, como a Etiópia. Tudo isso agravou a fome e a miséria da população somali.

Acima, milícia de um dos senhores somalis da guerra, em setembro de 1992.

- **Independência de Angola e Moçambique**: esses dois países são ex-colônias de Portugal que se libertaram em 1975. Ambos adotaram o socialismo durante a Guerra Fria. Desde então, durante décadas, os Estados Unidos financiaram guerrilhas antissocialistas com a intenção de expandir sua área de influência. A União Soviética já não tinha a mesma capacidade financeira para sustentar o socialismo nesses dois novos países. Em Moçambique, o conflito já se encerrou, e hoje o país passa por uma transição para o sistema capitalista. Em Angola, apesar de encerrado o conflito, ainda estão presentes as graves consequências de décadas de disputas. Seus valiosos recursos minerais, como diamantes e petróleo, continuam muito cobiçados. Quase 50% do território ainda esconde as minas terrestres, herança da Guerra Fria, que mutilam milhares de angolanos todos os anos.

- **Independência da Namíbia**: portugueses, ingleses e holandeses já haviam estado no sudoeste africano antes de 1885, quando foi encerrada a Conferência de Berlim. Realizada para promover a partilha da África, essa reunião decidiu que caberia à Alemanha a posse desse território. Dada a derrota na Primeira Guerra Mundial, a Alemanha perdeu a possessão do sudoeste africano, que acabou ocupado pela África do Sul. Na década de 1960, grupos guerrilheiros iniciaram uma luta armada de libertação, que culminou com o surgimento da Namíbia, em 1990.

## Você sabia que...

... a Namíbia é quase totalmente dominada pelo deserto do Kalahari e que a aridez do clima impôs grandes dificuldades à colonização desse território? Esse foi um dos motivos do grande descontentamento alemão com os resultados da Conferência de Berlim (1884-1885).

Deserto do Kalahari, na Namíbia, em 2008. A aridez era vista como um grave problema pelos colonizadores europeus.

- **Guerra de Biafra**: logo após conquistar a independência da Inglaterra, em 1960, etnias rivais entraram em luta pelo controle político da Nigéria. A etnia ibo decidiu, então, proclamar a independência de sua região, Biafra, em relação à Nigéria. Tropas nigerianas intervieram, então, em Biafra para evitar que esse rico território petrolífero se separasse do país. A guerra matou mais de 2 milhões de pessoas e reincorporou a região de Biafra à Nigéria.

Rua de Umuahia, cidade de Biafra, sob bombardeio da artilharia nigeriana, em abril de 1969. A Guerra de Biafra foi um dos mais violentos conflitos africanos.

## Renasce o capitalismo japonês

Um dos fatos que mais marcaram a segunda metade do século XX foi a rápida reconstrução do espaço geográfico do Japão.

Como sabemos, o Japão foi derrotado na Segunda Guerra Mundial, e muitas de suas cidades foram destruídas. Em Hiroshima e Nagasaki, alvos das bombas atômicas lançadas pelos Estados Unidos, a devastação foi total.

Após se render, o Japão permaneceu ocupado pelos EUA até 1952, quando recuperou a independência. Sua reconstrução foi financiada pelos Estados Unidos, que criaram para a Ásia e a Oceania o Plano Colombo, um plano de investimentos semelhante ao Plano Marshall, mas bem menos ambicioso.

A revitalização econômica japonesa deu-se seguindo os moldes capitalistas. A reabertura de indústrias e escolas promoveu o emprego e a capacitação educacional e tecnológica. Milhares de estudantes japoneses foram incentivados a viajar ao exterior para se aperfeiçoar.

Os trabalhadores foram envolvidos na recuperação das fábricas e estimulados a realizar horas extras. Ao mesmo tempo, foram implantados programas de controle de qualidade, voltados para analisar minuciosamente todas as mercadorias produzidas pelas indústrias. Buscava-se, assim, competir no mercado externo oferecendo produtos de melhor qualidade.

Operárias de uma fábrica de produtos eletrônicos perto de Tóquio, em 1970. O Japão inteiro se colocou a serviço da recuperação e do crescimento.

Os japoneses estavam preocupados em conquistar novos consumidores em nível mundial. O país também investiu em tecnologias revolucionárias, como a automação e a robotização, que em muitas áreas substituíam o trabalho humano.

## Os zaibatsus

No final do século XIX, o Japão passou a ser governado pelo imperador Meiji, que conduziu o Japão a uma revolução industrial.

As ricas famílias do país foram estimuladas a implantar indústrias. Em troca, teriam o monopólio dos setores em que atuassem. Por exemplo, a família Honda teve o monopólio da fabricação de motores no país.

Surgiram, desse modo, gigantescas empresas familiares conhecidas como *zaibatsus*.

Durante esse período histórico, chamado de **Era Meiji**, o espaço geográfico japonês se modernizou. A população deixou os campos e migrou para as cidades, que cresceram muito.

Na década de 1950, a produção industrial japonesa retomou uma franca recuperação, e os recursos do Plano Colombo já estavam sendo aplicados em educação e tecnologia.

Os *zaibatsus* se reorganizaram. A existência de mão de obra especializada aumentou a produtividade, baixando os custos.

Nas décadas de 1960 e 1970, o Japão completou sua política de reconstrução, implantando um ambicioso projeto que o transformou numa poderosa Plataforma de Exportações.

Uma das consequências mais importantes foi a gigantesca expansão das exportações japonesas. Ano após ano elas cresciam, e o país acumulava os recursos provenientes de uma balança comercial sempre favorável. Graças aos seus gigantescos superávits comerciais, o Japão passou a ter recursos suficientes para comprar de outros países as matérias-primas de que sempre precisou.

**Balança comercial**

Chama-se **balança comercial** a diferença entre o total de recursos obtidos pelas exportações e aqueles gastos com as importações.

Quando esse saldo é positivo, a balança comercial é superavitária. Caso contrário, é deficitária.

A balança comercial do Japão foi superavitária por décadas. Esse fato transformou o país na segunda maior economia mundial. Um exemplo dessa realidade é a presença de vários bancos japoneses na relação dos maiores do mundo.

Lembre-se de que os bancos são uma referência de riqueza, pois neles são armazenados os recursos financeiros acumulados pelos grandes empresários.

## Os países não alinhados

Nas primeiras décadas após a Segunda Guerra Mundial, diversos países da Ásia e da África conquistaram sua independência.

O processo de independência desses países é chamado, geralmente, de **descolonização afro-asiática**, pois o que ocorreu, na maioria dos casos, foi a retirada dos governos representantes dos europeus.

Dentre as principais causas da descolonização, destacam-se:

- A luta de líderes africanos que, desde o início do século XX, se dedicaram à libertação de seus países.
- As antigas potências europeias, muito abaladas pela Segunda Guerra, não dispunham dos recursos financeiros necessários à manutenção de funcionários, soldados e empresas nos territórios africano e asiático.

Mahatma Gandhi foi líder espiritual e político do movimento de independência da Índia, no continente asiático. Na foto, Gandhi ora com a multidão, em 1944. Grande parte da população mundial simpatizava com o movimento libertário liderado por ele, que pregava o não uso da violência.

- Especialmente na África, os Estados Unidos e a União Soviética apoiavam os movimentos libertários. Seu objetivo era herdar a dominação dessas áreas, que era exercida pelas antigas potências europeias até a Segunda Guerra Mundial.
- Muitos países africanos, quando surgiram, mantiveram as fronteiras que haviam sido desenhadas pelos colonizadores europeus. Essa situação colocou no território de um mesmo país etnias diferentes, que, em quase todos os casos, acabaram lutando entre si pelo poder.

Conclui-se, assim, que a independência não trouxe soberania para a grande maioria das nações africanas e asiáticas: apesar de livres politicamente, esses países continuavam dependentes economicamente das empresas e dos interesses dos países ricos.

Para tentar resolver esses problemas, em 1955 foi realizada uma reunião que ficou conhecida como Conferência de Bandung, na Indonésia. Nesse encontro, os líderes de alguns países africanos e asiáticos discutiram formas de evitar sua dependência econômica e de lutar contra a influência política, econômica e militar exercida pelas superpotências, Estados Unidos e União Soviética.

A maioria dos países participantes dessa Conferência não queria se aliar a nenhuma das duas superpotências. Por isso, esses países passaram a ser identificados como não alinhados. Esse grupo de países (não alinhados) foi também apelidado de "Terceiro Mundo".

**A origem do termo *Terceiro Mundo*** Os jornalistas franceses que cobriam a Conferência de Bandung usaram esse termo baseando-se na classificação recém-criada (1952) pelo demógrafo francês Alfred Sauvy, que comparou os países pobres ao *Terceiro Estado* da França pré-revolucionária, que agrupava os políticos eleitos pelos camponeses e pequenos comerciantes (ou seja, que não representava o clero – Primeiro Estado – nem a nobreza – Segundo Estado).

Vista de trânsito na cidade de Bandung (Indonésia), no final da década de 1980.

Aos dois mundos da ordem bipolar somava-se agora um terceiro. Veja:
- O Primeiro Mundo era formado pelos países capitalistas desenvolvidos, liderados pelos Estados Unidos.
- O Segundo Mundo reunia os países socialistas, sob influência da União Soviética.
- O Terceiro Mundo era formado pelos países pobres que buscavam se desenvolver.

O termo **Terceiro Mundo** popularizou-se ao longo dos anos. Mas os objetivos da Conferência de Bandung jamais foram alcançados. Esses países não conseguiram escapar à influência das grandes potências. Pelo contrário, sua dependência econômica se aprofundou, gerando enormes problemas sociais e econômicos.

Mantida a bipolaridade, o termo Terceiro Mundo passou a ser sinônimo de subdesenvolvimento.

## Várias explicações para um mesmo problema

*Subdesenvolvimento* é um termo criado para mostrar que determinado país ou região tem dificuldades econômicas e sociais.

Muitas teorias propõem diferentes causas e soluções para o subdesenvolvimento. Uma delas é defendida pelos neoliberais, que acreditam que o Estado deve intervir o mínimo possível na economia, especialmente em atividades produtivas, como a indústria.

Para o neoliberalismo, o subdesenvolvimento é somente uma fase da história de alguns países. Acredita que essa situação de carência pode ser superada quando as empresas privadas controlarem toda a economia. Isso geraria mais empregos, tirando a população da miséria.

Influenciados por essa teoria, muitos analistas chamam os países pobres de "países em desenvolvimento", para passar a ideia de que uma mudança é possível ao longo do tempo.

Entretanto, pensadores como o brasileiro Celso Furtado consideram que o subdesenvolvimento resulta dos problemas internos dos países pobres, como concentração de renda e de terras, falta de democracia, desemprego, corrupção, e não apenas da tradicional exploração econômica internacional iniciada durante a colonização. O subdesenvolvimento só será superado, segundo esses estudiosos, quando a sociedade se organizar e reivindicar dos governantes medidas para acabar com a pobreza.

Esses pensadores ficaram conhecidos como **estruturalistas**, pois acreditam que, ao alterar as estruturas econômicas, sociais e políticas de um país, pode-se chegar ao desenvolvimento. Por exemplo, no Brasil, essa linha de pensamento gerou a criação da Superintendência para o Desenvolvimento do Nordeste (Sudene), em 1959, para promover o desenvolvimento do Nordeste, a região mais carente do país.

Já outro grupo de pensadores afirma que o subdesenvolvimento resulta do desenvolvimento desigual entre países ricos e pobres. Eles acreditam que somente o rompimento dessa relação de dependência dos países pobres poderia acabar com a situação de subdesenvolvimento. A ideia defendida por eles ficou conhecida como "Teoria da Dependência".

## Uma nova Divisão Internacional do Trabalho

O final da Segunda Guerra Mundial foi acompanhado de enormes mudanças no espaço geográfico.

Grandes empresas, geralmente sediadas em países ricos, ampliaram sua participação na economia do mundo, criando filiais em muitos países pobres. Surgiam, assim, as transnacionais.

**Multinacionais X transnacionais**

O termo *empresa multinacional*, apesar de muito usado, é impreciso, pois dá a ideia de que a empresa tem várias sedes, distribuídas por diversos países.

O termo *empresa transnacional* é mais adequado, pois dá a noção correta de que essa empresa transpôs as fronteiras de seu país de origem, criando filiais em outros países.

A chegada das transnacionais aos países subdesenvolvidos deu origem a uma outra Divisão Internacional do Trabalho.

## Lembre-se

Por **Divisão Internacional do Trabalho** entende-se que cada país desempenha uma função específica na economia mundial.

No final do século XVIII, por exemplo, época da Revolução Industrial, o papel das colônias consistia em fornecer matérias-primas às metrópoles, que, por sua vez, deviam transformá-las em produtos industrializados para serem vendidos ao mundo todo.

Então, vamos conhecer a nova Divisão Internacional do Trabalho.

A fim de fortalecerem o sistema capitalista, muitas indústrias dos países ricos se instalaram nos países pobres, que ofereciam vantagens como:
- matérias-primas abundantes (madeira, minério de ferro, bauxita, petróleo etc.);
- grande número de trabalhadores braçais com baixa escolaridade, que constituíam mão de obra barata;
- mercado consumidor em expansão;
- incentivos governamentais, como a doação de terrenos e a isenção de muitos impostos.

Segundo os governantes de muitos países subdesenvolvidos, os incentivos fiscais se justificavam porque, ao atraírem transnacionais, gerariam mais empregos e elevariam a qualidade de vida da população.

A política econômica voltada para a atração de transnacionais ficou conhecida como "abertura econômica". Segundo os Estados Unidos, trata-se de uma forma de expandir o capitalismo em nível mundial.

## Mais um produto do capitalismo internacional: o Gatt

Após a Segunda Guerra Mundial, os Estados Unidos e seus aliados capitalistas preocuparam-se em reorganizar a economia mundial.

Desde a década de 1940, o comércio internacional motivava inúmeras reuniões. Uma dessas reuniões deu origem ao Gatt (sigla em inglês que significa Acordo Geral de Tarifas e Comércio). Daí por diante os países capitalistas discutiriam as questões relacionadas à economia e ao comércio internacionais conforme as regras estabelecidas no Gatt. Assuntos como as tarifas alfandegárias passaram a ser discutidos em intermináveis rodadas de negociações que duravam semanas ou, às vezes, meses.

## O "choque do petróleo", um duro golpe no capitalismo

Na segunda metade do século XX, houve um notável avanço da industrialização, dos meios de transporte e das trocas comerciais: surgiram novas máquinas, as ferrovias e as rodovias se ampliaram, e os navios tornaram-se cada vez mais rápidos e maiores.

Todos esses avanços basearam-se no uso cada vez mais intenso de fontes de energia, em especial do petróleo.

O petróleo começou a ser extraído em maiores quantidades no Oriente Médio no final do século XIX. A região abriga ainda algumas das maiores jazidas mundiais.

Foram as empresas transnacionais, especialmente as inglesas, que iniciaram a exploração desse recurso. Perfuravam poços e mais poços de petróleo nos países do Oriente Médio e pagavam, pelo barril retirado, valores ínfimos aos governos desses países.

Para defender os interesses dos países produtores de petróleo, foi fundada, em 1960, a Organização dos Países Exportadores de Petróleo (Opep). A organização funciona como um cartel, ou seja, todos os países-membros estipulam um mesmo valor para comercializar o produto.

## Conflito árabe-israelense

Logo após a Segunda Guerra Mundial, milhões de judeus migraram para as terras ancestrais na Palestina, que haviam abandonado há 2 mil anos.

Ocorre que essas terras já estavam ocupadas então por árabes muçulmanos, que entraram em conflito com os judeus.

Em 1948, a ONU reconheceu o Estado de Israel como lar nacional judeu, gerando revolta em todos os países árabes do Oriente Médio.

As tensões continuam até os dias atuais. Os árabes acusam os judeus de invadirem suas terras; os judeus acusam os árabes de serem intolerantes por não reconhecerem seu direito histórico sobre aquelas terras.

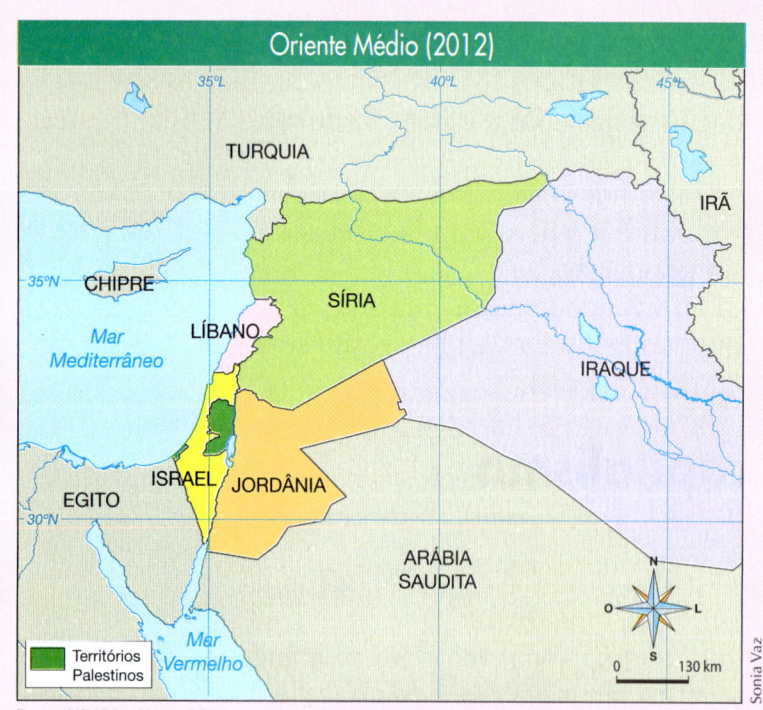

Fonte: GIRARDI, Gisele; ROSA, Jussara Vaz. *Atlas geográfico do estudante*. São Paulo: FTD, 2011.

Cercado por países de maioria muçulmana, Israel é visto como um país imposto ao mundo árabe pelos estrangeiros.

Após anos de conflitos entre árabes e israelenses, a situação atingiu um nível de tensão insuportável. Em 1973, após mais um violento conflito, que ficou conhecido como Guerra do Yom Kippur (Dia do Perdão Judaico), os países árabes foram mais uma vez derrotados por Israel.

Essa situação, por si só, acarretaria aumento do preço do petróleo, uma vez que os custos de transporte cresciam em virtude dos riscos que os petroleiros corriam ao atravessar a região.

Os preços subiriam naturalmente, já que muitas das vias de passagem ficaram fechadas aos grandes navios petroleiros. Mas o preço do petróleo subiu muito mais do que o esperado, pois os líderes da Opep aproveitaram a tensão política para decretar o chamado "choque do petróleo".

Num gesto claramente favorável ao mundo árabe, em detrimento dos demais países do mundo, a Opep impôs um aumento substancial do preço do petróleo.

Como o petróleo está na origem de uma infinidade de bens de consumo, bens intermediários e bens de produção, ocorreu um efeito cascata, isto é, a elevação do seu preço desencadeou a elevação dos preços de todas as mercadorias.

Esse rearranjo brusco dos preços mundiais alterou radicalmente a estrutura do sistema capitalista: em quase todos os países, empresas faliram, o petróleo foi racionado, e o desemprego cresceu.

Seriamente abalado, o capitalismo precisou efetuar muitas mudanças para se adaptar.

Foram feitos investimentos cada vez maiores no desenvolvimento de novas fontes de energia. As empresas buscavam mais eficiência para diminuir os custos, estimulando pesquisas científicas cada vez mais avançadas. Foram adotadas todas as opções válidas para fugir da total dependência do petróleo ou para conviver com os elevados preços dessa fonte de energia e das matérias-primas.

## A Terceira Revolução Industrial

Na segunda metade do século XX, os Estados Unidos e seus maiores aliados – a Europa e o Japão – destinaram enormes recursos à pesquisa e ao desenvolvimento de produtos e métodos de produção mais eficientes.

Consequentemente, foram registradas grandes mudanças em todo o mundo capitalista na década de 1970. Novos estudos deram outras aplicações a materiais já existentes, como os plásticos e o náilon; a integração da ciência à produção fez surgirem medicamentos mais eficientes, desenvolver-se a robótica, a química, a biotecnologia e os equipamentos de telecomunicações, além da microinformática e da microeletrônica. Esses itens passaram a integrar uma lista enorme de novos produtos, que se tornaram sinônimos de tecnologia. Tinha início, assim, a Terceira Revolução Industrial.

Na verdade, muitos desses novos materiais apareceram durante a Segunda Guerra. Só após o fim desse conflito foi possível redirecionar essas novas tecnologias para a pesquisa e o desenvolvimento de bens de consumo que passaram a fazer parte de nosso cotidiano: plásticos especiais, tecidos mais leves, remédios mais eficientes etc.

Inovações tecnológicas melhoraram os sistemas de comunicação e de transporte, acelerando o comércio mundial. O avanço da engenharia permitiu a construção de navios maiores, mais leves e rápidos, pois muitas estruturas antes feitas de aço passaram a ser construídas com ligas metálicas leves e produtos sintéticos, como os plásticos.

Aumentaram a diversidade e a quantidade de mercadorias transportadas de um lado para o outro do mundo. Os terminais de carga nos portos e aeroportos estão permanentemente lotados graças ao constante embarque e desembarque dos mais variados produtos.

Essa facilidade de transporte trouxe como consequência uma intensa disputa comercial envolvendo os maiores países capitalistas do mundo.

Os avanços da economia japonesa – houve uma invasão de produtos eletrônicos japoneses em quase todo o mundo – provocaram mudanças na produção mundial de mercadorias. As empresas buscaram eficiência e qualidade para se manter na disputa comercial.

Produtos de qualidade superior surgiram em todos os setores industriais. Os preços de muitas mercadorias caíram, uma vez que as empresas começaram a investir em métodos modernos de produção, evitando o desperdício de tempo e dinheiro.

Computadores e robôs foram incorporados ao trabalho, consolidando definitivamente a Terceira Revolução Industrial, liderada por três países: Japão, Alemanha e Estados Unidos.

À esquerda, linha de montagem da Ford nos EUA, em 1935. À direita, linha de montagem da Ford nos EUA, com 380 robôs, em 2005. Tecnologias revolucionárias substituíram a mão de obra operária, produzindo mudanças na estrutura e nas relações do trabalho.

Dessa forma, no final dos anos 1970 e início dos anos 1980, o mercado mundial ficou mais competitivo, principalmente entre os países capitalistas desenvolvidos.

O espaço geográfico mundial mudava rapidamente. A economia e as relações internacionais davam mostras evidentes de alteração.

Um sinal dessa mudança era a crise socioeconômica pela qual passava a União Soviética, uma das superpotências, que se agravava a olhos vistos. Estudaremos esse fato no próximo capítulo.

## Ler para entender

O pernambucano Josué de Castro estudou Medicina, mas sua verdadeira paixão era a Geografia.

Nos anos 1930, Castro se tornou professor de Geografia Humana na Faculdade de Filosofia e Ciências Sociais do Recife. Entre os anos 1940 e 1964, já consagrado como um dos principais pensadores brasileiros, lecionou na Universidade do Brasil, no Rio de Janeiro. Foi um dos principais pesquisadores do tema da fome. Seus trabalhos de pesquisa são usados até hoje como referência pela ONU, onde atuou como embaixador do Brasil. Faleceu em 1973, mas sua herança intelectual é respeitadíssima em todo o mundo.

O geógrafo pernambucano Josué de Castro (1908-1973), em foto de 1959.

Leia, a seguir, opiniões de Josué de Castro sobre o subdesenvolvimento e parte da letra da música de Chico Science, que faz referência a esse importante pensador brasileiro.

Os países do Terceiro Mundo são subdesenvolvidos, não por razões naturais – pela força das coisas – mas por razões históricas – pela força das circunstâncias. Circunstâncias históricas desfavoráveis, principalmente o colonialismo político e econômico que manteve estas regiões à margem do processo da economia mundial em rápida evolução.

Na verdade, o subdesenvolvimento não é a ausência de desenvolvimento, mas o produto de um tipo universal de desenvolvimento mal conduzido. É a concentração abusiva de riqueza – sobretudo neste período histórico dominado pelo neocolonialismo capitalista que foi o fator determinante do subdesenvolvimento de uma grande parte do mundo: as regiões dominadas sob a forma de colônias políticas diretas ou de colônias econômicas.

[...]

Esta tremenda desigualdade social entre os povos divide economicamente o mundo em dois mundos diferentes: o mundo dos ricos e o mundo dos pobres, o mundo dos países bem desenvolvidos e industrializados e o mundo dos países proletários e subdesenvolvidos. Este fosso econômico divide hoje a humanidade em dois grupos que se entendem com dificuldade: o grupo dos que não comem, constituído por dois terços da humanidade, e que habitam as áreas subdesenvolvidas do mundo, e o grupo dos que não dormem, que é o terço restante dos países ricos, e que não dormem, com receio da revolta dos que não comem.

[...]

CASTRO, Josué de. *Desenvolvimento e subdesenvolvimento*.
Disponível em: <www.josuedecastro.com.br/port/desenv.html>.
Acesso em: 20 maio 2012.

### Da lama ao caos

[...]
Oh Josué, eu nunca vi tamanha desgraça
Quanto mais miséria tem, mais urubu ameaça
[...]
Com a barriga vazia
Não consigo dormir
E com o bucho mais cheio comecei a pensar
Que eu me organizando posso desorganizar
Que eu desorganizando posso me organizar
[...]

Chico Science e Nação Zumbi

Chico Science & Nação Zumbi. *Da lama ao caos*.
São Paulo: Chaos/Sony Music, 1994. CD, faixa 7.

## Vamos ver se você entendeu

1. Qual é a causa do subdesenvolvimento apontada pelo professor Josué de Castro?

2. Quais são as consequências dessa situação para os países mais pobres, segundo Josué de Castro?

3. A letra da música faz uma referência ao professor Josué de Castro. Que crítica é exposta no trecho dessa música?

## Criar e entender

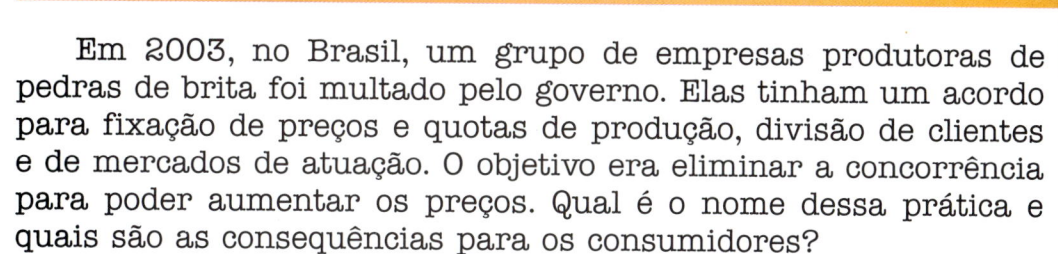

Em 2003, no Brasil, um grupo de empresas produtoras de pedras de brita foi multado pelo governo. Elas tinham um acordo para fixação de preços e quotas de produção, divisão de clientes e de mercados de atuação. O objetivo era eliminar a concorrência para poder aumentar os preços. Qual é o nome dessa prática e quais são as consequências para os consumidores?

## Refletindo sobre o tema

Afirmações de Nicholas Negroponte, um dos maiores especialistas em informática do mundo: "Vivemos hoje um mundo fora do espaço geográfico convencional. A era da pós-informação é uma era onde não há um determinado espaço geográfico para as diferentes tarefas da vida cotidiana. Fazer compras em um *shopping center*, encontrar uma pessoa especial, assistir a um filme, ouvir aquela música favorita, tudo pode ser realizado através de um simples clic no *mouse* do computador. A vida digital exigirá cada vez menos que você esteja num determinado lugar em determinada hora, a transmissão do próprio lugar vai começar a se tornar realidade".

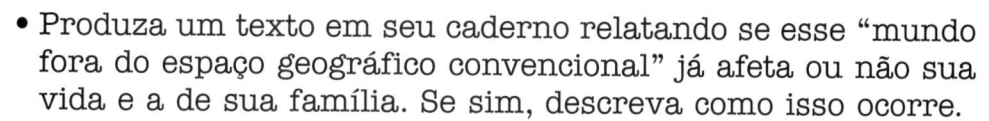

- Produza um texto em seu caderno relatando se esse "mundo fora do espaço geográfico convencional" já afeta ou não sua vida e a de sua família. Se sim, descreva como isso ocorre.

## Vamos pesquisar

Procure em livros, jornais, revistas ou na internet o que significa *automação industrial*. Quais são suas características? Como a automação vem sendo implantada no Brasil?

## De olho no mapa

**1.** Este mapa simula a destruição resultante de um eventual enfrentamento entre os **Estados Unidos** e a **União Soviética** durante a Guerra Fria. Explique por que o poderio militar das superpotências inspirou a frase "equilíbrio do terror" nesse período.

Fonte dos mapas: BARRACLOUGH, Geoffrey (Ed.). *Atlas da história do mundo*. São Paulo: Folha de S.Paulo/The Times, 1995.

**2.** O mapa abaixo mostra os **recursos do Plano Marshall** investidos em cada um dos **países europeus**. Justifique a distribuição geográfica desses recursos pelo continente.

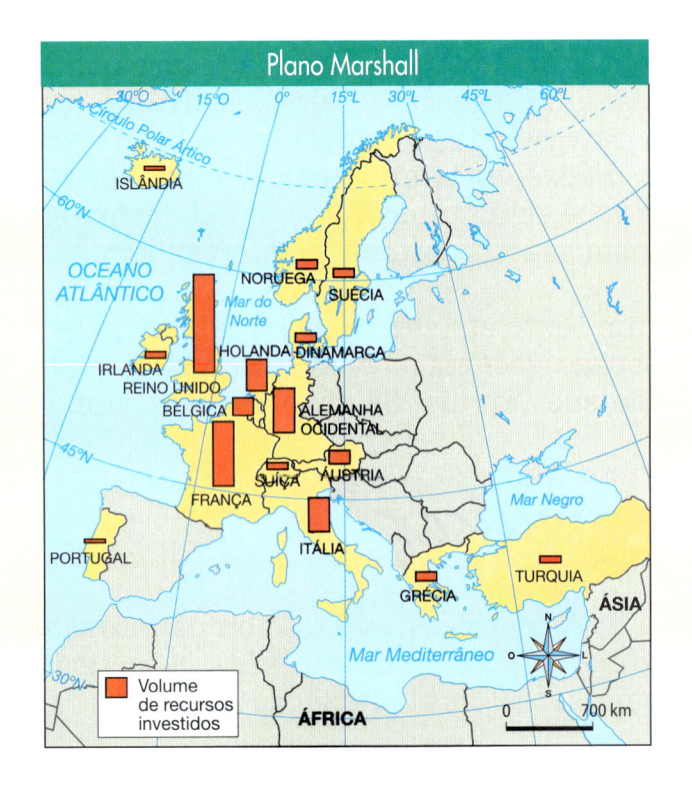

**3.** Este mapa foi muito popular durante a Guerra Fria. Com o auxílio de um atlas e de acordo com o que aprendeu neste capítulo, relacione:

a) os principais aliados dos Estados Unidos;

b) os principais aliados da União Soviética.

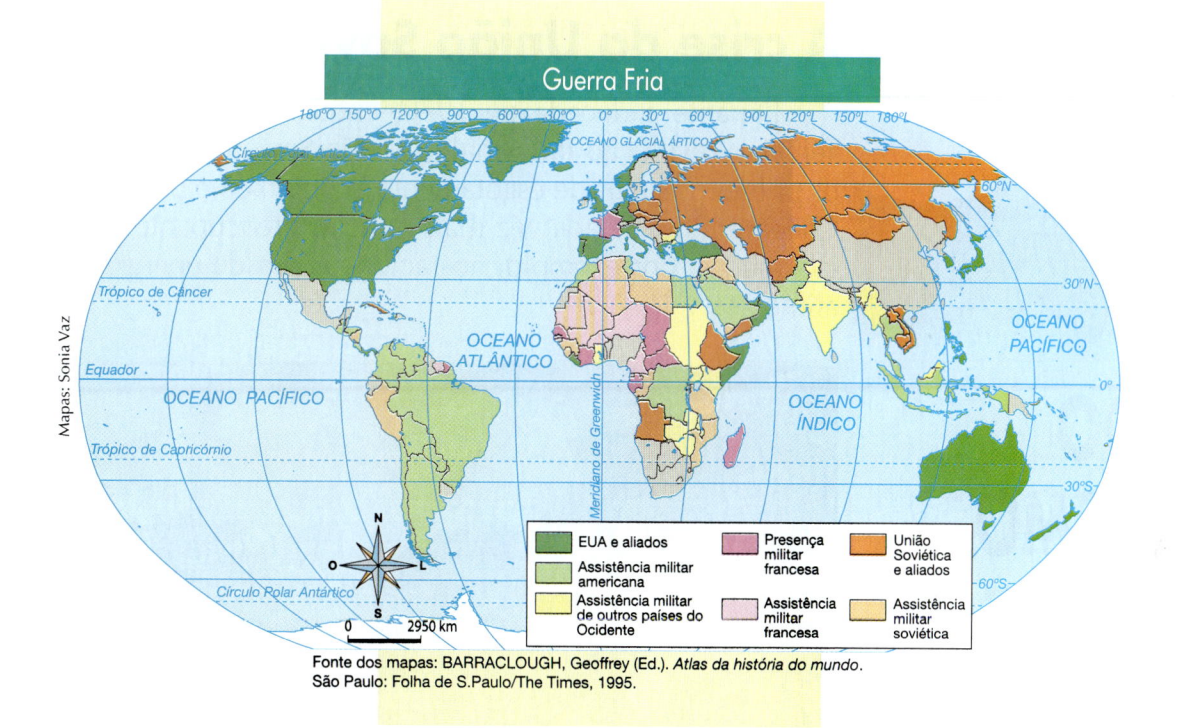

*Guerra Fria*

Legenda:
- EUA e aliados
- Assistência militar americana
- Assistência militar de outros países do Ocidente
- Presença militar francesa
- Assistência militar francesa
- União Soviética e aliados
- Assistência militar soviética

Fonte dos mapas: BARRACLOUGH, Geoffrey (Ed.). *Atlas da história do mundo*. São Paulo: Folha de S.Paulo/The Times, 1995.

**4.** Os países representados em verde chegaram a optar por uma linha de desenvolvimento separada dos Estados Unidos e da União Soviética. Como foi denominado esse grupo de países?

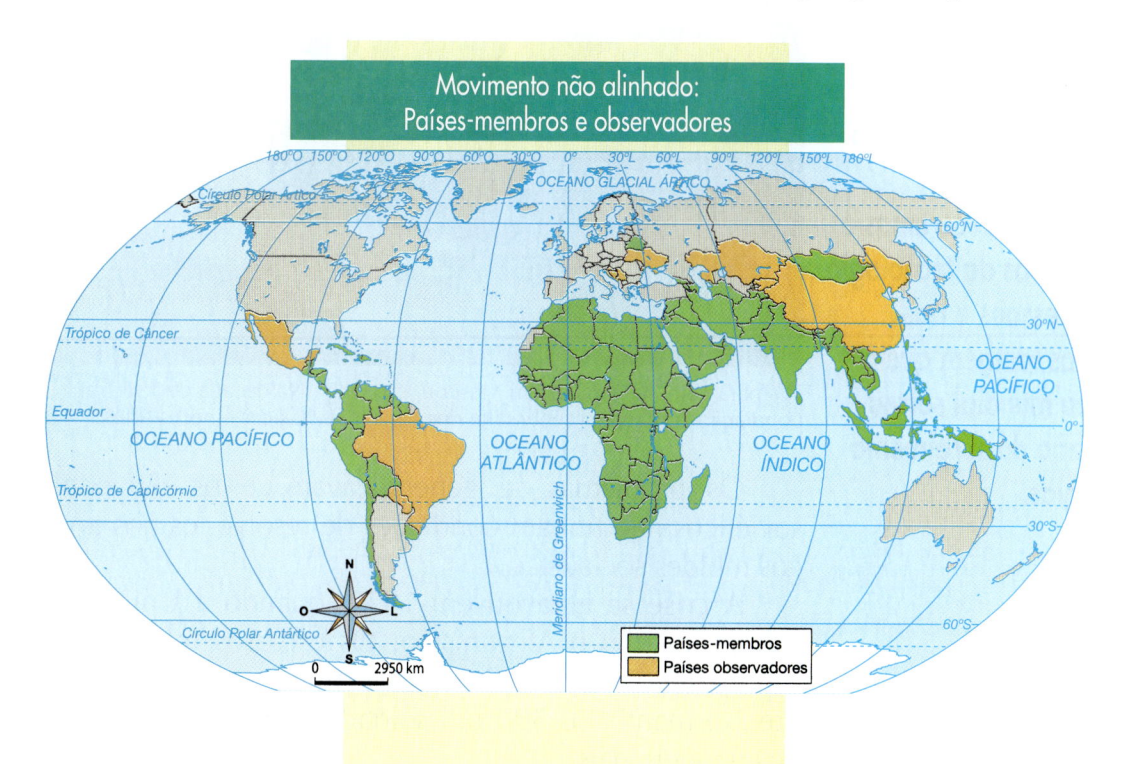

*Movimento não alinhado: Países-membros e observadores*

Legenda:
- Países-membros
- Países observadores

# CAPÍTULO 3

# O FIM DO SOCIALISMO SOVIÉTICO E A NOVA ORDEM MUNDIAL

O fim da União Soviética, em 1991, foi acompanhado por grandes transformações no sistema capitalista.

Neste capítulo, conheceremos a evolução e os impactos da tecnologia no cotidiano das pessoas e das empresas. Veremos também que o espaço geográfico mundial sofreu alterações em razão do surgimento de novas tecnologias.

## A crise da União Soviética

Durante a década de 1970, enquanto começava a Terceira Revolução Industrial, a União Soviética mostrou os primeiros sinais de esgotamento econômico e político. Chegavam de lá cada vez mais notícias preocupantes relacionadas, por exemplo, ao racionamento de energia e alimentos.

Fila para comprar sapatos em Moscou, em 1987. Na década de 1980, a população começou a sentir falta dos bens mais básicos e necessários.

Os problemas se generalizavam, e os dirigentes soviéticos não tinham condições de resolvê-los nos antigos moldes socialistas.

A crise se agravou em 1979, quando a União Soviética invadiu o Afeganistão. Os escassos recursos da superpotência foram diminuídos ainda mais porque era preciso manter os 500 mil soldados soviéticos acampados naquele país.

Acima, um comboio de tanques deixa Cabul, no Afeganistão, rumo à União Soviética, em maio de 1988. Os recursos para sustentar a enorme máquina de guerra soviética foram desviados do atendimento à população.

A crise soviética tinha causas bem específicas, que agravaram as condições socioeconômicas da população. Dentre essas causas, destacavam-se:
- a maior parte dos recursos era consumida pelo setor militar, sob a justificativa de que era necessário combater o sistema capitalista e vencer a Guerra Fria;
- a indústria de bens de consumo não atendia às necessidades da população, que geralmente era abastecida com produtos de baixa qualidade;
- os dirigentes do Partido Comunista (partido único) tomavam decisões importantes sem consultar a população, o que deixava a população e os trabalhadores desmotivados, gerando baixa produtividade;
- não havia liberdade de expressão, ou seja, as pessoas não tinham o direito de expressar publicamente suas críticas ao regime.

Em meados da década de 1980, a situação socioeconômica da União Soviética se tornou insustentável. As mercadorias disponíveis para a população ficaram ainda mais escassas, e as que existiam eram pouco duráveis.

Consequentemente, uma insatisfação crescente dominava o dia a dia da população.

À esquerda, carros Lada recém-fabricados, em 1991. À direita, o caça SU-27, na década de 1990. A qualidade dos bens produzidos para a população era muito inferior à dos produtos da indústria militar.

Em 1985 Mikhail Gorbatchev foi escolhido para governar a União Soviética e surpreendeu o mundo com um projeto de grandes mudanças para seu país.

Dentre as reformas propostas por Gorbatchev, destacavam-se dois projetos importantes:
- a Glasnost (transparência política): conjunto de medidas que propunham combate à corrupção, fim da censura e debate público das decisões do governo.
- a Perestroika (reestruturação da economia): programa de reformas econômicas cuja finalidade era aumentar a produtividade das empresas. A função desse projeto era incentivar as empresas mais produtivas e estimular a formação de cooperativas de produtores independentes. Lembre-se de que, até então, o Estado controlava praticamente toda a economia e a produção;

Contudo, aparentemente, essas medidas foram tardias.

Desconfiada e cansada, a população não apoiou integralmente esses projetos de mudança. Além disso, membros da elite do Partido Comunista consideraram essas reformas uma ameaça ao seu poder. Havia também um outro obstáculo, bem maior: a resistência de uma parcela considerável da população, que não queria mais o socialismo soviético.

## As mudanças no bloco socialista

Durante as décadas de 1970 e 1980, outros países socialistas, aliados da União Soviética, passaram por crises semelhantes.

Vamos conhecer alguns casos importantes de mudanças políticas e econômicas ocorridos no Segundo Mundo (mundo socialista):

- Em 1979, grandes greves pararam a Polônia, onde os trabalhadores reivindicavam melhor qualidade de vida e mais democracia. O governo reprimiu esse movimento, mas não pôde impedir a ocorrência de eleições livres, e a Polônia foi o primeiro país do bloco socialista a acabar com o monopólio do Partido Comunista.
- Em 1989, o unipartidarismo acabou também na Tchecoslováquia, graças a intensas reivindicações populares. Em 1992, os novos deputados decidiram separar a federação, dando origem a dois novos países, a República Tcheca e a Eslováquia. A separação foi efetivada em 1º de janeiro de 1993.
- Em 1989, a crise econômica da Alemanha Oriental levou milhares de pessoas a emigrar. Muitos alemães orientais buscaram trabalho nos países capitalistas, simplesmente para comprar alimentos e outras mercadorias necessárias à sobrevivência. Essa situação dramática levou à queda do Partido Comunista da Alemanha Oriental, em novembro daquele ano. Em dezembro, a própria população derrubou um dos maiores símbolos da Guerra Fria, o Muro de Berlim. Tais fatos levaram à reunificação da Alemanha em 1990.

Somadas à crise interna, essas mudanças do bloco socialista aumentaram a tensão na União Soviética. Militares e políticos não se entendiam sobre o futuro do país.

Em 1991, Boris Yeltsin, recém-eleito presidente da Rússia (a mais importante das repúblicas soviéticas), selou um novo acordo com as demais repúblicas. Apoiado pela maioria dos líderes políticos, esse acordo decretou o fim da União Soviética e, ao mesmo tempo, a criação da Comunidade dos Estados Independentes (CEI).

O tratado que extinguiu a União Soviética conferiu liberdade econômica a cada uma de suas ex-repúblicas. Possibilitou também a eleição livre de seus próprios governantes e permitiu que cada república tivesse sua bandeira, seu exército e seu hino.

Uma multidão de alemães orientais passa para o outro lado em brecha aberta no Muro de Berlim, em novembro de 1989. A queda do Muro de Berlim constitui o principal símbolo do fim da Guerra Fria.

Em poucos anos configurou-se um novo mapa político mundial. As principais mudanças ocorreram na Europa Oriental e na Ásia Central, onde se concentrava a maioria dos países socialistas do Segundo Mundo.

**CEI**   A Comunidade dos Estados Independentes (CEI) constitui uma organização supranacional que reúne 11 das 15 antigas repúblicas soviéticas.

O maior problema desse bloco econômico é que grande parte de seus membros ainda depende muito da economia da Rússia. Este país é fundamental para os demais membros da CEI porque possui vastos recursos naturais, como gás e petróleo, e tem um grande mercado consumidor (mais de 150 milhões de habitantes).

Não ingressaram na CEI três ex-repúblicas soviéticas: Lituânia, Letônia e Estônia, países banhados pelo mar Báltico. Preferiram se aproximar dos ricos países da Europa Ocidental e hoje fazem parte da União Europeia.

Estados-membros da URSS (1990)

Fonte dos mapas: ATLANTE Geografico De Agostini. Novara: Istituto Geografico De Agostini, 2004.

Comunidade dos Estados Independentes — CEI (1991)

Observe o surgimento dos novos países que antes estavam inseridos na URSS.

# O início da Nova Ordem Mundial

No início da década de 1990, o mundo havia mudado muito. O colapso da União Soviética e do socialismo real levou ao fim da Guerra Fria.

O colapso do bloco socialista atraiu o interesse dos países capitalistas ricos, que passaram a defender a abertura do mercado dos antigos países socialistas. Essa "abertura econômica" permitiria que a população desses países comprasse produtos importados das potências capitalistas, o que aumentaria significativamente o número de consumidores dos produtos das grandes empresas sediadas no Primeiro Mundo.

Essa corrida a um novo mercado desencadeou maior concorrência comercial em todo o mundo.

Muitas empresas passaram a investir maciçamente em novas tecnologias, sobretudo nas áreas de automação e informação, para desenvolver mercadorias melhores e mais baratas.

Em meio a essa nova situação internacional, um acontecimento chamou a atenção do mundo todo: em agosto de 1990, o Iraque invadiu o Kuwait. Dentre as razões dessa investida militar, destacam-se:

- a falência da economia iraquiana, arrasada após 10 anos de guerra contra o Irã;
- a tentativa de anexação do Kuwait, historicamente reivindicado como território iraquiano;
- a existência de poços de petróleo fronteiriços, que acirravam as disputas territoriais entre os dois países vizinhos.

Provavelmente, Saddam Hussein, o líder iraquiano, acreditava que não haveria reação armada por parte de outros países, mas não foi o que aconteceu.

A invasão gerou uma apreensão generalizada em todo o planeta, uma vez que o Kuwait é um dos maiores exportadores de petróleo do mundo.

Aproveitando a grande tensão internacional, os Estados Unidos lideraram uma coalizão internacional para expulsar as tropas iraquianas do Kuwait, pois havia o temor de que Saddam Hussein ampliasse seus domínios sobre toda a região petrolífera do Golfo Pérsico.

A região onde está localizado o Kuwait é conhecida como Golfo Pérsico e responde por mais de 50% das exportações mundiais de petróleo.

Fonte: VALLAUD, Pierre; AYCARD, Mathilde. Atlas historique. Paris: Perrin, 1999.

## Você sabia que...

... os Estados Unidos importam em torno de 60% do total do petróleo que consomem? Uma parte importante desse volume de petróleo é fornecida por diversos países do Oriente Médio.

Essa dependência norte-americana do petróleo do Oriente Médio explica a preocupação dos sucessivos governos dos Estados Unidos em relação a essa região.

Em janeiro de 1991, os Estados Unidos iniciaram uma ofensiva militar contra as tropas iraquianas que se encontravam no Kuwait.

Essa operação, chamada de "Tempestade no Deserto", não contou com a participação da União Soviética, que já demonstrava forte declínio político e econômico.

A ausência da União Soviética nessa questão levou o presidente dos Estados Unidos, George H. W. Bush, a afirmar que naquele momento tinha início uma nova fase nas relações internacionais.

### Em direção à Nova Ordem Mundial

Leia a seguir um pequeno trecho do discurso do então presidente George H. W. Bush, pai do ex-presidente George W. Bush, em 11 de setembro de 1990:

"Essa crise no Golfo Pérsico [...] oferece uma rara oportunidade de avançarmos para um período histórico de cooperação. A partir desses tempos trabalhosos, [...] uma Nova Ordem poderá emergir, [...] em que as nações do mundo, do Oriente e do Ocidente, do Norte e do Sul, poderão prosperar e viver em harmonia [...] Hoje, um novo mundo está lutando para nascer."

De fato, naquele momento as relações internacionais já eram muito diferentes daquelas dos tempos da Guerra Fria.

## Surge a globalização neoliberal

A concorrência comercial cresceu muito já na década de 1980. Para enfrentá-la, os Estados Unidos e o Reino Unido diminuíram sensivelmente o investimento de recursos nas áreas sociais. As empresas estatais foram privatizadas, e o poder dos sindicatos foi reduzido. Restringiram-se os gastos com aposentadorias e com o seguro-desemprego. A contenção atingiu também a educação e a saúde.

Na época, Ronald Reagan (presidente dos Estados Unidos, de 1981 a 1989) e Margaret Thatcher (primeira-ministra da Inglaterra, de 1979 a 1990) acreditavam que essas medidas aumentariam a produção de toda a economia. Os recursos economizados poderiam ser destinados ao financiamento de empresas geradoras de emprego, e mais empregos e salários elevariam a qualidade de vida de toda a população.

## Você sabia que...

... o conjunto das medidas adotadas por Reagan e Thatcher recebeu o nome de **neoliberalismo**. Afinal, seu intuito principal era restringir e minimizar a participação do Estado nas atividades econômicas, como pregava o liberalismo, teoria econômica elaborada por Adam Smith no século XVIII.

Na década de 1980, Reagan e Thatcher propuseram procedimentos neoliberais que, no conjunto, ficaram conhecidos como Consenso de Washington.

## O Consenso de Washington

No final da década de 1980, o economista norte-americano John Williamson criou o termo **Consenso de Washington**.

Tratava-se de um conjunto de recomendações para que os países pobres e endividados melhorassem suas condições socioeconômicas.

Eis as principais propostas do Consenso de Washington:
- reduzir os gastos governamentais;
- diminuir os impostos pagos pelos cidadãos e pelas empresas;
- promover a abertura econômica, permitindo a entrada de produtos estrangeiros;
- eliminar as restrições à entrada de capital estrangeiro;
- privatizar empresas estatais;
- desregulamentar a economia. Por exemplo, eliminando as leis trabalhistas. No caso brasileiro, essas leis, segundo alguns economistas, favorecem demais os trabalhadores, pois garantem o pagamento de 13º salário, férias, fundo de garantia etc. Esses benefícios geram maiores custos para os empresários.

Já na década de 1990, os países pobres endividados, pressionados pelos países ricos e pelo FMI, adotaram uma série de procedimentos previstos no Consenso de Washington. Essas medidas foram implantadas sob monitoramento do FMI e chamadas, genericamente, de "ajustes econômicos". A privatização fazia parte desses ajustes.

## Privatização, uma medida neoliberal

Uma das principais medidas neoliberais impostas aos países pobres foi a política de privatizações.

Vamos entendê-la melhor.

Quando uma empresa é estatal, pertence, na verdade, ao país. O governo é o gestor, isto é, o administrador dessa companhia. Desse modo, escolhe os diretores e contrata os funcionários, que, em conjunto, são os responsáveis pela eficácia no cumprimento das funções da referida empresa.

A privatização ocorre quando a empresa é vendida para um grupo de investidores particulares. Lembre-se de que, numa empresa privada, são os proprietários, e não o Estado, que decidem os rumos do trabalho e da produção.

Manifestação, no Rio de Janeiro, contra o leilão de privatização da Companhia Siderúrgica Nacional (CSN), em junho de 1993. Os protestos contra privatizações se tornaram comuns na década de 1990 em diversos países monitorados pelo FMI, inclusive no Brasil.

Outra política neoliberal se tornou comum: a "abertura da economia". Pressionados pelas grandes potências capitalistas, muitos países pobres deixaram de cobrar as taxas alfandegárias dos produtos importados e passaram a permitir a entrada de mercadorias estrangeiras similares às fabricadas em seu território. Ou seja, seus governos abandonaram o protecionismo e deixaram os produtores nacionais entregues à própria sorte.

Os defensores dessa abertura econômica argumentavam que se tratava de uma medida benéfica, porque a concorrência cresceria e forçaria a modernização das empresas nacionais.

Assim, muitas empresas nacionais atravessaram uma década penosa, endividando-se para investir em tecnologia e em qualificação profissional para oferecer mercadorias melhores e mais baratas que as dos concorrentes estrangeiros. Muitas outras simplesmente faliram. Milhões de pessoas perderam seus empregos e muitas profissões desapareceram: uma geração inteira foi sacrificada antes que a oferta de trabalho ressurgisse.

## O exemplo do México

O México foi um dos países que mais aplicaram as propostas do Consenso de Washington.

Ao assinar o Tratado de Livre Comércio da América do Norte (Nafta, sigla em inglês), em 1994, o país abriu suas fronteiras às mercadorias norte-americanas e canadenses.

Pouco preparadas para enfrentar uma concorrência direta, muitas empresas mexicanas acabaram vendidas para grandes grupos norte-americanos ou simplesmente faliram.

Hoje, mesmo sendo um dos maiores exportadores de petróleo, o México tem grande déficit comercial.

Ao abrir sua economia aos membros do Nafta, o país se tornou grande importador dos mais variados produtos norte-americanos e canadenses, como roupas, calçados, aparelhos eletrônicos, utensílios de cozinha, automóveis e até alimentos, o que levou à falência os produtores nacionais desses bens.

O déficit comercial mexicano provocou aguda falta de recursos para investimento nas áreas sociais, como a educação, e essa carência de recursos manteve baixíssima a qualificação dos trabalhadores mexicanos quando comparados aos de outros países.

Desse modo, muitos mexicanos foram condenados ao subemprego e a empregos braçais, que oferecem péssima remuneração.

## *Pare, pense e faça*

Qual é a diferença entre o mundo bipolar da Guerra Fria e o da Nova Ordem Mundial?

# A Terceira Revolução Industrial estimula a globalização

Na segunda metade do século XX, muitos pesquisadores aperfeiçoaram ou recriaram produtos e equipamentos que haviam surgido para aplicação na área militar, especialmente na Segunda Grande Guerra.

Esses avanços tecnológicos deram origem a uma infinidade de novas mercadorias, que passaram a ser amplamente consumidas pela população em geral.

É o caso do náilon, obtido de derivados do petróleo. Trata-se de uma fibra sintética altamente resistente que foi utilizada inicialmente em paraquedas militares. Logo se tornou comum a utilização do náilon como matéria-prima nas tecelagens e em diversos outros ramos industriais.

Da esquerda para a direita, produtos de náilon: jaqueta, velcro, parafusos, engrenagens, linhas e corda. Por ser uma inovação com enormes possibilidades, o náilon passou a ser matéria-prima muito cobiçada por empresas de diversos setores industriais.

Telefone de baquelita. A baquelita inaugurou a era do plástico, e o plástico significou uma verdadeira revolução para a indústria.

As matérias-primas sintéticas começaram a se tornar comuns no século XIX, quando foram produzidos os primeiros materiais sintéticos, à base de celulose, que, em muitos casos, substituíram a borracha e o marfim.

No começo do século XX, o empresário belga Leo Baekeland criou, a partir do petróleo, a baquelita. Esse produto, uma resina sintética, foi o primeiro tipo de plástico.

Mas uma invenção ainda mais revolucionária ficou pronta em 1946, logo após a Segunda Grande Guerra. Tratava-se do Eniac (Calculadora Integral Numérica Eletrônica), o primeiro computador eletrônico.

Na década de 1960 surgiram componentes eletrônicos chamados de transistores. O transistor é um componente eletrônico cujas funções principais são amplificar e controlar sinais elétricos. Na década de 1970, graças ao transistor, foram desenvolvidos os circuitos integrados, chamados *chips*. O *chip* é um dispositivo microeletrônico que consiste de muitos transistores e outros componentes interligados, capaz de desempenhar muitas funções.

Esses novos materiais produziram mudanças tão bruscas num período de tempo tão pequeno que foi inevitável pensar em revolução. Pouco a pouco, as mudanças foram interferindo no processo de produção das fábricas, a tal ponto que esse período de mudanças passou a ser conhecido como a época da Terceira Revolução Industrial.

À esquerda, quatro modelos de transistores. À direita, *chip* de computador. Graças a componentes menores e mais eficientes que as válvulas, foi possível desenvolver o microcomputador.

## Lembre-se

O processo de industrialização costuma ser dividido em três etapas.

A primeira, chamada de **Primeira Revolução Industrial**, ocorreu em meados do século XVIII. Baseou-se no uso em larga escala do carvão como fonte de energia para impulsionar as máquinas a vapor.

A segunda, chamada de **Segunda Revolução Industrial**, deu-se no final do século XIX. Baseou-se no uso em larga escala do petróleo e da eletricidade como fontes de energia para máquinas muito mais eficientes e versáteis, como o motor elétrico e o motor a explosão.

A terceira, chamada de **Terceira Revolução Industrial**, ocorre desde a década de 1970. Destaca-se pelo uso de várias fontes de energia, como os combustíveis fósseis (carvão, petróleo, gás), a energia solar, a eólica, a nuclear etc. Entre as atividades industriais típicas dessa nova revolução tecnológica, destacam-se a química fina, a microinformática, a microeletrônica, a robótica, as telecomunicações, a biotecnologia etc.

Dos novos materiais descobertos, a fibra ótica é o que oferece maiores possibilidades. Ela foi criada pelo físico indiano Narinder Singh Kapany na década de 1950. Trata-se de um filamento de vidro ou material sintético que conduz feixes de luz.

Essa descoberta permitiu, em plena Guerra Fria, a criação de uma rede de comunicação entre departamentos de pesquisa e os mais altos escalões do governo norte-americano.

Essa rede de comunicação recebeu o nome de ARPANet e permitia transmitir dados com maior segurança, evitando, assim, que eventuais espiões soviéticos pudessem interceptá-los.

Com o enfraquecimento da União Soviética, já na década de 1970, os militares permitiram que a rede fosse usada também por universidades e, depois, por usuários comuns.

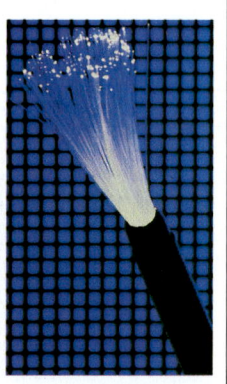

A fibra ótica (acima) permite a transmissão de dados numa velocidade espantosa.

Desde essa época houve um crescimento impressionante do número de usuários dessa rede, que passou a se chamar "internet". Calcula-se que atualmente, no fim da primeira década do século XXI, mais de 1 bilhão de pessoas acessem diariamente essa rede, com múltiplas intenções.

O surgimento da internet exemplifica e intensifica um fato marcante dos nossos tempos: em todo o mundo, as informações circulam muito depressa. A velocidade crescente da informação resulta de novas descobertas, que se multiplicam a cada dia. São novos *chips*, robôs, supercondutores, satélites de alta precisão, *softwares* de automação, *hardwares*, biotecnologias etc.

Algumas dessas inovações tecnológicas surgem em cidades especializadas, conhecidas como "tecnopolos".

Os tecnopolos foram criados inicialmente na Califórnia (EUA), onde indústrias passaram a aproveitar a mão de obra formada nos centros de pesquisa e universidades locais.

Todas essas novas tecnologias reforçam uma ideia: o mundo atravessa a Terceira Revolução Industrial, que foi chamada pelo geógrafo Milton Santos de *Revolução Técnico-científico-informacional*.

## A Revolução Técnico-científico-informacional

Nas últimas décadas, inúmeros países têm promovido uma forte abertura econômica, permitindo que mercadorias estrangeiras ingressem mais livremente em seus mercados consumidores.

Isso propiciou também a difusão das empresas transnacionais, que passaram a implantar filiais em lugares cada vez mais distantes.

Essa expansão mundial do capitalismo foi facilitada por tecnologias cada vez mais modernas.

O avanço das tecnologias da informação, como a internet, reduziu o tempo necessário para as mercadorias, capitais, pessoas e serviços circularem pelo espaço geográfico.

Ao lado, fábrica de refrigerante norte-americano em Nanjing, na China, em 2008; abaixo, fábrica de motos japonesas em Haridwar, na Índia, em 2008: as diferenças culturais não barram a expansão do capitalismo internacional.

## Você sabia que...

... a internet nada mais é do que a integração de três tecnologias: a televisão, o computador e o telefone?

Por meio dessa integração, as informações circulam instantaneamente, interligando os mais distantes pontos da superfície terrestre.

A Revolução Técnico-científico-informacional tem favorecido particularmente as empresas, que precisam melhorar seu desempenho numa economia capitalista cada vez mais concorrida.

Um exemplo é o avanço impressionante no setor dos transportes. Aviões, trens e navios tornaram-se maiores e mais velozes, transportando grande volume de mercadorias em tempo reduzido e com menores custos.

Assim, as empresas têm a possibilidade de apresentar seus produtos a mercados cada vez mais distantes, ampliando seus negócios.

## Você sabia que...

... essa expansão geográfica do capitalismo, impulsionada pela Revolução Técnico-científico-informacional e pela "abertura econômica" neoliberal, recebeu o nome de **globalização**?

Na verdade, a globalização não nasceu de repente. Quando os grandes navegantes estavam buscando terras para colonizar, já existiam uma interligação e uma interdependência entre esses lugares. Mas há grandes diferenças entre a interligação de ontem e a globalização de hoje. Veja:

- No passado, os exploradores retiravam um único ou alguns poucos produtos dos países colonizados, que geravam lucros principalmente para as potências europeias. Hoje, muitos países, inclusive alguns mais pobres, exportam diversas mercadorias para várias partes do mundo.
- No passado, as metrópoles tinham o controle político das colônias, ou seja, elas determinavam quem seriam os governantes delas. Hoje, os países têm grande autonomia na escolha de seus dirigentes. Apesar de pressões externas em favor de um ou de outro, a disputa fica dentro de cada país.
- No passado, uma mercadoria demorava meses para ir de um lugar a outro do mundo. Hoje, praticamente não existe região do globo a que não se possa chegar em algumas horas.
- No passado, uma notícia demorava semanas e até meses para atravessar os oceanos. Hoje, em poucos segundos, informações importantes são transmitidas aos locais mais distantes do globo terrestre.

Portanto, a globalização, tão falada em nossos dias, pode ser entendida como ampliação e intensificação das trocas comerciais como nunca antes acontecera e aceleração das trocas de informações em uma velocidade jamais imaginada.

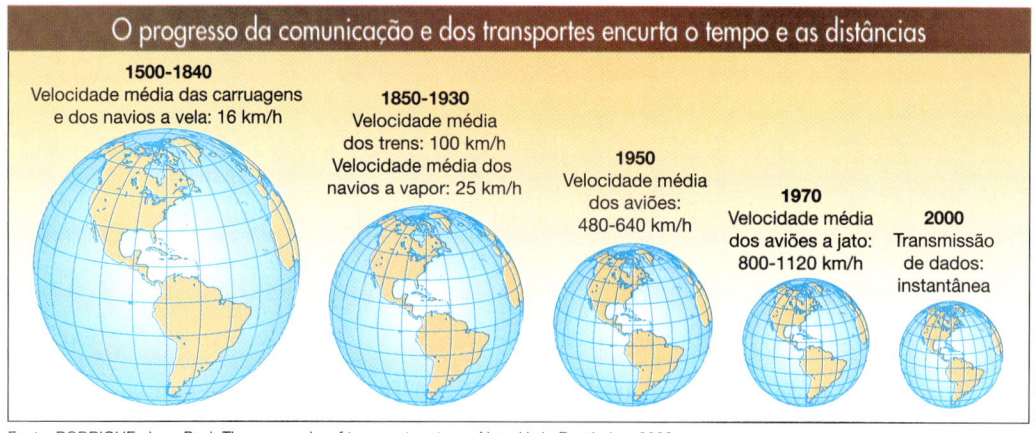

**O progresso da comunicação e dos transportes encurta o tempo e as distâncias**

**1500-1840** Velocidade média das carruagens e dos navios a vela: 16 km/h
**1850-1930** Velocidade média dos trens: 100 km/h; Velocidade média dos navios a vapor: 25 km/h
**1950** Velocidade média dos aviões: 480-640 km/h
**1970** Velocidade média dos aviões a jato: 800-1120 km/h
**2000** Transmissão de dados: instantânea

Meios de transporte e comunicação fazem o mundo ficar cada vez menor.

Fonte: RODRIGUE, Jean-Paul. *The geography of transport systems*. Nova York: Routledge, 2009.

## A globalização no nosso dia a dia

Com o avanço das telecomunicações, as trocas de informações foram agilizadas. Graças a sistemas de comunicação sofisticados, como a internet, as informações podem ser transferidas instantaneamente de um lugar para outro do planeta. Desse modo, tornou-se desnecessário recorrer às cartas. A internet permite, por exemplo, que muitas empresas, instituições e corporações tenham acesso instantâneo a uma enorme quantidade de dados importantes para suas operações.

Hoje, é possível trocar ideias, controlar as vendas, fiscalizar e dar ritmo à produção a distância, sem se deslocar.

Agora estamos diante de uma rede de informações (parecida com uma teia de aranha) complexa e invisível. Por essa razão, recebe o nome de rede imaterial. Mesmo invisível, essa rede pode ser mapeada, o que permite conhecer a origem e o destino das informações que por ela circulam.

A rede imaterial é resultado de avanços tecnológicos, sobretudo daqueles verificados a partir da década de 1970, quando teve início a Terceira Revolução Industrial. Seu surgimento transformou sensivelmente o cotidiano das pessoas e das empresas.

Videoconferência em Chicago (EUA), em 2008: pessoas nos EUA, Londres e Inglaterra realizam reunião de negócios.

## Os NICs

Os países capitalistas tornaram-se mais integrados na década de 1950, quando empresas transnacionais começaram a implantar filiais em países mais pobres, como o Brasil.

A integração internacional do capitalismo foi aprofundada nas décadas de 1960 e 1970, quando empresas japonesas transferiram parte da produção de alguns componentes de suas mercadorias, geralmente os mais simples, para países pobres da Ásia (Coreia do Sul, Taiwan, Hong Kong e Cingapura).

Esses países mais pobres, que iniciaram sua industrialização na segunda metade do século XX, ficaram conhecidos como *New Industrialized Countries* (NICs).

A vantagem dos NICs, isto é, dos **Novos Países Industrializados**, era a mão de obra mais barata. Tornaram-se os primeiros países subdesenvolvidos a participar de uma nova rede internacional de produção, comandada pelos países mais ricos.

Essa foi apenas a primeira de uma série de grandes mudanças.

Atualmente, as grandes empresas transnacionais não têm mais fábricas que produzam todas as suas mercadorias em um mesmo lugar. Elas se encontram pulverizadas e divididas, fatiadas. Ou seja, possuem diversas unidades fabris distribuídas pelo mundo todo.

A dispersão das fábricas tem uma finalidade básica: reduzir os custos de produção para aumentar os lucros das gigantescas corporações empresariais. Para definir a distribuição das indústrias de uma grande empresa, é usada a expressão "fábrica global". Uma das ideias desse termo é reiterar que a industrialização, uma vez dispersa pelo espaço geográfico mundial, interliga os mais diversos locais do planeta.

## A fábrica global muda o espaço geográfico mundial

Como a produção de muitas mercadorias, como aviões, tênis, celulares, entre outras, é mundial, elas dependem da circulação de uma infinidade de produtos, capitais, pessoas e serviços. Afinal, essas mercadorias contêm componentes que foram deslocados incessantemente de um lugar para outro do mundo.

Se mapearmos os caminhos que os componentes desses tênis e aviões, por exemplo, percorreram até chegar ao seu destino final, iremos constatar que circularam por uma rede tão complexa quanto a rede imaterial a que nos referimos antes. Como essa rede é mais visível, pois é formada pela circulação de mercadorias e pessoas, costuma-se denominá-la **rede material**.

## A globalização e a sociedade da informação

O impacto da tecnologia é tão amplo e intenso que afeta também o comportamento da sociedade.

A possibilidade de obter e armazenar uma quantidade enorme de informações já faz parte do dia a dia das pessoas.

Compras, estudos, pesquisas particulares, noticiários passam a ser instantâneos. Com a informação circulando velozmente pelo globo, podemos, por exemplo, acessar o preço de um produto em vários lugares, mesmo que distantes, e escolher o mais vantajoso.

A maior parte da população mundial já interage por meio das redes material e imaterial, compondo a assim chamada **sociedade da informação**.

Não existe uma única porção do planeta Terra que não esteja conectada em um ou outro tipo de rede.

# A rede imaterial potencializa o mercado de capitais

Um dos setores mais favorecidos pelo surgimento da rede imaterial foi o setor financeiro.

A globalização e os avanços tecnológicos, especialmente na área da informação, permitiram que grandes volumes de dinheiro pudessem ser transferidos entre localidades muito distantes em fração de segundo.

Em todo o mundo, os investidores nunca tiveram tantas opções para aplicar seus recursos – por exemplo, na compra de ações de empresas, visando a sua valorização futura. Um investidor japonês pode comprar as ações de uma empresa brasileira e vendê-las, minutos depois, apenas usando o telefone ou acessando a internet.

As bolsas de valores são os locais onde as ações das empresas são vendidas e compradas. São, assim, pontos em que grandes quantias de dinheiro mudam de mãos. Além disso, fazem a conexão de muitos países com o resto do mundo. Por exemplo, Nova York é considerada a "capital do mundo" porque sua bolsa de valores é procurada por investidores do mundo todo.

As bolsas de valores indicam, *grosso modo*, a capacidade de uma nação ou região para atrair investimentos.

Beneficiando-se da tecnologia que temos à disposição, o capital circula pelo mundo em uma velocidade jamais imaginada.

Bolsa de Valores de Nova York (EUA), em 2008. As bolsas de valores movimentam todos os dias um volume enorme de dinheiro.

# As redes são comandadas pelas cidades globais

Determinadas bolsas de valores têm um peso maior na economia mundial. Geralmente são aquelas que movimentam as ações das maiores transnacionais, localizadas nas cidades mais importantes do mundo.

Chamadas de cidades globais, esses grandes centros financeiros influenciam todo o sistema capitalista: concentram as sedes administrativas dos grandes trustes e as matrizes de poderosos bancos, além de manterem uma vida sociocultural repleta de novidades e lançamentos.

Esses **centros urbanos** são os nós das redes e funcionam como polos que atraem e, **ao mesmo tempo**, irradiam informações, dinheiro, tendências da moda e cultura.

**Cidades globais**

Fonte: ATLAS geográfico escolar. 4. ed. Rio de Janeiro: IBGE, 2007.

Quando uma das poderosas companhias sediadas nas cidades globais lança um **novo produto**, como um automóvel ou um xampu, afeta o cotidiano de praticamente todo o mundo, pois propõe novos comportamentos e hábitos de consumo **nas mais** distantes localidades e países.

**Por exemplo, vejamos** o que pode ocorrer a partir do lançamento de um novo motor automobilístico.

A **região que fornece** o minério para a metalúrgica que vai fazer a caixa do motor é afetada, **pois** vai precisar extrair e transportar maior quantidade de minério e, portanto, mais empregos serão criados. O local que abriga uma fábrica dessa **montadora também** tem seu cotidiano alterado, pois podem surgir novas **oportunidades de negócios**, como a aquisição de um terreno para a ampliação dessa fábrica. A oferta de serviços pessoais, como a abertura de restaurantes e academias, ou a criação de novas linhas de ônibus para atender aos novos funcionários também vai ser estimulada. Os investidores que confiam no projeto compram mais ações dessa empresa e mais *e-mails* são enviados, mais dinheiro circula, **mais executivos** viajam. Ou seja, o lançamento de um novo motor intensifica as **redes material** e imaterial.

Portanto, o **espaço geográfico** de muitas partes do mundo altera-se quando novas **decisões** são tomadas nas cidades globais.

# A outra face da globalização

Com a **expansão mundial** do capitalismo, notou-se que o futuro da humanidade é **comum**, ou seja, o que ocorre em um país afeta direta ou indiretamente a vida da população do mundo.

Essa afirmação é válida não só para a economia e a sociedade, mas também para o ambiente. Existe a consciência da responsabilidade que todos temos sobre a vida na Terra. Por isso, um dos assuntos que mais chamam a atenção hoje é o **ambiente**.

A poluição do ar é o melhor exemplo dessas questões ambientais globais.

Embora o ar seja contaminado principalmente por alguns países, o mundo todo sofre com as consequências dessa agressão ambiental, como o agravamento do aquecimento global.

Nas últimas décadas, os líderes mundiais, cientes desse problema, têm assumido compromissos cada vez maiores de preservar a vida no planeta, uma vez que ela é um patrimônio comum a todos nós.

Um outro lado da globalização é o da **exclusão digital**, tema pouco explorado pelos noticiários.

Apesar de a internet crescer dia a dia, bilhões de pessoas ainda não têm acesso a rede mundial de computadores. Isso ocorre por causa das enormes diferenças socioeconômicas mundiais, que deixam grande parte da humanidade à margem da riqueza produzida pelo sistema capitalista.

Sem recursos financeiros, muitas famílias não podem ter um computador e muito menos acesso à internet. Dessa forma, os jovens dessas famílias têm menor acesso à informação e menos contato com essas tecnologias, ficando impedidos de concorrer por bons empregos em igualdade de condições.

Portanto, podemos afirmar que a globalização, apesar de ambicionar igualar, homogeneizar a população mundial, tem produzido, da mesma forma, imensas diferenças regionais.

Assistimos hoje à globalização do consumo, mas estamos longe da globalização da educação, da saúde e do trabalho.

## *Texto complementar*

### EFEITOS CULTURAIS DA GLOBALIZAÇÃO

*"Nós vivemos na era da globalização, tudo converge, os limites vão desaparecendo". Quem não ouviu, no mínimo, uma destas expressões nos últimos anos? A globalização é um chavão de nosso tempo, uma discussão que está na moda, onde opiniões fatalistas conflitam com afirmações críticas, e o temor de uma homogeneização está no centro do debate. Suposições de uma sociedade mundial, de uma paz mundial ou, simplesmente, de uma economia mundial, surgem seguidamente, cujas consequências levariam a processos de unificação e adaptação, aos mesmos modelos de consumo e a uma massificação cultural. Mas há que se perguntar: trata-se apenas de conceitos em disputa ou há algo que aponte, de fato, nesta direção? Quais são, afinal, os efeitos culturais da globalização?*

*O processo de constituição de uma economia de caráter mundial não é nada novo. Já no período colonial houve tentativas de integrar espaços intercontinentais num único império, quando a ideia de "dominar o mundo" ficou cada vez mais próxima. Por outro lado, a integração das diferentes culturas e povos como "um mundo" já foi desejada há muito tempo e continua como meta para muitas gerações. Sob esta ótica, o conceito de globalização poderia ter um duplo sentido, se ele não fosse tão marcado pelo desenvolvimento neoliberal da política internacional.*

*Conforme o sociólogo alemão Ulrich Beck, com o termo globalização são identificados processos que têm por consequência a subjugação e a ligação transversal dos estados nacionais e sua soberania através de atores transnacionais, suas oportunidades de mercado, orientações, identidades e redes. Por isso, ouvimos falar de defensores da globalização e de críticos à globalização, num conflito pelo qual diferentes organizações se tornam cada vez mais conhecidas. [...] Esse processo, da forma como ele atualmente vem acontecendo, não deveria sequer ser chamado de globalização, já que atinge o globo de forma diferenciada e exclui a sua maior parte – se observamos a circulação mundial de capital, podemos constatar que a maioria da população mundial (na Ásia, na África e na América Latina) permanece excluída.*

*Essa forma de globalização significa a predominância da economia de mercado e do livre mercado, uma situação em que o máximo possível é mercantilizado e privatizado, com o agravante do desmonte social. [...] Condições para que essa globalização pudesse se desenvolver foram a interconexão mundial dos meios de comunicação e a equiparação da oferta de mercadorias, das moedas nacionais e das línguas, o que se deu de forma progressiva nas últimas décadas. A concentração do capital e o crescente abismo entre ricos e pobres e o crescimento do desemprego e da pobreza são os principais problemas sociais da globalização neoliberal e que vêm ganhando cada vez mais significado.*

*É evidente que essa situação tem efeitos sobre a cultura da humanidade, especialmente nos países pobres, onde os contrastes sociais são ainda mais perceptíveis. Em primeiro lugar, podemos falar de uma espécie de conformidade e adaptação. Em função da exigência de competitividade, cada um se vê como adversário dos outros e pretende lutar pela manutenção de seu lugar de trabalho. Os excluídos são taxados de incompetentes e os pobres tendem a ser responsabilizados pela sua própria pobreza. Paralelamente a isso, surge nos países industrializados uma nova forma de extremismo de direita, de forma que a xenofobia e a violência aparecem entrelaçadas com a luta por espaços de trabalho. É claro que a violência surge também como reação dos excluídos, e a lógica do sistema, baseada na competição, desenvolve uma crescente "cultura da violência" na sociedade. Também não podemos esquecer que o próprio crime organizado oferece oportunidades de trabalho e segurança aos excluídos.*

*Embora tenham sido desenvolvidos e disponibilizados mais meios de comunicação, presenciamos um crescente isolamento dos indivíduos, de forma que as alternativas de socialização têm sido, paradoxalmente, reduzidas. A exclusão de muitos grupos na sociedade e a separação entre camadas sociais têm contribuído para que a tão propalada integração entre diferentes povos não se efetive; pelo contrário, isso tem levado a um processo de atomização da sociedade. O valor está no fragmento, de modo que o engajamento político da maioria ocorre de forma isolada como, por exemplo, o feminismo, o movimento ambientalista, movimentos contra a discriminação ética e sexual etc. Tudo isso sem que se perceba um fio condutor que possa unificar as lutas isoladas num projeto coletivo de sociedade. [...]*

*No que se refere à educação, cresce a sobrevalorização do pragmatismo, da eficiência meramente técnica e do conformismo. O mais importante é a formação profissional, concebida como único meio de acesso ao mercado de trabalho. A ideia é a de que, com uma melhor qualificação técnica, se tenha maiores possibilidades de conseguir um emprego num mercado de trabalho em declínio. Em consequência a isso, a reflexão sobre os problemas da sociedade assume cada vez menos importância; e valores como engajamento, mobilização social, solidariedade e comunidade perdem seus significados. Importante é o luxo, o lucro, o egocentrismo, a "liberdade do indivíduo" e um lugar no "bem-estar dos poucos". Esses valores são difundidos pelos grandes meios de comunicação e os jovens são, nisto, os mais atingidos. A diminuição do sujeito/indivíduo surge como decorrência, pois o ser humano é cada vez mais encarado como coisa e estimulado a satisfazer prazeres supérfluos. Os excluídos são descartados sem perspectiva e encontram cada vez menos espaço na sociedade que, afinal de contas, está voltada aos consumidores, enquanto o acesso público é continuamente reduzido.*

*[...] Para além das diferenças étnicas, religiosas e linguísticas dos povos, podemos falar de uma nova divisão do mundo: de um lado, uma minoria que é beneficiada pela globalização neoliberal e, de outro, a maioria que é prejudicada com a ampliação do livre mercado. Esse conflito está no centro do debate atual da humanidade, cujos efeitos caracterizam o espírito do nosso tempo e influenciarão a cultura da humanidade futura. Se a imagem das futuras gerações será fragmentada ou mais homogeneizada ainda não se sabe, mas a possibilidade de uma crescente desumanização é muito grande.*

ANDRIOLI, Antonio Inácio. In: *Revista Espaço Acadêmico*, n. 26, julho 2003.

## Vamos ver se você entendeu

O que você entende por atomização da sociedade? Explique com suas palavras como se dá esse processo no âmbito da globalização neoliberal.

## Criar e entender

Vamos dividir a sala em grupos de quatro ou cinco pessoas. Para cada grupo serão sorteadas uma emissora de rádio e uma emissora de TV, que cada membro do grupo vai assistir e escutar uma hora por dia, durante três dias. A tarefa de cada um consiste em anotar no caderno o assunto de cada notícia instantânea veiculada por esses meios de comunicação no período. Por exemplo, um acidente de trânsito noticiado minutos depois de ter ocorrido, as cotações das bolsas de valores e assim por diante. Por último, converse com os colegas e troquem suas anotações. Observem quais notícias cada noticiário priorizou e reflita sobre isso com seus colegas e com o professor.

## De olho no gráfico

**Evolução comparativa do comércio mundial e do PIB mundial entre 1870/1913 e 1993**
(variação média anual em %)

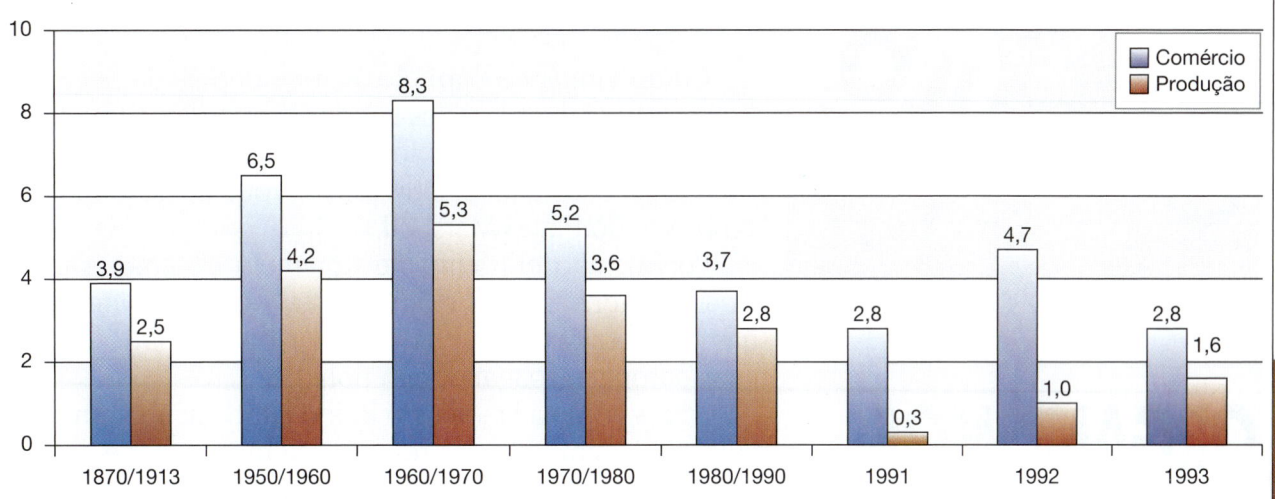

| Período | Comércio | Produção |
|---|---|---|
| 1870/1913 | 3,9 | 2,5 |
| 1950/1960 | 6,5 | 4,2 |
| 1960/1970 | 8,3 | 5,3 |
| 1970/1980 | 5,2 | 3,6 |
| 1980/1990 | 3,7 | 2,8 |
| 1991 | 2,8 | 0,3 |
| 1992 | 4,7 | 1,0 |
| 1993 | 2,8 | 1,6 |

Fonte dos gráficos: BOSI, François et al. *Images économiques du monde 2011*. Paris: Armand Colin, 2010.

Neste capítulo, estudamos a transição da Guerra Fria para a Nova Ordem Mundial, que marcou as décadas de 1980 e 1990.

- Aponte alguns fatores que explicam, nesse contexto histórico, a notável expansão do comércio mundial apontada no gráfico nos primeiros anos da década de 1990.

## Refletindo sobre o tema

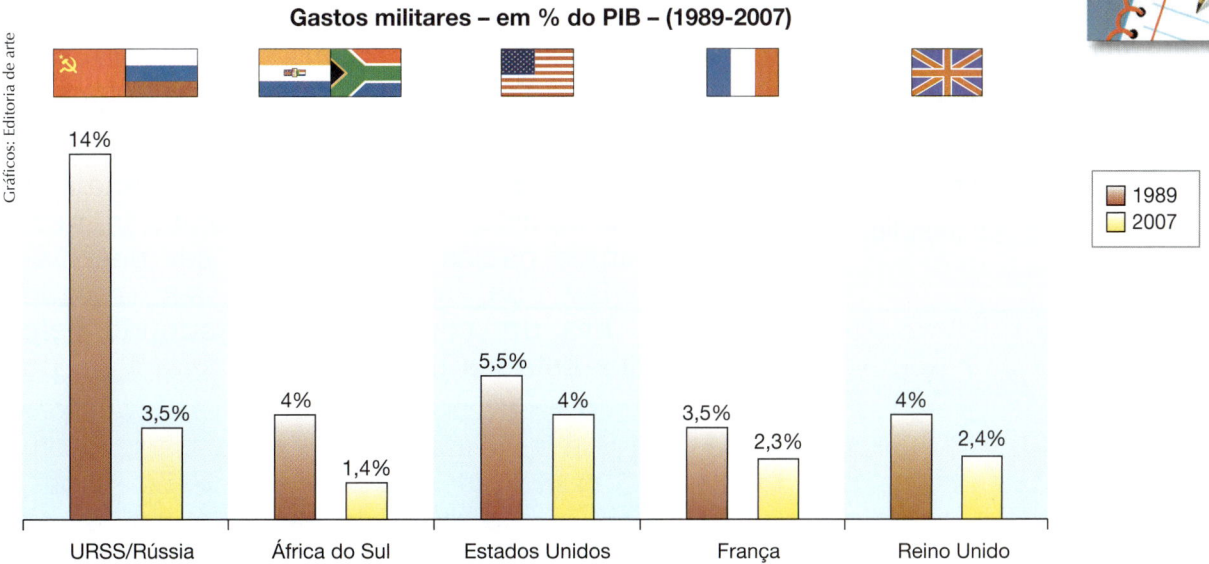

**Gastos militares – em % do PIB – (1989-2007)**

| País | 1989 | 2007 |
|---|---|---|
| URSS/Rússia | 14% | 3,5% |
| África do Sul | 4% | 1,4% |
| Estados Unidos | 5,5% | 4% |
| França | 3,5% | 2,3% |
| Reino Unido | 4% | 2,4% |

Observe atentamente os dados apresentados acima.

- Quais os motivos da grande queda das despesas militares no período apontado pelo gráfico, principalmente na URSS/Rússia?

# CAPÍTULO 4

# ORGANISMOS INTERNACIONAIS

Neste capítulo, veremos como os países ricos tornaram viável o processo de globalização, criando organismos internacionais com poder de decisão sobre os rumos da economia capitalista.

Veremos também que nesta nova fase do capitalismo mudaram bastante as relações internacionais, com a formação de blocos regionais e a transformação dos problemas sociais em uma questão mundial.

## O fim do padrão dólar-ouro e o G8

Como vimos no capítulo 1, logo depois da Segunda Guerra Mundial, os Estados Unidos emergiram como líderes do bloco capitalista, oferecendo recursos financeiros para ajudar seus aliados europeus. (Você já estudou isso. Lembre-se do Plano Marshall.)

Porém, não era somente por meio de empréstimos que os Estados Unidos exerciam seu domínio. Muitas de suas empresas passaram a comprar tradicionais companhias europeias, pagando em dólares.

Países como a França e o Reino Unido acabaram acumulando, assim, grandes reservas da moeda norte-americana e, pouco a pouco, começaram a trocá-la por ouro.

Essa conversão dólar-ouro era possível graças ao Acordo de Bretton Woods.

### Lembre-se

Antes mesmo do encerramento da Segunda Grande Guerra, os Estados Unidos estavam preocupados em recuperar a economia mundial.

Para agilizar as trocas comerciais, a superpotência capitalista promoveu, em 1944, a Conferência de Bretton Woods. Nessa reunião, que contou também com a participação dos principais países europeus, estabeleceu-se uma equivalência entre o ouro e o dólar para orientar as transações comerciais e os negócios internacionais.

Por esse acordo, a compra e a venda de mercadorias entre países passariam a ser negociadas em dólar, que, depois, poderia ser trocado por ouro. Era um compromisso assumido pelo governo dos Estados Unidos.

Sessão plenária da Conferência de Bretton Woods, em 4 de julho de 1944. A conferência ocorreu em Bretton Woods, área de Caroll, cidade no estado de New Hampshire (EUA). Logo após a Segunda Guerra, uma das principais preocupações dos Estados Unidos era recuperar o comércio internacional.

Graças à possibilidade de trocar dólar por ouro, diminuíram muito as reservas norte-americanas do metal, sobretudo na década de 1960. Essa situação preocupava bastante o governo dos Estados Unidos.

É preciso lembrar que, nesse período, os Estados Unidos gastaram muitos recursos tentando evitar que o socialismo avançasse no Sudeste Asiático. Um exemplo desses gastos foi a Guerra do Vietnã, que se estendeu de 1962 a 1975.

Com esse grande volume de dólares no mercado, a moeda norte-americana perdia valor. Lembre-se: quanto maior a oferta de um produto, menor será o seu preço, mesmo se esse produto for uma moeda.

Os países europeus perceberam que a moeda norte-americana perdia seu poder de compra. Ou seja, eram necessários mais dólares para comprar uma mesma quantidade de mercadorias.

Diante disso, liderados pela França, começaram a trocar os dólares que possuíam por ouro, conforme estava previsto pelo Acordo de Bretton Woods. Consequentemente, as reservas de ouro dos Estados Unidos baixaram tanto que o presidente Richard Nixon foi forçado a romper o acordo em 1971, antes que as reservas de ouro de seu país se esgotassem.

Muitos especialistas afirmam que a decisão de acabar com o padrão dólar-ouro está ligada também à Guerra Fria, pois um dos países que mais produziam ouro na época era a União Soviética, superpotência rival dos Estados Unidos.

O fato é que essa decisão criou um clima de forte tensão entre os Estados Unidos e os países capitalistas europeus. Para tentar solucionar o problema, foram iniciadas conversações informais entre a França, o Reino Unido, a Alemanha Ocidental e os Estados Unidos.

Essas reuniões tornaram-se periódicas e passaram a contar com a presença de um quinto país, o Japão. Por isso, a reunião desses países ficou conhecida como reunião do G5 (Grupo dos Cinco).

Em 1975, o Canadá e a Itália participaram também de uma reunião oficial do G5. Desde então, o grupo ficou conhecido como G7 e se reúne anualmente.

Nesses encontros são discutidos os principais assuntos de interesse mundial, como a questão do emprego, o desenvolvimento sustentável, o sistema bancário internacional, as dívidas externas dos países, a luta contra a aids etc.

## Lembre-se

*Desenvolvimento sustentável* é a forma de crescimento que atende às necessidades atuais sem comprometer a capacidade de atendimento das necessidades das gerações futuras. Ele é fundamental para garantir o sustento da humanidade no futuro.

Na década de 1990, os países do G7 passaram a convidar a Rússia – que estava se reestruturando após o colapso do sistema socialista – para participar das reuniões na condição de país observador. Pretendiam, assim, que os novos líderes russos entendessem o funcionamento da economia mundial, segundo a visão dos países capitalistas ricos.

Finalmente, em 1997, a Rússia foi oficialmente convidada a ingressar no grupo. Nascia, assim, o G8.

Vale destacar que a presença da Rússia nesse grupo não se deve à importância de sua economia, mas ao seu gigantesco arsenal atômico. Para os países capitalistas ricos, portanto, é necessário ter a Rússia como parceira, jamais como inimiga.

Atualmente, um representante da União Europeia também participa das reuniões do G8.

Primeira reunião do G8, em Denver (EUA), em 21 de junho de 1997. Os tradicionais países ricos do G7 tinham, agora, um novo parceiro: a poderosa Rússia e seu fantástico arsenal militar.

As reuniões do G8 são muito criticadas por intelectuais, ONGs e partidos políticos do mundo todo. Esses grupos afirmam que o G8 se preocupa apenas em manter sua hegemonia, isto é, seu domínio, ao invés de promover o desenvolvimento socioeconômico geral e o fim da pobreza. Apontam ainda a ausência de representantes dos países mais pobres, o que transforma essas reuniões numa simples troca de ideias entre as grandes potências econômicas.

Mas há também os que lembram que o G8 não tem mais o mesmo poder da época em que foi criado. De fato, países como a China, a Índia, o Brasil e a Coreia do Sul não integram esse grupo, apesar de apresentarem economias cada vez maiores e mais dinâmicas, como veremos adiante.

Manifestantes antiglobalização confrontam a polícia no centro de Hamburgo, na Alemanha, em maio de 2007. Milhares de pessoas, jovens na maioria, marcharam em protesto contra uma reunião de cúpula do G8.

## Os organismos internacionais

Antes mesmo de se falar em globalização, os países ricos já haviam criado organismos internacionais para lidar com as rápidas mudanças que aconteciam no mundo.

Por exemplo, o Fundo Monetário Internacional (FMI) e o Banco Internacional de Reconstrução e Desenvolvimento (Bird) foram criados ainda em 1944, na Conferência de Bretton Woods. Pouco depois, em 1947, surgiu o Acordo Geral de Tarifas e Comércio (Gatt), com a finalidade de organizar melhor o comércio internacional.

Até o início da década de 1980, muitos desses organismos tinham pouca importância em escala mundial, já que as relações internacionais ainda eram ditadas pelas duas superpotências da Guerra Fria. Além disso, as economias de quase todos os países do mundo eram muito fechadas, ou seja, protecionistas.

Nesse contexto, as trocas comerciais e os negócios internacionais cresciam num ritmo bastante lento, se comparados com o impressionante dinamismo de nossos tempos.

Na verdade, começaram a surgir mudanças significativas já na década de 1970. O comércio internacional crescia. Países como o Japão e a Alemanha exportavam cada vez mais, os meios de transporte evoluíam rapidamente, e o bloco de países socialistas já se mostrava esgotado.

Esse cenário indicava que o capitalismo iria crescer muito mais nas décadas seguintes.

Conforme o comércio mundial ganhava impulso, os países mais pobres passaram a ser convidados a participar dos organismos internacionais, onde se tornaram constantes as discussões sobre os rumos da economia capitalista.

Ocorre que os países pobres, ao ingressarem nesses órgãos, acabavam fortalecendo-os e aceitando suas regras. Em consequência, as resoluções e as decisões tomadas pelos organismos internacionais passaram a ser apresentadas, nesse período, como um consenso, verdade absoluta e inquestionável que deveria ser acatada pelo mundo todo.

O FMI, por exemplo, passou a incentivar a adoção de medidas neoliberais em diversos países, inclusive no Brasil: "privatização" e "abertura da economia" estão entre as expressões mais mencionadas pelos meios de comunicação desses países quando noticiavam temas relacionados à economia nas décadas de 1980 e 1990.

### A OCDE

A Organização para Cooperação e Desenvolvimento Econômico (OCDE) é um órgão internacional que congrega os países capitalistas mais industrializados.

Esse órgão surgiu logo depois da Segunda Guerra Mundial para gerenciar os recursos do Plano Marshall.

No início, somente países europeus integravam essa organização, que se chamava Organização para a Cooperação Econômica Europeia (OCEE). Nessa época, a entidade pesquisava e apresentava soluções para recuperar rapidamente a economia do continente europeu.

Os resultados foram mais do que satisfatórios, e, em 1961, esse organismo recebeu o nome de OCDE, dedicando-se a impulsionar as relações Europa-América.

Em março de 2012, a OCDE já possuía 34 países-membros que, juntos, produziam mais da metade de toda a riqueza mundial. Uma de suas metas é apresentar estudos que estimulem e viabilizem investimentos em países pobres.

# A OMC e o poder crescente do G20

Já sabemos que o Gatt foi criado em 1947 para regular as tarifas de importação e exportação cobradas nas transações comerciais entre os países capitalistas. Esse organismo internacional realizava reuniões periódicas para negociar reduções de tarifas.

Com o avanço da globalização, foi realizado um longo período de negociações, conhecido como "Rodada Uruguai". Os membros do Gatt decidiram, então, criar um novo órgão para regular o comércio mundial. Nasceu, assim, em 1995, a Organização Mundial do Comércio (OMC).

A OMC atua na área de comércio exterior. Sua principal função é auxiliar o fechamento de acordos comerciais entre os países, além de servir como "mesa de negociações" internacional, ou seja, a OMC surgiu para lutar contra os protecionismos.

Atualmente, o comércio mundial cada vez mais intenso e competitivo gera grandes disputas entre os países, que passaram a se acusar mutuamente de praticarem abusos protecionistas.

Para resolver essas disputas comerciais, a OMC possui um departamento de solução de controvérsias. Nele, os conflitos comerciais são resolvidos entre os próprios países-membros, que indicam especialistas para julgar se ocorre protecionismo ou não.

Países como o Brasil e a Índia têm recorrido frequentemente a esse organismo para denunciar os protecionismos dos países ricos.

O G20, grupo das 20 maiores economias mundiais mais a União Europeia, tem lutado firmemente para combater os protecionismos agrícolas do mundo desenvolvido.

*Folha de S.Paulo, 3/6/2008*

**Brasil obtém vitória definitiva contra algodão dos EUA**

Tribunal da Organização Mundial do Comércio rejeita

*Folha de S.Paulo, 6/7/2006*

COMÉRCIO

**UE e Brasil iniciam disputa sobre pneus usados na OMC**

DA REDAÇÃO

de virar um depósito de pneus usados e exportados

*Folha de S.Paulo, 6/7/2005*

PROTECIONISMO  Medidas só serão aplicadas se americanos não implementarem reformas no sistema de subsídio ao algodão

**Brasil pede na OMC retaliação aos EUA**

*Folha de S.Paulo, 31/7/2008*

**OMC admite que subestimou principal 'nó' na negociação**

Diretor-geral diz que mecanismo de salvaguarda não estava na lista de temas prioritári

Nos últimos anos o Brasil tem obtido sucessivas vitórias na OMC contra os Estados Unidos e a União Europeia, que praticam protecionismo mediante fornecimento de subsídios para a agropecuária.

## O G20

Os países do G20 correspondem a 60% da população mundial e a 70% da população rural do planeta. No entanto, são responsáveis por somente 25% das exportações de produtos agrícolas no mundo.

As relativamente baixas exportações de produtos agrícolas do G20 devem-se ao protecionismo que os governos dos países ricos praticam ao oferecer subsídios agrícolas aos seus produtores rurais.

Em razão dos subsídios que recebem do governo, os agricultores dos países ricos livram-se da concorrência com as mercadorias importadas do G20, vendendo seus produtos abaixo do preço de custo.

Lembre-se: subsídio é uma ajuda governamental dirigida a determinados setores da economia para financiar sua recuperação ou seu desenvolvimento.

Os agricultores dos países ricos têm acesso a financiamentos sem juros ou a fundo perdido (não é preciso pagar), o que reduz os custos de produção. Portanto, os preços dos produtos agrícolas desses países são artificialmente baixos. Se não houvesse subsídios, os produtos agrícolas dos países ricos seriam muito mais caros – em seus próprios territórios – do que os produtos importados dos países pobres.

Essa situação tem sido duramente combatida pelo G20, pois o fim desses subsídios agrícolas nos países ricos permitiria maiores exportações dos países mais pobres, que assim conseguiriam mais recursos para resolver seus graves problemas sociais.

## Os blocos econômicos regionais

Como vimos, no fim da década de 1980 a economia mundial passou por uma grande mudança.

A expansão do capitalismo foi acelerada pela queda de muitas barreiras alfandegárias – em quase todo o mundo, tarifas de importação elevadas que encareciam os produtos vindos de outros países foram drasticamente reduzidas.

Isso gerou uma concorrência maior entre as mercadorias fabricadas por países diferentes.

À medida que a concorrência internacional crescia, muitas empresas notavam a necessidade de se preparar para sobreviver a essa disputa comercial desenfreada.

Muitos países também começaram a dar uma importância maior à **economia mundo**.

E o que é a economia mundo?

Esse conceito é usado para indicar que, nas últimas décadas, a economia capitalista tem funcionado como um sistema mundial, criando interdependência entre todos os lugares do mundo.

É claro que essa interdependência, cada vez mais, coloca frente a frente produtos concorrentes.

Para se proteger dessa gigantesca concorrência, muitos países assinaram **acordos** comerciais com seus vizinhos. Começaram a surgir, assim, os blocos regionais.

Os blocos regionais são formados a partir de associações ou acordos entre **países** de uma mesma região, que passam, assim, a estabelecer entre si relações comerciais privilegiadas.

As empresas desses países ficam expostas à concorrência com as firmas dos países vizinhos. Assim, elas têm de se modernizar para se tornarem mais lucrativas e competitivas.

À primeira vista, blocos regionais podem parecer estranhos. Afinal, uma das metas da globalização, que já se encontrava em curso, era a formação de um mercado mundial que permitisse trocas intensas de mercadorias, sem nenhum tipo de obstáculo.

Note, porém, que o bloco regional funciona como uma miniglobalização, isto é, ao mesmo tempo que oferece resistência à globalização imediata, prepara a economia dos países-membros para o futuro, quando poderão participar de uma disputa comercial em escala mundial.

Muitos especialistas acreditam que os blocos regionais, ao contribuírem para uma integração política, harmonizam as relações internacionais.

## As contradições do mundo globalizado: norte x sul

Após a Segunda Guerra Mundial, estudos da ONU demonstraram que grande parte da população de todos os países colonizados tinha um padrão de vida muito abaixo do que é considerado digno para o ser humano. Além disso, a economia desses países era muito frágil e não alcançava o mesmo nível de produtividade e riqueza da economia de suas ex-metrópoles.

Esse cenário de atraso socioeconômico recebeu o nome de subdesenvolvimento até a década de 1970.

Mas será correto o termo "subdesenvolvimento"?

**O termo subdesenvolvimento**

Após a década de 1970, muitos economistas deixaram de usar o termo "subdesenvolvimento". Eles acreditavam que esse termo, além de não dar conta das mudanças que poderiam ocorrer nos países mais pobres, transmitia uma ideia de inferioridade, passava a impressão de que os países subdesenvolvidos jamais sairiam da situação de atraso em que se encontravam.

Em função disso, foi criado o termo **países em desenvolvimento**, para evidenciar a noção de que esses países se encontravam em diferentes estágios de desenvolvimento e que poderiam melhorar de situação.

No início da década de 1980, o economista holandês Antoine van Agtmael, que trabalhava no Bird (Banco Mundial), propôs estudos mais detalhados sobre alguns países em desenvolvimento. Ele sugeriu que fossem chamados de **emergentes**, pois tinham potencial para captar grande parte dos recursos do mercado internacional e, assim, desenvolver-se.

Segundo o Banco Mundial, existem hoje diversos níveis de países emergentes, conforme sua riqueza e a capacidade de atrair e gerar novos negócios.

Lembre-se de que o termo "Terceiro Mundo" também já está em desuso, uma vez que, com o fim do bloco socialista, desapareceu o **Segundo Mundo**, composto dos países aliados da União Soviética durante a Guerra Fria.

Além disso, no conjunto que se denominava Terceiro Mundo há países totalmente estagnados, como alguns países africanos, que contrastam com países em franco crescimento, como os Tigres Asiáticos.

No entanto, embora o mundo se apresente cada vez mais globalizado economicamente, ainda existem fortes diferenças entre grupos de países.

Pode-se estudar o mundo estabelecendo uma divisão geopolítica entre o norte e o sul. De forma genérica, essa divisão mostra que os países do norte são mais desenvolvidos que os do sul.

O critério para tal divisão é exclusivamente socioeconômico.

Os países pobres do sul, de maneira geral, enfrentam enormes problemas sociais, como epidemias, subnutrição, baixo nível educacional, miséria extrema etc.

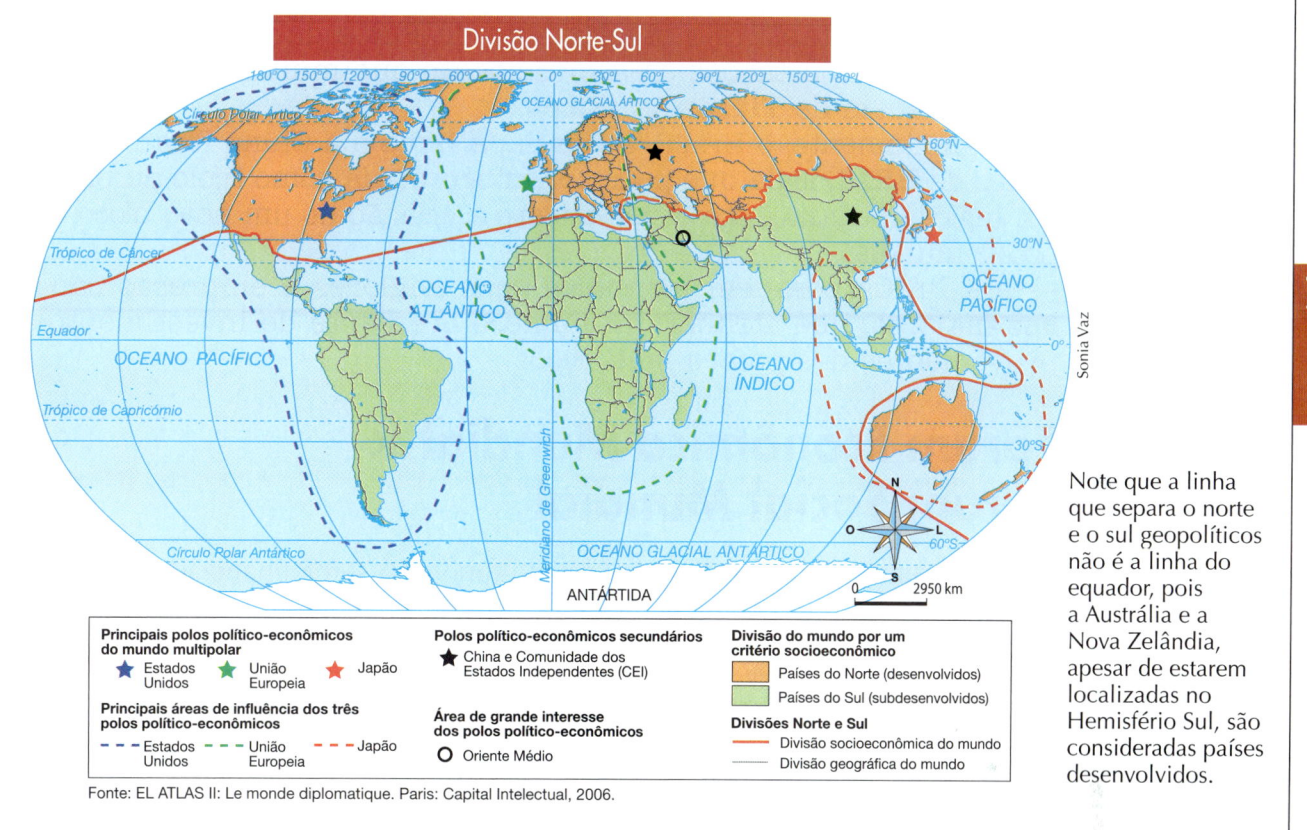

### Divisão Norte-Sul

Fonte: EL ATLAS II: Le monde diplomatique. Paris: Capital Intelectual, 2006.

Note que a linha que separa o norte e o sul geopolíticos não é a linha do equador, pois a Austrália e a Nova Zelândia, apesar de estarem localizadas no Hemisfério Sul, são consideradas países desenvolvidos.

Pode-se destacar também que essa divisão separa grupos de países que têm gigantescos recursos financeiros (norte geopolítico) dos que dispõem de grandes reservas naturais (sul geopolítico).

Mas a pobreza e o desenvolvimento não são atributos apenas de países diferentes. Num mesmo país, parte dos habitantes vive em situação socioeconômica precária, enquanto outros são privilegiados, desfrutando de ótimas condições de vida.

Hoje o mundo pobre está extremamente fragmentado. Existem diversos níveis de participação e peso dos países na economia mundial. Alguns exportam somente produtos primários. Há também países, como o Brasil, a Rússia, a Índia e a China, que possuem vastíssimos recursos naturais e grandes parques industriais. Por isso, são chamados de países emergentes.

Abrigos improvisados de sem-teto em Las Vegas, Nevada (EUA), em novembro de 2011. A maior potência mundial abrigava então 14 milhões de desempregados.

## Lembre-se

Na década de 1950, alguns países pobres já atraíam filiais de grandes transnacionais. A partir da década de 1960, Coreia do Sul, Taiwan, Cingapura e Hong Kong também receberam grandes investimentos estrangeiros, atraídos por sua mão de obra barata. Desde então, a sociedade desses países passou por muitas transformações, como a erradicação do analfabetismo, a diminuição da mortalidade infantil e o crescimento do PIB e da renda da população. Suas exportações cresceram tanto que muitos economistas os apelidaram de **Tigres Asiáticos**.

Recentemente, o Brasil, a Rússia, a Índia e a China foram apelidados de **BRIC**, sigla que pode ser interpretada como tijolo ou bloco, em inglês. Portanto, essa sigla sugere a criação de um novo bloco de poder mundial.

Os BRICs possuem mercados consumidores e empresas cada vez maiores, que atraem um número crescente de investimentos provenientes dos países mais ricos.

## Fórum Econômico Mundial × Fórum Social Mundial

O **Fórum Econômico Mundial** é uma fundação suíça financiada por mais de mil empresas transnacionais. Surgiu em 1970, quando um professor de economia, o suíço Klaus Schwab, convidou governantes europeus para uma reunião na qual foram discutidas as grandes questões econômicas da época.

O Fórum Econômico Mundial ocorre sempre na última semana de janeiro, na cidade de Davos, na Suíça. Por isso, esse encontro também é chamado de Fórum de Davos.

Acima, à esquerda, Klaus Schwab, fundador e presidente do Fórum Econômico Mundial, em janeiro de 2001; à direita, sessão de trabalho do Fórum, em janeiro de 2008. A convocação do professor Schwab deu origem a uma das principais reuniões de cúpula internacionais.

Esse encontro passou a ser realizado anualmente e cresceu, atraindo importantes personalidades da Europa e dos Estados Unidos, como empresários, intelectuais e líderes políticos influentes, que apresentam suas ideias sobre o mundo capitalista. Todavia, o Fórum causa polêmicas. Os críticos de Davos afirmam que seus participantes, que são defensores de um mercado global, dão muita importância ao comércio internacional e se esquecem dos problemas sociais.

Em 2001 esses críticos, representados por diversos movimentos sociais, queriam denunciar o lado perverso da globalização. Discutiam-se o desemprego, a destruição ambiental, a miséria, o consumismo, que não estavam sendo resolvidos pelo processo de globalização. Ao contrário, em muitas situações as dificuldades cresceram.

Os movimentos sociais – compostos de pequenos agricultores, sindicatos, grupos oprimidos (como indígenas, homossexuais, mulheres), ONGs, grupos ambientalistas, jornalistas independentes, intelectuais, estudantes, membros de organizações religiosas e grupos defensores dos direitos humanos – decidiram então criar um fórum que fosse uma clara oposição ao encontro de Davos.

Esse grande encontro, apoiado por diversas personalidades internacionais, recebeu o nome de **Fórum Social Mundial** e congrega todos aqueles que combatem a globalização. Seus organizadores tomaram como lema a afirmação "um outro mundo é possível". Sua meta é lutar pelas causas sociais, em especial moradia, emprego, escola, alimentação, hospitais, diversidade cultural, tolerância e paz.

O primeiro Fórum Social Mundial foi realizado em 2001, em Porto Alegre (RS). Lá, os movimentos sociais ressaltaram os efeitos nocivos dessa aceleração capitalista, a globalização.

Milhares de manifestantes do mundo todo marcham em protesto contra a globalização na primeira edição do Fórum Social Mundial, em Porto Alegre (RS), em 2001. Os movimentos sociais denunciam que os gigantescos lucros gerados pelo comércio mundial concentram-se nas mãos de poucas empresas e pessoas, enquanto bilhões de pessoas ficam desamparadas.

# A ONU na Nova Ordem Mundial

Com o encerramento da Segunda Guerra Mundial, as principais potências mundiais perceberam a necessidade de evitar novos conflitos daquela dimensão. Dezenas de milhões de mortos e a destruição de tantas economias nacionais eram um preço muito alto para se pagar pelas rivalidades e desavenças entre países.

Visando à manutenção de uma paz duradoura, em 1945, a grande maioria dos países do mundo assinou o tratado que deu origem à Organização das Nações Unidas (ONU).

A função inicial da ONU era resolver problemas diplomáticos, evitando conflitos que levassem à morte de inocentes e ao empobrecimento de nações.

Para resolver possíveis enfrentamentos militares, o estatuto da ONU criou o Conselho de Segurança, órgão que tem o poder de autorizar ou vetar a intervenção militar de um país em outro.

Quase todas as crises internacionais após a Segunda Guerra foram analisadas pelo Conselho de Segurança, composto de cinco países-membros com poder de veto (Estados Unidos, Rússia, França, Reino Unido e China).

O poder de veto (ou *voto negativo*, como consta na Carta da ONU) representa a possibilidade de qualquer um desses cinco países impedir a adoção de uma resolução.

À esquerda, vista externa da sede da ONU, em Nova York (EUA), em 2010. Abaixo, reunião do Conselho de Segurança, em julho de 2011. Os prédios da ONU são considerados território internacional.

O Conselho de Segurança é composto também de mais 10 países-membros, que ocupam essa posição de forma rotativa, ou seja, alternam-se na ocupação desse posto, mas sem poder de veto.

Desde a década de 1990, a ONU está passando por uma reformulação, que busca transformá-la numa instituição mais eficaz para solucionar problemas nestes tempos de globalização.

De fato, na Nova Ordem Mundial, o Conselho de Segurança da ONU não representa o pensamento da maioria das nações nem as novas relações internacionais.

Nos últimos anos foram propostas várias reformas do Conselho de Segurança. Uma delas propõe ampliá-lo para 25 membros, dos quais 10 teriam poder de veto. Essa questão ainda não foi solucionada, pois candidatos ao Conselho de Segurança – como Alemanha, Brasil, Japão e Índia –, apesar de contarem com o apoio de dezenas de países, enfrentam resistências em suas próprias regiões. São exemplos as rivalidades tradicionais entre Paquistão e Índia, e China e Japão, que estiveram em conflito no passado.

Muitos pesquisadores acreditam que a ONU perdeu espaço com a Nova Ordem Mundial. As decisões de outros organismos internacionais – como a OMC, o G8 e o Fórum Econômico Mundial – têm alcançado repercussões maiores que as resoluções da ONU.

Em 2003, por exemplo, o Conselho de Segurança recusou-se a autorizar a iminente invasão norte-americana ao Iraque, porém o governo dos Estados Unidos desconsiderou a ONU e enviou 300 mil soldados para invadir o território iraquiano.

Naquele momento a ONU realmente perdeu força e credibilidade no contexto internacional.

## Novas formas de avaliar o desenvolvimento

Nos anos de 1950, os relatórios e os estudos feitos pela ONU sobre pobreza e desenvolvimento analisavam meramente os aspectos econômicos.

Uma prova disso é que todas as pesquisas valorizavam a renda *per capita* e o PIB para medir o grau de desenvolvimento dos países.

Com o passar do tempo, esses dados passaram a ser questionados, pois muitas vezes não davam a real dimensão do que ocorria nos países. Um exemplo é a renda *per capita*. Trata-se de um cálculo muito simplista, que se baseia na divisão da renda nacional pelo total de habitantes. Isso é insuficiente, pois o resultado é um número simples, que não mostra com quem fica a riqueza gerada num país.

Levando esse fato em consideração e preocupada com a baixa qualidade de vida de grande parte da população do planeta, a ONU criou uma nova forma de medir o desenvolvimento.

O paquistanês Mahbub Ul Haq e o indiano Amartya Sem, importantes economistas, criaram o Índice de Desenvolvimento Humano (IDH).

Esse índice leva em conta o poder de compra da população, a expectativa de vida e o nível educacional. Embora seja um cálculo que também estabelece uma média, está muito mais próximo da realidade da população.

O IDH mede o nível de educação de um país por meio de um cálculo que leva em conta o índice de analfabetismo e o número de pessoas matriculadas em instituições de ensino. O poder de compra é medido estabelecendo-se uma equivalência do poder de compra (de bens e serviços) entre o dólar e a moeda do país estudado.

Todos esses dados são transformados em notas que vão de 0 a 1, por meio de sofisticados cálculos matemáticos. Quanto melhor for a qualidade de vida de um país, mais próxima de 1 será sua nota. Se existirem muitos problemas sociais no país, a nota será mais próxima de zero.

Vale lembrar que a ONU divulga anualmente um Relatório do Desenvolvimento Humano com o *ranking* do IDH, ou seja, com notas para as condições de vida das populações de quase todos os países do mundo. Quando o IDH de um país está entre 0 e 0,499, é considerado baixo; quando está entre 0,500 e 0,799, é considerado médio; quando está entre 0,800 e 1, é considerado alto.

## Os efeitos negativos da globalização nos países ricos

Nas últimas décadas, o acirramento da concorrência em escala mundial trouxe certo desconforto para as populações dos países ricos.

Anteriormente, essas populações gozavam de muitos privilégios, como pleno emprego, aposentadoria integral, educação e saúde públicas de boa qualidade, completa infraestrutura urbana e várias outras vantagens.

Para fazer frente à atual fase de competição, muitos governos cortaram tais benefícios, com sérias consequências para a população desses países.

Nos Estados Unidos, por exemplo, cresce o número de pobres, que já somam cerca de 40 milhões de pessoas. Em grande parte, são trabalhadores que perderam seus empregos. Em muitos casos, eram operários em fábricas que foram transferidas para países cuja mão de obra é mais barata (lembre-se do conceito de fábrica global).

Essa situação mantém e até amplia a exclusão social que sempre se manifestou nos bairros pobres das grandes cidades norte-americanas (guetos). Outra parte dessa população pobre é constituída de imigrantes que não se enquadram nos padrões socioeconômicos do país que escolheram. Uns e outros vivem de baixíssimos salários, pensões irrisórias e subemprego.

Essa situação esporadicamente dá origem a surtos de violência e vandalismo, como ocorreu na França em 2005, quando os jovens filhos de imigrantes promoveram grandes manifestações, revoltando-se contra a exclusão a que são submetidos na sociedade francesa.

Enfim, a exclusão e o empobrecimento já são considerados problemas mundiais, e não apenas dos países em desenvolvimento.

Alguns observadores otimistas afirmam que se trata de uma fase de adaptação da sociedade à onda de concorrência mundial chamada de globalização. Já os pessimistas dizem que esses problemas sociais resultam do monopólio mundial exercido pelas grandes empresas.

As gigantescas companhias transnacionais concentram porções crescentes da riqueza mundial, controlando recursos financeiros que deixam de ser investidos nas áreas sociais.

Isso certamente contribui para agravar as precárias condições de vida de bilhões de pessoas em todo o mundo.

Policiais franceses perseguem jovens amotinados em subúrbio de Paris, em novembro de 2005. Os incêndios despertaram a sociedade francesa para um problema comum nos países mais ricos: os excluídos se manifestam com violência, exigindo respeito e igualdade de direitos.

## Texto complementar

### IBAS REAFIRMA NECESSIDADE URGENTE DE REFORMA DE ORGANISMOS MULTILATERAIS

*Os países do Ibas — grupo formado pela Índia, o Brasil e a África do Sul — defenderam nesta terça-feira (18) a reforma urgente de instituições multilaterais, em especial o Conselho de Segurança das Nações Unidas (ONU), o Fundo Monetário Internacional (FMI) e o Banco Mundial. Esse é um dos 19 pontos de documento divulgado em Pretória, África do Sul, onde representantes do Ibas estão reunidos.*

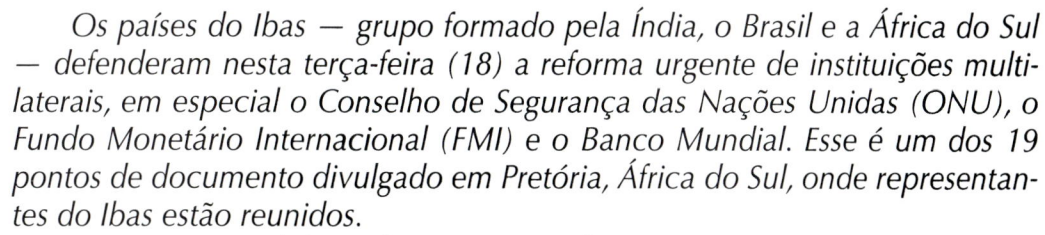

*Na reunião, os líderes dos países que formam o Ibas reafirmaram o compromisso de aumentar a participação dos países em desenvolvimento nos órgãos de decisão das instituições multilaterais. Esse tópico faz parte da proposta de reforma da governança global, um dos princípios defendidos pelas nações emergentes desde a criação do grupo, em 2003.*

*"Os países ressaltaram a necessidade de uma reforma urgente das Nações Unidas [ONU] para torná-la mais democrática e coerente com a realidade geopolítica atual. Particularmente, os países enfatizaram que nenhuma reforma das Nações Unidas será completa sem uma reforma do Conselho de Segurança, incluindo uma expansão nas categorias permanente e não permanente de seus membros, com maior participação dos países em desenvolvimento em ambas", destaca o Ibas.*

*O documento também enfatiza a importância da chamada cooperação Sul-Sul e coloca o Ibas como um importante fórum de diálogo, principalmente em um momento crítico da economia mundial e na busca de soluções pacíficas para os conflitos em áreas como o Oriente Médio e o Norte da África.*

*"O atual sistema internacional tem que ser mais reflexivo das necessidades e prioridades dos países em desenvolvimento. O Ibas continuará a esforçar-se para contribuir para uma nova ordem mundial cuja política, a economia e a arquitetura financeira são mais abrangentes, representativas e legítimas."*

Agência do Brasil. Ibas reafirma necessidade urgente de reforma de organismos multilaterais. *O Jornal do Comércio*, Porto Alegre, 18 out. 2011. Disponível em: <http://agenciabrasil.ebc.com.br>. Acesso em: 21 maio 2012.

## Refletindo sobre o tema

1. Compare a variação percentual anual do PIB dos países emergentes em relação à dos países desenvolvidos, projetada pelo FMI para o período de 2009 a 2010.

| ECONOMIA MUNDIAL E PROJEÇÕES DO FMI | | | | |
|---|---|---|---|---|
| Variação do percentual anual em % | | | | |
| PIB - Produto Interno Bruto | 2009 | 2010 | 2011* | 2012* |
| Mundo | -0,7 | 5,1 | 4,0 | 4,0 |
| **Economias Avançadas** | -3,7 | 3,1 | 1,6 | 1,9 |
| Estados Unidos | -3,5 | 3,0 | 1,5 | 1,8 |
| Área do Euro | -4,3 | 1,8 | 1,6 | 1,1 |
| Alemanha | -5,1 | 3,6 | 2,7 | 1,3 |
| França | -2,6 | 1,4 | 1,7 | 1,4 |
| Itália | -5,2 | 1,3 | 0,6 | 0,3 |
| Espanha | -3,7 | -0,1 | 0,8 | 1,1 |
| Reino Unido | -4,9 | 1,4 | 1,1 | 1,6 |
| Japão | -6,3 | 4,0 | -0,5 | 2,3 |
| Canadá | -2,5 | 3,2 | 2,1 | 1,9 |
| **Economias Emergentes e em Desenvolvimento** | 2,8 | 7,3 | 6,4 | 6,1 |
| Brasil | -0,6 | 7,5 | 3,8 | 3,6 |
| Rússia | -7,8 | 4,0 | 4,3 | 4,1 |
| Índia | 6,8 | 10,4 | 8,2 | 7,8 |
| China | 9,2 | 10,3 | 9,5 | 9,0 |

*Projeções
Fonte: FMI/World Economic Outlook, set. 2011. Extraído do *site*: <www.mercadocomum.com/site/artigo/detalhar/razotildees-para-mudar-e-transformar-o-brasil-em-pais-desenvolvido>.
Acesso em: 9 abr. 2012.

2. Professores, intelectuais, jornalistas e políticos costumam dizer que a OMC, o G8, o FMI, o Fórum Econômico Mundial e a OCDE são organismos **supranacionais**. Qual é o significado desse termo?

3. Comente a frase: "Participar dos organismos internacionais da globalização é aceitar suas regras".

4. "É evidente que a Rússia pode ter um colapso econômico, desta vez sob o domínio da economia de mercado. Sob as atuais circunstâncias, qualquer coisa que aconteça pode transformar os chamados 'mercados emergentes' em 'mercados de emergência'. Agora não se trata mais de casos regionais, porém de um processo de escalada global."

(Adaptado de Robert Kurz. *Folha de S.Paulo*, 6 set. 1998.)

- Explique, tendo em vista o processo de globalização, a razão pela qual uma crise em determinado país pode afetar áreas relativamente distantes.

**5.** "Em lugar de ser um obstáculo à globalização, a formação de blocos regionais pode ser vista como um processo por meio do qual a globalização recria a nação, os países, de modo a moldá--los à dinâmica da economia mundial."

IANNI, Octavio. *A era do globalismo*. Rio De Janeiro: Civilização Brasileira, 1999.

- Da leitura do texto, o que se pode afirmar sobre os blocos regionais?

## Criar e entender

Analise a posição dos países no quadro de renda *per capita*. Em seu caderno, relacione os países e os valores da tabela de renda *per capita* em ordem decrescente, levando-se em conta os IDHs muito alto, alto, médio e baixo.

| Renda *per capita* (2008) | | | |
|---|---:|---|---:|
| País | (US$) | País | (US$) |
| Angola | 3 757,48 | Luxemburgo | 104 673,28 |
| Argentina | 6 606,27 | México | 8 478,68 |
| Bolívia | 1 342,36 | Moçambique | 368,68 |
| Brasil | 6 937,91 | Nigéria | 1 159,36 |
| Chile | 9 879,09 | Panamá | 5 904,27 |
| Colômbia | 3 611,47 | Paraguai | 1 801,85 |
| Finlândia | 46 601,87 | Portugal | 21 018,83 |
| França | 41 511,15 | Serra Leoa | 289,94 |
| Alemanha | 40 415,41 | Espanha | 32 066,96 |
| Hong Kong | 29 649,51 | Suécia | 49 654,87 |
| Índia | 977,74 | Estados Unidos | 45 845,48 |
| Itália | 35 872,42 | Uruguai | 7 172,24 |
| Japão | 34 312,14 | Venezuela | 8 596,00 |

FMI, abril de 2008. Extraído do site: <www.imf.org/external/index.htm>. Acesso em: 30 maio 2012.

## De olho na imagem

**1.** Analise a figura ao lado utilizando seus conhecimentos sobre a divisão norte-sul.

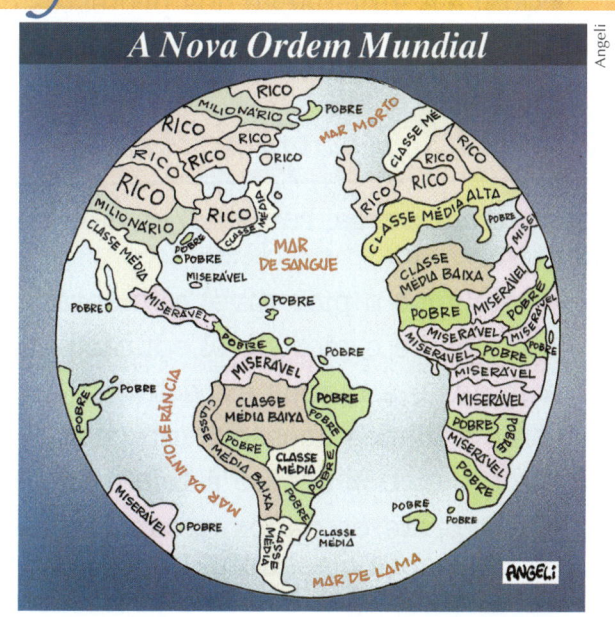

A Nova Ordem Mundial — Angeli

**2.** Observe as imagens abaixo: a charge critica o G8.

A fotografia mostra uma manifestação gigantesca contra a globalização que ocorreu em Seattle (Estados Unidos), em 1999.

O GRUPO DE UM SÓ

- Qual é a vinculação dos protestos com a atuação do G8 durante a década de 1990?

## Vamos pesquisar

Procure em livros, revistas, jornais ou na internet quais os países que têm:

a) o melhor e o pior nível alimentar no mundo;
b) o melhor e o pior nível educacional no mundo;
c) a maior e a menor expectativa de vida no mundo;
d) mais e menos acesso à internet;
e) mais e menos acesso à telefonia celular.

- Interprete os dados encontrados em sua pesquisa e crie um texto sobre o assunto. Depois, converse sobre suas conclusões com os colegas e com o professor.

# CAPÍTULO 5

# AMÉRICA: O ESPAÇO GEOGRÁFICO ANTES DA COLONIZAÇÃO

Há indícios de que os primeiros seres humanos chegaram à América entre 40 000 a.C. e 20 000 a.C. Quando Cristóvão Colombo chegou à América, há pouco mais de 500 anos, vários povos já ocupavam todo o continente havia muitos milênios.

Esses grupos humanos, chamados de pré-colombianos ou de indígenas, passaram da Ásia para a América atravessando o estreito de Bering no fim da glaciação de Würm (ocorrida entre 80 000 a.C. e 12 000 a.C.). Nesse período, o Alasca estava ligado à Sibéria por uma estreita faixa de terra firme que submergiu depois, quando o degelo provocou elevação do nível dos oceanos.

**Corredor livre de gelo**

AUGE DA GLACIAÇÃO — 80 000 a.C.

FIM DA GLACIAÇÃO — 10 000 a.C. — Corredor livre de gelo

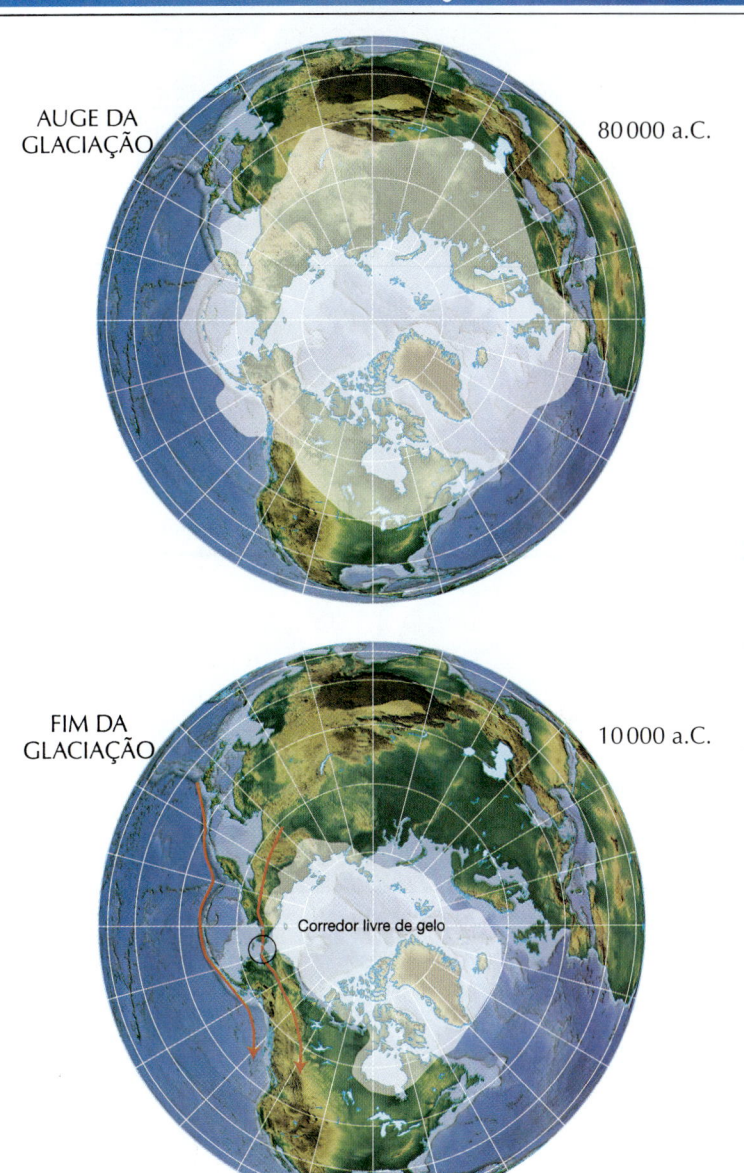

Fonte: ATLANTE Geografico De Agostini. Novara: Istituto Geografico De Agostini, 2004.

Mudanças climáticas acabaram separando a Ásia da América. Desenvolveram-se então diferentes povos e culturas.

## Os indígenas e seu espaço geográfico

Entre 10 000 a.C. e 5 000 a.C., acredita-se que navegadores vindos do Japão, do Sudeste Asiático e da Polinésia desembarcaram no litoral da América do Sul, no Oceano Pacífico.

Evidências desse desembarque foram encontradas em Valdivia, no Equador. Nesse local há um sítio arqueológico repleto de cerâmicas muito parecidas com as japonesas.

### Sítio arqueológico em Valdivia (Equador)

Fonte: ARRUDA, José J. de Andrade. *Atlas Histórico Escolar*. São Paulo: Ática, 1986.

Apesar da separação geográfica, existem traços culturais muito semelhantes entre a Ásia e uma parte da América.

Os pingentes da cultura equatoriana Valdivia (3500 a.C.-1500 a.C.) mostram figuras humanas com olhos puxados.

## O que é sítio arqueológico?

Sítio arqueológico é o local onde ficaram preservados artefatos, construções ou outras evidências de atividades humanas ocorridas num passado muito distante.

Os sítios arqueológicos mais conhecidos correspondem a cidades, templos, cemitérios e túmulos antigos soterrados.

No Brasil, esses locais são protegidos por lei e é crime destruí-los.

Pintura rupestre com desenhos coloridos representando formas de animais no Parque Nacional da Serra da Capivara, em São Raimundo Nonato (PI), na década de 1990. Os estudos de arqueologia revelam muito do passado e permitem que se entenda melhor o presente.

Outros povos estiveram na América antes da colonização europeia. Por volta do ano 1000 d.C., europeus vindos da Escandinávia atingiram a costa atlântica do Canadá, mas não chegaram a se estabelecer.

Com o passar do tempo, os grupos humanos vindos da Ásia foram se dispersando pelo território americano, dando origem a várias nações.

Cada uma dessas nações desenvolveu sua própria cultura – idioma, cerimônias e rituais, hábitos alimentares, tipos de moradias característicos, por exemplo. Vamos conhecer algumas delas.

## Os indígenas da América do Norte

As nações indígenas da América do Norte distribuíram-se pelo território que corresponde hoje aos Estados Unidos, ao Canadá e ao norte do México.

Os primeiros desses grupos humanos fixaram-se no litoral, cujo traçado irregular, com muitas reentrâncias, favorecia a pesca (primeira atividade do ser humano na América). Eles construíam canoas, desenvolviam vários utensílios de pesca, faziam barragens para capturar salmões e conheciam métodos para conservar os peixes.

*Inuit* dentro de um iglu em Gjoa Haven, norte do Canadá, em 2009. Os antepassados dos *inuit* deixaram uma herança cultural que lhes permite viver bem adaptados a um clima extremamente frio.

Outras áreas estadunidenses também foram ocupadas há milhares de anos. Foi o caso da Califórnia, onde o clima mais árido obrigou alguns grupos a viverem de forma nômade quando ainda não possuíam técnicas de irrigação. Como não praticavam a agricultura (que obriga a ficar muito tempo em um só local), moravam em abrigos temporários muito simples e leves.

Sendo coletores e caçadores, esses povos fabricavam cestos com fibras vegetais para carregar os alimentos que conseguiam. Estudos recentes indicam que essas nações eram pacíficas e que sua sociedade era igualitária, ou seja, os bens materiais eram compartilhados com todos os membros do grupo.

*Você sabia que...*

... por volta de 300 a.C. começou o cultivo irrigado de milho na América do Norte? No Arizona (EUA), há vestígios de um complexo sistema de represas e canais de irrigação nos vales de importantes rios.

## Apaches e Navajos

Por volta de 850 d.C., no sudoeste da América do Norte, região que atualmente pertence aos Estados Unidos, já viviam as nações Apache e Navajo. Muito organizados, esses povos dedicavam-se à coleta e à caça. Eram comuns as guerras com nações vizinhas em razão da disputa de territórios ricos em recursos e alimentos.

Os Apaches foram praticamente dizimados no século XIX, durante a colonização do oeste dos Estados Unidos. Garimpeiros, fazendeiros e comerciantes tomaram a maior parte das suas terras.

## A apropriação das terras indígenas nos Estados Unidos

Em 1871, o governo dos Estados Unidos decidiu que nenhuma tribo ou nação indígena seria reconhecida como grupo independente. Suas terras não estavam garantidas. Essa lei ficou conhecida como "Ato de Apropriação". Nessa época, os Estados Unidos estavam em pleno processo de colonização do Oeste. A pressão sobre as terras dos indígenas e suas riquezas, como o ouro, era enorme.

Somente em 1934 os indígenas dos Estados Unidos passaram a ter direito sobre suas terras.

Após a Segunda Guerra Mundial, a cobiça pelas terras indígenas ressurgiu. Por isso, os governantes dos Estados Unidos passaram a tratá-los como qualquer cidadão norte-americano. Foram lançados, inclusive, programas de ajuda financeira para que os indígenas migrassem para as cidades. Essas iniciativas visavam claramente esvaziar as terras indígenas e facilitar a entrada de negociantes nesses territórios.

Finalmente, em 1961, o governo estadunidense reconheceu que as políticas oficiais estavam exterminando os indígenas. Quatro anos depois, em 1965, uma lei garantiu apoio financeiro para os indígenas desenvolverem e administrarem suas terras. Essa medida permitiu a sobrevivência de diversas nações indígenas.

Hoje os Apaches e os Navajos vivem em extensas reservas, que administram com grande autonomia.

Grupo Apache em dança cerimonial, em Mescalero, Novo México (EUA), em 2007. Os remanescentes da nação Apache ainda mantêm muitas tradições.

A nação Navajo detém a maior reserva indígena dos Estados Unidos. São 6 milhões de hectares que ocupam partes dos estados do Arizona, do Novo México e de Utah. Aí vivem aproximadamente 300 mil indígenas.

Nas planícies centrais, vivia a nação Sioux. Também conhecidos como *Dakotas*, os Sioux vagavam pelos territórios que correspondem, atualmente, aos estados norte-americanos de Dakota do Norte e Dakota do Sul, acompanhando o deslocamento das gigantescas manadas de búfalos.

Os Sioux resistiram agressivamente aos colonizadores até 1890, quando sofreram um extermínio quase total.

No leste dos Estados Unidos, entre os Grandes Lagos e a Flórida, também viviam muitos indígenas. Dentre eles destacava-se a nação Cherokee, cujas tribos formavam uma confederação.

Os povos dessa região cultivavam milho e moravam em povoados que tinham ao centro uma praça. Muitos Cherokees abandonaram seus territórios durante a Guerra de Independência dos Estados Unidos (1776-1783). Fugindo dos combates entre os ingleses e os colonos, mudaram-se para a outra margem do rio Mississípi. Hoje, nessa região encontra-se a Reserva Indígena Cherokee do Arkansas.

A partir da década de 1960, o número de indígenas da América do Norte cresceu rapidamente. Isso se deveu, em grande medida, à demarcação de suas reservas, que hoje se espalham por todo o território estadunidense e abrigam cerca de 5 milhões de pessoas.

Esses habitantes ainda sofrem uma ameaça: a imposição de outras culturas. Por exemplo, o Cristianismo é mais comum entre eles do que as crenças de seus antepassados. Além disso, a influência mútua das duas crenças resultou em várias igrejas que praticam o sincretismo, ou seja, uma fusão de crenças e rituais.

## Os indígenas da América Central

Os indígenas centro-americanos habitavam os territórios que se estendem do sul do México ao Panamá.

Essas nações, apesar de falarem centenas de línguas, tinham elementos culturais em comum: construíam pirâmides e cidades sofisticadas, elaboravam calendários e registravam os fatos históricos marcantes. Além disso, praticavam uma agricultura variada, plantando milho e feijão, além de verduras e legumes e vários tipos de pimenta.

Uma das civilizações mais antigas dessa região foi a olmeca. Esse povo fixou-se no litoral do Golfo do México já no século XII a.C. Um de seus traços culturais marcantes era a atenção dada às artes, especialmente à escultura.

Gigantesca cabeça de pedra olmeca, com 3 metros de altura, em Villahermosa (México), na década de 2000. A escultura data do século XI a.C.

## Agricultura intinerante

Inúmeras pesquisas indicam que as grandes civilizações centro-americanas praticavam a agricultura itinerante. Ou seja, era uma prática comum o abandono das terras anteriormente cultivadas, trocando-as por áreas com solos mais férteis. Dessa forma, com o passar de décadas ou séculos, todas as áreas disponíveis acabavam improdutivas. Muitos estudiosos acreditam que esse é o motivo pelo qual as cidades eram frequentemente abandonadas e acabavam recobertas por densas florestas.

Ruínas de Chichén Itza, na Península do Iucatã (México), na década de 2000. As sociedades pré-colombianas eram muito bem organizadas. Seu desaparecimento deixou marcas como essas ruínas, que indicam uma rica cultura.

## Os astecas

Os astecas ou *mexicas* (daí México) constituíram uma sofisticada civilização pré-colombiana na América do Norte e Central, entre 1325 e 1521. Procedentes do sudoeste do atual Estados Unidos sedentarizaram-se no populoso vale do México. Nessa região, juntaram-se aos toltecas e chichimecas, herdando suas conquistas civilizatórias.

### Você sabia que...

... **período pré-colombiano** é aquele anterior à chegada dos europeus na América, ou seja, é a fase histórica que se desenvolveu antes da chegada de Cristóvão Colombo ao Novo Mundo?

A capital do Império Asteca era Tenochtitlán, que abrigava o espantoso número de 400 mil habitantes quando os espanhóis chegaram. Na época, era maior que qualquer cidade europeia e, ao contrário destas, era abastecida integralmente por uma extensa rede de canais de água.

## Você sabia que...

... no lugar original de Tenochtitlán ergue-se hoje a Cidade do México, a segunda maior aglomeração urbana do mundo?

Os astecas acreditavam na divindade dos corpos celestes e dedicaram-lhes grandes monumentos, como as pirâmides do Sol e da Lua.

A religião era muito importante, a ponto de constituir a base da educação asteca. Os jovens estudavam as cerimônias e as divindades em escolas especiais, as calmecas.

No início do século XVI chegou ao México o conquistador espanhol Hernán Cortez. Comandava centenas de soldados espanhóis que tinham a clara tarefa de descobrir minas de prata e ouro.

Hernán Cortez percebeu que alguns povos que obedeciam e temiam os astecas estavam interessados em se libertar desse domínio. Aproveitando-se da situação, os espanhóis apresentaram-se como libertadores, iniciando uma campanha militar contra esse povo.

O líder asteca Montezuma II, acuado, estabeleceu um pacto de paz com Hernán Cortez. Aproveitando-se disso, Cortez entrou na capital asteca, Tenochtitlán, com suas tropas e passou a influenciar todas as lideranças astecas com promessas e misticismo.

Os espanhóis aproveitaram a extrema religiosidade dos astecas e disseminaram entre a população a ideia de que os espanhóis eram enviados divinos, fato que passou a ser aceito até pelo líder Montezuma.

Mas muitos outros líderes astecas discordaram de Montezuma II e resolveram resistir, apesar do enfraquecimento do exército asteca, que estava quase dizimado por uma epidemia de varíola.

Embora lutassem bravamente, em 1522 os astecas foram totalmente dominados pelas tropas espanholas, que destruíram a capital e construíram uma cidade com características europeias – que é, hoje, a capital do país, a Cidade do México. As tradições, as estruturas econômicas e as relações políticas dos astecas foram aniquiladas pela influência da cultura europeia.

## OS MAIAS

Situada também na América Central, a civilização maia surgiu muito antes dos astecas e estendeu-se ainda por mais de um século depois que estes desapareceram. Durou cerca de 30 séculos, de 1500 a.C a 1637 d.C. No auge, esse povo dominou toda a península mexicana do Iucatã e terras que hoje fazem parte de Guatemala, Honduras, El Salvador e Belize.

Uma das marcas dessa civilização foi a construção de cidades e monumentos.

Fonte: BARRACLOUGH, Geoffrey (Ed.). *Atlas da história do mundo*. São Paulo: Folha de S.Paulo/The Times, 1995.

Os maias usavam muitos templos como observatórios e calendários astronômicos, aos quais apenas os sacerdotes tinham acesso.

**Império Maia**

Fonte: HAYWOOD, John. *Atlas historique du monde*. Colônia: Könemann, 1999.

Cultivavam milho, algodão, tomate, cacau, batata e frutas. Domesticaram alguns animais e desenvolveram a criação de abelhas (apicultura). O fato é que os maias deram impressionantes contribuições para a agricultura. Dentre suas técnicas agrícolas mais comuns – e uma de suas heranças mais duradouras – destaca-se o cultivo em terraços, para resistir à erosão.

Os maias também drenaram pântanos para ampliar suas áreas de cultivo. E complementavam essa atividade com a caça e a pesca. Além disso, comercializavam intensamente produtos como plumas, tecidos, cerâmicas, mel e cacau. Também comercializavam escravos. Para deslocar-se, construíam estradas e navegavam pelos rios.

A civilização maia enfrentava graves problemas quando os europeus chegaram à América. Eles estavam relacionados, provavelmente, ao esgotamento do solo. A falta de solos férteis gerava a fome e, consequentemente, muitas guerras. Essas dificuldades diminuíram sua capacidade de resistência frente aos invasores europeus.

Cerca de 80% da população mexicana atual descende de indígenas americanos (também chamados de ameríndios). Desse total, somente 20% mantêm as tradições indígenas.

Entretanto, na América Central ainda são falados mais de 50 idiomas, e alguns grupos indígenas desconhecem a língua imposta pelos colonizadores, o espanhol.

A situação desses descendentes de indígenas é muito difícil. Sem acesso a recursos financeiros, suas atividades econômicas têm baixa produtividade, mal chegando a prover sua sobrevivência. Soma-se a essa pobreza extrema a perda gradativa de terras, incorporadas por grandes fazendas voltadas para a exportação de produtos alimentares.

Os descendentes de indígenas da América Central vivem em aldeias. Todas têm uma praça central que abriga a igreja, a administração e as feiras semanais. As moradias são choupanas de palha. Mas no Iucatã muitas construções têm paredes de tijolos e teto de palha e, em geral, poucos cômodos. Quase não têm mobília: as pessoas dormem em redes e esteiras.

Mulheres indígenas vestidas com roupas multicoloridas equilibram na cabeça trouxas de roupas artesanais em Panajachel, na Guatemala, em 2011. Os indígenas da América Central lutam para manter suas tradições e seus direitos.

A cerâmica, a cestaria e a tecelagem são os artesanatos mais comuns. Os produtos alimentícios e o artesanato são comercializados em pequenas feiras.

## Pare, pense e faça

"Os espanhóis descobriram a América." Qual o significado de utilizar o termo *descoberta* para se referir à chegada dos europeus às terras do novo continente?

## Os indígenas da América do Sul

A teoria mais aceita para o povoamento da América do Sul indica que caçadores vindos das Américas do Norte e Central passaram a ocupar essas terras em aproximadamente 15000 a.C. Um dos indícios que dão base a essa tese são os **sambaquis**, sítios arqueológicos formados por depósitos, criados pelo homem, de conchas de mariscos, carcaças de crustáceos e ossos de peixes. Encontram-se principalmente na costa do Atlântico, mas existem também na do Pacífico.

Existem, também, sinais de que o feijão, a abóbora e o algodão já eram cultivados no litoral do Pacífico por volta de 9000 a.C. Mas foi só por volta de 4000 a.C. que os indígenas deixaram o nomadismo constante em busca de alimentos. Sua sedentarização deve-se ao desenvolvimento das técnicas de cultivo e armazenamento do milho, que gerou estoques alimentares para a população.

Na América do Sul, desenvolveram-se sofisticadas civilizações, notadamente nos Andes. Vamos conhecer agora uma das mais brilhantes culturas pré-colombianas.

### Os incas

No seu apogeu (no século XV), a civilização inca dominou toda a região dos Andes, territórios que hoje fazem parte da Colômbia, do Equador, do Peru, do Bolívia, do Chile e da Argentina. Esse vasto império (cerca de 1,8 milhão de km²) abrigava mais de 10 milhões de pessoas.

Os incas construíram uma grande rede de estradas, por onde circulavam continuamente mensageiros levando notícias e carregadores transportando mercadorias. Apesar de só andarem a pé, os incas transpunham rios por meio de pontes pênseis tão sólidas que muitas delas ainda eram usadas em pleno século XX. Desse modo, foi vencido o isolamento natural das regiões montanhosas, o que permitiu que essa extraordinária civilização se estendesse por mais de 4 mil quilômetros ao longo da cordilheira dos Andes.

Os incas desenvolveram importantes técnicas de construção, e suas cidades eram bem maiores do que muitas das grandes cidades europeias na época da colonização espanhola.

Fonte: HAYWOOD, John. *Atlas historique du monde*. Colônia: Könemann, 1999.

Expandindo-se de sua capital histórica, Cuzco, os incas criaram uma impressionante sociedade em um vasto império.

A sociedade inca fez grandes avanços nas ciências. Embora o império fosse muito centralizado e bem estruturado – pode-se dizer que era burocrático –, não havia um sistema de escrita. Para administrar o império, eram utilizados os *quipos*, cordões de lã ou outro material onde eram codificadas mensagens.

Para manter-se e investir no desenvolvimento, a sociedade inca criou um sistema de impostos. É interessante notar que parte desses tributos destinava-se a amparar idosos e doentes. Os incas faziam regularmente o recenseamento da população. Assim, sabiam com precisão a quantidade de alimentos que seria necessário produzir, quantos homens poderiam servir ao exército etc. Esse planejamento não comprometia o cotidiano das pessoas.

Para infelicidade dos incas, porém, o território do império dispunha de enormes jazidas de metais valiosos, como cobre, ouro e prata, fato que despertou a cobiça dos conquistadores.

Cercada de montanhas, a cidade inca de Machu Picchu (acima, em foto recente) permaneceu desconhecida até 1911. Situa-se a 2 400 m de altitude e provavelmente servia como refúgio secreto do soberano inca.

Submetida ao domínio espanhol, em 1533, a cultura inca foi praticamente destruída. Na atualidade, restam apenas alguns grupos de descendentes divididos em pequenas nações. São impressionantes as ruínas de seus grandiosos monumentos, templos e palácios. Elas dão uma ideia do poder desse império.

Os principais descendentes dos incas na América do Sul são os quíchua. Vivem da pecuária e da agricultura, mas suas atividades e seu modo de vida já foram profundamente alterados. Seu idioma foi mantido porque a Igreja Católica escolheu algumas línguas nativas como veículo para evangelizar os incas: passaram a escrevê-las com caracteres latinos e a ensiná-las, fixando-as como as línguas mais faladas entre as dos indígenas.

Sem dinheiro e sem proteção governamental, ao longo dos séculos esses indígenas dirigiram-se para as cidades, onde trabalham em atividades de baixa remuneração. Atualmente, são trabalhadores e trabalhadoras braçais, que vivem em preocupante estado de pobreza.

Entretanto, um filho da nação inca chegou ao poder. Eleito presidente de seu país em dezembro de 2005, o boliviano Evo Morales foi o primeiro indígena aimará (descendente dos incas) a governar a Bolívia.

## Texto complementar

### UM CASO ESPECIAL: A NAÇÃO *INUIT*

Muitos dos incontáveis massacres de indígenas estadunidenses envolveram a nação inuit, que vive no norte canadense.

Os inuits, popularmente conhecidos como esquimós, habitam essa região há mais de 5 mil anos.

No fim do século XVIII, comerciantes, agricultores e exploradores vindos dos Estados Unidos vieram em busca de riquezas naturais, fato que fez surgir intenso comércio.

Desde então, os povos indígenas daquela região foram explorados e desrespeitados. O território dos inuits, chamado de Nunavut ("nossa terra", no idioma inuit), passou para o controle de comerciantes ingleses em 1670.

Desse modo, os inuits se tornaram empregados dos comerciantes ingleses.

O contato com os brancos de origem europeia influenciou muito a vida dos inuits. Novos tecidos, ferramentas e utensílios foram introduzidos no cotidiano desses indígenas.

No fim do século XIX, milhares de inuits foram expulsos de suas terras e obrigados a trabalhar nas indústrias que se instalavam no sul canadense. Passaram a viver em regiões completamente diferentes da sua e acabaram vitimados por doenças e epidemias.

Entretanto, apesar de toda a violência que sofreram, os inuits mantiveram o sentido de nação preservando o idioma, suas tradições e sua mitologia, passados oralmente de geração para geração. Isso permitiu que eles sempre lutassem pelos seus direitos.

No fim da década de 1960, a província de Quebec exigiu que fosse aprovada uma lei obrigando o Canadá a assumir a língua francesa como oficial. Desde então, os idiomas francês e inglês dividem todos os documentos oficiais, bem como as propagandas publicitárias do país.

Estimulados por essa conquista, os indígenas entraram com uma ação na justiça, em 1969, solicitando o reconhecimento de seus direitos territoriais.

Gradualmente, foram sendo adotadas medidas que visavam conceder maior autonomia a esses povos. Foram liberados também financiamentos para a educação indígena, baseada nos valores e tradições nativas.

Nesse contexto de reivindicações indígenas e concessões do Estado canadense, os inuits passaram a lutar não apenas pela posse efetiva de seu território, mas pelos direitos de pesca e caça, que pretendiam ceder apenas mediante indenizações monetárias e benefícios econômicos. Essas reivindicações passaram a ser feitas por intermédio do Inuit Tapirisat of Canada (ITC) "Inuits Unidos", em 1971. Esse órgão representa as 66 comunidades inuits espalhadas pelo Canadá.

Em 1999, o Canadá criou para os inuits a província de Nunavut, com extensão de 1,9 milhão de quilômetro quadrado.

A vida política, social e cultural da província de Nunavut desenvolve-se de acordo com a cultura inuit. Foram estabelecidas parcerias com empresas e instituições, que buscam o desenvolvimento sustentado no aproveitamento dos recursos naturais.

Fonte: Texto elaborado pelos autores.

## Ler para entender

### Da expressão geográfica à realidade histórica latino-americana
Celso Furtado

A expressão América Latina, vulgarizada nos Estados Unidos, durante muito tempo foi utilizada apenas com um sentido geográfico, para designar os países situados ao sul do Rio Grande. Longe de interessar-se pelo que existia de comum entre elas, as nações surgidas nas terras de colonização ibérica das Américas procuravam dar ênfase ao que era traço próprio de cada uma, num esforço de definição das personalidades nacionais respectivas. [...]

A formação de uma consciência latino-americana é fenômeno recente, decorrência dos novos problemas colocados pelo desenvolvimento econômico e social da região a partir da Segunda Guerra Mundial. [...] A partir da segunda metade dos anos 50, quando a industrialização apoiada na "substituição de importações" começou a evidenciar suas limitações, abrir-se-ia pela primeira vez na América Latina ampla discussão em torno dos obstáculos criados ao desenvolvimento regional pela estreiteza dos mercados nacionais; essa discussão projetaria luz sobre as similitudes e contribuiria para formar uma consciência regional.

Não menos importante na formação dessa consciência regional tem sido a evolução das relações com os Estados Unidos. O controle de grande parte das fontes de matérias-primas regionais, de serviços públicos e de atividades comerciais por firmas norte-americanas criara vínculos de estreita dependência, com respeito aos Estados Unidos, dos países latino-americanos, particularmente dos da área do Caribe. [...] Essa institucionalização contribuía, evidentemente, para consolidar o regime de tutela, mas também serviria para precipitar a tomada de consciência de que somente um estreitamento dos vínculos latino-americanos permitiria modificar de forma significativa as condições do diálogo com os Estados Unidos.

[...] O disciplinado bloco latino-americano não tardaria, entretanto, a apresentar reivindicações próprias, como no caso da criação da Comissão Econômica para a América Latina (CEPAL), instituída em 1948 contra forte oposição dos Estados Unidos. Instalando sua sede em Santiago do Chile, em aberto contraste com os órgãos pan-americanos situados em Washington, a CEPAL viria a desempenhar papel de relevo na formação da nova consciência latino-americana. Em síntese: América Latina deixou de ser uma expressão geográfica para transformar-se em realidade histórica como decorrência da ruptura do quadro tradicional de divisão internacional do trabalho, dos problemas criados por uma industrialização tardia e da *evolução de suas relações com os Estados Unidos, que, ao se transformarem em potência hegemônica mundial, conceberam para a região um estatuto próprio envolvendo um controle mais direto e ostensivo, e ao mesmo tempo requerendo crescente cooperação entre os países dessa área.*

FURTADO, Celso. *A economia latino-americana:* formação histórica e problemas contemporâneos. São Paulo: Companhia das Letras, 2007. Disponível: <www1.folha.uol.com.br/folha/livrariadafolha/709019-celso-furtado-analisa-a-a-economia-latinoamericana-leia-trecho.shtml>. Acesso em: 22 maio 2012.

## Vamos ver se você entendeu

A partir de que momento a América Latina começou a adquirir, senão uma identidade, pelo menos uma consciência própria de forma mais efetiva? Aponte dois fatores que contribuíram decisivamente para essa evolução geopolítica.

## Refletindo sobre o tema

**1.** "Diziam que haviam visto chegar à sua terra certas pessoas muito diferentes de nosso costume e vestuário, que pareciam o Criador de todas as coisas...; primeiro porque se diferenciavam muito de nosso traje e semblante...; andavam em uns animais muito grandes, os quais tinham os pés de prata...; porque os viram falar sozinhos em uns panos brancos como uma pessoa falava com outra...; uns eram de barbas negras e outros de barbas vermelhas e os viam comer em prata; e também porque tinham *yllapas*, nomes que nós temos para os trovões e isto diziam por causa dos arcabuzes, porque pensavam que eram trovões do céu..."

(Descrição dos conquistadores atribuída a Titu Cusi Yupanqui, filho de Manco II, que ocupou o trono inca em Vilcabamba, de 1557 a 1570, ditada ao agostiniano Frei Marcos García.)

- O relato apresenta algumas ideias que, num primeiro momento, os incas construíram a respeito dos conquistadores espanhóis. Como isso contribuiu para o domínio espanhol nessa região?

**2.** Leia o texto abaixo e compare a atividade agrária no Império Inca e em regiões da Espanha no século XVI.

A economia inca era baseada na agricultura e, vale a pena lembrar, foi muito moderna e produtiva para a época, especialmente após a introdução de canais de irrigação.

Os cultivos mais importantes eram a batata, o milho, o tomate e o feijão. Os excedentes produzidos eram armazenados em celeiros públicos, abastecendo a população em períodos de fome ou durante festejos públicos. Domesticaram a lhama para o transporte e a vicunha e o alpaca por sua fina lã. O comércio não era muito desenvolvido pelo fato de que parte considerável da população produzia o de que necessitava.

Na Espanha, a vida rural no século XVI ainda era muito parecida com a que predominava durante o feudalismo. A agricultura de subsistência manteve milhões de pessoas vivendo na miséria, dependendo de que as chuvas, o calor e o frio chegassem na época certa e durassem o período necessário. Pouco a pouco as novas técnicas de produção e irrigação implantadas pelos árabes no sul espalharam-se e ajudaram a ampliar um pouco a produção. Cultivavam-se principalmente o trigo, a oliveira e a vinha.

**3.** Existem muitas semelhanças nas plantas das cidades de Tenochtitlán e Madri (veja as imagens a seguir). Os relatos do século XVI indicam que a capital asteca era mais desenvolvida que a capital espanhola em diversos aspectos, inclusive no saneamento básico. A partir dos seus estudos do capítulo, escreva no caderno um pequeno texto sobre a urbanização no Império Asteca.

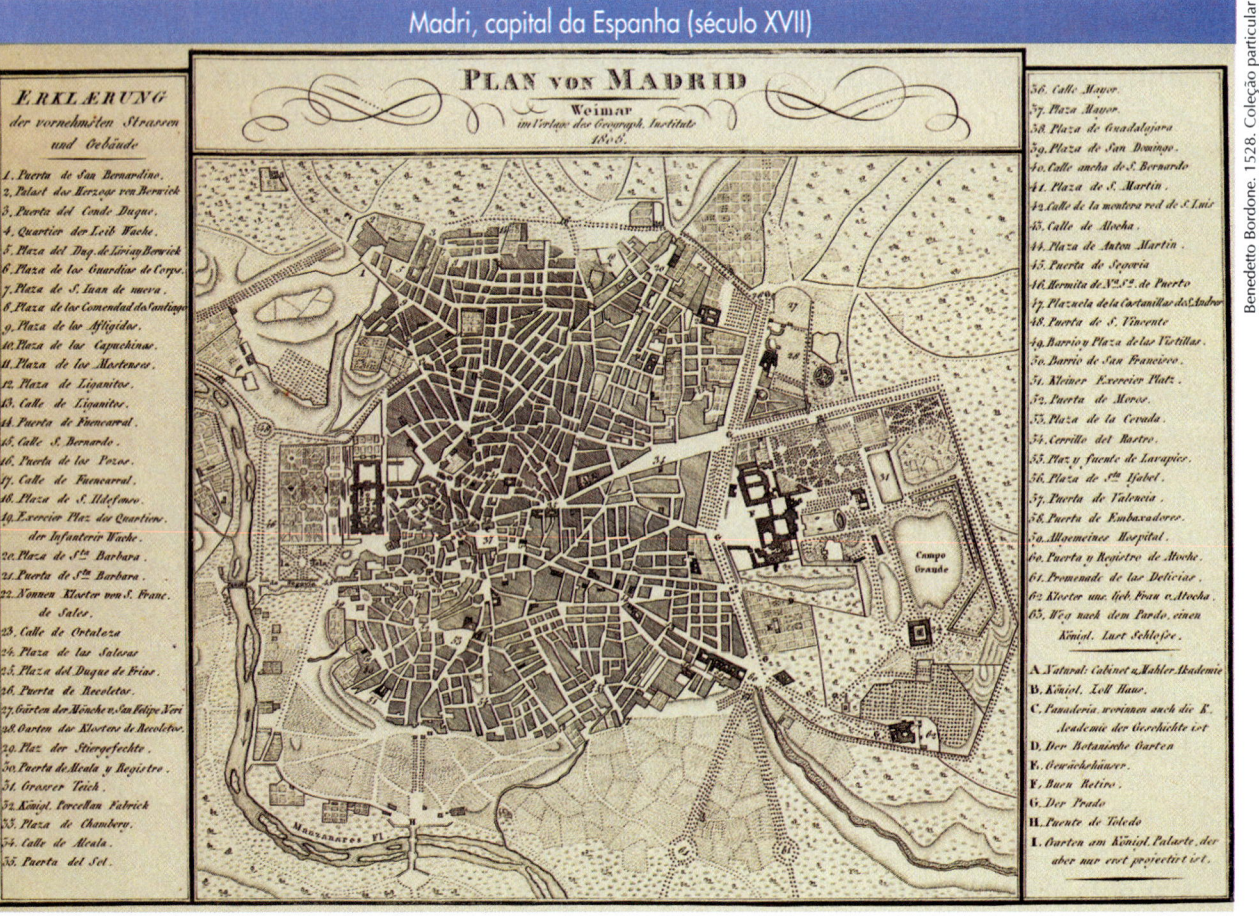

Madri, capital da Espanha (século XVII)

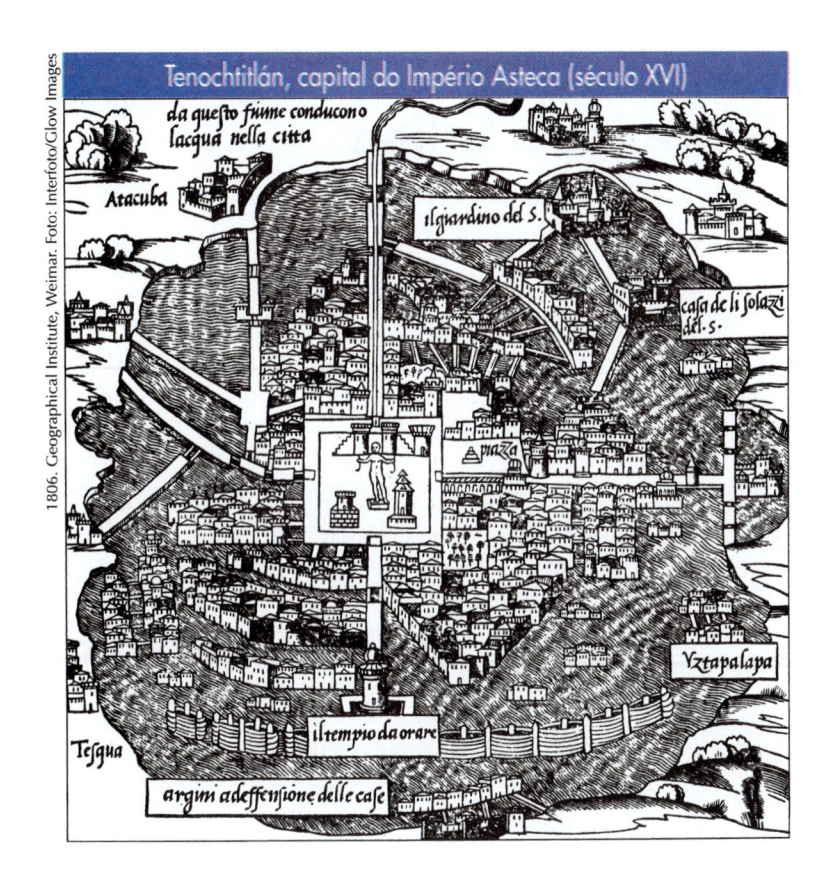

Tenochtitlán, capital do Império Asteca (século XVI)

1806. Geographical Institute, Weimar. Foto: Interfoto/Glow Images

## *Vamos pesquisar*

Os países apresentados no gráfico abaixo respondem por mais de 90% da produção mundial de cacau. No entanto, essa planta é originária da América Central. Pesquise em livros, jornais, revistas ou na internet e responda por que a América Central praticamente não produz cacau na atualidade. Destaque em sua pesquisa a história, a utilização, os maiores exportadores e os maiores consumidores desse alimento. Depois, apresente suas constatações para o professor e os colegas.

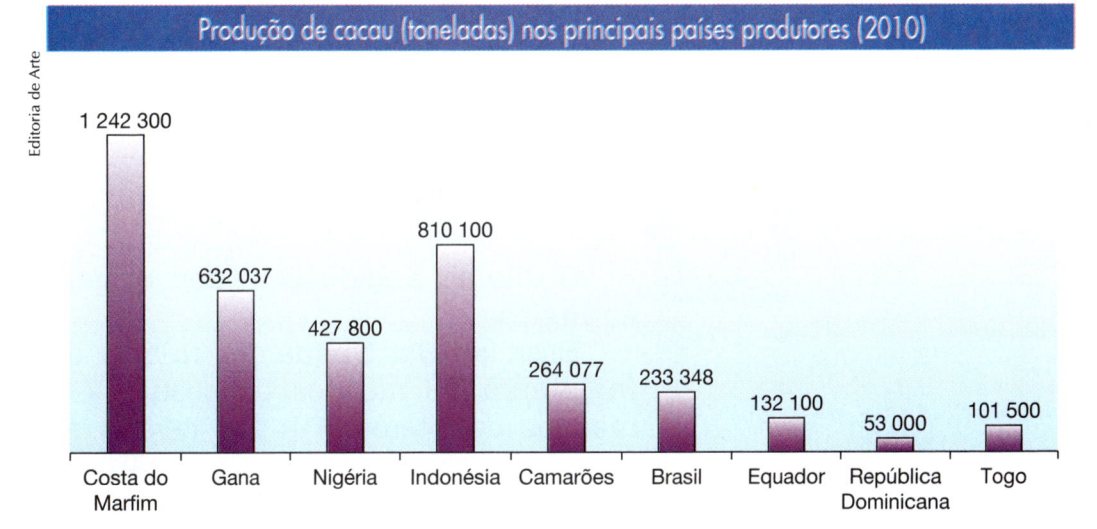

Produção de cacau (toneladas) nos principais países produtores (2010)

- Costa do Marfim: 1 242 300
- Gana: 632 037
- Nigéria: 427 800
- Indonésia: 810 100
- Camarões: 264 077
- Brasil: 233 348
- Equador: 132 100
- República Dominicana: 53 000
- Togo: 101 500

Fonte: Organização das Nações Unidas para Agricultura e Alimentação. (FAO). Extraído do site: <www.fao.org>. Acesso em: 9 abr. 2012.

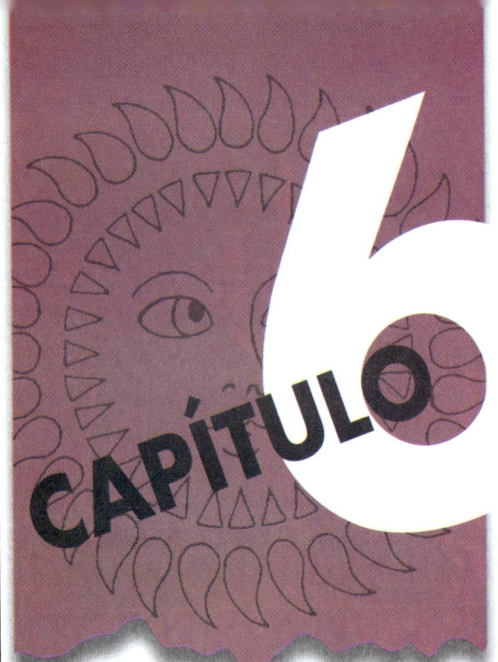

# CAPÍTULO 6
# AMÉRICA DO NORTE

## As duas Américas: Anglo--Saxônica e Latina

Da América Anglo-Saxônica fazem parte os Estados Unidos e o Canadá, pois o inglês é a língua dominante em ambos os países.

Apesar dessa divisão, porém, no Canadá também se fala o francês, considerado, ao lado do inglês, o idioma oficial. Isso se deve à colonização francesa do século XVII, na província de Quebec.

Geógrafos, economistas e historiadores costumam dividir grandes áreas continentais para facilitar seu estudo. Uma forma comum de divisão do continente americano considera seus aspectos históricos e culturais.

Esse critério leva em conta principalmente a colonização e sua influência sobre a organização das sociedades americanas. Os territórios que foram colônias inglesas, por exemplo, são integrantes da América Anglo-Saxônica.

Sinal de PARE em cruzamento de ruas de Quebec, capital da província de mesmo nome, em maio de 2008. Os canadenses que falam francês estão concentrados na província de Quebec. No restante do país, fala-se o inglês.

## Lembre-se

O idioma anglo-saxão deu origem ao inglês.

Essa antiga língua foi falada na Inglaterra de meados do século V a meados do século XII. Foi levada às ilhas britânicas por tribos germânicas (vindas da atual Alemanha) e nórdicas (invasores *vikings*).

A América Latina estende-se do México, inclusive, para o sul até o sul do continente americano. É composta de países que falam idiomas originários do latim, como o espanhol, o português e o francês.

## O latim

O latim era o idioma falado na região do Lácio, onde se localiza, atualmente, a cidade de Roma.

Essa antiga língua expandiu-se por vastos territórios com as conquistas do Império Romano. Passou a ser a língua da Igreja Católica e, por meio dela, tornou-se a língua dos acadêmicos e filósofos europeus medievais, para que seus estudos e conhecimentos fossem difundidos mais facilmente por toda a Europa.

O latim hoje é uma língua morta, com poucos falantes fluentes e que ninguém tem como língua materna. Mas exerceu enorme influência sobre diversas línguas vivas, ao servir de fonte vocabular para a ciência, o mundo acadêmico e o Direito. O latim vulgar, um dialeto do latim, é o ancestral das línguas neolatinas (italiano, francês, espanhol, português, romeno, catalão, romanche e outros idiomas e dialetos regionais); muitas palavras adaptadas do latim foram adotadas por outras línguas modernas, até pelo inglês. Sua influência deve-se ao fato de ter sido a língua do mundo ocidental por mais de mil anos.

Apesar de muito usada até hoje, essa divisão histórico-cultural do continente americano pouco colabora para a efetiva compreensão da sociedade que o habita. Até recentemente, muitos estudiosos rotulavam a América Anglo-Saxônica como desenvolvida e a América Latina como subdesenvolvida. Trata-se de uma classificação muito simplista e inútil, pois há países de origem anglo-saxônica muito pobres, como a Jamaica, e países latinos, como Cuba, cujos indicadores sociais – educação, expectativa de vida, mortalidade infantil etc. – são melhores que os de muitos países desenvolvidos.

Para compreendermos realmente como se organiza a sociedade que habita uma porção qualquer do planeta, precisamos primeiro conhecer os principais elementos que compõem a natureza local.

Portanto, antes de estudar a realidade social americana, vamos pesquisar os aspectos naturais dominantes em nosso vasto continente.

# Um continente com grande diversidade natural

A América possui uma natureza muito rica e variada. Afinal, esse continente possui terras que se estendem do Ártico até as proximidades da Antártida, situada no Polo Sul.

Observe no mapa abaixo a posição latitudinal do continente americano, ou seja, sua impressionante dimensão norte-sul.

**Continente Americano – Físico**

Por se estender do extremo norte ao extremo sul do planeta, o continente americano tem na diversidade sua principal característica.

Fonte dos mapas: ATLAS geográfico escolar. 4. ed. Rio de Janeiro: IBGE, 2007.

Esse alongamento norte-sul implica uma grande variedade de climas. Isso ocorre porque a Terra recebe os raios solares de forma diferente em cada um dos hemisférios, e essa variação obedece à alternância das estações do ano.

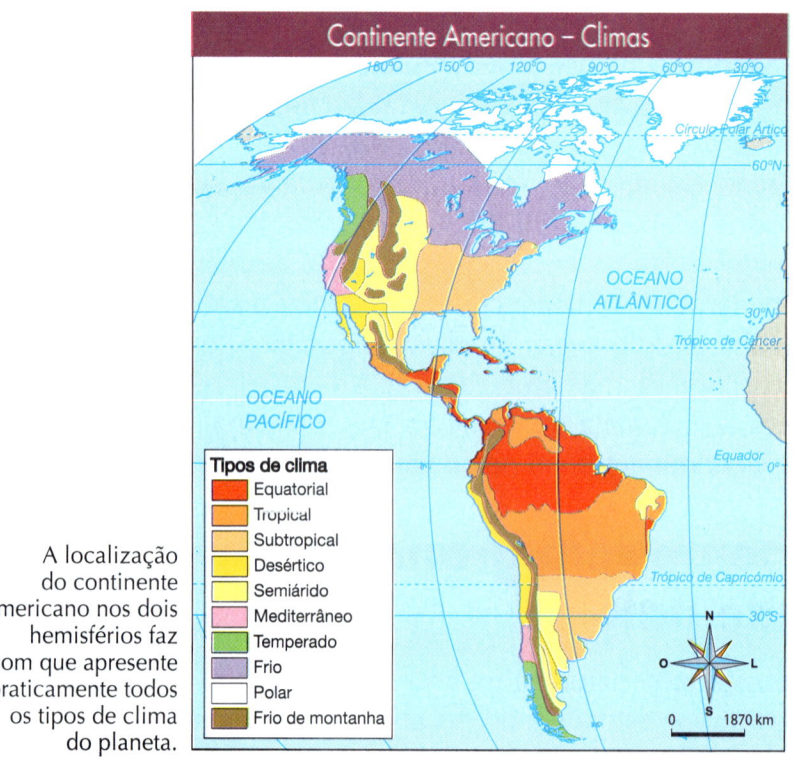

**Continente Americano – Climas**

Tipos de clima:
- Equatorial
- Tropical
- Subtropical
- Desértico
- Semiárido
- Mediterrâneo
- Temperado
- Frio
- Polar
- Frio de montanha

A localização do continente americano nos dois hemisférios faz com que apresente praticamente todos os tipos de clima do planeta.

É preciso ressaltar que a diversidade climática verificada no continente americano colabora para a ocorrência de um rico mosaico de paisagens botânicas – florestas, campos, desertos, savanas –, que iremos estudar em seguida.

## A divisão física do continente

Vimos que, do ponto de vista linguístico, a América pode ser dividida em duas partes: América Anglo-Saxônica e América Latina. Do ponto de vista físico, a divisão territorial se baseia em três porções de terras emersas: duas gigantescas porções continentais, interligadas por uma faixa de terra que se estreita até formar um istmo.

**As três Américas**

Fonte: GIRARDI, Gisele; ROSA, Jussara Vaz. *Atlas geográfico do estudante.* São Paulo: FTD, 2011.

**América Anglo-Saxônica e América Latina**

Fonte: ATLANTE Geografico De Agostini. Novara: Istituto Geografico De Agostini, 2004.

Mapas: Sonia Vaz

### O que é um istmo

Um istmo é uma estreita faixa de terras emersas que interliga outras duas extensões de terras bem maiores.

Graças ao istmo do Panamá, as porções norte e sul da América são contínuas, o que permite viajar por terra ao longo de todo o continente.

## Os aspectos físicos da América do Norte

A América do Norte é formada por três países: Canadá, Estados Unidos e México. Completam esse subcontinente dois territórios coloniais, a Groenlândia (dinamarquesa) e o Arquipélago de Bermudas (britânico).

## América do Norte – Político

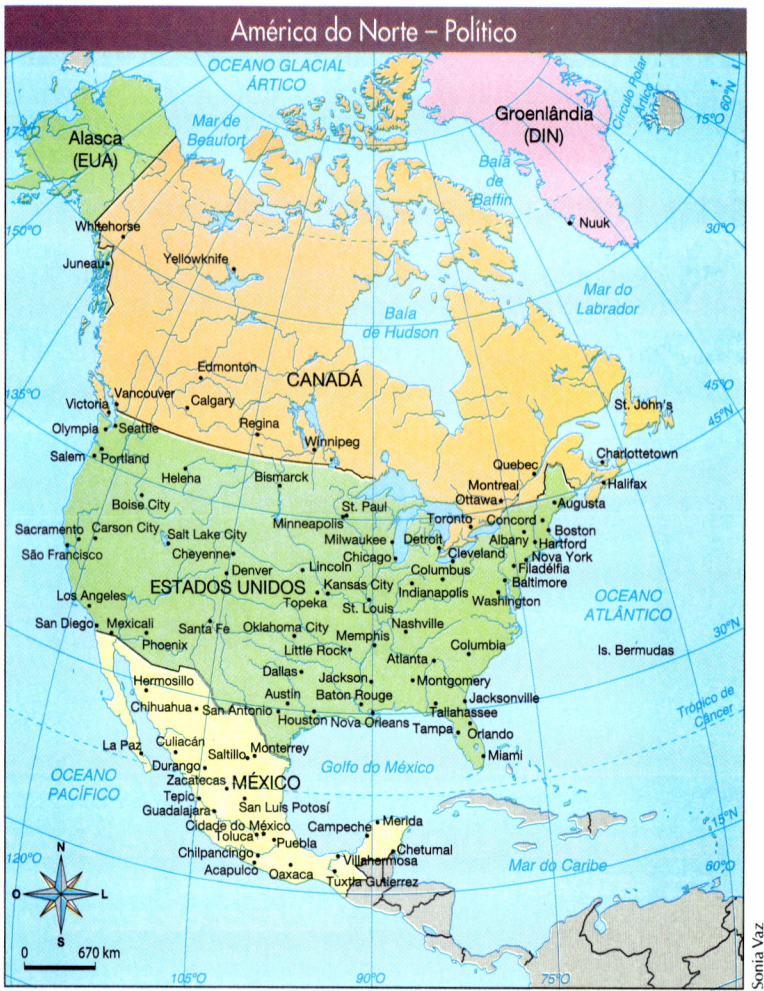

Fonte: GIRARDI, Gisele; ROSA, Jussara Vaz. *Atlas geográfico do estudante*. São Paulo: FTD, 2011.

A América do Norte é dominada por vários tipos de relevo, a maior parte dos quais comuns aos Estados Unidos e ao Canadá.

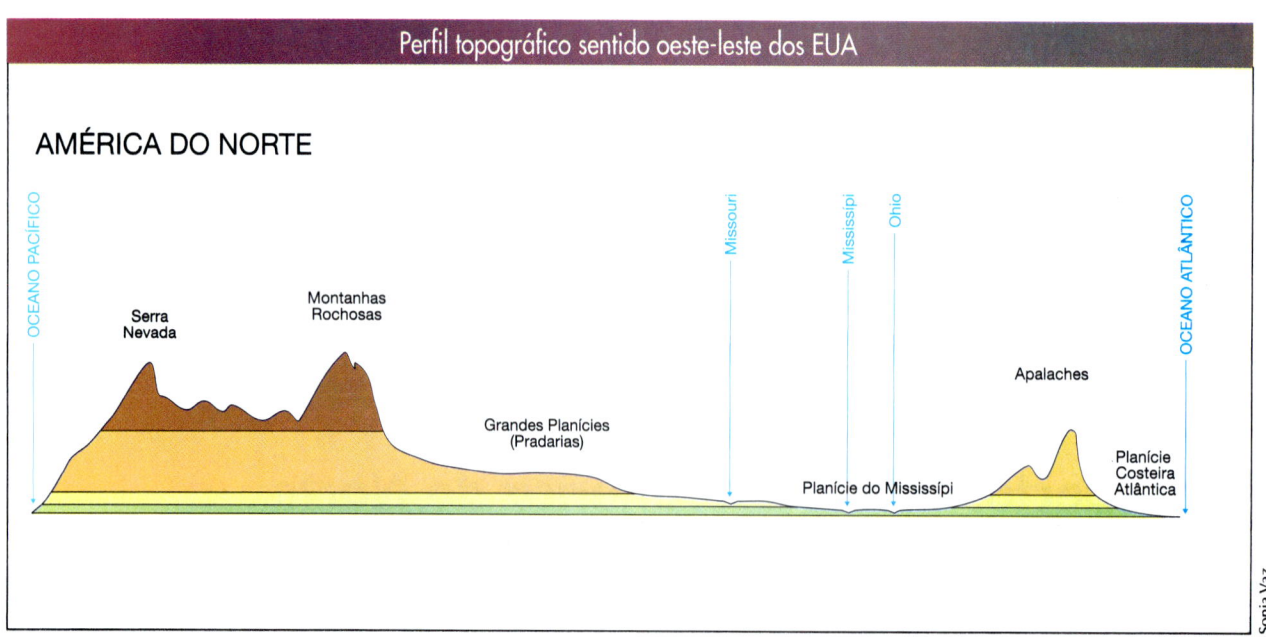

## Perfil topográfico sentido oeste-leste dos EUA

**AMÉRICA DO NORTE**

OCEANO PACÍFICO — Serra Nevada — Montanhas Rochosas — Grandes Planícies (Pradarias) — Missouri — Mississípi — Ohio — Planície do Mississípi — Apalaches — Planície Costeira Atlântica — OCEANO ATLÂNTICO

Fonte: ATLANTE Geografico De Agostini. Novara: Istituto Geografico De Agostini, 2004.

## O OESTE E SUAS GRANDES MONTANHAS

De oeste para leste, das praias do Pacífico rumo ao interior, logo são avistadas altas cadeias montanhosas. A primeira formação montanhosa que aparece é a Cadeia da Costa, que chega a 2 mil metros de altitude e margeia grande trecho da costa oeste estadunidense.

Após a vertente em primeiro plano, veem-se os picos cobertos de neve da Cadeia da Costa, na Califórnia (EUA), em 2008. Bem próximas do litoral, essas montanhas são o primeiro degrau de uma larga faixa montanhosa no sentido do interior.

**América do Norte – Relevo**

Fonte: GIRARDI, Gisele; ROSA, Jussara Vaz. *Atlas geográfico do estudante*. São Paulo: FTD, 2011.

Continuando no sentido leste, surgem outras impressionantes elevações, como a Serra Nevada e as Montanhas Rochosas. Essa última, a maior de todas, estende-se por 4 800 quilômetros no sentido norte-sul, desde o Alasca até o México.

Os picos dessas montanhas, que muitas vezes ultrapassam os 3 mil metros de altitude, são entrecortados por terrenos rebaixados e aplainados. O exemplo mais importante é a Grande Bacia, que abriga o Vale da Morte e o Vale do rio Colorado, que forma o **Grand Canyon**.

O Grand Canyon é possivelmente a mais exuberante paisagem natural dos Estados Unidos. Formado pelo rio Colorado, que escavou o próprio leito, constitui uma vala gigantesca, com 446 quilômetros de extensão e, em algumas localidades, 30 quilômetros de largura e 1 600 metros de profundidade. Calcula-se que foram necessários mais de 2 milhões de anos para que assumisse a forma atual.

A região das Montanhas Rochosas abriga as paisagens mais expressivas da América do Norte. À esquerda, o Grand Canyon; à direita, o Vale da Morte (EUA). Fotos de 2005.

## O ALASCA

Localizado no extremo noroeste do continente americano, o estado estadunidense do Alasca tem paisagens naturais bem características.

Ao norte, onde é atravessado pelo Círculo Polar Ártico, a neve e o gelo estão presentes o ano todo. No centro do estado fica o Monte McKinley (6 194 m), ponto culminante da América do Norte.

O litoral sul do Alasca é banhado por uma corrente marinha quente, que impede o congelamento da água. Apesar de registrar temperaturas baixíssimas no inverno, essa área apresenta um verão ameno, o que facilitou seu povoamento.

Salmões recém-capturados em Petersburg, no Alasca, em agosto de 2005. O estado é um dos maiores produtores de pescado dos EUA.

Outrora território dos esquimós, o Alasca foi conquistado pelos russos no século XVIII, após atravessarem o estreito de Bering. Em razão das baixíssimas temperaturas invernais, a região não atraiu muitos colonizadores nesse período.

Em 1870, os Estados Unidos aproveitaram as dificuldades econômicas enfrentadas pela Rússia e compraram o território, pagando aos russos apenas US$ 7,5 milhões.

No início, a compra foi criticada por muitos estadunidenses, que a comemoraram poucas décadas depois, após as grandes descobertas de ouro e petróleo no território. Essas descobertas valiosas impulsionaram o efetivo controle do Alasca, que acabou se transformando em mais um estado dos Estados Unidos.

## OS GRANDES RIOS DO OESTE

Por conta do relevo muito acidentado, os rios que cortam o oeste dos Estados Unidos e do Canadá formam muitas corredeiras, cascatas e cachoeiras, fato que favorece a geração de energia hidrelétrica. Os principais rios dessa região são os rios Yukon, Mackenzie, Colúmbia e Colorado.

Conheça um pouco mais sobre eles a seguir:

• **Rio Yukon**: Com mais de 3 mil quilômetros de extensão, o Yukon nasce no noroeste do Canadá e segue para o Alasca, desembocando no estreito de Bering. A ocorrência de ouro em seu leito atraiu, no passado, grandes levas de garimpeiros. Esses exploradores usaram o vale do rio como caminho para ingressar no Alasca em busca de mais riquezas naturais, entre as quais a madeira.

Rio Yukon na Colúmbia Britânica, no Canadá, em 2010. Cortado duas vezes pelo Círculo Polar Ártico, o Yukon liga o noroeste do Canadá ao estado do Alasca.

• **Rio Mackenzie**: Esse rio, com mais de 4 mil quilômetros de extensão, também foi importante no passado, pois permitiu a colonização do noroeste do Canadá. O Mackenzie nasce em lagos localizados nos planaltos interiores canadenses e corre em direção ao Mar Glacial Ártico. Suas águas, apesar de congeladas durante a maior parte do ano, eram utilizadas para escoar a madeira extraída da região da taiga, exuberante vegetação de coníferas.

• **Rio Colúmbia**: Nasce em território canadense, relativamente próximo da fronteira com os Estados Unidos, entra em território americano e deságua no Pacífico. Com mais de 2 mil quilômetros de extensão, o Colúmbia recebe grande volume de água proveniente das montanhas. Em função disso, sua bacia abriga 14 hidrelétricas (cinco localizadas no Canadá e nove em território dos Estados Unidos). Elas abastecem grandes cidades da Costa Oeste e grande parte das ricas economias dos Estados Unidos e do Canadá.

Barragem da represa de Bonneville, no rio Colúmbia, na divisa entre os estados de Oregon e Washington (EUA), em 2009. Localizada entre os Estados Unidos e o Canadá, a bacia do rio Colúmbia é utilizada pelos dois países.

• **Rio Colorado**: Com aproximadamente 2 300 quilômetros de extensão, o Colorado nasce nas Montanhas Rochosas, cruza vários estados norte-americanos e desemboca no Golfo da Califórnia. Como há um desnível muito grande entre a nascente e a foz, o rio Colorado formou muitas cachoeiras, que favoreceram a construção de usinas hidrelétricas. Lembre-se de que esse rio também é importante como formador do Grand Canyon.

As águas do rio Colorado alimentam grandes hidrelétricas, entre as quais a represa Hoover, no estado de Nevada (EUA), uma das mais impressionantes estruturas de concreto do mundo, em 2010.

# O clima do Oeste

Vários fatores influenciam o clima do Oeste dos Estados Unidos. A latitude é um desses fatores. As partes situadas mais ao norte, como o Alasca, o litoral do Pacífico canadense e uma parte do litoral no extremo noroeste dos Estados Unidos, registram médias de temperaturas baixas. Afinal, estão mais sujeitas à influência das massas de ar frio que chegam com força graças à proximidade do polo.

Essa região recebe também muita umidade, por conta de uma corrente marinha quente: a intensa evaporação oceânica favorece a formação de nuvens e chuvas nesse trecho do litoral. Também por essa razão, são poucos os meses sem chuvas.

Nas proximidades da fronteira dos Estados Unidos com o México, as temperaturas médias são bem mais elevadas. Isso se deve à latitude menor, ou seja, essa região já sofre influência do ar quente originário da zona tropical do planeta. Além disso, a região é mais seca, porque o litoral é banhado por uma corrente marinha fria.

Não podemos nos esquecer de um outro fator que agrava essa aridez: as elevadas montanhas barram a pouca umidade proveniente do mar.

## Vulcões e terremotos na Costa Oeste da América do Norte

A Costa Oeste da América do Norte corresponde a uma área muito instável da crosta terrestre. Ocorre que existem aí inúmeras áreas de contato entre diferentes placas tectônicas, que se deslocam constantemente.

Uma evidência desses pontos de contato é a falha de San Andreas, localizada no sul da Califórnia e que se estende por mais de 1 200 quilômetros e separa a Placa do Pacífico da Placa Norte-americana.

Como essas placas tectônicas se deslocam em sentidos opostos, geram atritos que, por sua vez, dão origem a sismos ou terremotos.

Essa região da América do Norte apresenta outra peculiaridade: possui vários vulcões, do Alasca até o sul do México. Essa é uma característica comum ao longo de toda a borda do oceano Pacífico, razão pela qual essa área recebe o nome de Círculo de Fogo do Pacífico (reúne uma infinidade de vulcões, muitos dos quais submarinos).

Os países situados no Círculo do Fogo do Pacífico sofrem há séculos as consequências de constantes abalos sísmicos e erupções vulcânicas.

Um dos abalos sísmicos mais graves vitimou a Cidade do México em 1985. Milhares de pessoas morreram soterradas após o Planalto Mexicano ter sido sacudido por um brusco movimento de atrito da placa tectônica. As cidades norte-americanas de São Francisco e Los Angeles também já foram atingidas por gigantescos terremotos, que vitimaram milhares de pessoas. Até o Alasca já enfrentou esse tipo de desastre natural.

Estudar os terremotos para prevê-los e diminuir os efeitos das catástrofes que costumam gerar sempre foi uma preocupação dos geólogos e outros estudiosos da crosta terrestre. As pesquisas continuam, como se depreende da notícia transcrita a seguir.

## Texto complementar

### CIENTISTAS DÃO MAIS UM PASSO PARA DECIFRAR A FALHA DE SAN ANDREAS

A maioria dos moradores da ensolarada Califórnia, nos Estados Unidos, sabe que qualquer dia poderá acontecer o The Big One, um megaterremoto que vai deixar um rastro gigantesco de destruição na segunda maior megalópole dos EUA, a San-San (entre San Diego e San Francisco), onde vivem aproximadamente 30 milhões de pessoas. Isso deve acontecer porque na região existe a Falha de San Andreas, uma zona de tensão geológica de aproximadamente 1,3 mil km responsável pelos frequentes terremotos e que, mais cedo ou mais tarde, deve provocar um tremor com mais violência do que nunca. [...]

[...] Segundo pesquisadores alemães e norte-americanos, as águas do Oceano Pacífico, que banha a região, influenciam diretamente o comportamento das rochas, mesmo nas zonas mais profundas do planeta. Onde a água consegue penetrar as falhas, a pressão fica mais leve e há menos movimentação. Para quem vive na superfície, essa dinâmica tem um resultado: menos terremotos.

[...] o pequisador [...] Michael Becken explicou que os cientistas já supunham que a água tinha alguma relação com as diferenças de sensibilidade na falha geológica, mas essas suspeitas nunca tinham sido confirmadas. "Há décadas se imagina que a água pode enfraquecer o sistema de falhas, e nós conseguimos, pela primeira vez, traçar um mapa de onde a água vem e quais caminhos ela encontra na crosta", explicou [...].

Ele explica que, portanto, o nível de sensibilidade de San Andreas depende, dentre outros fatores, da quantidade de água que consegue penetrar nas regiões mais profundas da crosta terrestre. A água força uma espécie de erosão no sistema de rochas. À medida que as placas tectônicas vão se movimentando as regiões com água atuam como uma espécie de zona de alívio, ajudando a pressão a diminuir e fazendo-a dissipar-se aos poucos. Já nos locais onde não há água, ocorre uma acumulação de energia. Quando o sistema não suporta mais e essa reserva energética é liberada – toda de uma vez – ocorrem os terremotos.

[...]

O mapa criado pelos cientistas será mais uma ferramenta que servirá para o monitoramento das áreas de maior risco de terremoto. Seja a região do temido The Big One ou outras abaladas frequentemente por tremores, todas as áreas que sofrem com esse tipo de problema devem se beneficiar do estudo publicado hoje. "A falha de San Andreas é a mais estudada do planeta, e, portanto, desempenha um papel fundamental na compreensão do complexo processo que envolve as outras falhas geológicas da Terra", afirma Bedrosian.

MELO, Max Miliano. Cientistas dão mais um passo para decifrar a falha de San Andreas. *Correio Braziliense*, Brasília, 1º jan. 2011. Disponível em: <www.correiobraziliense.com.br/app/noticia/ciencia-e-saude/2011/12/01/interna_ciencia_saude,280951/cientistas-dao-mais-um-passo-para-decifrar-a-falha-de-san-andreas.shtml>. Acesso em: 9 abr. 2012.

## As planícies centrais

Estendendo-se no sentido norte-sul, as grandes planícies da América do Norte – também conhecidas como *prairies*, ou seja, pradarias – ocupam toda a região central do Canadá e dos Estados Unidos.

Na porção norte dessas planícies, perto do Círculo Polar Ártico, são registradas algumas das temperaturas mais baixas do planeta. Nessas elevadas latitudes, muito distantes da linha do equador, as massas de ar frio predominam durante a maior parte do ano e inviabilizam a agricultura. Assim, os cultivos agrícolas se estendem pelo sul do Canadá e também por toda a planície central dos Estados Unidos.

Em razão do predomínio desse clima polar nas planícies do norte canadense, os numerosos lagos glaciais aí existentes ficam quase sempre congelados. Na verdade, as planícies funcionam como verdadeiros corredores de massas de ar, tanto daquelas frias provenientes do Polo Norte quanto das quentes que vêm do Golfo do México.

Formada em sua maior parte por terras baixas, essa região é muito importante tanto para os Estados Unidos como para o Canadá.

Planície central da América do Norte

Fonte: GIRARDI, Gisele; ROSA, Jussara Vaz. *Atlas geográfico do estudante*. São Paulo: FTD, 2011.

## Lembre-se

As **pradarias** são extensos campos naturais. Essa formação vegetal herbácea raramente tem árvores ou arbustos e se estende por milhões de quilômetros quadrados, sobretudo em território estadunidense. No entanto, essa paisagem natural já se encontra profundamente alterada por intensas atividades agrícolas.

## Os rios das planícies centrais

As planícies centrais estadunidenses são banhadas por grandes rios que formam importantes bacias hidrográficas. A Bacia do Mississípi-Missouri é formada pelo rio Mississípi e seu principal afluente, o Missouri, que drenam, juntos, uma das mais extensas bacias hidrográficas do mundo. Como percorrem relevo baixo e plano, possuem poucas quedas-d'água. Por essa razão, são rios navegáveis em quase toda a sua extensão. Esse fato foi favorecido pela construção de inúmeras eclusas de pequeno porte, bem como pela abertura de canais, que desviam as embarcações das poucas corredeiras. Hoje, os rios que compõem essa enorme bacia hidrográfica (ver mapa da página 111) são utilizados principalmente para transportar produtos agrícolas cultivados nas planícies centrais.

Um pequeno rebocador empurra uma draga no rio Missouri, no estado do Missouri (EUA), em maio de 2007. As águas calmas e lamacentas são volumosas graças à cheia e navegáveis até a foz, no Mississípi.

## O clima das planícies

Como já foi referido, as planícies centrais constituem um corredor natural que facilita o trânsito das massas de ar. Durante o inverno, as massas polares avançam quase até o litoral do Golfo do México. Nesse período, ocorre uma queda acentuada de temperatura.

Durante o verão, ocorre o contrário: as massas de ar quente avançam tão facilmente pelas planícies que podem atingir as proximidades do Círculo Polar Ártico.

### *Pare, pense e faça*

A alternância de massas de ar verificada nas planícies centrais da América do Norte produz grandes amplitudes térmicas. Explique por que isso ocorre.

### Os tornados

Nas planícies centrais estadunidenses, principalmente na primavera, no verão e no outono, podem se formar tornados. Lembre-se de que essas estações do ano são mais quentes e também estão sujeitas a bruscas oscilações de temperatura.

Os tornados surgem quando grandes tempestades formadas pelo ar quente e úmido se encontram com ventos frios e secos vindo no sentido oposto. Esse encontro de duas massas de ar tão diferentes forma uma coluna de ar entre as nuvens e o solo. Em seguida, essa coluna começa a girar e forma um redemoinho cujos ventos podem chegar a 500 quilômetros por hora.

## Os planaltos cristalinos do Leste

O Leste da América do Norte é dominado por velhos planaltos que se formaram pela erosão de antigas cadeias montanhosas. Hoje, as elevações têm, em média, 900 quilômetros de altitude. Margeando a costa atlântica, estendem-se da Península do Labrador (Canadá) aos Montes Apalaches (EUA).

As cadeias montanhosas que deram origem a esses planaltos formaram-se no Paleozoico, há centenas de milhões de anos. Ao longo desse vasto período, o desgaste pela ação do intemperismo reduziu as gigantescas montanhas a morros de baixa altitude.

## A Península do Labrador

Localizada no leste do Canadá, a Península do Labrador – um planalto de rochas cristalinas antigas – abriga grande variedade de recursos naturais, em especial vastas jazidas de minério de ferro.

Habitada por uma das menores populações do Canadá (500 mil pessoas), a região do Labrador é recoberta pela taiga. Em uma faixa no extremo norte da península, porém, predomina a tundra (vegetação rasteira formada por musgos e liquens).

Cerca de 80% da população que vive na região do Labrador não habita exatamente a península, mas a ilha de Terra Nova, cuja economia baseia-se na pesca.

## Os rios do Leste

A porção leste da América do Norte é drenada por rios que fazem parte da história e da economia da região. Os rios mais importantes dessa região são o São Lourenço e o Hudson.

Acima, vista dos Montes Apalaches, no estado de Pensilvânia, (EUA), em julho de 2011. Os Apalaches estendem-se do Maine ao Tennessee, na Costa Leste, e são muito mais baixos do que as Montanhas Rochosas, situadas na Costa Oeste.

Rio São Lourenço, em Montreal (Canadá), em maio de 2008. Seu curso é vital para o Canadá porque liga importantes cidades e províncias.

## A Península da Flórida

Na parte sul dos Estados Unidos situa-se uma grande península banhada pelas águas do oceano Atlântico e do Golfo do México. Trata-se da Península da Flórida, que abriga um dos maiores patrimônios naturais da humanidade: o Parque Nacional dos Everglades, uma enorme área pantanosa que guarda um rico ecossistema.

Nessa região, os rios não encontram barreiras no relevo, como morros ou montanhas, e formam uma infinidade de ramificações e lagos.

Adaptadas à extrema umidade, as gramíneas crescem e formam um emaranhado com inúmeras outras plantas, criando um ambiente propício para uma infinidade de pássaros e répteis, especialmente jacarés.

Nos últimos anos, a intensa ocupação da Flórida ameaça todo o ambiente em torno do Parque Nacional com grandes cidades e amplas rodovias.

### A Corrente do Golfo

O Golfo do México banha o sudeste da América do Norte e parte da América Central. Suas águas, situadas em grande parte na região tropical, sofrem grande aquecimento em razão da forte insolação e das baixas profundidades. Parte dessas águas é levada pelos ventos para o Canal da Flórida, onde tem origem a Corrente do Golfo.

Muito aquecida, a Corrente do Golfo margeia grande parte da Costa Leste dos Estados Unidos. Nessa área, sua intensa evaporação produz muita umidade e, consequentemente, chuvas constantes. Por isso, também é comum nessa região a ocorrência de fortes furacões.

Após banhar a Costa Leste da América do Norte, a Corrente do Golfo dirige-se para a Europa, onde influencia o clima dos países banhados pelo Atlântico. Dentre os países europeus mais influenciados pela passagem da corrente marinha, destacam-se Portugal, Espanha, Inglaterra, França (sua porção norte), Holanda e Noruega.

A principal implicação da passagem da Corrente do Golfo pela costa atlântica europeia é o aquecimento das águas litorâneas. Desse modo, o litoral atlântico europeu, que deveria congelar no inverno em função de sua elevada latitude, fica com clima mais ameno e livre do gelo.

## O relevo do México

O México também integra a América do Norte e localiza-se na mesma placa tectônica onde estão os Estados Unidos e o Canadá.

O relevo mexicano é bastante elevado, formado por montanhas entremeadas com planaltos.

No oeste, estende-se a Serra Madre Ocidental, um prolongamento das Montanhas Rochosas que se alonga por mais de 1 500 quilômetros em direção ao sul. Seu ponto culminante tem aproximadamente 3 mil metros de altitude.

Na área central, situa-se o altiplano mexicano, também conhecido como Planalto de Anahuac ou Planalto do México, com importantes formações vulcânicas. Nos vales do planalto estão os solos mais férteis do país, responsáveis por parte considerável da produção agrícola mexicana.

A Cidade do México também fica nessa região. Com aproximadamente 20 milhões de habitantes, é uma das maiores cidades do mundo. Encontra-se cercada por elevações de origem vulcânica, como o Monte Popocatepetl, com 5 452 metros de altitude.

No leste, a Serra Madre Oriental eleva-se no sentido nordeste-sul ao longo de 1 300 quilômetros. Distante apenas 50 quilômetros da costa, suas altitudes oscilam entre 2 mil e 3 mil metros.

Vista da Serra Madre Ocidental em Copper Canyon, no México, em 2008. Próximas do Pacífico, essas montanhas vão se elevando a partir do litoral, no sentido do interior.

A capital, Cidade do México, assenta-se no Planalto do México, que ocupa a região central do país, entre as *sierras*. Foto de 2007.

Como está mais próxima do mar e tem altitudes mais modestas que a Serra Madre Ocidental, o leste mexicano recebe enorme umidade marinha e registra muitas chuvas, que deixaram o relevo mais desgastado, com picos arredondados.

No sul e no sudeste, o relevo é bem mais baixo e plano, formado por extensas planícies intercaladas de pequenos planaltos.

Além das árvores na larga planície litorânea, que começa no Golfo do México, estendem-se no horizonte as elevações da Serra Madre Oriental na região de San Luis Potosí, no México, em janeiro de 2007.

## O CLIMA MEXICANO

O clima do México é muito variado graças à grande extensão latitudinal do país e à diversidade de altitudes.

No norte, o clima é muito árido e deu origem ao deserto de Sonora, caracterizado pelos extremos de temperatura tanto no verão como no inverno.

Nas Serras Madres, o clima é marcado por invernos relativamente frios e verões amenos.

Na Cidade do México, encravada nessas serras, a pluviosidade é baixa porque a umidade marinha é barrada pelas montanhas.

Na Península de Iucatã, o clima é tipicamente tropical, o que propicia a ocorrência de densas florestas.

*Saguaros* no deserto de Sonora, perto de Tucson, Arizona (EUA), na fronteira com o México. É um típico deserto de latitude média, em zona de alta pressão subtropical. Foto de 2007.

Parte das ruínas maias de Calakmul destaca-se em meio à floresta no estado de Campeche, Península de Yucatã (México), em junho de 2009. O extremo sul da América do Norte já mostra uma transição para as paisagens da América Central.

## Pare, pense e faça

Quais são as principais diferenças de paisagem entre o norte e o sul/sudeste do México?

## Texto complementar

### O QUE SÃO FURACÕES?

Furacão, tufão e ciclone são nomes regionais para fortes ciclones tropicais. Os meteorologistas chamam de ciclones tropicais as grandes quantidades de ar com baixa pressão atmosférica que se movem de forma organizada sobre os mares da região equatorial da Terra. Nem todos os ciclones tropicais se transformam em furacões; alguns desaparecem poucas horas depois de formados.

Para que um ciclone tropical passe a ser chamado de furacão, é preciso que seus ventos alcancem a velocidade de 120 km/h. Quando isto acontece, o ciclone assume a forma de uma rosca e é batizado pelos meteorologistas com nomes como Catarina, Andrews, Ophelia...

Você sabia que existem diferenças entre os furacões que se formam no hemisfério norte e os que se formam no hemisfério sul? Os ventos dos furacões que nascem no hemisfério norte sopram em sentido anti-horário, enquanto os ventos daqueles que nascem no hemisfério sul sopram em sentido horário. Isto acontece por causa da rotação da Terra e do chamado efeito Coriolis, que entorta os ventos em direções opostas em cada um dos hemisférios.

[...]

### Como se forma um furacão?

Já notou como a água do mar fica mais quente ao final de um dia ensolarado? Isto acontece porque o mar concentra e conserva o calor recebido durante o dia inteiro. Especialmente durante os meses de verão, os mares tropicais recebem grande quantidade de calor e se aquecem. Quando a superfície do mar supera os 26° Celsius, o processo natural de evaporação da água passa a acontecer mais rápido. Então, o ar que está logo acima da superfície absorve o vapor-d'água resultante da evaporação, ficando mais quente e úmido. Quente, o ar começa a subir formando uma coluna com baixa pressão atmosférica em volta da qual começam a soprar ventos. Conforme a coluna de ar quente e úmido sobe, o vapor-d'água condensa, transformando-se em pequenas gotas. Após algumas horas, as gotas se juntam e formam nuvens e, após alguns dias de formação de nuvens, chuvas e trovões começam a acontecer.

Quando os ventos que giram em volta da coluna de ar quente atingem 120 km/h, a pressão atmosférica em uma pequena área dentro da coluna cai muito depressa: é o aparecimento do chamado olho do furacão. O olho é uma região de calmaria, onde os ventos são leves, não ultrapassando os 32 km/h. Se você pudesse entrar em um furacão, primeiro sentiria ventos muito fortes soprando na sua direção, depois encontraria uma área mais quente e o sopro de uma brisa e, finalmente, chegaria em uma nova região com ventos violentos. Os ventos de um furacão podem atingir até 250 km/h!

Os furacões duram, em média, seis dias e viajam a uma velocidade que varia entre 19 km/h e 32 km/h. As tempestades completamente desenvolvidas se movem mais rápido que as tempestades jovens. Os furacões trazem ainda ondas de até 12 metros de altura e uma variação de até 5,5 m na quantidade normal de chuvas da região atingida.

[...]

ROCHA, Juliana. *O que são furacões?* Fundação Oswaldo Cruz/Invivo, Ministério da Saúde, Ciência. Disponível em: <www.invivo.fiocruz.br/cgi/cgilua.exe/sys/start.htm?infoid=707&sid=9>. Acesso em: 29 mar. 2012.

## Ler para entender

### Grandes Lagos: um verdadeiro mar interior

Os Grandes Lagos formaram-se na fronteira dos EUA com o Canadá, há aproximadamente 2 bilhões de anos. Adquiriram as características atuais no fim da última glaciação, com o derretimento do gelo.

Os Grandes Lagos são muito usados como meio de transporte. No século XIX, uma densa rede de canais artificiais passou a ligá-los às grandes cidades do nordeste dos Estados Unidos e do sudeste do Canadá. Essas obras permitiram uma interligação hidroviária, por exemplo, entre Chicago, banhada pelo Lago Michigan, e Nova York, banhada pelo oceano Atlântico.

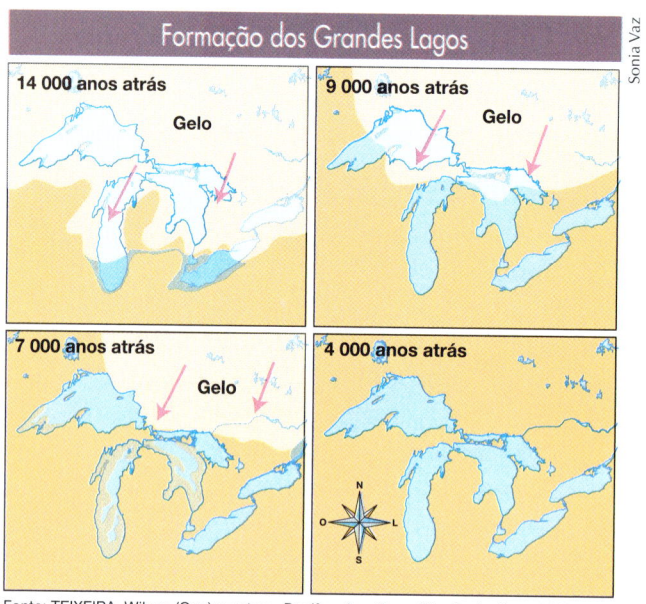

**Formação dos Grandes Lagos**

14 000 anos atrás — Gelo
9 000 anos atrás — Gelo
7 000 anos atrás — Gelo
4 000 anos atrás

Fonte: TEIXEIRA, Wilson (Org.) e outros. *Decifrando a Terra*. São Paulo: Ibep, 2009.

Uma enorme área ficou coberta por gelo e depois por água.

O esquema acima mostra a formação dos Grandes Lagos. Ao lado, um grande cargueiro passa sob a ponte Blue Water (2004), deixando o Lago Huron em direção ao Lago Saint Clair. Ao interligar toda essa vasta região, os Grandes Lagos ajudaram a promover o crescimento da economia dos EUA e do Canadá.

*Mais de 162 milhões de toneladas de mercadorias – com destaque para o carvão e o minério de ferro – são transportadas anualmente através desses lagos, canais e rios. Encontrados com abundância nessa região, o carvão e o ferro constituem recursos naturais imprescindíveis à indústria siderúrgica, que por isso se instalou aí, no nordeste norte-americano.*

*A pesca e os esportes náuticos, juntos, movimentam mais de U$ 4 bilhões anuais. Além do lazer e dos transportes, os Grandes Lagos têm a importante função de abastecer diretamente mais de 10 milhões de pessoas com suas águas.*

*Os estadunidenses e os canadenses administram conjuntamente os lagos desde a década de 1950. Sua maior preocupação hoje é a preservação da fauna e da flora, profundamente ameaçadas pelo resíduo industrial que se acumulou nos Grandes Lagos.*

Fonte: Texto elaborado pelos autores.

## Vamos ver se você entendeu

**1.** Se pudéssemos retirar a água dos Grandes Lagos, como seria o relevo de seu leito?

**2.** Por que os Grandes Lagos favorecem a navegação?

**3.** Analise a frase: "A glaciação não produziu outros Grandes Lagos no sul".

## Refletindo sobre o tema

**1.** No dia 23 de agosto de 2005 o Centro Nacional de Furacões dos EUA alertava para uma tragédia a caminho. Era o Furacão Katrina, que matou cerca de mil pessoas em cinco dias. Quando ele chegou, as chuvas e o vento provocaram a destruição total de Nova Orleans, no sul dos EUA. A cidade é cercada de terras mais altas e fica numa região pantanosa. O bairro pobre de Lower Ninth Ward não foi somente atingido pelas chuvas, mas também pelo rompimento das barragens que deveriam reter as águas do Rio Mississípi. Agora a região, que é quente por natureza, gera mais preocupações quando a água do Golfo do México esquenta acima da média.

Leia o texto acima e responda:

- Quais são as características geográficas que ajudam a explicar a tragédia que ocorreu nessa cidade dos EUA?

**2.** Observe o mapa a seguir.

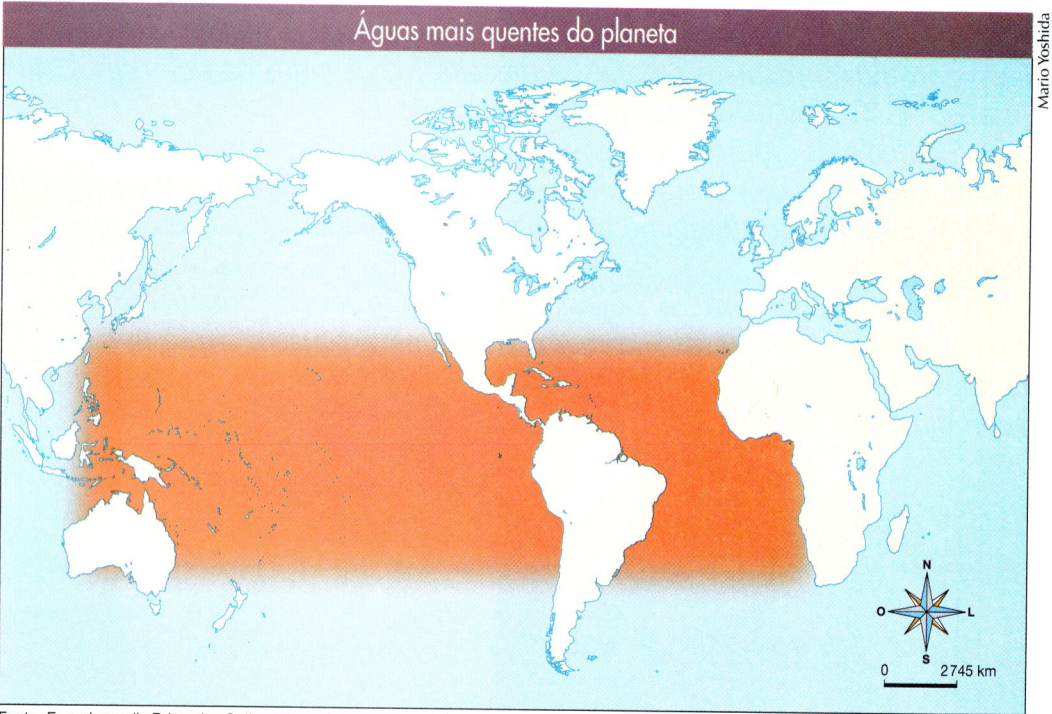

**Águas mais quentes do planeta**

Fonte: *Encyclopaedia Britannica Online*. Disponível em: <www.britannica.com>. Acesso em: 23 abr. 2012.

- Explique a localização dessas águas mais quentes e quais as consequências possíveis dessas temperaturas mais elevadas para a população mundial.

**3.** Leia a descrição desse viajante.

"Um frio intenso com temperaturas próximas a 30° abaixo de zero. Não via ninguém, nada. Por quilômetros e quilômetros encontrávamos somente gelo. Era tudo muito plano e a nossa expedição andava muito pouco, pois escurecia rapidamente. Os dias eram muito curtos e as noites muito longas."

(Relato de um cientista brasileiro no norte do Canadá.)

Ponha-se no lugar do cientista. Escolha uma paisagem do capítulo e faça uma descrição parecida com essa, como se você estivesse naquele local.

**4.** Observe com atenção a descrição a seguir:

"Fixe bem a mobília na parede, evitando colocar em cima objetos pesados ou fáceis de quebrar. Mantenha sempre as fontes de gás em ordem, tomando cuidados para não deixar por perto objetos inflamáveis.

Normalmente, um terremoto intenso termina em aproximadamente um minuto. Não entre em pânico e procure agir com calma. Afaste-se de objetos perigosos ou que possam cair e proteja-se embaixo de uma escrivaninha ou mesa. Quando parar de tremer, desligue os bicos de gás, aquecedores etc. Abra uma janela ou porta, para garantir o acesso a uma saída. Calce os sapatos para evitar ferimentos com cacos de vidro.

Caso haja fumaça, cubra o nariz e a boca com toalha molhada e procure um abrigo na posição agachada. Procure agir seguindo o noticiário da televisão ou rádio. Ao se dirigir para a área de salvamento, evite passar por becos estreitos, ruas com muros, rochedos ou margens de rios. Mesmo que o primeiro grande terremoto tenha cessado, os tremores podem continuar por um tempo considerável. Informe-se corretamente da situação; conforme o caso, convém não retornar logo para casa."

- Esses alertas acima seriam úteis em qual região da América do Norte? Por quê?

## De olho no mapa

A rodovia que aparece no mapa é conhecida como Rota 66. Ela liga o Oeste e o Leste dos Estados Unidos. Caracterize alguns aspectos da natureza predominante ao longo dessa estrada. Em seguida, aponte a região do mapa onde se encontra a paisagem abaixo.

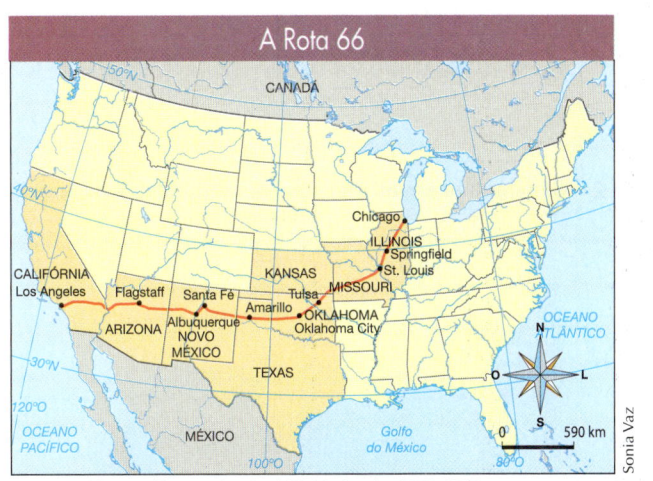

A Rota 66

Fonte: ATLAS geográfico escolar, 4. ed. Rio de Janeiro: IBGE, 2007.

## De olho no gráfico

Explique as diferenças entre os climogramas 1 (Nova York) e 2 (Kansas City).

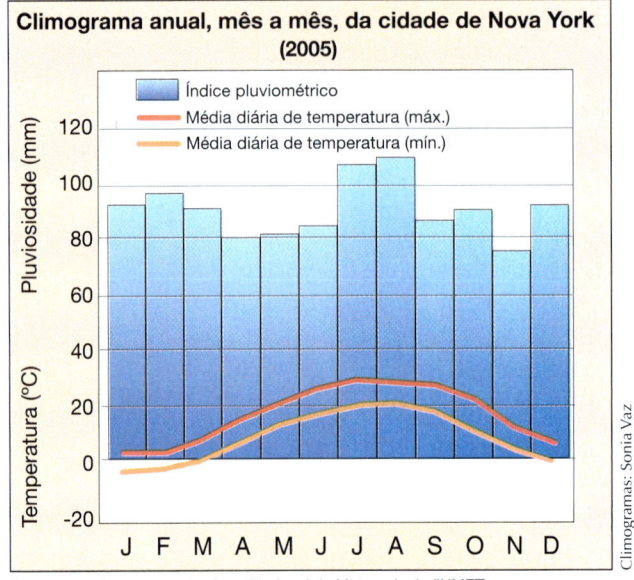

**Climograma 1** — Climograma anual, mês a mês, da cidade de Nova York (2005)

**Climograma 2** — Climograma anual, mês a mês, da cidade de Kansas City (2005)

Fontes dos climogramas: Instituto Nacional de Meteorologia (INMET). Disponível em: <www.inmet.gov.br>. Acesso em: 23 abr. 2012.

Climogramas: Sonia Vaz

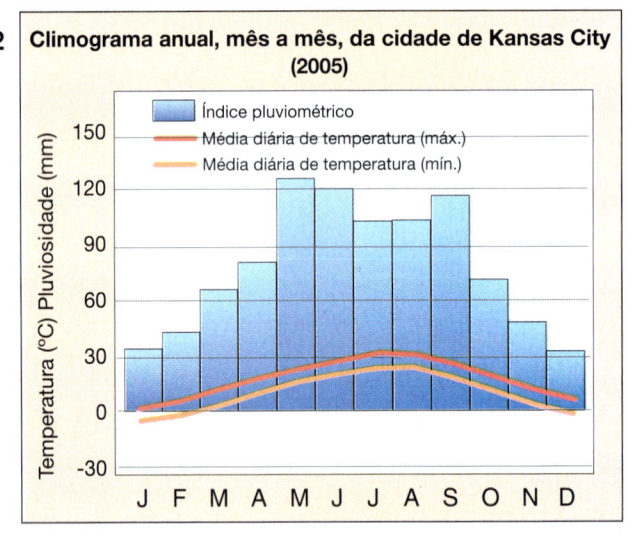

## Vamos pesquisar

Procure em livros, revistas, jornais, atlas ou na internet as principais características da paisagem na fronteira entre os Estados Unidos e o México. Depois, organize um painel ou cartaz com imagens que identifiquem essa região e apresente na sala de aula.

# CAPÍTULO 7
# ESTADOS UNIDOS DA AMÉRICA

Neste capítulo, vamos estudar a organização atual do espaço geográfico dos Estados Unidos. Conheceremos as atividades produtivas desenvolvidas em seu território e as características de sua população. Estudaremos as relações econômicas, políticas e culturais existentes, bem como aquelas estabelecidas entre esse rico país e outras partes do mundo.

## A formação dos Estados Unidos

No capítulo 5, vimos que os indígenas da América do Norte foram massacrados com a chegada dos colonizadores europeus. E quem eram os colonizadores que deram origem aos Estados Unidos?

Durante o século XVII, nobres falidos e ricos comerciantes ingleses vieram para a América em grande número, em busca de novas terras para ampliar seus negócios. Eles ambicionavam encontrar novas fontes de matérias-primas e novos mercados consumidores.

Para acelerar ainda mais a ocupação da América do Norte, a coroa inglesa concedeu grande parte das terras que hoje fazem parte dos Estados Unidos a duas grandes empresas. As terras situadas ao sul ficaram sob a administração da Companhia Plymouth; as do norte foram cedidas à Companhia de Londres.

Gravura datada de 1590, aproximadamente, mostra a chegada de navios ingleses na região do atual estado da Virgínia (EUA), em 1585.

Família de escravos em plantação de algodão na Geórgia, por volta de 1860. Como uma mancha que não se pode apagar, a vergonha da escravidão marcou uma parte dos EUA durante séculos.

No sul, a colonização baseou-se em *plantations*, nos grandes latifúndios monocultores voltados à exportação. Nessas terras, foi utilizado o trabalho escravo de origem africana. Como em outras partes da América -- no Brasil e nas Antilhas, por exemplo –, esses imigrantes forçados foram submetidos a péssimas condições de vida.

No norte, ocorreu uma colonização diferente. Aproveitando rivalidades religiosas dentro da Inglaterra, a Companhia de Londres oferecia terras a grupos religiosos puritanos discriminados e perseguidos. Esses imigrantes colonizadores receberam concessões de terras que deram origem a pequenas propriedades rurais familiares policultoras. A produção dessas propriedades fornecia alimentos para as novas cidades que surgiam a cada instante com a chegada de milhões de ingleses, irlandeses, escoceses e galeses.

Nas vilas, que surgiam rapidamente, era intenso o comércio de mercadorias diversas, como roupas, móveis, utensílios domésticos, ferramentas para a agricultura, importadas ou produzidas na própria colônia.

Em pouco tempo as colônias do Norte tinham uma economia mais dinâmica que as do Sul. Impulsionada pela chegada de um número cada vez maior de indústrias e abastecida pelos alimentos vindos das pequenas propriedades rurais, essa região prosperava.

O povoamento crescente aumentava os lucros da Companhia de Londres, que se beneficiava monopolizando as exportações de algumas mercadorias.

## *Você sabia que...*

... as terras do norte e do sul, somadas, formavam as **Treze Colônias**, nome pelo qual eram popularmente conhecidos os territórios estadunidenses inicialmente ocupados e modificados pelos ingleses e outros imigrantes europeus?

Os habitantes dessas terras desenvolveram rapidamente o senso de liberdade, pois a influência inglesa não se estendia aos hábitos e costumes, estava restrita à economia.

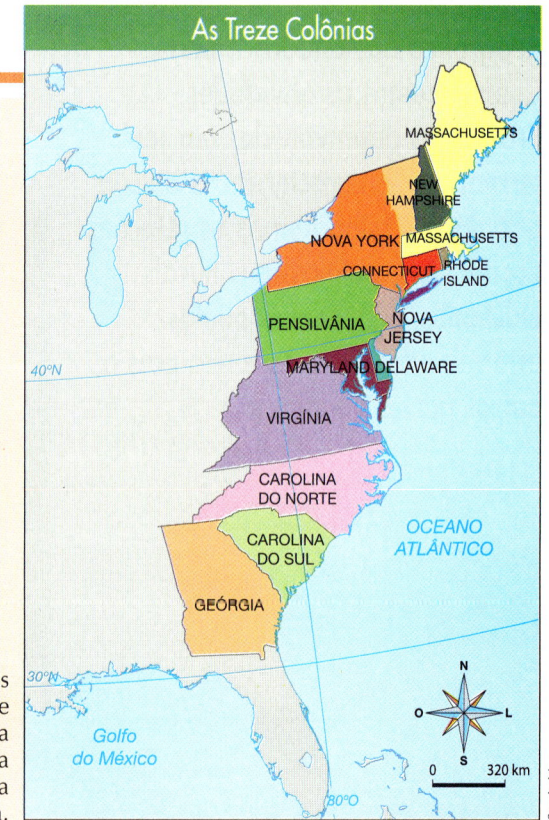

Fonte: ALBUQUERQUE, Manoel Maurício de e outros. *Atlas histórico escolar*. Rio de Janeiro: FAE/MEC, 1986.

O rápido desenvolvimento das Treze Colônias acabou estimulando a rejeição à dominação pela Inglaterra. A guerra contra os ingleses foi desencadeada em 1775, um ano antes de as colônias elaborarem sua Declaração de Independência.

Oito anos depois, em 1783, após muitas vidas perdidas em sangrentas batalhas, a Inglaterra finalmente reconheceu os Estados Unidos da América como um país livre. Graças às iniciativas dos descendentes dos primeiros colonizadores europeus, surgia o primeiro país independente da América.

## A expansão territorial dos Estados Unidos

Desde o seu surgimento, as Treze Colônias atraíram muitos imigrantes europeus, que vinham com a esperança de encontrar nelas melhores condições de sobrevivência do que na Europa, onde a qualidade de vida era muito ruim: as cidades cresciam desordenadamente, não havia saneamento básico nem trabalho para todos e os salários eram muito baixos.

Os imigrantes acreditavam que os Estados Unidos ofereciam muitas oportunidades, especialmente para conseguir terras e enriquecer.

Em pouco tempo, a intensidade dessa colonização acirrou os conflitos com os nativos, que foram massacrados e expulsos de suas terras.

Com tanta mão de obra disponível, a economia cresceu, e com ela cresceram também as ambições de expansão territorial dos Estados Unidos.

Entre o fim do século XVIII e o início do XIX, os governantes estadunidenses promoveram uma série de campanhas e adotaram medidas para ampliar o território do seu país. Uma dessas medidas foi a compra da Louisiana, território muito próximo às Treze Colônias e que pertencia à França. Os Estados Unidos pagaram à França US$ 15 milhões por esse território.

Outro território comprado pelos Estados Unidos foi a Flórida, que pertencia à Espanha. Durante os conflitos travados entre os Estados Unidos e a Inglaterra, os espanhóis cederam o porto de Pensacola aos navios ingleses. Isso enfureceu os governantes estadunidenses, que atacaram a Flórida em 1814, forçando negociações com a Espanha. Finalmente, em 1819, o território foi comprado por meio do pagamento de US$ 7,5 milhões ao governo espanhol.

A compra da Louisiana, em 1803, foi o primeiro movimento de expansão dos Estados Unidos, rumo ao oeste.

# O expansionismo territorial dos Estados Unidos

No início do século XIX, muitas ex-colônias europeias situadas em toda a América declararam sua independência. Os Estados Unidos manifestaram claramente apoio à independência desses novos países. Portanto, não aceitavam nenhuma tentativa europeia de recolonizar a América.

Essa preocupação surgiu depois de longa temporada de guerras na Europa, que arrasaram o continente. Muitos países europeus acreditavam que a única saída para se reconstruírem seria a recolonização da América.

Diante desse cenário, em 1823, os Estados Unidos fizeram uma advertência às velhas potências europeias, em discurso do então presidente James Monroe, que ficou conhecido como **Doutrina Monroe**.

Antoine Jean Gros - *Napoleão no Campo de Batalha de Eylau* (detalhe). 1808. Museu do Louvre, Paris

Pintura mostra Napoleão em batalha de 1807. Do final do século XVIII até o início do século XIX, o expansionismo francês acarretou inúmeros conflitos na Europa.

Dando continuidade a sua expansão territorial, os Estados Unidos invadiram terras mexicanas, massacraram indígenas, implantaram ranchos e fazendas e apropriaram-se do ouro descoberto na Califórnia, em 1848. Esse processo violento de ocupação ficou conhecido como **Marcha para o Oeste**.

Avançando sempre, os colonos chegaram às terras hoje conhecidas como Oregon, localizadas na costa do Pacífico. Esse território encontrava-se sob domínio inglês. No fim da década de 1840, porém, o número de colonos procedentes dos Estados Unidos já era tão grande que levou os dois países a fazer um acordo comercial. Graças a esse acordo, os Estados Unidos abriram seus portos para diversos produtos ingleses em troca dessas terras.

Na década de 1820, essa expansão também ocorria em outras partes da América do Norte. Muitos colonos estadunidenses se instalaram no Texas, que até então pertencia ao México. Graças a meio de acordos assinados com esse país, muitos empresários dos Estados Unidos investiram nesse território, abrindo fazendas e fundando cidades.

Tantos colonos dos Estados Unidos foram atraídos para essas terras que o governo mexicano decidiu fechar a fronteira. Isso revoltou os empresários promotores da imigração, que organizaram uma guerra contra os mexicanos. Em 1839, os estadunidenses, vitoriosos, declararam a independência do Texas, que acabou anexado aos Estados Unidos, em 1845.

Em 1846, o México travou outra guerra com os Estados Unidos. Derrotado novamente, foi obrigado a ceder a Califórnia, além dos estados de Nevada, Utah e Arizona. Assim, um vasto território de 2 milhões de quilômetros quadrados, que havia pertencido ao México, tornou-se área de exploração de garimpeiros e fazendeiros estadunidenses.

## Você sabia que...

... no fim dessas guerras o México perdera metade de seu território original para os Estados Unidos?

## A expansão marítima dos Estados Unidos

Os estadunidenses não se preocuparam apenas em conquistar territórios vizinhos às Treze Colônias. Seu expansionismo estendeu-se a terras muito mais distantes.

Como vimos, em 1867, os Estados Unidos compraram o Alasca, aproveitando-se da decadência da economia russa.

Outro território conquistado nessa época foi o Havaí.

No século XIX, os reis havaianos abriram o arquipélago para navios estrangeiros, o que impulsionou o comércio de madeira, frutas e outras mercadorias.

Essa expansão comercial beneficiou muitos negociantes estrangeiros, a maioria dos quais estadunidenses. Em 1875, por exemplo, os Estados Unidos conseguiram um acordo com os havaianos para utilizar o porto de Pearl Harbor.

No entanto, a crescente presença dos Estados Unidos nas ilhas levou muitos havaianos a se revoltar e, em 1894, a entrar em confronto com a população de origem estadunidense. Em reação a esse conflito, as tropas norte-americanas invadiram a ilha, e, em 1898, o arquipélago foi anexado pelos Estados Unidos.

Cerimônia de anexação do Havaí em Honolulu, em 12 de agosto de 1898. A ocupação do Havaí foi criticada inclusive por personalidades norte-americanas da época, em razão da grande violência cometida pelas tropas dos EUA.

## O povoamento dos Estados Unidos

A conquista de vastos territórios pelos Estados Unidos gerou a necessidade de efetivamente ocupá-los. Os governantes temiam que indígenas e mexicanos tentassem retomar suas terras.

Ficou decidido, então, que as terras do Oeste seriam divididas em estados estadunidenses quando fossem habitadas por mais de 60 mil colonos com idade para votar. Uma vez transformadas em estados, as terras ganhariam a proteção do exército dos Estados Unidos.

O processo de conquista e ocupação de terras, bem como o de sua transformação em estados, foi muito rápido. Por isso, o mapa dos Estados Unidos apresenta uma divisão interessante.

**Estados Unidos – Político**

Fonte: GIRARDI, Gisele; ROSA, Jussara Vaz. Atlas geográfico do estudante. São Paulo: FTD, 2011.

Muitos estados estadunidenses surgiram como verdadeiros loteamentos: as divisas estaduais surgiam à medida que as terras eram efetivamente povoadas.

Mas, na visão do governo estadunidense, era pequeno o número de colonos atraídos para esses novos territórios. Por isso, em 1862, os Estados Unidos criaram a Lei de Cessão de Terras (Homestead Act). Essa lei autorizava o governo a conceder aproximadamente 65 hectares para cada cidadão maior de 21 anos que se comprometesse a fazer melhorias e a cultivá-los durante, no mínimo, cinco anos.

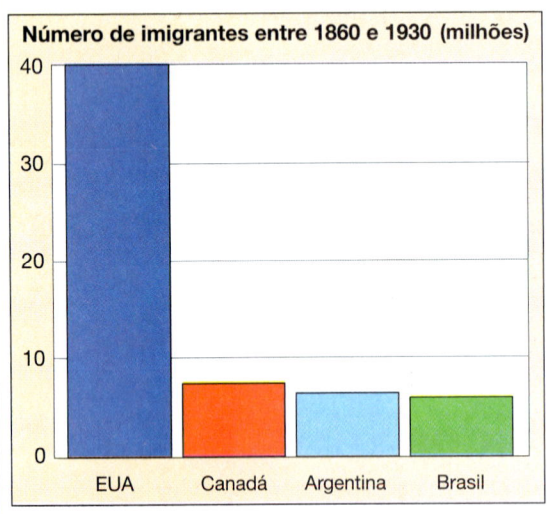

**Número de imigrantes entre 1860 e 1930 (milhões)**

Fonte: United Nations Statistical Yearbook, ONU, 2000.
Extraído do site: <http://www.un.org/>. Acesso em: 23 maio 2012.

Atraídos por políticas como a Lei de Cessão de Terras (Homestead Act), os europeus migraram em grande número para os Estados Unidos.

O povoamento do Oeste foi intensificado, o que levou à ampliação das ferrovias, que passaram a interligar as costas do Atlântico e do Pacífico.

O incentivo governamental ao povoamento do interior dos Estados Unidos repercutiu em toda a Europa ao longo do século XIX. Afinal, nessa época, grande parte dos europeus vivia em péssimas condições de vida, em razão da intensa destruição provocada por décadas de guerras e conflitos.

Esse processo de expansão e ocupação territorial lançou as bases iniciais do crescimento dos Estados Unidos. As cidades do Leste assumiram sua vocação de grandes centros comerciais, enquanto a agricultura, a pecuária e a mineração eram desenvolvidas em territórios mais distantes. Os produtos que vinham do interior movimentavam a economia das antigas Treze Colônias.

Após completarem sua formação territorial, os Estados Unidos mantiveram um grande crescimento socioeconômico. Por isso, o espaço geográfico de suas principais regiões econômicas mudou radicalmente. Vamos conhecê-lo agora, tomando como critério sua divisão em espaço urbano-industrial e espaço agrário.

# O espaço urbano-industrial dos Estados Unidos

## Manufacturing Belt

O Nordeste é a região de povoamento mais antigo. As pequenas propriedades agrícolas produziam para o próprio mercado interno. Nessas localidades, a economia prosperou antes mesmo de o país consolidar sua expansão territorial. Os imigrantes que chegavam em grande número constituíam mão de obra abundante e também um promissor mercado consumidor.

Pouco a pouco, ricos comerciantes da região perceberam que seria necessário produzir muitas mercadorias dentro do próprio território estadunidense. Surgiram, assim, muitas pequenas manufaturas que, ao longo do tempo, se transformaram em grandes indústrias.

À esquerda, centro de Nova York em cerca de 1900. Ao lado, operários lidam com um gigantesco martelo de forja a vapor. Acima, vista do porto de Nova York, em 1893. A região Nordeste já fervilhava sob todos os aspectos no final do século XIX e início do século XX.

O crescente mercado interno favoreceu esse desenvolvimento industrial. Com a expansão da economia, os estadunidenses começaram a se preocupar com o fornecimento de energia. Então, no final do século XIX, foram construídas pequenas usinas hidrelétricas perto dos Grandes Lagos, aproveitando as inúmeras quedas-d'água aí existentes.

Concomitantemente, os poderosos empresários da região passaram a explorar o carvão, abundante na região dos Montes Apalaches. Logo foram descobertas também grandes reservas de minério de ferro, nas cercanias dos Grandes Lagos.

Esse conjunto de elementos – minério de ferro, carvão, industrialização e mercado de consumo – estimulou o surgimento de muitas siderúrgicas, principal indústria de base.

Além da presença de hidrelétricas e de reservas naturais de carvão e ferro, a industrialização do Nordeste pôde contar com a hidrovia Hudson-São Lourenço-Grandes Lagos. Favorecida por todos esses fatores, a região se industrializou tanto que foi apelidada de *Manufacturing Belt* (Cinturão das Indústrias).

A implantação sistemática de indústrias fez muitas cidades do Nordeste crescerem rapidamente. Algumas delas ficaram famosas por abrigarem indústrias de um ramo industrial específico, que tiveram um papel decisivo para a produção estadunidense. Foi o que ocorreu com Pittsburgh. Essa cidade, situada na Pensilvânia, aproveitou a proximidade das jazidas de ferro e carvão para expandir a metalurgia, a siderurgia e a mecânica pesada. Pittsburgh chegou a ser responsável, no início do século XX, por 70% da produção de aço dos Estados Unidos (metade de todo o aço produzido no mundo).

A industrialização foi a base da economia do Nordeste dos Estados Unidos durante muitas décadas.

Fonte: GOODE, J. Paul e outros. *Goode's world atlas*. Chicago: Rand McNally, 2000.

Detroit também foi fortemente impulsionada pela expansão industrial. Localizada às margens dos Grandes Lagos, no estado de Michigan, a cidade liga-se a todo o país por hidrovias, que ajudaram a baratear muitas mercadorias. Tornou-se um grande centro da indústria de transporte e automobilística, fato que levou a cidade a ser chamada de "capital mundial do automóvel".

Chicago ficou conhecida como a "capital do Meio Oeste americano" porque constitui um enorme entroncamento de rodovias, ferrovias e hidrovias que facilitam o acesso ao Oeste dos Estados Unidos. Por isso a cidade atraiu milhares de indústrias, que continuam gerando emprego e renda.

Entretanto, com o passar do tempo, o excesso de indústrias se tornou um problema para muitas cidades do Nordeste. A poluição, os congestionamentos de trânsito e a violência se propagaram por toda a região na década de 1970. À poluição industrial somou-se a produzida pelos meios de transporte, por conta do crescente consumo de combustíveis e do escapamento dos veículos presos nos congestionamentos.

Pittsburgh, por exemplo, foi apelidada de *Smoky City* ("Cidade Enfumaçada") por causa da intensa poluição. Esse problema gerava muitas doenças respiratórias, responsáveis pelo registro de uma das mais altas taxas de mortalidade infantil dos Estados Unidos.

Por isso, na década de 1970, surgiram rígidas leis antipoluição que obrigaram muitas fábricas a se retirar da cidade. O mesmo fenômeno ocorreu em Chicago, cujas indústrias, em grande parte, mudaram-se para os subúrbios. Hoje, a parte central da cidade é dominada por um poderoso setor financeiro, composto de inúmeros bancos e da Bolsa de Valores de Chicago, uma das maiores do mundo.

Essa situação levou muitas indústrias a abandonarem o Nordeste durante as décadas de 1970 e 1980. Nessa época, a economia mundial vivia um crescimento da concorrência, e aquelas empresas que não reduzissem os custos certamente iriam à falência.

Grandes corporações empresariais passaram a procurar outros locais onde pudessem instalar suas fábricas, para obter vantagens nessa competição.

A fumaça das chaminés das siderúrgicas cobre o céu em Pittsburgh, na Pensilvânia (EUA), em 1909. O número de siderúrgicas cresceu tanto que Pittsburgh foi considerada a "capital mundial do aço".

Bolsa de valores de Chicago, em Illinois (EUA), em 2008. A cidade é hoje um dos pontos mais importantes do setor bancário dos Estados Unidos.

A saída de uma boa parte das indústrias do Nordeste mudou o espaço geográfico de algumas cidades dessa região. Passou a destacar-se na paisagem uma infinidade de galpões e prédios industriais abandonados.

A grande oferta de galpões que anteriormente eram ocupados por fábricas estimulou muitos profissionais a instalar novos negócios nessas grandes áreas. Arquitetos, advogados, engenheiros, médicos, publicitários, dentistas, artistas plásticos, contadores e uma infinidade de outros profissionais ligados à prestação de serviços puderam alugar e comprar essas antigas instalações, transformando-as em modernos escritórios. O comércio também se expandiu. Salões de cabeleireiros, academias de ginástica, lojas diversas, restaurantes, supermercados, pequenas confecções, livrarias, institutos de pesquisa, escolas e universidades também proliferaram nas cidades do Nordeste dos Estados Unidos.

Consequentemente, o espaço geográfico foi revitalizado. Prédios velhos foram restaurados, e modernos arranha-céus surgiram. Grandes cidades como Chicago, Detroit e Nova York foram remodeladas.

Festival de música no Museu de Arte Contemporânea de Massachusetts (Mass MoCA), em North Adams, Massachusetts (EUA), em agosto de 2010. O museu ocupa os galpões reformados de uma fábrica do século XIX. Bairros inteiros mudaram sua paisagem quando áreas industriais tradicionais assumiram outras funções.

## Chicago e Nova York: cidades globais

O setor da economia que teve maior expansão na região Nordeste na década de 1990 foi o financeiro. As cidades de Chicago (estado de Illinois) e Nova York (estado de Nova York) tornaram-se sedes de poderosas empresas transnacionais, sobretudo bancos.

Hoje, o que acontece nessas cidades é sentido no mundo todo. Decisões importantes, negociações e lançamentos de produtos chamam a atenção de toda a economia mundial.

Essas cidades têm a capacidade de se comunicar instantaneamente com qualquer localidade do globo. Por isso, são consideradas globais, já que exercem influência na economia, na cultura e na moda em escala planetária.

Bolsa de Mercadorias de Chicago, em junho de 2010. O setor de serviços é hoje o centro da vida econômica de Nova York e de Chicago, cujas bolsas representam significativamente essa polaridade.

Muitas cidades da região Nordeste dos Estados Unidos cresceram de forma espetacular graças à intensa industrialização. As indústrias atraíram milhões de famílias, que atraíram o comércio, a prestação de serviços, as repartições públicas, como prefeituras e outros órgãos administrativos, gerando grandes aglomerações urbanas.

O comércio e os serviços concentravam-se nas regiões centrais das cidades, assim todos os cidadãos que precisavam resolver qualquer assunto mais importante tinham de passar por essas áreas.

O barulho, a violência, a poluição e o trânsito caótico da região central das grandes cidades levaram muitos norte-americanos a se mudarem para pequenas cidades situadas no entorno dos grandes centros.

As *edges cities* ("cidades do entorno") começaram a surgir já na década de 1950. Mas na década de 1980 essas pequenas cidades cresceram muito. Então, todos os dias, milhões de trabalhadores passaram a deslocar-se de suas casas na periferia distante para trabalhar nas áreas centrais dos grandes centros urbanos.

Cotidiano de rua no centro de Nova York, em 1977. Os negócios tornaram a região central das cidades inadequada para moradia.

À medida que as pequenas cidades cresciam, desapareciam as áreas verdes, substituídas por casas, prédios e ruas. A expansão foi tão grande que, em poucos anos, elas já alcançavam os limites de outras cidades, que também cresciam.

Aglomerado de casas na cidade de Issaquah, em Washington (EUA), em 2008. A implantação de grandes indústrias em pequenas cidades estadunidenses proporcionou o seu crescimento urbano.

Assim, as áreas verdes desapareceram, substituídas por uma paisagem com características urbanas. As zonas urbanas de vários municípios do Nordeste dos Estados Unidos uniram-se às zonas urbanas de municípios vizinhos. Esse espaço único resultou, portanto, de uma conurbação.

## Lembre-se

As grandes conurbações são conhecidas como áreas metropolitanas. São formadas por uma grande cidade e por diversos municípios vizinhos, formando uma metrópole.

A metrópole se define como um centro urbano polarizador. Ela atrai todos os dias um intenso fluxo de mercadorias e pessoas, em busca de muitos serviços que não existem em cidades menores, como hospitais especializados, laboratórios, órgãos governamentais, grandes lojas de departamentos, *shopping centers*, teatros e cinemas.

Nos Estados Unidos, esse processo foi muito intenso. As áreas metropolitanas relativamente próximas cresceram sem cessar e acabaram se interligando. Deixaram de existir áreas verdes, substituídas pelas periferias de milhares de cidades, formando uma única mancha urbana, conhecida como megalópole.

## Lembre-se

Megalópoles são conurbações de duas ou mais áreas metropolitanas.

## As duas megalópoles do Nordeste

Se um viajante vai de carro de Boston a Washington, encontra ao longo do caminho centenas de cidades. Muitas são pequenas cidades-dormitórios, locais onde a população mora, mas não trabalha.

Ao percorrer esse trecho do Nordeste dos Estados Unidos, é possível constatar um intenso fluxo de pessoas e mercadorias que interliga todas as cidades, grandes e pequenas.

Esses fluxos muito intensos de mercadorias e pessoas formaram duas grandes megalópoles. Uma delas se estende de Boston a Washington, passando por Nova York, Nova Jersey, Filadélfia e Baltimore, e recebe o nome de **Boswash**; a outra, **Chippits**, é uma grande mancha urbana que une Chicago e Pittsburgh, passando por Detroit e Cleveland.

Boswash e Chippits trazem em seus nomes os prefixos das áreas metropolitanas que as limitam.

Fonte: GIRARDI, Gisele; ROSA, Jussara Vaz. *Atlas geográfico do estudante*. São Paulo: FTD, 2011.

Em muitas localidades perto das grandes cidades, existem apenas residências e pouco comércio. Por isso, são chamadas de cidades-dormitórios: as pessoas vão para o trabalho – e voltam – usando o metrô ou amplas rodovias. À esquerda, cena de saída do metrô de Nova York, em 2005; à direita, tráfego pesado em rodovia nos arredores de Washington, em 2007.

O tradicional *Manufacturing Belt* abriga cerca de 100 milhões de habitantes. A imensa maioria vive e trabalha nas megalópoles, que têm importância fundamental para a economia dos Estados Unidos.

## Pare, pense e faça

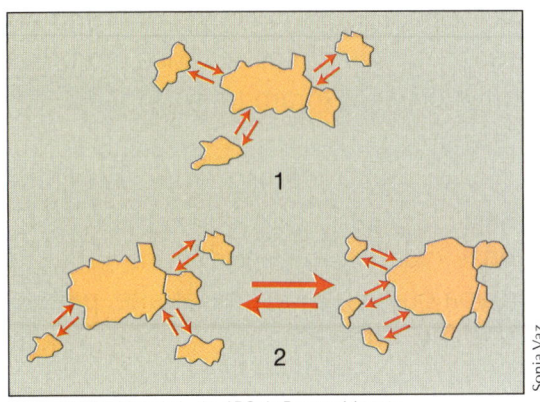

Identifique e caracterize os fenômenos observados nas figuras **1** e **2**.

Fonte: SOUZA, Marcelo L. de. *ABC do Desenvolvimento Urbano*. Rio de Janeiro: Bertrand Brasil, 2003.

## A COSTA OESTE

No início do século XX, o Oeste dos Estados Unidos era a região menos povoada do país. Ainda prevaleciam atividades rurais e mineradoras.

Já nessa época, porém, estava ocorrendo um crescimento do comércio regional e uma forte ligação econômica com os mercados da Ásia. São Francisco, por exemplo, já era um importante centro urbano.

Instalações de grande fábrica de aviões perto de Seattle, estado de Washington (EUA), em 2008. As indústrias implantadas na costa oeste são de grande porte e geram milhares de empregos diretos e indiretos.

Na década de 1940, o governo estadunidense fortaleceu as indústrias bélicas no litoral do Pacífico em razão do conflito com o Japão, que teve início em 1941.

Mesmo após o fim da guerra, essas indústrias continuaram recebendo apoio dos centros de pesquisa de importantes universidades. O governo dos Estados Unidos destinou bilhões de dólares para militares e cientistas desenvolverem tecnologias bélicas durante a Guerra Fria. Muitos equipamentos militares, como radares, satélites, turbinas e armas, foram criados ou desenvolvidos nessa época.

Como vimos, as indústrias do Nordeste passaram a buscar outras regiões para se instalar a partir da década de 1970. Nessa época, um grande número dessas empresas se instalou na Costa Oeste. Buscavam terrenos mais baratos e também a proximidade dos centros de pesquisa, que lançavam novas tecnologias a cada ano.

Essa situação propiciou o surgimento de um tipo de indústria diferente daquelas existentes no *Manufacturing Belt*. Eram empresas vinculadas a novos setores, como a microinformática, a bioquímica, a engenharia genética, a biotecnologia, a microeletrônica, a farmácia, a robótica etc.

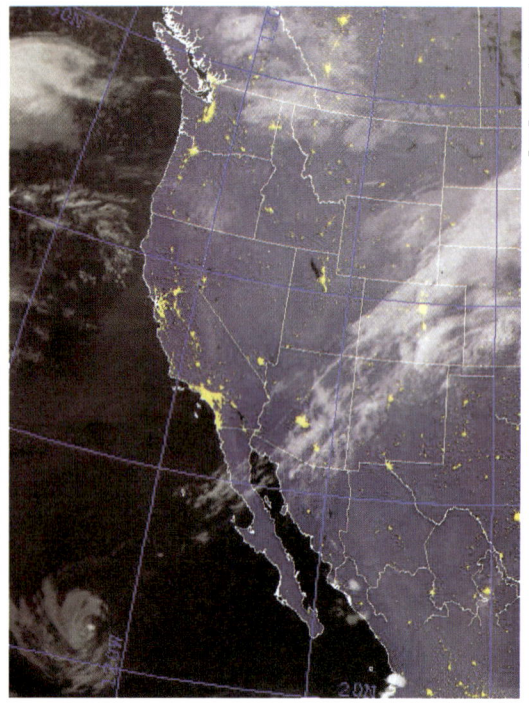

Essas indústrias se concentram na região denominada Vale do Silício (Califórnia).

O crescimento econômico gerou um forte povoamento da Costa Oeste. E, como já havia ocorrido no Nordeste, os pequenos municípios situados em torno dos grandes centros urbanos foram transformados em cidades-dormitórios.

Esse processo foi muito intenso entre São Francisco e San Diego, passando por Los Angeles. Milhares de pequenas cidades se conurbaram, criando uma mancha urbana que, vista de um satélite, parece ser uma única cidade. Mas trata-se da megalópole San-San.

Foto noturna de satélite mostra um cordão de luzes de São (San) Francisco a San Diego (San-San), passando por Los Angeles.

As áreas metropolitanas da Costa Oeste dos Estados Unidos têm uma particularidade: limitaram a construção de prédios muito altos. Isso porque a região é frequentemente atingida por terremotos. Certamente existem prédios altos, mas são construídos com técnicas avançadas, para suportar tremores de terras. Como tal tecnologia é muito cara, as cidades têm uma verticalização limitada.

Los Angeles, situada na região costeira da Califórnia, muito sujeita a terremotos, ocupa uma área muito maior do que cidades com o mesmo número de habitantes, mas situadas em outras partes do mundo. Foram planejadas e construídas inúmeras avenidas de grande porte e gigantescos viadutos para interligar bairros distantes.

Entroncamento viário em Los Angeles, na Califórnia (EUA), em 2009. A maior parte dos habitantes de Los Angeles usa somente o carro como meio de locomoção. A cidade possui o maior sistema de autoestradas do mundo.

## Sun Belt

Estendendo-se da Califórnia à Flórida, recentemente surgiu uma nova região industrial nos Estados Unidos, o Sun Belt (o nome *sun* é referência à presença constante do sol nessa porção do país).

Por conta dos problemas de urbanização do Nordeste, uma faixa que se estende ao longo de toda a fronteira sul dos Estados Unidos atraiu várias fábricas que buscavam terrenos mais baratos, impostos mais baixos e melhores condições gerais de produção.

Tradicionalmente, essa região sul já possuía indústrias de alimentos e bebidas.

Essas indústrias nasceram a partir das grandes fazendas produtoras de alimentos que existiam na região já na primeira fase da colonização.

Uma característica da região Sul que foi decisiva para a atração de indústrias foram os extensos campos de petróleo localizados nos estados do Texas e de Oklahoma e no litoral do Golfo do México.

Um outro fator atrativo para as indústrias foi a presença de inúmeros órgãos de pesquisa, muitos dos quais governamentais. O maior desses órgãos é a Agência Aeroespacial Norte-Americana (Nasa), cuja sede fica em Houston, no Texas. Ela gera milhares de empregos e atraiu para o seu entorno centenas de empresas prestadoras de serviços.

Plataforma de extração de petróleo da Chevron no Golfo do México, litoral da Louisiana (EUA), em foto de 2006. O petróleo é um dos recursos mais importantes para a economia dos EUA.

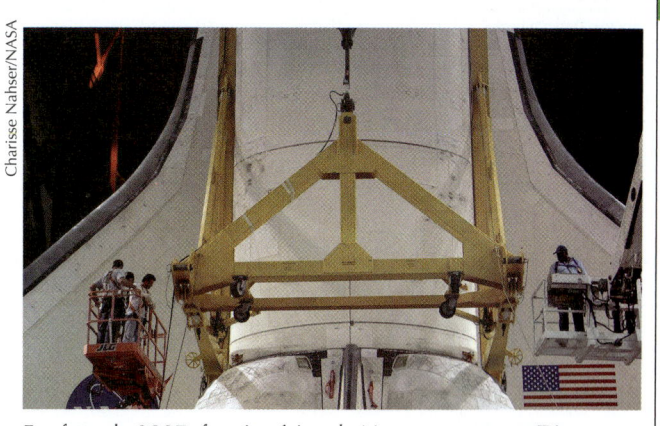

Em foto de 2007, funcionários da Nasa preparam a Discovery para lançamento rumo à Estação Espacial Internacional.

## Pare, pense e faça

Observando o mapa, qual é a tendência de evolução do emprego industrial nos Estados Unidos?

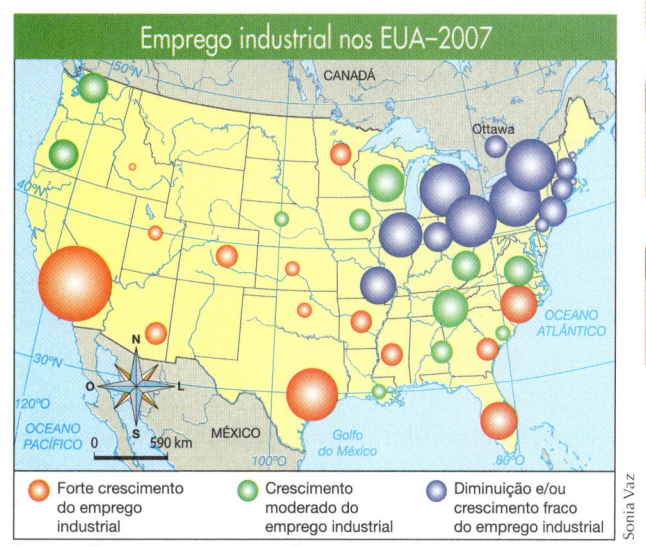

Emprego industrial nos EUA–2007

- Forte crescimento do emprego industrial
- Crescimento moderado do emprego industrial
- Diminuição e/ou crescimento fraco do emprego industrial

Fonte: *US Census Bureau*, 2008. Disponível em: <www.census.gov>. Acesso em: 23 abr. 2012.

# O espaço agrário dos Estados Unidos

Com gigantescas dimensões territoriais, os Estados Unidos possuem uma das maiores produções agrícolas do mundo.

Desde os tempos coloniais, em toda a faixa centro-leste do país se desenvolveram os *belts* (cinturões agrícolas), aglomerados de grandes fazendas nas quais é cultivado apenas um produto.

Surgiram cinturões agrícolas como o do milho (*corn belt*), até hoje cultivado em larga escala. Inicialmente, o cultivo do milho atendia ao mercado de alimentos para consumo humano, mas depois passou a ser empregado também como matéria-prima para ração animal, que abastece o grande rebanho estadunidense. Nos últimos anos, o milho tem sido usado para gerar um importante biocombustível (combustível de origem orgânica), o álcool.

Outro produto agrícola cultivado em larga escala nos Estados Unidos é o trigo. Esse grão ocupa a porção norte das planícies centrais, onde predominam climas mais frios, e é cultivado, principalmente, no Cinturão do Milho, que inclui os estados de Ohio, Indiana, Illinois, Missouri e Iowa, além de partes dos estados de Wisconsin, Minnesota, Nebraska e Kansas.

Na fronteira com o Canadá planta-se o chamado trigo de primavera. Esse cultivo ocorre apenas nos períodos mais quentes do ano (primavera/verão), já que o frio intenso do inverno, acompanhado de longas semanas de neve, inviabiliza essa agricultura.

Ao sul dessa região, no Kansas, sul do Nebraska e norte de Oklahoma e do Texas, onde o verão é muito quente, o trigo é plantado e colhido no outono/inverno, quando as temperaturas são amenas.

Somando-se as produções dessas duas regiões, a triticultura (cultivo de trigo) ocorre o ano todo, o que estabiliza o preço desse alimento. Como o trigo é a base alimentar do país, a maior parte dos alimentos básicos também não sofre grandes oscilações de preços.

Fontes: Departamento de Agricultura dos Estados Unidos da América (USDA). Disponível em: <www.usda.gov>. / GIRARDI, Gisele; ROSA, Jussara Vaz. *Atlas geográfico do estudante*. São Paulo: FTD, 2011.

O Cinturão do Milho (*Corn Belt*) é centralizado pelos estados de Iowa, Missouri, Illinois e Indiana, mas inclui também partes de Wisconsin, Minnesota, Dakota do Norte, Dakota do Sul, Nebraska, Kansas, Kentucky, Ohio e Michigan.

Na fronteira com o Canadá, as massas polares são frequentes e intensas durante o inverno. Acima, área de cultivo coberta de neve em fevereiro de 2008, no estado de Idaho (EUA).

Mais recentemente, a soja e a cevada também têm ocupado áreas extensas nas proximidades das plantações de trigo.

Os cinturões agrícolas são favorecidos também pelas chuvas constantes vindas do Golfo do México e do Atlântico. Outro aspecto natural também muito favorável é o predomínio de terrenos planos, que facilitam o uso de tratores tanto no plantio como na colheita. Além disso, esses cinturões agrícolas são banhados por vários rios, como os formadores da Bacia do Mississípi-Missouri. Esses rios também auxiliam na irrigação, além de serem usados como meios de transporte.

Outro *belt* tradicional é o do algodão (*Cotton Belt*). Inicialmente plantado para abastecer a indústria têxtil inglesa, durante os séculos XVIII e XIX, o algodão ganhou importância ainda maior com a industrialização dos Estados Unidos.

Nas últimas décadas, a área tradicionalmente ocupada por plantios de algodão sofreu uma forte redução. Outros cultivos, como os de feijão, arroz e tabaco, estão sendo feitos nessas terras, que se tornaram muito desgastadas para o algodão.

Recentemente, a cotonicultura (produção de algodão) tem ocupado novas áreas, sobretudo na Califórnia, que já é o maior produtor de algodão do país.

Além do *Cotton Belt*, os outros cinturões estão cedendo lugar a sistemas agrícolas mais complexos e diversificados. Essa diversificação pode ser observada também em outras regiões do país. Nas Planícies Centrais, o milho está cada vez mais associado à beterraba e à soja; e o trigo, ao milho e ao sorgo.

Depois da Segunda Guerra Mundial, a economia capitalista desenvolveu muito a competitividade. Para vencer a concorrência cada vez maior, o governo estadunidense investiu muito em tecnologia agrícola: tratores, colheitadeiras, silos, caminhões, agrotóxicos e rações industrializadas foram desenvolvidos para elevar a produtividade. Esses avanços permitiram produzir mais em menores áreas.

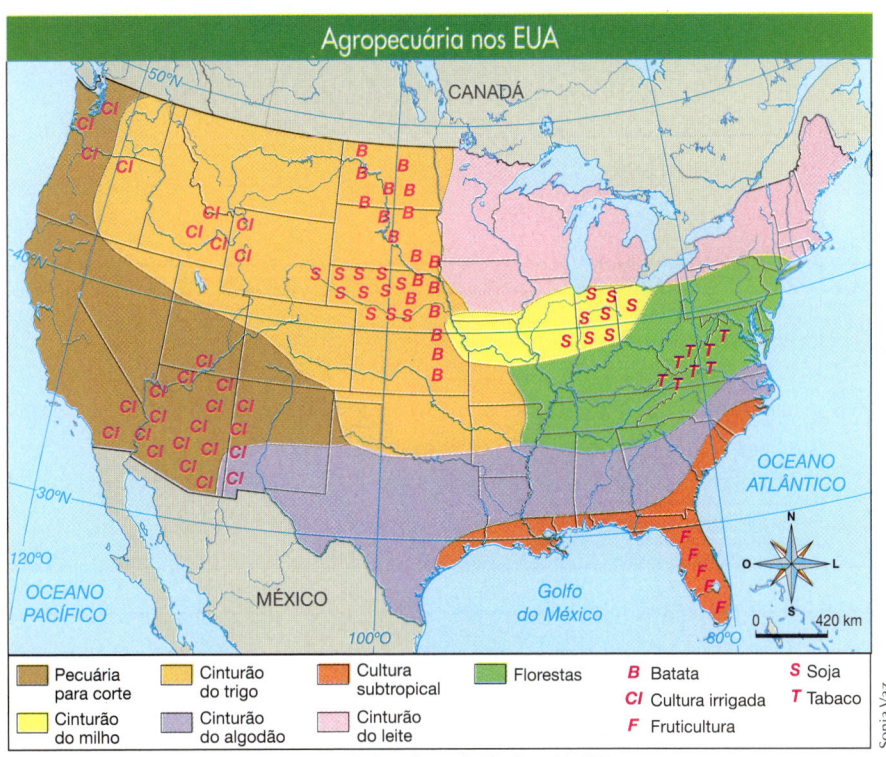

Agropecuária nos EUA

Fonte: ATLANTE Geografico De Agostini. Novara: Istituto Geografico De Agostini, 2004.

Entretanto, todo esse desenvolvimento tornou a agricultura uma atividade extremamente cara, o que dificulta a sobrevivência de pequenas propriedades e favorece as grandes empresas agrícolas. Todo ano milhares de pequenos proprietários vendem suas terras para as grandes empresas rurais, e a concentração de terras fica cada vez maior.

Um exemplo dessa situação é o *Fruit Belt* (Cinturão das Frutas). Esse cinturão agrícola circunda o Golfo do México, onde o clima mais quente permite o cultivo de laranjas, entre outras frutas. O *Fruit Belt* é formado por grandes fazendas cujos proprietários são ligados à indústria de sucos, que são largamente consumidos em todo o país.

## Green Belts

Em torno das megalópoles e grandes cidades dos Estados Unidos, existem inúmeras pequenas e médias propriedades rurais voltadas ao abastecimento desses centros urbanos.

Chamados de *Green Belts* (Cinturões Verdes), esses espaços rurais produzem hortaliças, frutas e ovos, que fazem parte da alimentação diária da população.

Nesses cinturões desenvolveu-se também um conjunto de propriedades rurais especializadas na produção de leite de forma intensiva, para as indústrias de laticínios concentradas nessa região, principalmente na região Nordeste dos Estados Unidos.

## Pare, pense e faça

Responda à questão com base no mapa abaixo e no quadro a seguir.

*Agropecuária nos Estados Unidos*

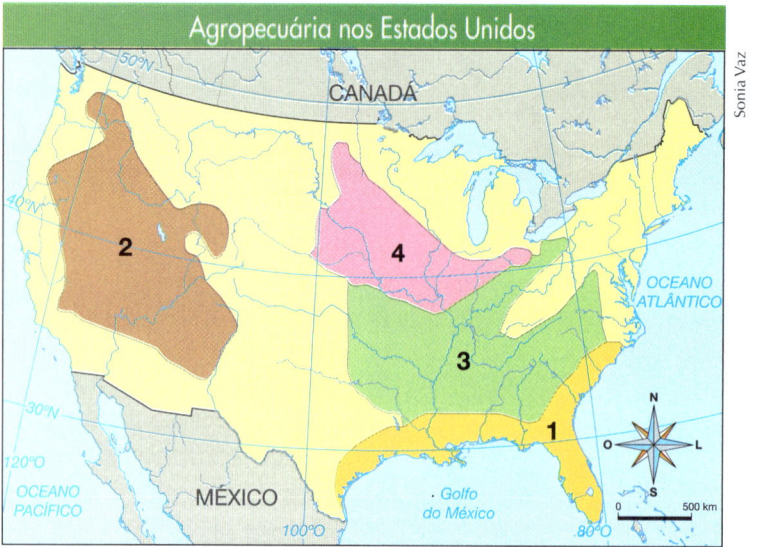

Fontes: Departamento de Agricultura dos Estados Unidos da América (USDA).
Disponível em: <www.usda.gov>. / GIRARDI, Gisele; ROSA, Jussara Vaz.
*Atlas geográfico do estudante.* São Paulo: FTD, 2011.

|  | Área geográfica | Características das áreas |
|---|---|---|
| I | 1 | Desértica, com produção de frutas irrigadas. |
| II | 2 | Montanhosa, com predomínio de pecuária extensiva. |
| III | 3 | Planícies com policulturas, cultivo de tabaco e algodão e pecuária. |
| IV | 4 | Clima temperado, com monoculturas de milho e soja. |

- Observe atentamente o mapa e as regiões representadas. Depois, leia o quadro que relaciona essas regiões com a descrição de algumas características. Quais relações estão corretas? Quais estão incorretas? Ou seja, quais características se relacionam realmente com as regiões representadas? Quais não? Responda no caderno, justificando suas respostas.

## RANCHING BELT

No Oeste dos Estados Unidos, predominam grandes fazendas de criação de gado, tanto nas planícies como nas montanhas.

Essas enormes propriedades rurais criam gigantescos rebanhos bovinos, que totalizam cerca de 100 milhões de cabeças de gado, para abastecer o mercado interno e para exportação.

A extensa área ocupada por esses rebanhos recebe o nome de *Ranching Belt* (Cinturão dos Ranchos). Aí o gado é criado de forma predominantemente extensiva, isto é, solto em grandes áreas com pastagens.

*Cowboys* a cavalo tocam boiada no estado de Montana (EUA), em 2008. No *Ranching Belt* ainda lidam com o gado à moda antiga.

Todavia, nas últimas décadas, muitas fazendas adotaram sistemas mais modernos de produção. Depois de passar uma longa temporada no pasto, o gado é confinado para se alimentar de ração. Assim, ganha mais peso em menor tempo. Isso proporciona lucros maiores às fazendas.

## O SISTEMA AGRÍCOLA *DRY FARMING* DO OESTE

As áreas secas do Oeste dos Estados Unidos sempre foram cultivadas pelos indígenas. De forma rústica, eles semeavam em solos que haviam armazenado parte das águas das escassas chuvas que caíam ao longo do ano. Com a chegada dos colonizadores, essa técnica tradicional, chamada de *dry farming*, foi mantida durante muito tempo.

Mas como era possível plantar em desertos?

O *dry farming* tradicional consistia no revolvimento do solo, de modo que trazia para a superfície as terras mais úmidas e férteis, que eram cultivadas basicamente com milho.

Nas últimas décadas, o *dry farming* passou por grandes mudanças. Tratores gigantescos passaram a revolver a terra, que agora é cultivada com o auxílio de avançadíssimos sistemas de irrigação, como o uso de gotejamento de água, obtida por meio de aquedutos que a trazem de rios distantes ou de poços profundos.

Atualmente, na região do *dry farming*, além de uva cultivam-se milho e algodão, e desenvolvem-se atividades hortifrutigranjeiras, cujos produtos abastecem, principalmente, as grandes cidades da Costa Oeste.

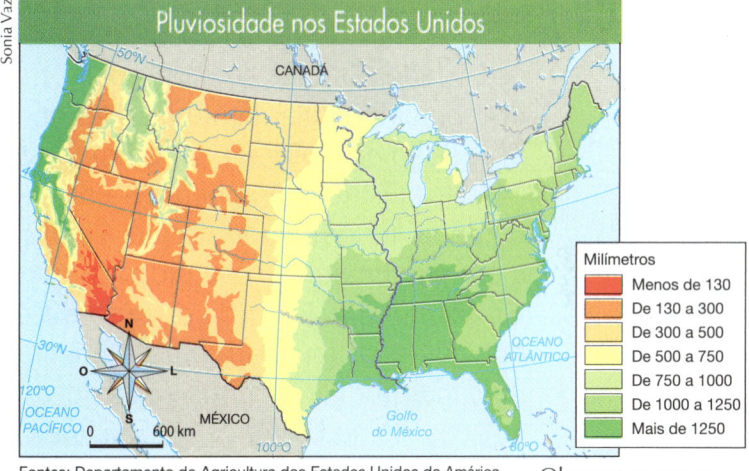

**Pluviosidade nos Estados Unidos**

Milímetros:
- Menos de 130
- De 130 a 300
- De 300 a 500
- De 500 a 750
- De 750 a 1000
- De 1000 a 1250
- Mais de 1250

Fontes: Departamento de Agricultura dos Estados Unidos da América (USDA). Disponível em: <www.usda.gov>. / GIRARDI, Gisele; ROSA, Jussara Vaz. *Atlas geográfico do estudante*. São Paulo: FTD, 2011.

Observe como as chuvas são escassas no Oeste.

Trator sulca profundamente o solo na Califórnia (EUA), em 1986. Os agricultores já buscavam revolver camadas muito espessas para contar com a umidade preservada na parte mais profunda do solo.

Como vimos, a produção agropecuária dos Estados Unidos é impressionante. Esse país é líder mundial na produção de vários alimentos. A produção de milho, por exemplo, é de mais de 250 milhões de toneladas por ano. Tal produção é tão grande que, além de abastecer o gigantesco mercado interno, responde por 70% das exportações mundiais. Já a soja é responsável por mais de 36% da produção mundial, e a avicultura é a maior do mundo.

Vinhedo irrigado na Califórnia (EUA), em 2006. A costa oeste dos EUA, especialmente a Califórnia, produz uvas e vinhos de alta qualidade.

## A população dos Estados Unidos

Em 2009, de acordo com o Censo do governo estadunidense, a população dos Estados Unidos somava pouco mais de 307 milhões de habitantes. Está distribuída irregularmente pelo território: as maiores concentrações demográficas estão no Nordeste, na Costa Oeste e às margens do Golfo do México.

Essa distribuição obedece a diversos fatores. No Nordeste, a colonização ocorrida até o final do século XVIII, a partir do litoral atlântico, deu origem a um grande número de cidades, que cresceram até formar as megalópoles. No século XIX, a corrida do ouro e a distribuição de terras pelo governo estadunidense estimularam o povoamento do Oeste. No século XX, antigas vilas fundadas por garimpeiros e fazendeiros cresceram e deram origem a grandes cidades, como Los Angeles, São Francisco e Seattle.

Nas últimas décadas, o desenvolvimento da economia do Sul atraiu grande massa de trabalhadores para a região.

Já as planícies centrais apresentam menor concentração demográfica, porque seu espaço é dominado pelos grandes *belts* agropecuários. Como são fazendas mecanizadas, que usam tratores, colheitadeiras e outras máquinas modernas, não requerem grandes contingentes de trabalhadores.

De maneira geral, os Estados Unidos são um país populoso, porém pouco povoado.

E o que significa isso?

Se dividirmos a população do país pela área total de seu território, vamos notar que sua densidade demográfica é baixa, ou seja, há relativamente poucos habitantes por quilômetro quadrado. Esse cálculo é apenas uma média matemática, que raramente representa a real distribuição populacional do país. Como vimos, há áreas fortemente povoadas e outras pouco povoadas.

Outra característica da sociedade norte-americana é a sua elevada taxa de urbanização. Essa urbanização é fruto da intensa industrialização que, desde o século XIX, atrai trabalhadores do campo para a cidade. A população era nitidamente rural em meados do século XIX e tornou-se majoritariamente urbana. Hoje os Estados Unidos são um dos países mais urbanizados do mundo.

A população estadunidense também costuma ser analisada sob o ponto de vista étnico.

Como sabemos, os Estados Unidos foram fundados por descendentes dos ingleses protestantes que, invariavelmente, eram brancos. Os primeiros contatos com os indígenas geraram séculos de perseguição e massacres. Tempos depois, os colonizadores trouxeram os africanos como imigrantes forçados, fato que gerou a escravidão, uma das maiores vergonhas da humanidade.

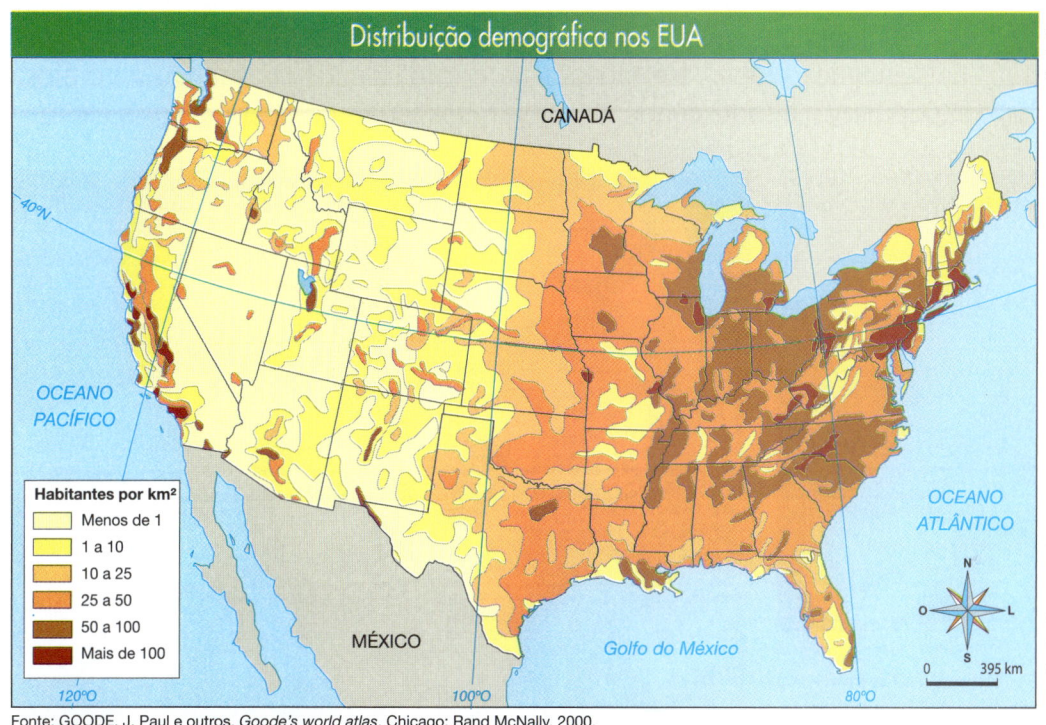

**Distribuição demográfica nos EUA**

Fonte: GOODE, J. Paul e outros. *Goode's world atlas*. Chicago: Rand McNally, 2000.

A atual distribuição da população é resultado direto do desenvolvimento das atividades econômicas dos Estados Unidos.

Da esquerda para a direita, família negra em campo de algodão na Geórgia (EUA), em 1900, e grupo de indígenas no estado de Washington, em 1870. Colocados à margem da sociedade, indígenas e negros tiveram seus direitos totalmente desrespeitados pela sociedade americana até a segunda metade do século XX.

No sul dos Estados Unidos, onde predominaram grandes *plantations*, a mão de obra escrava foi muito utilizada. Por isso, essa região abriga atualmente uma grande população afrodescendente, que ainda sofre preconceito e discriminação. Geralmente, esses trabalhadores exercem atividades que pagam salários mais baixos, como os serviços domésticos e braçais agrícolas.

Fugindo da absoluta miséria do Sul, muitos afrodescendentes migraram para o Nordeste, onde a economia industrial cresceu rapidamente. Esses migrantes, sem recursos para morar nos melhores bairros, ocuparam gradualmente as periferias das grandes cidades industriais da região. Surgiram assim os guetos, bairros onde só moravam negros, pois os brancos recusavam-se a ser seus vizinhos. No início do século XX, cidades como Chicago, Detroit, Pittsburgh e Nova York passaram a ter parte de sua população segregada, e o uso das expressões "bairro de negros" e "bairro de brancos" tornou-se comum.

Os direitos dos afrodescendentes ainda hoje não são totalmente respeitados, principalmente no Sul. Muitos estados dessa região mantiveram leis explícitas de segregação racial até meados da década de 1960, quando a corajosa luta da população afrodescendente por direitos iguais começou a surtir efeito.

Acima, bebedouro "só para negros", uma imagem comum no sul dos EUA até a década de 1970. Ao lado, manifestantes protestam contra a segregação escolar em 1963. Os afrodescendentes lutaram com grande empenho pelos direitos da população negra.

## Texto complementar

### IMIGRANTES HISPÂNICOS

*Além dos afrodescendentes, existe uma grande comunidade latina nos Estados Unidos. São estrangeiros vindos de países onde predomina o idioma espanhol, como Cuba, Panamá, Porto Rico, Colômbia, Venezuela e, principalmente, México. Chamados por isso de hispânicos, esses imigrantes adotaram os Estados Unidos como pátria.*

*A situação de carência generalizada que historicamente os aflige fez com que esses imigrantes abandonassem seu país de origem. Em busca de alternativas para os baixos salários e o desemprego vigentes em seus países, eles emigraram para os Estados Unidos, em sua maioria ilegalmente.*

*Os problemas desses imigrantes ilegais, principalmente mexicanos, começavam já na fronteira, onde têm de enfrentar muros, cercas e a forte presença da polícia estadunidense ao longo dos 5 mil quilômetros de limites entre os dois países.*

*Para atravessar os muros e burlar a vigilância estadunidense, existiam grupos criminosos, que cobravam dos mexicanos para conduzi-los ao outro lado da fronteira. Esses contrabandistas de pessoas eram chamados de coiotes. Costumavam usar passagens abertas na fronteira, geralmente encanamentos e muros subterrâneos. Muitas vezes, os criminosos obrigavam os ilegais a pularem o muro, fugindo em seguida com seu dinheiro.*

*Quando conseguiam atravessar a fronteira, surgiam outros desafios. Por exemplo, para chegar a uma cidade estadunidense era preciso antes atravessar um extenso deserto. Em geral, tentavam um primeiro trabalho nas empobrecidas cidades do sul dos Estados Unidos, com o intuito de juntar dinheiro para depois dirigir-se a um centro urbano mais desenvolvido.*

*Algumas organizações humanitárias estadunidenses deixavam tonéis de água e cobertores para serem achados pelos imigrantes, que podiam morrer de calor (durante o dia) ou de frio (durante a noite). Nos últimos anos, a Guarda Nacional Americana destruiu centenas desses reservatórios, a fim de desestimular esse movimento migratório.*

*Depois de vencer todas essas barreiras, muitos imigrantes chegavam finalmente às grandes cidades dos Estados Unidos, onde encontravam trabalho remunerado. Assim, podiam mandar dinheiro para seus familiares residentes em seus países de origem.*

*Como a maioria ainda vive na clandestinidade nos Estados Unidos, muitos desses imigrantes podem ser presos a qualquer momento e deportados.*

*Entretanto, segundo o professor Douglas S. Massey, responsável por um estudo sobre o assunto intitulado Mexico Migration Project, conduzido pela Universidade de Princeton, a fase de constante fluxo de imigrantes ilegais para os Estados Unidos acabou. Essa pesquisa aponta que entre 2008 e 2009 a população de imigrantes ilegais nos Estados Unidos diminuiu de 12 milhões para 11 milhões.*

*Desde 2009, esse número estaria basicamente estável, fato que indica, segundo o professor Massey, uma nova tendência: o encerramento de 60 anos de crescimento da imigração ilegal no país. De fato, segundo dados da organização não partidária Pew Hispanic Center, menos de 100 mil pessoas cruzaram a fronteira ilegalmente entre o México e os Estados Unidos em 2010, uma queda brusca em relação ao período entre 2000 e 2004, quando 525 mil pessoas fizeram a travessia anualmente. Muitas dessas pessoas tenta-*

*ram mais de uma vez a travessia; outras o fizeram somente uma vez, porque morreram ou porque se estabeleceram nos Estados Unidos e não voltaram mais ao México.*

Fonte: Texto elaborado pelos autores.

## Ler para entender

### O consumo que assusta

Não faltam estudos para deixar com os cabelos de pé (os que os têm) quem se preocupa com o futuro da espécie humana neste planeta. Num deles, "Marine Ecology Progress Series", da Universidade do Havaí, Camilo Mora afirma que, com o ritmo atual do consumo de recursos no mundo, chegaremos a 2050 com uma população acima de 9 bilhões de pessoas, que precisará, para abastecê-la, de 27 planetas como a Terra. Quem olhar uma publicação recente da revista National Geographic (maio de 2011) talvez encontre ali reforço para a tese, ao saber qual foi o número de animais mortos em um único ano (2009) para serem transformados em alimentos: 52 bilhões de frangos, 2,6 bilhões de patos, 1,3 bilhão de porcos, 1,1 bilhão de coelhos, 633 milhões de perus, 518 milhões de ovelhas, 398 milhões de cabras, 293 milhões de bois, 24 milhões de búfalos asiáticos e 1,7 milhão de camelos.

Thomas Lovejoy, o respeitadíssimo biólogo estadunidense, acha que já estamos consumindo 50% de recursos além do que o planeta pode repor (Ideia Sustentável, março de 2011). Outros estudos, inclusive da ONU, falam em "mais de 30%". Estes afirmam que a disponibilidade média de área e recursos para atender às necessidades de uma pessoa estaria em 1,8 hectare; mas o uso tem estado em 2,7 hectares (no Brasil, 2,1; nos Estados Unidos, 10 hectares; no Haiti, menos de um hectare). O uso excessivo leva à aridificação e desertificação de terras, problemas com água, exaustão de certos recursos.

Na conferência de Nagoya, no ano passado, estabeleceu-se como meta chegar a 17% das terras e 10% dos oceanos em áreas protegidas – o que parece pouco provável, já que as metas para 2010, menores, não foram cumpridas, embora haja 100 mil áreas protegidas, com 17 milhões de quilômetros quadrados de terras (o dobro do território brasileiro) e 2 milhões de quilômetros quadrados de áreas oceânicas. Mesmo nessas áreas, entretanto, há desgastes fortes na biodiversidade, por causa de impactos climáticos e contaminação.

Mas o problema não está só na área da biodiversidade. Segundo a publicação BrasilPnuma (junho/julho de 2011), também chegaremos a 2050 consumindo 140 milhões de toneladas anuais de minérios, combustíveis fósseis e biomassa, três vezes mais do que hoje – o que envolve outros riscos de esgotamento. Mesmo hoje já nos aproximamos do limite de muitos minérios fundamentais para tecnologias de uso intensivo, como computadores, celulares e outras. Nos países industrializados, o consumo médio anual por habitante nessa área dos minérios é de 16 toneladas (40 em alguns); em 2000, era de 8 a 10 toneladas; em 1900, de 4 a 5.

Na área dos alimentos, o problema não é diferente. Diz a ONU (AP, 27/10/10) que também a biodiversidade em matéria de alimentos está ameaçada. Em 100 anos, 75% das espécies de plantas alimentares já desapareceram; até 2050, mais 22% podem ter o mesmo destino, inclusive variedades de batata, feijão e nozes – e neste caso o clima é uma das questões centrais. Por isso mesmo, a Embrapa tenta produzir variedades de culturas resistentes ao calor, como soja, feijão e milho, pois as variedades atuais já estão sendo afetadas pelo aumento da temperatura, especialmente no Centro-Oeste. E convém não esquecer que o café, que dominou a economia agrícola de São Paulo e Norte do Paraná durante mais de um século, teve de migrar para regiões mais altas, principalmente em Minas Gerais, por causa do aumento de mais de um grau na temperatura (que leva a flor do cafeeiro a cair prematuramente, com redução da produtividade).

É em meio a esse panorama que chegam as notícias de que mais uma vez o desmatamento na Amazônia voltou a crescer, segundo o Instituto Nacional de Pesquisas Espaciais – mais 28% no mês de julho, comparado com o mesmo período do ano passado, e mais 35% comparando 11 meses de 2010/11 com igual período anterior. Certamente o total de um ano ficará acima de 7 mil quilômetros quadrados, embora o governo federal tenha até criado uma força especial para conter o abate de árvores. É grave, até mesmo porque a floresta absorve um terço das emissões de dióxido de carbono, cerca de 2,4 bilhões de toneladas anuais (Science/France Presse, 17/7/11). E seu papel é decisivo no Brasil, onde mudanças no uso do solo, desmatamentos e queimadas respondem por quase 60% do total das emissões brasileiras que afetam o clima.

Mas fora do Brasil os sinais também não são animadores. Já se sabe que a próxima reunião da Convenção do Clima, na África do Sul, no fim do ano, não levará a nenhum acordo global. Da mesma forma que o Protocolo de Kyoto, que expira em 2012 e permite a países industrializados e suas empresas financiar projetos que levem a reduções de emissões em outros países e contabilizar as reduções em seus balanços. As lógicas financeiras continuam a prevalecer, agora ainda mais, no meio da gigantesca crise financeira mundial. Mas o futuro está em jogo. Não há como escapar às graves questões planetárias que assustam a ciência.

NOVAES, Washington. *O consumo que assusta*. Disponível em:
<www.institutoninarosa.org.br/textos/411-consumo-que-assusta>.
Acesso em: 7 dez. 2011.

## Vamos ver se você entendeu

Quais são os principais temas levantados pelo texto?

## Refletindo sobre o tema

1. "O Governo dos Estados Unidos vai distribuir ajuda entre os produtores de milho, açúcar, soja, trigo e carne, financiar programas de irrigação e isentar de impostos os combustíveis de tratores." (Edward Shafer, secretário de Agricultura dos Estados Unidos, em novembro de 2007)

   • Qual o nome genérico dado a essa ajuda governamental? Por que ela prejudica os agricultores de outros países do mundo?

2. Desde o século XIX o estado estadunidense de Iowa plantou milho intensivamente. Para continuar a ser um estado produtivo, os agricultores começaram a diversificar a produção a partir da década de 1970. Essa era uma alternativa para evitar que os solos ficassem esgotados.

   • Leia o texto das páginas 146 e 147 e aponte qual foi o problema e qual a solução encontrada para a agricultura desse estado estadunidense.

3. Leia os textos abaixo.

   a) A cidade de Gary fica cerca de 20 minutos ao sul de Chicago. Gary já foi o centro do milagre econômico norte-americano. Nos dias em que a sede da maior companhia siderúrgica do mundo ficava em Gary, a [...] companhia atraiu trabalhadores de todo o mundo, e os metalúrgicos de Gary injetaram prosperidade nos Estados Unidos. A US Steel transferiu a sua sede para outro lugar e reduziu drasticamente suas operações em Gary. Outrora uma cidade de 200 mil habitantes, metade da população foi embora em busca de melhores oportunidades. Hoje Gary é uma cidade fantasma.

   *Folha de S.Paulo*, 5 dez. 2008.

   b) O centro americano de alta tecnologia surgiu numa garagem, em 1938, quando Bill Hewlett e Dave Packard desenvolveram um oscilador de áudio. A ideia de que eles montassem uma empresa veio do professor Frederick Terman, da Universidade de Stanford. Terman estava cansado de ver seus alunos viajarem para a costa leste dos Estados Unidos para trabalhar. Ele convenceu os dois alunos a ficar no sul da Baía de São Francisco e montar a HP. Eles criaram uma tradição seguida por muitos estudantes. Recentemente, houve as duplas Jerry Yang e David Filo, fundadores do Yahoo, em Sunnyvale, e Larry Page e Sergey Brin, criadores do Google, em Mountain View, cidades vizinhas de Palo Alto. Nas proximidades, nasceram empresas como a Intel, a Apple, a Cisco e a Oracle.

*O Estado de S.Paulo*, 22 jul. 2007.

- Analise os dois textos e aponte as principais diferenças entre o Nordeste dos EUA, retratado no texto *a*, e a Costa Oeste, retratada no texto *b*.

**4.** Leia os textos a seguir.

a) "Os imigrantes se encarregam de realizar os trabalhos que ninguém quer fazer, mas que são necessários para que a economia siga crescendo. A verdade é que precisamos deles." São "os que colhem nossos tomates, processam o frango e a carne, limpam nossos escritórios, constroem nossas casas, cuidam de nossos filhos, nossos anciãos: o americano médio se beneficia através desses serviços".

Lionel Sosa, milionário americano de origem hispânica.

b) O fenômeno das migrações no mundo contemporâneo é bastante complexo e não se explica com as simplificações do discurso de Sosa. A desigualdade própria do mundo globalizado em que vivemos tem submetido uma parte da humanidade à mais espantosa miséria. Para esses deserdados, a emigração aos países desenvolvidos representa uma das poucas oportunidades de sair da penosa situação em que se encontram. Vêm constituir a possibilidade de encontrar um trabalho digno que lhes permita alimentar e educar seus filhos.

Jorge Barreiro. *Terra Magazine*, 4 fev. 2008.

- Quais as diferenças entre os dois textos sobre a importância dos imigrantes?

**5.** Há muitas décadas as cidades entre Nova York e Washington começaram a crescer rapidamente. Cada cidade grande da região desenvolveu subúrbios e bairros residenciais distantes dos seus centros. Nova Jersey, White Plains, Stamford cresceram muito mais que a sua vizinha mais famosa, Nova York. Esse movimento de expansão urbana foi fundamental para definir as atuais características do espaço geográfico urbano do Nordeste dos Estados Unidos.

- Quais são as características desse movimento de ocupação do espaço? Qual é o nome do movimento e suas consequências?

## De olho no mapa

Observe o mapa abaixo:

**Distribuição da população dos Estados Unidos por origem**

Legenda:
- Britânicos
- Hispânicos
- Germânicos
- Afro-americanos
- Outros europeus (italianos, irlandeses, etc.)

Fonte: *U.S Census, Census 2000 special tabulation*. Disponível em: <www.census.gov>. Acesso em: 26 abr. 2012.

- Explique a distribuição das populações afrodescendente e latina pelo território dos EUA.

## De olho na imagem

1. Observe a imagem ao lado.

   As luzes da imagem são as cidades da Costa Leste dos EUA fotografadas por um satélite durante a noite. O que podemos deduzir a partir da presença de tantas luzes nessa região?

**2.** Observe a foto ao lado feita por um satélite.

Esta é a região metropolitana de Los Angeles. Observe que ela se estende desde as montanhas até o litoral por uma área que tem 71 quilômetros de distância do norte ao sul e quase 50 quilômetros no sentido leste-oeste. É formada por vários pequenos municípios interligados por grandes avenidas. Descreva a evolução econômica do Oeste e as características naturais da região de Los Angeles.

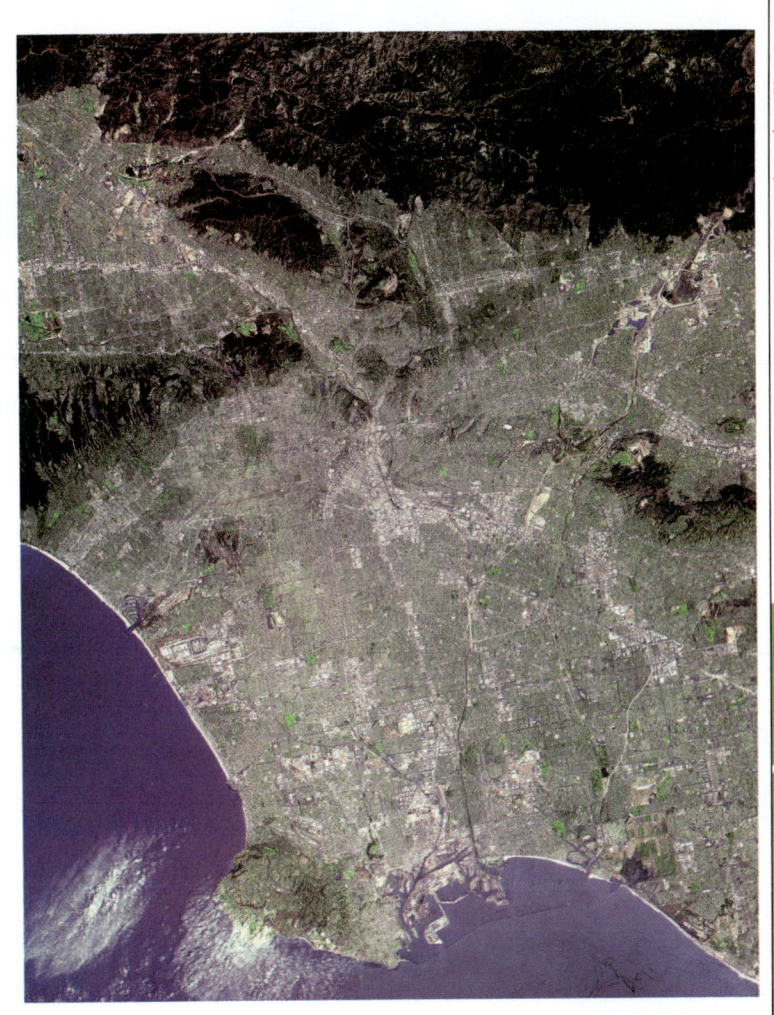

## Vamos pesquisar

Agora, dividam-se para realizar pesquisas sobre os Estados Unidos. Cada grupo vai se preocupar com um dos temas abaixo, que poderá ser pesquisado em livros, jornais, revistas ou na internet.

**1.** Quais são os produtos que os Estados Unidos mais importam e exportam?

**2.** Quais são os alimentos mais consumidos pela população estadunidense?

**3.** Compare o volume de resíduo (lixo) produzido pelo cidadão estadunidense com o volume produzido pelos cidadãos de outros países.

**4.** Compar o Produto Interno Bruto (PIB) e os salários médios dos EUA com esses mesmos dados de outros países.

**5.** Pesquise o turismo nos Estados Unidos.
- Quantos visitantes o país recebe por ano?
- Quais os locais mais visitados do país?
- Quantos estadosunidenses viajam ao exterior por ano?
- Quais os principais destinos de seus cidadãos no mundo?

# CAPÍTULO 8

# CANADÁ E MÉXICO

Os três grandes países vizinhos que compõem a América do Norte – Estados Unidos, México e Canadá – apresentam distintas realidades socioeconômicas. Apesar das desigualdades, o Canadá e o México mantêm intensas relações econômicas, especialmente comerciais, com os Estados Unidos, por meio do Nafta.

Tais relações comerciais, somadas ao processo histórico, deram origem a espaços geográficos muito específicos em cada país.

## O gigantesco Canadá

O Canadá tem um dos maiores territórios do mundo. Graças à sua proximidade com o Ártico, porém, grande parte do território apresenta paisagens típicas de regiões onde predomina o clima polar.

Fonte: GIRARDI, Gisele; ROSA, Jussara Vaz. *Atlas geográfico do estudante*. São Paulo: FTD, 2011.

A localização do Canadá o coloca como um país muito diferente, pela sua imensa dimensão e também pelo clima muito frio.

O território canadense soma 9 970 610 quilômetros quadrados. Essa área faz do país o segundo mais extenso do mundo, menor apenas do que a Rússia.

O território canadense era ocupado por grupos indígenas, entre os quais os esquimós, nação adaptada ao clima extremamente frio do Ártico.

A colonização europeia do território foi iniciada no século XVI, com a chegada de franceses à foz do rio São Lourenço. Algum tempo depois, já no século XVII, chegaram os ingleses, avançando a partir das Treze Colônias estabelecidas ao sul (atual EUA).

Desde a formação dos Estados Unidos, milhares de colonos buscaram recursos em outras localidades da América. Com a notícia de que havia madeira em abundância no norte, milhares de colonizadores vindos dos Estados Unidos ocuparam o que seria o futuro Canadá. A primeira consequência foi o massacre e a escravização das nações indígenas.

É importante notar que o território que pertenceria ao Canadá foi mais povoado nas proximidades da fronteira com os Estados Unidos, por conta do frio intenso das áreas ao norte. A concentração populacional no Sul foi determinada pela agricultura e pela pecuária, atividades que não podem ser desenvolvidas onde predomina clima muito frio.

Outro fator decisivo para a maior concentração populacional do Sul canadense foi a grande influência da economia estadunidense. Muitas cidades canadenses surgiram na fronteira com os Estados Unidos porque este país era o principal consumidor de seus produtos primários.

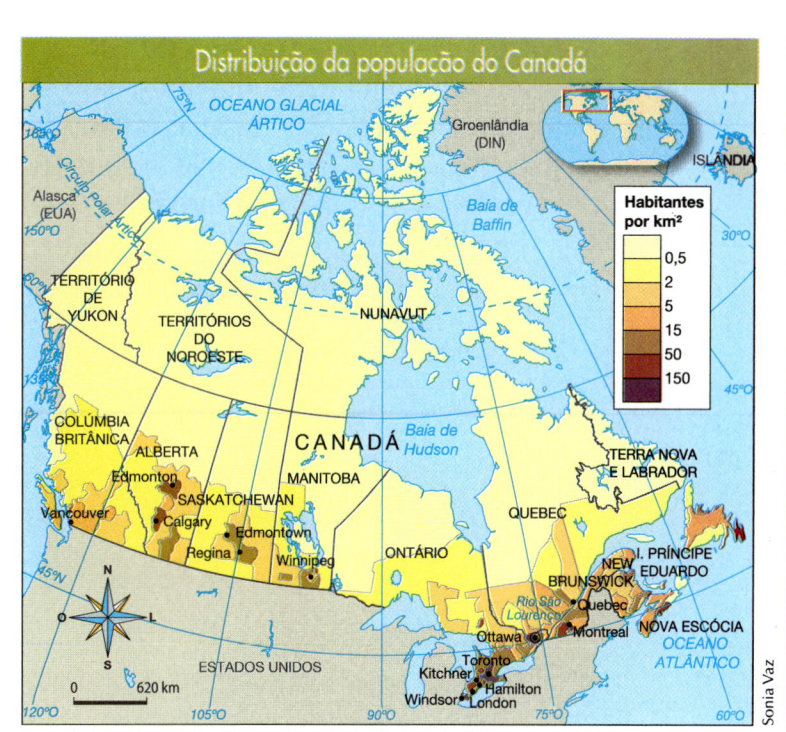

Fonte: ATLANTE Geografico De Agostini. Novara: Istituto Geografico De Agostini, 2004.

## A formação do Canadá

A primeira forma organizada de ocupação do território canadense foi feita pelos franceses. Na década de 1540, alguns exploradores franceses descobriram que o rio São Lourenço (ver mapa acima) era um acesso natural ao interior do Canadá a partir do litoral, e esse fato impulsionou vigorosamente a colonização de um vasto território que se estendia até aos Grandes Lagos.

Depois de prolongada guerra com os indígenas, entre 1600 e 1630, os franceses ocuparam definitivamente o Vale do Rio São Lourenço. A região recebeu o nome de Nova França.

Para efetivar a colonização, o governo francês distribuiu terras para aqueles que quisessem morar na Nova França. As terras foram entregues a famílias aristocratas, que as arrendaram aos colonos. Começaram então os plantios comunitários, cuja produção destinava-se unicamente à subsistência dos próprios colonos. Por isso, o comércio da Nova França com a metrópole praticamente não prosperou, situação que persistiu até o século XIX.

Já as terras colonizadas pelos ingleses, a noroeste, tinham uma forte função comercial. Por causa da necessidade de escoar a produção colonial para a metrópole, os ingleses tentaram tomar dos franceses o controle do Vale do Rio São Lourenço, um caminho natural que conduz as águas dos Grandes Lagos ao Atlântico.

Evidentemente, o choque de interesses entre colonizadores ingleses e franceses gerou, no século XVIII, grandes rivalidades entre as duas maiores potências europeias. Crescentes tensões surgiram, levando a disputas violentas por territórios coloniais na América do Norte e também no Oriente. Essa crise desembocou na Guerra dos Sete Anos, ocorrida entre 1756 e 1763. Mais numerosos e mais bem aparelhados, os ingleses venceram os franceses. Como resultado de sua derrota, a França foi obrigada a ceder o Vale do São Lourenço ao governo britânico.

Os próprios estadunidenses, em 1812, invadiram o Canadá, numa tentativa de anexar o resto das colônias britânicas à América do Norte, desencadeando a Guerra de 1812. Os EUA não tiveram sucesso, mas ocuparam temporariamente as cidades de York (atual Toronto) e Quebec, incendiando-as ao sair.

Fonte: GIRARDI, Gisele; ROSA, Jussara Vaz. *Atlas geográfico do estudante*. São Paulo: FTD, 2011.

Desde então, multiplicaram-se as províncias britânicas no território do atual Canadá. Em 1867, elas se uniram, formando uma confederação, que recebeu a adesão das províncias centrais por volta de 1870. Mas o Império Britânico ainda manteria o domínio desse vasto território até 1931, quando efetivamente o Canadá obteve sua independência.

## Pare, pense e faça

Quais as mais fortes diferenças entre as províncias colonizadas por ingleses no Canadá e a província de Quebec, de colonização francesa?

## A questão de Quebec

Quebec é a província canadense que mantém vínculos com a cultura francesa: o francês é o idioma mais falado. A província soma 25% dos habitantes do país.

A economia de Quebec, muito dinâmica, é comandada pela cidade de Montreal, a segunda mais populosa do país. Ela abriga mais de 1,5 milhão de habitantes, constituindo um dos maiores centros financeiros do Canadá.

Centro de Montreal, no Canadá, em março de 2009. Considerada uma das cidades mais modernas do mundo, Montreal é muito importante para a economia canadense.

Muitos quebequenses são francófonos (ou seja, falam francês) e cultuam valores e tradições francesas. Eles sempre reivindicaram maior autonomia para a província. As razões para esse desejo de autonomia são muito variadas. Existem motivações econômicas, culturais e políticas.

Até o início do século XX, a minoria inglesa que habitava Quebec estudava em escolas públicas que ensinavam o idioma inglês especialmente para eles. Mas os descendentes de franceses residentes nas demais províncias canadenses não tinham o mesmo direito: seus filhos só podiam estudar em escolas de idioma inglês.

Outro favorecimento à população de origem inglesa também ocorreu nessa época: um território rico em minerais que pertencia ao Quebec passou a integrar a vizinha província do Labrador.

Na década de 1960, surgiram os primeiros avanços rumo à maior autonomia de Quebec. A província passou a ter administração própria, mas os quebequenses ainda acusavam o governo do Canadá de cobrar impostos mais altos na próspera província.

As reivindicações e as tensões com o governo central diminuíram em 1968, quando o idioma francês também se tornou oficial em todo o Canadá. Qualquer documento oficial, a partir daquele ano, deveria obrigatoriamente conter os dois idiomas. Todas as escolas do país passaram a ensinar tanto o francês quanto o inglês.

Mas isso não foi suficiente para acalmar os separatistas de Quebec, que deram sequência à luta. Em 1980, sua forte mobilização política levou à realização de um plebiscito pela separação. Eles queriam que Quebec se tornasse um país independente, mas quase 60% dos quebequenses optaram por manter sua província unida ao Canadá. Esse resultado deveu-se ao grande desenvolvimento econômico da província, que está atrelada à economia canadense. Quem votou contra a autonomia temia perder essa situação privilegiada, que gerava empregos e qualidade de vida.

Em 1995 foi realizado outro plebiscito, que quase separou Quebec do Canadá, pois os separatistas perderam por pouquíssimos votos. Nesse mesmo ano havia certa estagnação econômica e desemprego crescente. Muitos eleitores associaram a crise com a falta de autonomia de Quebec. Por isso, votaram a favor da separação.

Atualmente, Quebec vive um momento de crescimento econômico e atrai muitas empresas transnacionais, que têm gerado novos empregos.

Em tempos de prosperidade econômica, o tema da separação perde força, mas está longe de ser totalmente esquecido. O separatismo de Quebec ainda é um assunto preocupante para o governo canadense, que o trata com muito cuidado.

Em 1995, manifestantes pró-separação reunidos. Apesar da grande prosperidade econômica, o Canadá ainda enfrenta tensões com o separatismo de Quebec.

## O espaço geográfico do Canadá

A economia e a natureza mantêm estreitas relações no Canadá. Muitas atividades dependem da exploração, do beneficiamento, da comercialização e da exportação de produtos naturais. Um exemplo dessa proximidade entre economia e meio ambiente são as florestas canadenses.

A taiga recobre 40% do território do país. Dentre os produtos originários dessa imensa floresta, há as placas de madeira usadas pela construção civil. A taiga também fornece a matéria-prima usada pela indústria de celulose, atividade econômica que faz do Canadá o maior produtor e exportador mundial de papel-jornal.

O setor de papel e celulose é importantíssimo para a economia, pois gera quase 6% de todos os empregos do país e cerca de 4% do seu Produto Interno Bruto (PIB). A maior parte da produção é exportada para os Estados Unidos, o maior parceiro comercial canadense.

Fábrica de polpa de celulose em Skookumchuck, na província da Colúmbia Britânica (Canadá), em 2005. Usando muita tecnologia, os canadenses praticamente controlam o mercado mundial de papel.

A agricultura utiliza apenas cerca de 8% do território canadense. Está concentrada nas planícies das províncias centrais, ao longo da fronteira com os Estados Unidos. A localização se deve ao relevo plano e aos invernos menos rigorosos.

Nessas planícies predominam grandes fazendas produtoras de trigo, onde todas as etapas do cultivo são mecanizadas, e um sistema avançado de armazenamento conserva perfeitamente os grãos durante o prolongado inverno. Essa tecnologia é responsável pela altíssima produtividade agrícola do país, cuja produção de grãos por hectare supera em muito a média mundial. Graças a esse desempenho, o Canadá é um dos maiores produtores e exportadores mundiais de trigo.

Apesar das limitações impostas pelo clima frio, o Canadá desenvolve outros cultivos agrícolas. Nas proximidades de seus litorais, desenvolve-se a fruticultura, principalmente o cultivo de maçãs. No entorno das principais cidades de Ontário e Quebec, pequenas e médias propriedades rurais formam um cinturão verde que abastece o mercado urbano com frutas, legumes e verduras.

**Canadá – Área produtora de trigo**

Fonte: ATLAS geográfico escolar. 4. ed. Rio de Janeiro: IBGE, 2007.

## Lembre-se

*Cinturão verde* é o nome que se dá à área de pequenas e médias propriedades rurais hortifrutigranjeiras situadas em torno dos grandes centros urbanos.

As províncias de Ontário e Quebec, que são as mais ricas do país, concentram também uma tradicional pecuária leiteira.

Alberta, província situada no Centro-Oeste, abriga a pecuária de corte. A atividade é praticada em extensas propriedades, que aproveitam o relevo plano e o clima ameno para engordar grandes rebanhos de bovinos.

Acima, à esquerda, gado de leite na província de Ontário, em 2011. Acima, à direita, campo florido de canola, com silos ao fundo, na província de Alberta, em 2008. A agropecuária canadense é uma das mais avançadas do mundo.

A pesca é intensa tanto no Atlântico como no Pacífico. Na costa atlântica, mais precisamente no litoral da província do Labrador, encontra-se a maior indústria pesqueira do país. Mas essa atividade tem sido apontada como predatória e, portanto, criminosa, por entidades ambientalistas. Em 2003, cedendo a pressões de ambientalistas do mundo todo, o governo canadense restringiu a pesca nesse litoral a fim de permitir que os estoques oceânicos se recomponham.

Como vimos até agora, a economia do Canadá é muito dinâmica. Para sustentá-la, o país desenvolveu um importante setor energético. A energia, no Canadá, não serve somente para movimentar máquinas, caminhões, tratores e barcos. Como são longos os invernos e o frio é rigoroso no país, a energia também abastece complexos sistemas de aquecimento.

Para gerar toda a energia de que necessita, o Canadá recorre às características favoráveis de sua diversificada natureza. Muitos de seus rios percorrem longos trechos em terreno montanhoso, constituindo, assim, uma importante fonte geradora de energia: a hidreletricidade responde por mais da metade da energia gerada no país.

Hidrelétrica Mactaquac na província de New Brunswick, em 2008. No Canadá, é preciso considerar que um eventual congelamento dos rios interromperia a geração de energia.

O Canadá também obtém energia a partir de enormes reservas de urânio (é o maior produtor e exportador mundial). Nas últimas décadas, várias empresas canadenses especializaram-se na extração e no beneficiamento de urânio, abundante no norte da província de Saskatchewan. Suas 21 usinas nucleares são responsáveis por 20% da energia consumida em todo o país.

As termelétricas à base de combustíveis fósseis são outra fonte de energia importante. Elas funcionam, principalmente, consumindo carvão e gás natural. Grandes jazidas de petróleo foram descobertas em Alberta na década de 1950. Boa parte da base geológica dessa província é constituída por bacias sedimentares que soterraram muita matéria orgânica, como florestas: decompostas e fossilizadas, originaram enormes bolsões de areia betuminosa, da qual se extrai essa valorizada matéria-prima.

Crianças brincam na praia, ao lado da Usina Nuclear de Pickering, na região metropolitana de Toronto (Ontário), em março de 2011. As principais usinas ficam próximas das grandes cidades do Canadá.

Bombeamento de petróleo no meio de um campo de cultivo na província de Alberta, em 2009. Essa riqueza impulsionou o desenvolvimento de toda a província.

Em 1973, aproveitando o "choque do petróleo" (a brusca elevação de preços determinada pela Opep), o governo canadense ampliou bastante a produção desse combustível fóssil, gerando excedentes que passaram a ser exportados. Com os recursos dessa exportação, o Canadá desenvolveu sua economia e agora já precisa importar derivados de petróleo.

Além do petróleo e do gás natural de Alberta, o Canadá conta com o carvão mineral extraído nas províncias do Leste. Juntos, esses combustíveis fósseis produzem cerca de 20% da energia elétrica consumida pelo país.

Termelétrica movida a carvão na província de Ontário, em 2007. Como o petróleo, o carvão mineral também é importante matéria-prima para a produção de energia no Canadá.

No Vale do Rio São Lourenço e na Península do Labrador são explorados outros minerais, em especial o ferro. Em função de sua proximidade com o *Manufacturing Belt* estadunidense, essa região também desenvolveu vários ramos industriais. A siderurgia é o principal, e sua implantação atraiu fábricas de autopeças, de automóveis, de máquinas e motores em geral e de eletrodomésticos, entre outras.

Desde 1994, após a implantação do Acordo de Livre Comércio da América do Norte (Nafta), as relações econômicas entre o Canadá e os Estados Unidos estreitam-se cada vez mais. Grande parte dos investimentos estrangeiros no Canadá provém dos Estados Unidos. São empresas prestadoras de serviços e indústrias, que se estabelecem no Canadá em busca de novos mercados e, principalmente, de urânio, madeira, papel, celulose, petróleo, produtos agrícolas e centenas de outros produtos manufaturados.

Hoje, a parceria comercial entre o Canadá e os Estados Unidos gera negócios que somam US$ 710 bilhões por ano. Esse volume significa um valor de US$ 1,3 milhão a cada minuto.

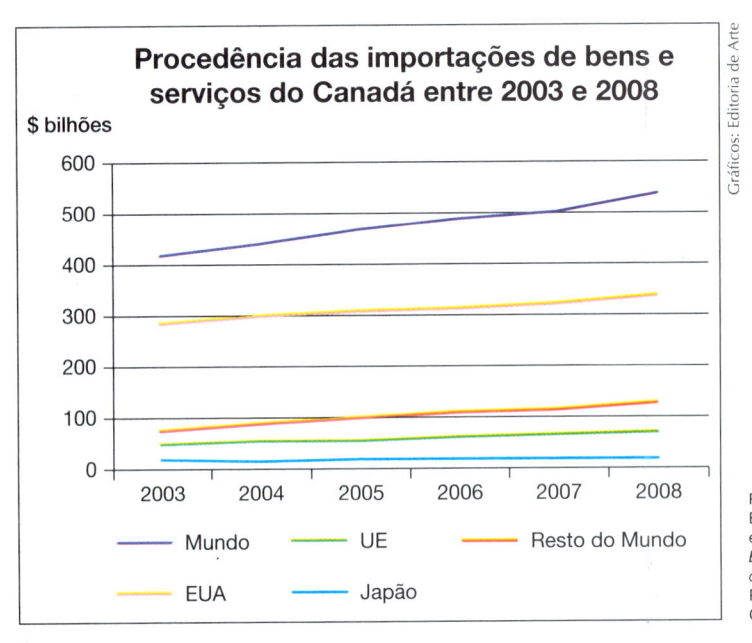

**Procedência das importações de bens e serviços do Canadá entre 2003 e 2008**

(Mundo, UE, Resto do Mundo, EUA, Japão)

Fonte dos gráficos: BOST, François et al. *Images Économiques du Monde 2011*. Paris: Armand Colin, 2010.

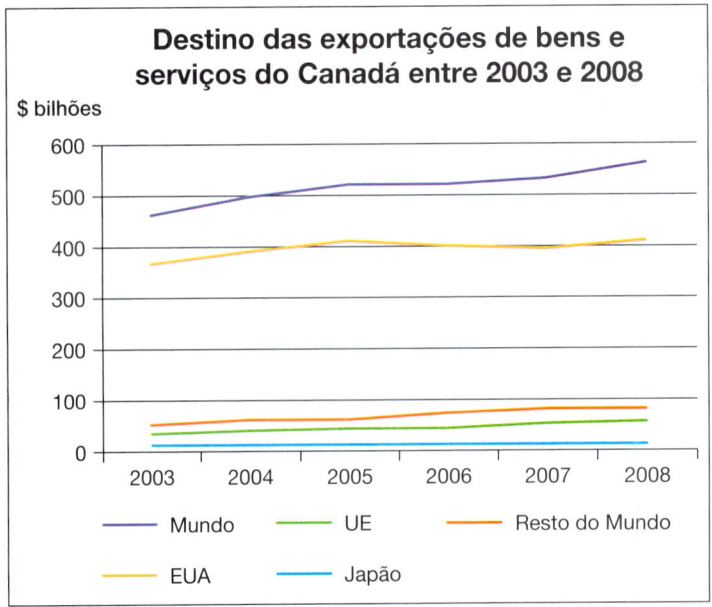

**Destino das exportações de bens e serviços do Canadá entre 2003 e 2008**

(Mundo, UE, Resto do Mundo, EUA, Japão)

### Uma parceria antiga

Apesar das sangrentas e desastrosas invasões recíprocas no início do século XIX, no século seguinte fortaleceu-se a amizade entre o Canadá e os Estados Unidos. Desde 1925, os dois países mantêm uma comissão de fronteira, isto é, um grupo de pessoas responsáveis pela manutenção, mapeamento e vigilância na faixa fronteiriça.

As fronteiras entre os dois países, ao sul e no Noroeste (Alasca-Canadá), somam 8 891 quilômetros de extensão. É a maior linha de fronteira existente entre dois países. Por isso, Canadá e Estados Unidos mantêm inúmeros acordos de segurança e defesa mútuas.

## *Pare, pense e faça*

É inevitável que a economia canadense esteja ligada à dos Estados Unidos. Aponte aspectos agrícolas e energéticos que provêm dessa situação.

## A urbanização e a população canadense

Desde o começo do século XX, o Canadá se preocupou em desenvolver a agricultura. Com seu vasto território, conseguiu grandes lucros exportando alimentos para a Europa, que até a década de 1950 se encontrava em permanente crise de produção em razão das guerras.

Parte desses lucros foi investida em indústrias complementares à produção agrícola, como fábricas de tratores e colheitadeiras. A agricultura canadense evoluiu mais ainda utilizando máquinas.

A mecanização da agricultura reduz a geração de empregos no campo. Dessa forma, em meados da década de 1970 a maior parte dos empregos oferecidos no Canadá já era industrial. Consequentemente, a população canadense se tornou mais urbanizada.

Nas décadas de 1980 e 1990, a modernização chegou às indústrias também. As fábricas cada vez mais automatizadas e robotizadas passaram a oferecer menos empregos.

Desde então, o Canadá vem desenvolvendo o setor terciário para ocupar sua população – pouco mais de 34,3 milhões de habitantes em 2011. Neste setor destacam-se o turismo, o comércio e inúmeras atividades liberais, como advocacia, medicina etc. Atualmente, esse setor é responsável pela maior parte do Produto Interno Bruto (PIB) e da População Economicamente Ativa (PEA) do país.

Colheita mecânica de uvas congeladas em vinhedo da província de Ontário, em janeiro de 2007. A tecnologia canadense atual permite produzir tratores e colheitadeiras para finalidades bem específicas.

Bacia dos Grandes Lagos

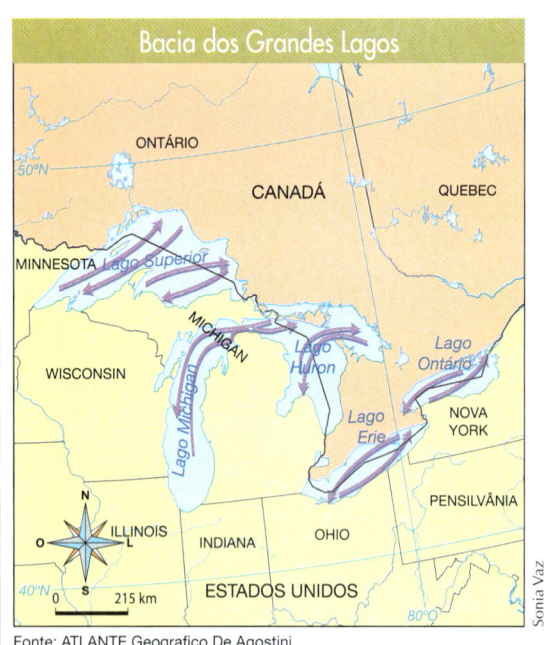

Fonte: ATLANTE Geografico De Agostini.
Novara: Istituto Geografico De Agostini, 2004.

Os fluxos de pessoas e mercadorias entre Canadá e Estados Unidos são muito grandes na região dos Grandes Lagos.

As cidades canadenses, sobretudo as maiores, têm acompanhado todas essas mudanças na economia e no trabalho. Em geral, são bem organizadas e oferecem comércio e serviços muito variados. Dentre elas, destacam-se as seguintes regiões metropolitanas: Toronto, com 5,5 milhões de habitantes; Montreal, com 3,7 milhões; Vancouver, com 2,2 milhões; e Ottawa, capital do país, com 1,1 milhão.

Localizadas no Sul, essas cidades comprovam a irregular distribuição populacional do Canadá. Um fator importante dessa concentração é a tradição comercial e portuária do Vale do Rio São Lourenço.

Existe uma forte influência da economia dos Estados Unidos nas cidades canadenses situadas na região dos Grandes Lagos e do Vale do Rio São Lourenço. Elas foram escolhidas como locais de investimentos por empresas norte-americanas porque ficam mais perto de cidades como Nova York, Chicago e Pittsburgh do que a grande maioria das cidades norte-americanas.

Outra característica marcante da população canadense é o seu multiculturalismo, por conta da rica diversidade étnica decorrente da imigração que, desde os tempos coloniais, forma a principal força de trabalho do Canadá.

De fato, a colonização do Canadá caracterizou-se pelo ingresso incessante de imigrantes. Esse fenômeno ganhou impulso no século XX por causa de sua independência e do encerramento da Segunda Guerra Mundial. Desde então, poloneses, ucranianos, chineses, russos, belgas, franceses, italianos, gregos e árabes têm se dirigido ao Canadá. Esse fenômeno gerou no país um rico mosaico cultural.

Por volta de 13,5% da população é constituída de grupos minoritários, e essa proporção deve atingir 20% em 2016. A imigração responde por mais de 50% do crescimento populacional canadense, com imigrantes vindos principalmente da Ásia e do Oriente Médio. As projeções indicam que depois de 2025 o crescimento populacional será baseado somente na imigração.

Multidão de pedestres em bairro chinês de Toronto, em 2008. Considerado um país tolerante, o Canadá recebe pessoas de todos os lugares do mundo.

**Pirâmide etária do Canadá – 2010**

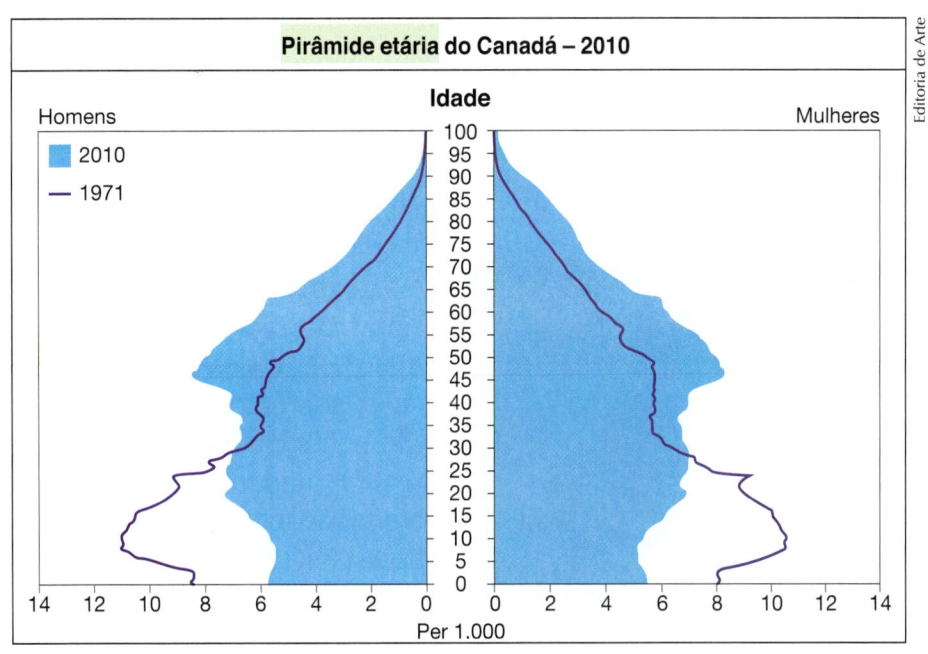

Fonte: Statistics Canada, 2010. Annual Demographic Estimates: Canada, Provinces and Territories. Disponível em: <www.statcan.gc.ca>. Acesso em: 9 abr. 2012.

Nos últimos anos, porém, alguns problemas relacionados à população estão afligindo o país. A redução do número de nascimentos tem elevado o percentual de idosos em relação à população total. A cada dia cresce o número de trabalhadores que se aposentam e que precisam ser substituídos.

A carência gerada por essas aposentadorias tem sido suprida por um fenômeno demográfico tradicional: milhares de imigrantes, inclusive ilegais, continuam ingressando no Canadá, o que tem garantido a manutenção de seu crescimento econômico.

Hoje, o governo canadense dá prioridade para imigrantes com formação universitária. Mas a imigração ilegal continua intensa porque facilmente se encontra trabalho no Canadá, sobretudo em atividades braçais (cuja remuneração é menor, entretanto).

Estima-se que, nos próximos anos, para manter o desenvolvimento, o Canadá precisará de cerca de 650 mil novos trabalhadores.

## O México

O México distingue-se dos demais países da América do Norte por apresentar graves problemas sociais. A miséria no campo, as periferias empobrecidas nas cidades, o desemprego em massa e os baixos salários empurram grande número de mexicanos para os Estados Unidos, onde tentam entrar ilegalmente.

Para compreender isso, é fundamental entender o espaço geográfico mexicano, que vem sendo construído, desde a independência, em meio a disputas políticas e outras dificuldades.

## O espaço geográfico mexicano

A parte norte do território mexicano é extremamente árida. As dificuldades de povoamento impostas por esse clima adverso somam-se à falta de investimentos em pesquisas e tecnologia – o que dificulta a expansão e a modernização das práticas agrícolas.

A agricultura nos territórios centrais e do sul do país é desenvolvida em relevo extremamente acidentado.

Os indígenas praticam há séculos uma policultura itinerante de autoconsumo chamada *conuco*. Essa técnica consiste no plantio intercalado de uma grande variedade de alimentos em pequenas áreas durante aproximadamente cinco anos. Após esse período, ocupa-se outras áreas, onde o *conuco* é reiniciado após a remoção da vegetação original por meio de queimada.

Hoje a agricultura nesse relevo exige técnicas de produção caríssimas para os padrões de vida da maior parte dos agricultores. Nesse caso, somente os ricos fazendeiros são beneficiados.

O predomínio de desertos no Norte, de montanhas no Centro e de florestas no Sul restringe as áreas agrícolas do país, que não ocupam mais que 20% do território mexicano.

Apesar do pequeno espaço rural, o país exporta produtos agropecuários.

Essas exportações provêm de grandes fazendas, que ainda adotam o sistema de *plantation*. Elas se espalham por todo o país, ocupando terras que outrora pertenciam aos *ejidos*.

Mas o que são os *ejidos*?

Antes da chegada dos colonizadores, os ameríndios tinham uma organização econômica baseada em *ejidos*, terras comunitárias voltadas para o autoconsumo. Mas esse tipo de exploração agrária praticamente desapareceu em meados do século XIX, quando as ricas famílias brancas de origem europeia apropriaram-se da maioria das terras e as transformaram em latifúndios.

Consequentemente, no começo do século XX, a situação dos camponeses era tão dramática que muitos morriam de fome. Diante disso, no Norte e no Sul do país surgiram grupos revoltosos liderados, respectivamente, por Pancho Villa e Emiliano Zapata.

Esses líderes conseguiram retomar muitas terras e reorganizar os *ejidos*, mas acabaram assassinados.

Lavrador colhe batatas em pequena propriedade de Meson Viejo (México), em setembro de 2009. Os pequenos agricultores têm mais dificuldades para financiar o cultivo e cedem espaço às grandes fazendas comerciais.

Trabalhador rural cuida de cafeeiros em plantação no município de Fortin, no estado de Veracruz (México), em 2010. A região de Veracruz é uma tradicional área de agricultura cafeeira em solos naturalmente férteis.

Áreas agricultáveis do México

Fonte: University of Texas Libraries. Disponível em: <www.lib.utexas.edu>. Acesso em: 25 maio 2012.

Os novos *ejidos*, em sua maioria, foram criados em terras de baixa qualidade, geralmente montanhosas, e não conseguiram competir com os latifúndios, quase sempre localizados em terras planas e mais férteis.

Além disso, os ricos fazendeiros sempre tiveram à sua disposição financiamento barato, oferecido pelo governo. Com esse dinheiro puderam comprar máquinas e aumentar a produtividade de suas grandes propriedades, conhecidas como *haciendas*.

A desvantagem em relação às *haciendas* fez muitos camponeses abandonarem os *ejidos*, apesar das tentativas do governo mexicano de incentivar também esse tipo de produção. Afinal, ao contrário dos poderosos fazendeiros, os pequenos agricultores não têm garantias para oferecer aos bancos em troca da liberação de financiamentos.

Mesmo com essas dificuldades, os *ejidos* têm grande importância para o México. Graças a essas propriedades coletivas, 25% da População Economicamente Ativa (PEA) ainda atua no setor primário da economia – a agricultura. Boa parte dessa mão de obra é formada por descendentes de indígenas, que produzem alimentos para consumo próprio usando a técnica do *conuco*.

Já as *haciendas* dominam as produções mais rentáveis, geralmente destinadas às exportações. Aquelas localizadas no norte árido recorrem à irrigação para plantar algodão. Além da cotonicultura, esses latifúndios também criam gado em pastagens plantadas.

Nas áreas serranas, as *haciendas* e os *ejidos* se misturam. Ambos plantam café nas partes mais elevadas do relevo, em virtude do clima ameno dominante. No sopé dessas montanhas, o clima mais quente favorece os cultivos de milho e feijão.

Pancho Villa, ao centro, e Emiliano Zapata, a seu lado, à direita, cercados de outros revolucionários em foto de 1915. As injustiças sociais no campo mexicano ainda mantêm viva a lembrança dos líderes que comandaram revoltas populares contra o governo.

Fonte dos mapas: University of Texas Libraries. Disponível em: <www.lib.utexas.edu>. Acesso em: 25 maio 2012.

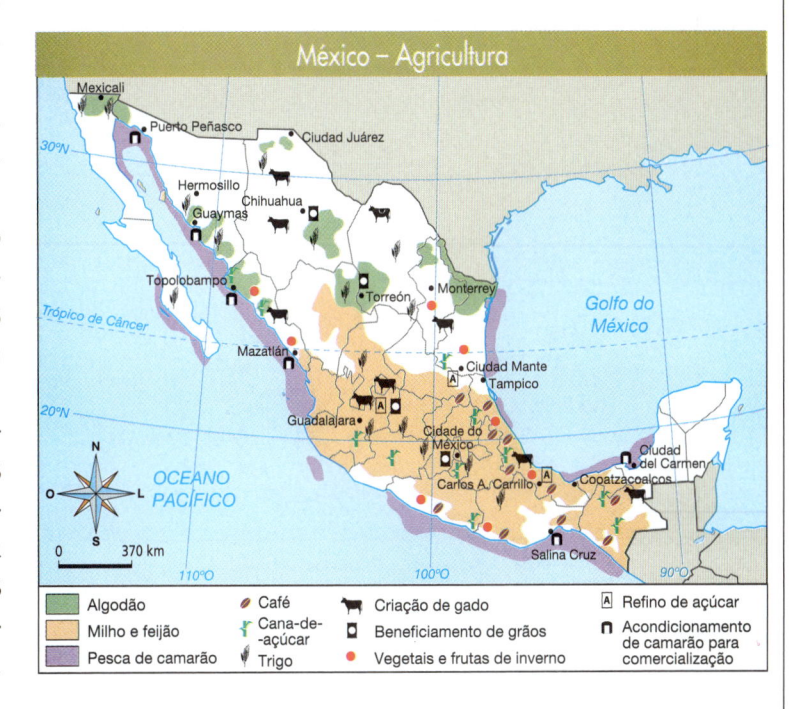

Já nas planícies litorâneas do Golfo do México, estão as maiores áreas produtoras de frutas, especialmente cítricas, e de cana-de-açúcar.

Apesar dos seus problemas sociais, o México é bastante industrializado. Existem enormes e variadas fábricas desde o fim do século XIX, quando ingressaram no país grandes investidores norte-americanos e europeus. Alguns dos setores industriais mais favorecidos foram a mineração e a indústria têxtil.

Para viabilizar esses investimentos, foram construídos mais de 20 mil quilômetros de ferrovias. Essa expansão econômica criou muitas vagas para trabalhadores urbanos. Os salários, mesmo baixos, atraíram milhões de trabalhadores do campo, que viviam em absoluta miséria.

Outro setor industrial que evoluiu muito no século XX foi o petroquímico. Dominada por uma série de empresas estrangeiras, desde 1908 essa atividade se tornou a mais importante do país.

Em 1938, todas as indústrias petroquímicas que atuavam no país foram nacionalizadas pelo então presidente Lázaro Cárdenas. Pressionado por nacionalistas, que exigiam que esse rico recurso estivesse nas mãos de mexicanos, o presidente criou a Pemex (Petróleo Mexicano). Hoje, essa poderosa empresa estatal emprega quase 150 mil pessoas. Sua produção, além de abastecer toda a economia mexicana, representa 16% de todo o petróleo importado pelos Estados Unidos.

Depois da Segunda Guerra Mundial, uma nova era de investimentos industriais ocorreu no México. Desta vez, os investimentos estrangeiros foram direcionados para os setores automobilístico, siderúrgico e alimentício.

Apesar de o setor petroquímico continuar se destacando na economia mexicana, a diversificação industrial hoje é muito grande. Em 1982, o petróleo chegou a representar 68% das exportações mexicanas; hoje, não passa de 16% do total dos produtos exportados.

Essa diversificação pode ser constatada no espaço geográfico mexicano: além do Golfo do México, onde se concentra a extração e o refino de petróleo, há outros grandes centros industriais no país, como Guadalajara, Monterrey e San Luis Potosí, que concentram muitas fábricas têxteis, químicas e automobilísticas.

Plataforma de extração de petróleo da Pemex no Golfo do México, em 2006.

México – Mineração e indústria

Fonte: MALMSTRÖN, Vincent H. *An electronic atlas of Mexico*, 2008. Disponível em: <www.dartnout.edu/>. Acesso em: 11 jun. 2012.

Mas o centro da economia é a Cidade do México. A capital abriga fábricas diversas, cuja produção é gigantesca. Além de ser o maior centro industrial do México, essa gigantesca cidade é também o maior polo financeiro do país.

# A internacionalização da economia mexicana

A implantação do Nafta, em 1994, estimulou a instalação de um conjunto de *maquiladoras* na fronteira norte do México.

E o que são *maquiladoras*?

As *maquiladoras* são indústrias estrangeiras que produzem mercadorias variadas em território mexicano. Utilizam basicamente peças e outros componentes comprados de suas matrizes, geralmente dos Estados Unidos. Essas empresas têm uma enorme vantagem ao montar mercadorias como automóveis, computadores e aparelhos eletrônicos em território mexicano: trabalhadores que aceitam baixíssimos salários. Essa mão de obra barata resulta em custos de produção bem menores, o que é uma garantia de maiores lucros. E as *maquiladoras* dispõem ainda de outra grande vantagem, graças ao Nafta: a exportação de seus produtos para os Estados Unidos sem o pagamento de tarifas alfandegárias.

As *maquiladoras* existem no México desde 1965. A partir de 1994, elas se multiplicaram, favorecidas pela diminuição gradual da cobrança de taxas alfandegárias no comércio entre Canadá, Estados Unidos e México. A isenção dessas tarifas barateia, por exemplo, a venda de um sapato mexicano nos Estados Unidos e no Canadá ou de um computador dos Estados Unidos no México e no Canadá. Afinal, essas mercadorias deixam de pagar impostos para ingressar no país vizinho.

Em 1995, já havia mais de 2 mil empresas instaladas em áreas mexicanas fronteiriças aos Estados Unidos.

A partir de 1998, o governo mexicano passou a oferecer mais benefícios para esse tipo de indústria, como a isenção de impostos.

Hoje, as *maquiladoras* já somam mais de 10 mil unidades, dentre as quais se destacam consagradas companhias transnacionais como Cânon, Casio, Kodak, Ericsson, Hewlett Packard, IBM, Motorola, General Electric, Philips, Samsung, Sanyo, Sony, BMW, Ford, General Motors, Honda etc.

Observe que essas novas regiões industriais concentram-se nas proximidades da fronteira com os Estados Unidos.

Fonte: *Asociación Mexicana de Parques Industriales* (Ampip). Disponível em: <www.ampip.org.mx>. Acesso em: 1º maio 2012.

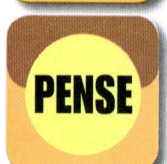

## Pare, pense e faça

Comente a frase: O sul dos Estados Unidos é a região mais latina do país.

## A população e a urbanização do México

A população do México – mais de 114 milhões de habitantes em 2011 – é muito heterogênea, mas a herança dos ameríndios é visível. Cerca de 60% dos mexicanos são mestiços de indígenas com europeus.

As nações indígenas estão concentradas principalmente no interior do país. E representam 29% da população e falam mais de 60 idiomas.

O processo de concentração de terras nas mãos de poucos proprietários afetou duramente as comunidades indígenas. Vítimas de violência e de exploração por parte de grandes fazendeiros, muitos indígenas têm buscado moradia nas periferias das grandes cidades, sobretudo na Cidade do México.

A população de origem exclusivamente europeia é minoria, correspondendo a apenas 11% dos mexicanos.

Mulheres indígenas com criança buscam atendimento médico no estado de Chihuahua, em janeiro de 2008. Os indígenas mexicanos lutam por melhores condições de vida e mais justiça social.

Observe o quadro das populações urbana e rural, que mostra o ritmo de urbanização que o México apresentou nos últimos 200 anos.

| \multicolumn{5}{c}{Projeção da população do México 2005-2050} |
|---|---|---|---|---|
| Ano | População (milhões) | Taxa de crescimento (%) | Urbano (%) | Rural (%) |
| 1980 | 66,846 | 3,15 | 66,3 | 33,7 |
| 1990 | 81,246 | 2, 43 | 71,3 | 28,7 |
| 2000 | 97,361 | 1,85 | 77,1 | 22,9 |
| 2005 | 103,947 | 1,45 | 77,8 | 22,2 |
| 2010 | 108,396 | 1,28 | 78,5 | 21,5 |
| 2015 | 112,310 | 1,14 | 79,1 | 20,9 |
| 2020 | 115,762 | 1,01 | 79,7 | 20,3 |
| 2030 | 120.928 | 0,69 | 80,3 | 19,7 |
| 2040 | 122,936 | 0,38 | 80,8 | 19,2 |
| 2050 | 121,855 | 0,12 | 81,2 | 18,8 |

Fonte: Proyección demográfica de México 1980-2050. In: BAZANT, Jan. Conapo, Proyecciones de Población de México 2005-2050. Edición 2006. p. 21-22.

Como se pode notar, só na década de 1990 o êxodo rural passou a fazer parte marcante da vida dos mexicanos. Atualmente o processo de urbanização está muito acelerado, à semelhança do que ocorreu há algumas décadas em outros países, inclusive no Brasil. As cidades mexicanas estão crescendo rapidamente graças à oferta de empregos na área industrial e em serviços – é o caso das cidades de Tampico, Pozo Raso e Mérida, no litoral do Golfo do México, que se expandiram em função das indústrias petrolífera e alimentícia, que geram milhares de empregos.

Mas certamente o que chama a atenção no país é a sua capital, uma das maiores cidades do mundo.

A área metropolitana da Cidade do México abriga nada menos do que 25% da população do país. Sua população total ultrapassava a casa dos 19 milhões de habitantes em 2009.

## Uma grande cidade com grandes problemas

Os arquitetos mexicanos Silvia Mejia e Juan Carlos Espinosa Cuock desenvolveram um interessante trabalho sobre a Cidade do México. Eles estudaram os motivos para o crescimento tão acelerado dessa gigantesca região metropolitana.

O estudo constatou que a cidade se expandiu à medida que se avolumaram os problemas no campo mexicano. O pequeno agricultor empobrecia e abandonava o campo para buscar trabalho nas indústrias que surgiam rapidamente na capital.

Antigamente, a Cidade do México era cercada por lagos e pântanos. Por isso, ao se expandir, construiu aterros, sobre os quais se ergueu grande parte das moradias, inclusive irregulares. Essas áreas aterradas formam hoje gigantescos bairros periféricos, que em grande parte desprovido de infraestrutura, formam a maior periferia do mundo.

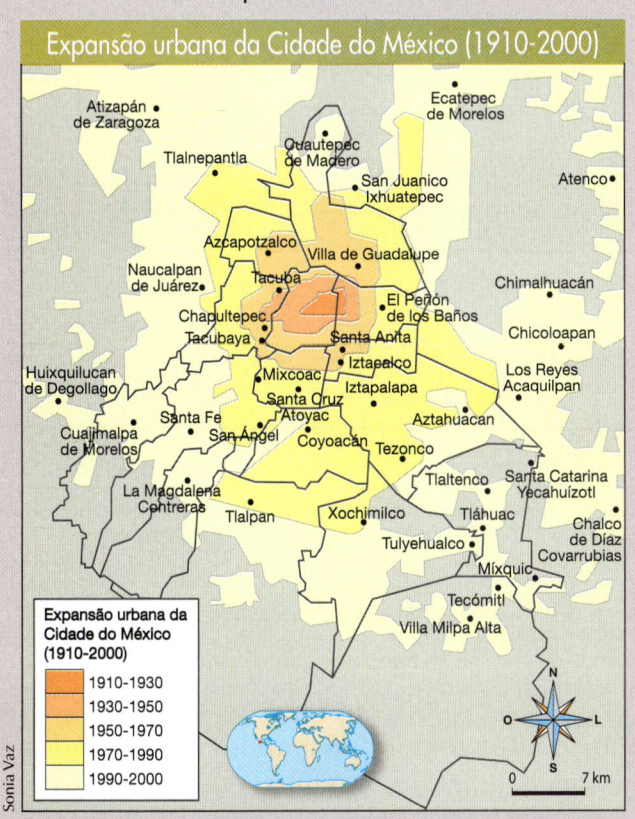

O crescimento desenfreado da Cidade do México deparou-se com outra particularidade geográfica na periferia, além dos terrenos pantanosos. Muitas montanhas e vulcões cercam a cidade. Esse relevo montanhoso, que pode superar os 2 mil metros de altitude, dificulta bastante a dispersão da poluição. Por isso, a fuligem e a fumaça frequentemente ficam acumuladas sobre a capital, degradando muito a qualidade do ar e da vida da população.

Barracos na periferia da Cidade do México, em 2007. Milhões de trabalhadores residem em bairros que surgiram sem nenhum planejamento governamental.

Mas há outras grandes cidades mexicanas. Além de Monterrey, Guadalajara e Puebla, que já eram centros importantes, observamos agora o crescimento de cidades na fronteira com os Estados Unidos. Nessa região, destacam-se Tijuana e Juárez. Cada uma dessas cidades tem cerca de 2 milhões de habitantes, e sua população cresceu após a instalação de *maquiladoras*.

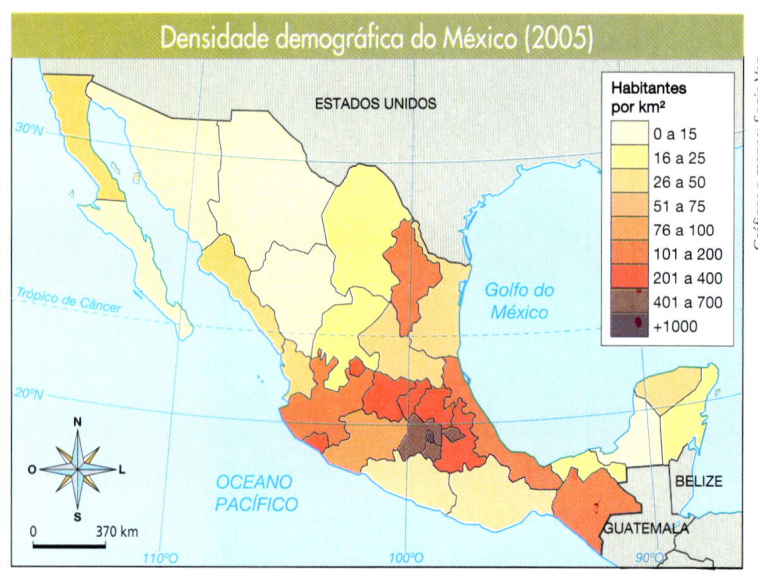

**Densidade demográfica do México (2005)**

Habitantes por km²:
- 0 a 15
- 16 a 25
- 26 a 50
- 51 a 75
- 76 a 100
- 101 a 200
- 201 a 400
- 401 a 700
- +1000

Fonte: Instituto Nacional de Estadística y Geografía (Inegi) do México. Disponível em: <www.inegi.org.mx/>. Acesso em: 30 abr. 2012.

A população mexicana distribui-se irregularmente pelo território do país.

As grandes cidades abrigam atualmente mais de 70% da população mexicana. As maiores densidades demográficas ocorrem nas cidades do centro e do litoral do país. Elas contrastam com o norte árido e o sul florestado, que são menos povoados.

A urbanização permitiu uma melhoria nas condições médico-sanitárias e promoveu uma queda acentuada das taxas de mortalidade, o que acelerou o crescimento vegetativo do país.

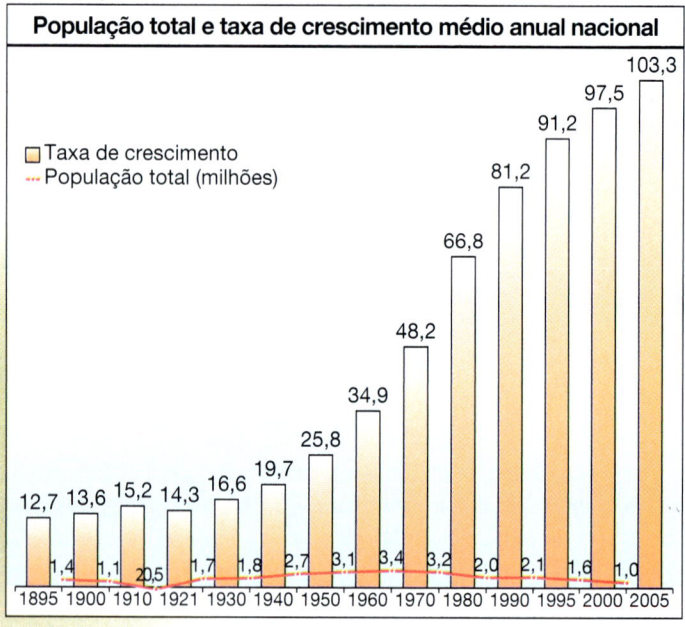

**População total e taxa de crescimento médio anual nacional**

- Taxa de crescimento
- População total (milhões)

| Ano | População (milhões) | Taxa |
|---|---|---|
| 1895 | 12,7 | 1,4 |
| 1900 | 13,6 | 1,1 |
| 1910 | 15,2 | 0,5 |
| 1921 | 14,3 | 1,7 |
| 1930 | 16,6 | 1,8 |
| 1940 | 19,7 | 2,7 |
| 1950 | 25,8 | 3,1 |
| 1960 | 34,9 | 3,4 |
| 1970 | 48,2 | 3,2 |
| 1980 | 66,8 | 2,0 |
| 1990 | 81,2 | 2,1 |
| 1995 | 91,2 | 1,6 |
| 2000 | 97,5 | 1,0 |
| 2005 | 103,3 | |

Fonte: Instituto Nacional de Estadística y Geografía (Inegi) do México. Disponível em: <www.inegi.org.mx/est/contenidos/proyectos/ccpv/cpv2010/usoinfo.aspx>. Acesso em: 9 abr. 2012.

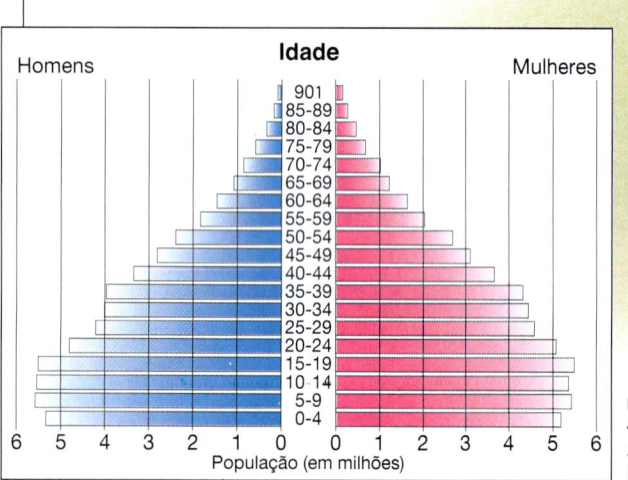

**Pirâmide etária – Idade**

Homens / Mulheres — População (em milhões)

Faixas: 0-4, 5-9, 10-14, 15-19, 20-24, 25-29, 30-34, 35-39, 40-44, 45-49, 50-54, 55-59, 60-64, 65-69, 70-74, 75-79, 80-84, 85-89, 90+

Fonte: University of Texas Libraries. Disponível em: <www.lib.utexas.edu>. Acesso em: 25 maio 2012.

A pirâmide da população mexicana apresenta uma base bastante larga, indicando a predominância de jovens.

O rápido processo de urbanização não é o único fator gerador de grandes necessidades de serviços básicos. Contribui para o aumento dessa demanda a existência de um elevado percentual de jovens, que evidentemente necessitam muito de escolas e universidades. Mas nem sempre essas carências estruturais são sanadas.

Apesar da urbanização acelerada, persistem no México graves problemas sociais. No Sul, no estado de Chiapas, há uma grande carência de serviços básicos, como rede elétrica e de água e esgoto, coleta de resíduo, asfaltamento de ruas, construção de escolas e hospitais.

## Pare, pense e faça

Para o México, a urbanização não foi a solução de todos os problemas. Quais são as causas da permanência de graves problemas sociais, mesmo contando com uma das maiores cidades do mundo?

Sobre a pobreza no México, leia o texto a seguir, do Programa das Nações Unidas para o Desenvolvimento (PNUD).

### Apenas 18% da população do México vive sem carência

México, 11 mar (EFE) – Só 18,3% dos 107 milhões de mexicanos vive sem carências ou vulnerabilidade perante a pobreza, informou hoje o Conselho Nacional de Avaliação da Política Social (Coneval, pela sigla em espanhol), explicando que há 47,2 milhões de pobres e 35 milhões de pessoas "vulneráveis a sofrer carências" no país.

"O México é um país claramente desigual, historicamente sempre foi, há poucas pessoas com muitos recursos", disse à agência Efe o secretário-executivo do Conselho, Gonzalo Hernández Licona.

Segundo o organismo, só há 19,5 milhões de pessoas sem carências em algum dos aspectos que indicam pobreza (moradia, alimentação, renda, saúde, educação e seguridade social) e um nível adequado de bem-estar econômico.

Estimativas de analistas financeiros em 2008 apontavam que 39 famílias mexicanas controlavam uma fortuna de US$ 135 bilhões, 13,5% do Produto Interno Bruto (PIB) do país.

De acordo com as últimas medições – cuja metodologia foi mudada em relação às anteriores para incluir mais variáveis –, no México há 47,2 milhões de pobres, além de 35 milhões de pessoas perto de sofrer estas carências. A linha da pobreza é de 2 115 pesos (aproximadamente US$ 168).

Hernández Licona considerou "muito provável" um aumento da pobreza quando houver os dados referentes ao período de 2008 a 2010. Entre 1996 e 2006, a pobreza desceu de 68% a 42% no México, mas o valor subiu para 47% 2006 a 2008.
[...]
O fato de o magnata mexicano Carlos Slim ter sido declarado o homem mais rico do mundo na lista de milionários divulgada esta semana pela revista "Forbes" é um indicador da desigualdade do país, segundo Lincona.

"Não duvidamos de sua habilidade para os negócios e inteligência, mas isso mostra que para a maioria dos mexicanos a entrada de receitas é desigual", expressou.

A riqueza de Slim está avaliada em US$ 53,5 bilhões. Na lista há outros nove mexicanos – incluindo o narcotraficante Joaquín Guzmán, capo do cartel de drogas de Sinaloa. No total, as fortunas dos nove somam cerca de US$ 90 bilhões, pouco menos de 10% do PIB do México.

Disponível em: <http://economia.uol.com.br/ultimas-noticias/efe/2010/03/12/apenas-18-da-populacao-do-mexico-vive-sem-carencia.jhtm>. Acesso em: 17 abr. 2012.

Essa situação de atraso e de injustiça social que caracteriza algumas comunidades gera conflitos. Existem grupos sociais, muitos dos quais armados, que lutam por seus direitos em muitas regiões do país. Um dos mais conhecidos é o Exército Zapatista de Libertação Nacional (EZLN), que atua em Chiapas, um dos estados mais pobres do México.

Esse grupo se mantém em constante prontidão contra as injustiças cometidas pelo governo mexicano que atingem a população indígena da região. Sem nenhuma infraestrutura e constantemente expulsos de suas terras, os indígenas zapatistas enfrentam as tropas do exército mexicano desde 1º de janeiro de 1994.

Vivendo nas montanhas florestadas de Chiapas, o EZLN colabora com a população da região para superar a falta de saneamento básico, saúde pública, educação, transporte e trabalho.

Muitos zapatistas mantêm-se no anonimato para evitar perseguições por parte do governo mexicano. Os líderes andam encapuzados, evitando mostrar o rosto.

# O Nafta

A economia mundial passou por profundas mudanças nas décadas de 1980 e 1990. A mais notável foi o colapso da União Soviética, que afetou quase todos os países socialistas.

Operárias chinesas em uma fábrica de componentes eletrônicos em Suining, província de Sichuan (China), em 2010. Mercadorias *made in Japan*, *made in China* e *made in South Korea* são exportadas para o mundo inteiro desde a década de 1980.

Nessa época, a Rússia, a maior e mais importante das ex-repúblicas soviéticas, iniciou uma rápida transição para o capitalismo. Chegava ao fim a Guerra Fria, marcada pela bipolaridade mundial entre o capitalismo e o socialismo.

Ao mesmo tempo que o bloco socialista se desintegrava, muitos países asiáticos, especialmente o Japão, transformavam suas economias e exportavam mercadorias baratas.

Muitos países tiveram de se preparar para essa nova situação: o capitalismo havia se transformado num sistema econômico planetário e a concorrência internacional era acirrada pelo bom desempenho da Ásia.

Como parte da preparação para enfrentar grandes disputas no comércio internacional, vários países formalizaram parcerias entre si. Os Estados Unidos e o Canadá, por exemplo, iniciaram conversações para unificar seus mercados consumidores. Isso permitiria que as mercadorias produzidas por suas empresas concorressem livremente, porém num mercado consumidor bem maior – os dois países somam mais de 330 milhões de habitantes – e com alto poder aquisitivo.

Essa parceria foi efetivada em 1988, quando norte-americanos e canadenses estabeleceram um acordo de liberalização comercial. Foi o primeiro passo para a implantação do *North American Free Trading Agreement* – Acordo de Livre Comércio da América do Norte (Nafta). Uma vez oficializado, o Nafta permitiria a livre entrada de produtos canadenses nos Estados Unidos e vice-versa.

Poucos anos depois, em 1992, o Nafta recebeu a adesão do México. Em 1º de janeiro de 1994, passou a vigorar. Seu pleno funcionamento se daria num prazo máximo de 15 anos, quando desapareceriam todas as barreiras comerciais entre os três países-membros (Estados Unidos, Canadá e México). Ou seja, nesse estágio nenhum produto mexicano, canadense ou dos EUA pagaria tarifas alfandegárias para ingressar nos outros dois países e vice-versa.

Num primeiro momento, foram eliminadas as tarifas alfandegárias sobre veículos, autopeças, computadores, tecidos e produtos agrícolas. Desse modo, tais produtos ficaram mais baratos no interior do Nafta. Esse barateamento aumentou as vendas dessas mercadorias, criando mais empregos e desenvolvendo a economia em geral.

Alguns especialistas acreditam que o Nafta ajudou as empresas de seus países-membros a aprimorar sua produção, ao intensificar o comércio regional. Afinal, essas empresas passaram a investir em tecnologia e na abertura de novos pontos de venda para conquistar os consumidores de seus vizinhos-parceiros. Assim, as empresas do Nafta também teriam se tornado mais capacitadas para enfrentar a concorrência com os asiáticos.

Por outro lado, há análises que acusam o Nafta de rebaixar o México e o Canadá a meros fornecedores e consumidores dos Estados Unidos, cujas gigantescas e modernas corporações empresariais são imbatíveis como concorrentes.

De fato, os Estados Unidos têm grande interesse nos abundantes recursos naturais do Canadá. Estão em execução, por exemplo, gigantescas obras para retirar gás natural do norte canadense e abastecer a economia estadunidense. Além disso, a dinâmica economia dos EUA atrai um número crescente de empresas e trabalhadores qualificados canadenses.

A aproximação entre Canadá e Estados Unidos também se dá na área esportiva. Times de futebol, de basquete, de beisebol e de hóquei dos dois países já disputam campeonatos unificados.

Quanto ao México, inicialmente ocorreu uma euforia por conta da abertura do mercado consumidor estadunidense aos produtos do país latino. Mas em poucos anos a realidade mostrou-se outra. Uma parcela considerável das

Jennifer Szymaszek/Reuters/Latinstock

Arroz importado dos EUA, vendido na Cidade do México, em 2007. Para um país que já foi grande produtor e exportador de alimentos, a atual situação mexicana, de importador, é muito preocupante.

Trabalhadores da indústria automobilística protestam em Detroit (EUA), em janeiro de 2011, contra o Nafta, a perda de empregos e o corte de vagas. Os trabalhadores dos EUA também sofrem com a concorrência internacional.

empresas mexicanas foi comprada por gigantescas transnacionais norte-americanas, muito mais ricas e detentoras de avançadíssimas técnicas de produção. Isso fez o desemprego explodir no México – apesar das *maquiladoras*, cujos empregos geralmente são braçais e mal-remunerados.

Na agricultura, a situação é ainda mais preocupante. O México passou de exportador de milho e algodão a importador desses produtos. Ocorre que o milho e o algodão estadunidenses são subsidiados (livres de impostos e tarifas, como já foi visto no capítulo anterior).

Desse modo, apesar de seus produtos entrarem livremente nos Estados Unidos, os agricultores mexicanos não conseguem competir com os estadunidenses, cujos produtos agrícolas são mais baratos graças ao subsídio. Desestimulados, muitos camponeses mexicanos deixaram de plantar e abandonaram suas terras.

Mas o Nafta não criou problemas somente no Canadá e no México. Milhares de trabalhadores norte-americanos também perderam seus empregos, já que as empresas nas quais trabalhavam preferiram se instalar no México, atraídas pela mão de obra muito mais barata.

Mesmo assim, os efeitos do Nafta são menos sentidos nos Estados Unidos, que, sendo um país rico, minimizam o problema oferecendo aos trabalhadores seguro-desemprego e programas de recolocação no setor terciário, que tem gerado novos empregos nos últimos anos.

## Pare, pense e faça

Durante boa parte da década de 1990, as *maquiladoras* representaram o símbolo do suposto milagre econômico do México, sobretudo após a implantação do Nafta. O pico da expansão das *maquiladoras* foi alcançado em 2000, quando, no norte do México, ao longo da fronteira com os Estados Unidos, chegaram a funcionar cerca de 3 600 fábricas desse tipo. Contando com cerca de 1,3 milhão de funcionários, essas empresas exportaram o equivalente a US$ 70 bilhões em mercadorias naquele ano.

- Aponte algumas características favoráveis e desfavoráveis geradas pelas *maquiladoras* no México.

# De olho na tabela

**1.** Observe a tabela a seguir.

| Principais parceiros comerciais em 2010 | | |
|---|---|---|
| Países | México | Canadá |
| **Exportações** (% do valor total das transações em dólares) | 1. Estados Unidos 73,5% <br> 2. Canadá 7,5% | 1. Estados Unidos 74,9% <br> 2. Reino Unido 4,1% |
| **Importações** (% do valor total das transações em dólares) | 1. Estados Unidos 60,6% <br> 2. China 6,6% | 1. Estados Unidos 50,4% <br> 2. China 11% |

Fonte: <www.indexmundi.com/pt/>. Acesso em: 9 abr. 2012.

a) O que mostram os dados da tabela referentes aos principais parceiros comerciais dos países em questão?

b) Com base em seus conhecimentos e no capítulo que você acabou de estudar, explique por que isso ocorre.

**2.** Explique a função do urânio no Canadá e a localização das principais reservas.

| Produção e reservas de urânio em nível mundial (2008) | | | |
|---|---|---|---|
| País | Produção (tU) | Reservas (tU) > 80 US$/Kg | Duração anos |
| Canadá | 9 000 | 329 200 | 37 |
| Cazaquistão | 8 521 | 344 200 | 40 |
| Austrália | 8 430 | 714 000 | 85 |
| Namíbia | 4 366 | 145 100 | 33 |
| Rússia | 3 521 | 172 400 | 49 |
| Níger | 3 032 | 44 300 | 15 |
| Uzbequistão | 2 338 | 55 200 | 24 |
| Estados Unidos | 1 430 | 99 000 | 69 |
| Ucrânia | 800 | 126 500 | 158 |
| China | 769 | 44 300 | 58 |
| África do Sul | 655 | 205 900 | 314 |
| Brasil | 330 | 157 400 | 477 |
| Índia | 271 | n/d | - |
| República Checa | 263 | 600 | 2 |
| Outros 3(*) | 121 | n/d | - |
| **Total mundo** | **43 853** | **2 438 100** | **57** |

(*) França, Romênia e Paquistão.

Fonte: HERNANDEZ, Nelson. *Venezuela en el juego nuclear* – Parte I, 2 nov. 2009. Disponível em: <www.degerencia.com/articulo/venezuela-en-el-juego-nuclear-parte-i/imp>. Acesso em: 9 abr. 2012.

## Decifrando o mapa

Os mapas mostram o perfil da População Economicamente Ativa (PEA) do mundo. Aponte e explique as semelhanças e as diferenças existentes entre o Canadá e o México.

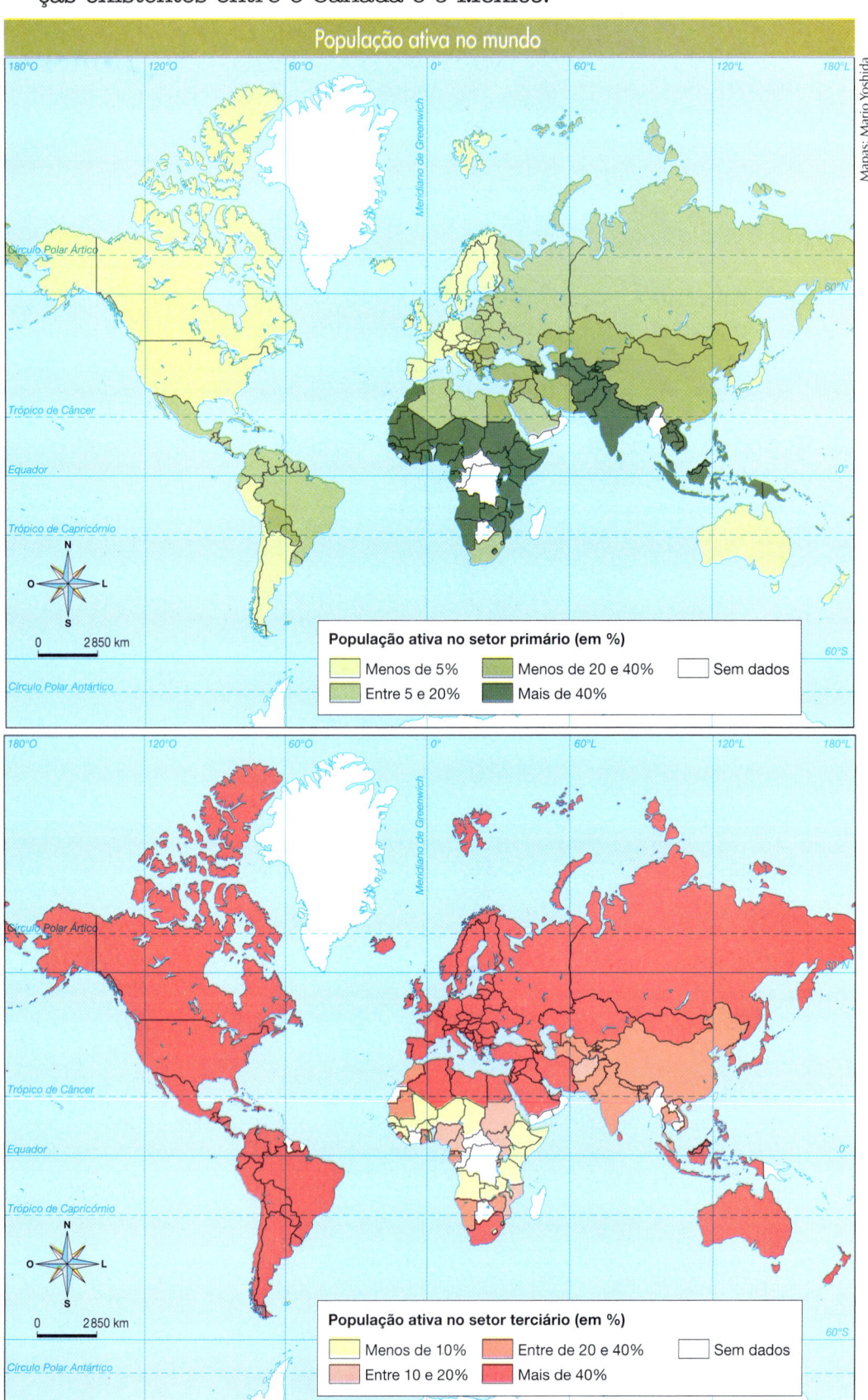

### População ativa no mundo

**População ativa no setor primário (em %)**
- Menos de 5%
- Entre 5 e 20%
- Menos de 20 e 40%
- Mais de 40%
- Sem dados

**População ativa no setor terciário (em %)**
- Menos de 10%
- Entre 10 e 20%
- Entre de 20 e 40%
- Mais de 40%
- Sem dados

Fonte dos mapas: ATLAS geográfico escolar: Ensino Fundamental, do 6º ao 9º ano. 6. ed. Rio de Janeiro: IBGE, 2010.

## Criar e entender

Formem grupos de três ou quatro alunos. Cada grupo vai organizar um cartaz para compreender a importância dos recursos naturais para a economia do Canadá. Busquem em jornais, revistas e na internet imagens de: reflorestamento e sua utilização; grandes rios e sua utilização; carvão mineral e sua utilização; petróleo e sua utilização.

Cada membro do grupo deve trazer uma ou duas imagens e uma descrição da utilização desses produtos na economia.

Depois montem um grande cartaz com as imagens, que ficará exposto na sala de aula.

## Refletindo sobre o tema

**1.** Leia o texto:

A produção de petróleo do México é declinante. De fato, o campo petrolífero mexicano de Cantarell, um dos maiores do mundo, produziu pouco mais de 460 mil barris/dia no final de 2010. Esse número, apesar de expressivo, é bem menor do que os 2,1 milhões de barris extraídos em 2003 nesse mesmo campo. Com base nesses dados, responda:

- Por que essa queda da produção de petróleo mexicano preocupa muito os Estados Unidos?

**2.** Leia os dois textos:

Cerca de 75% da composição do milho é amido, um produto cada vez mais utilizado pela indústria alimentícia e várias outras. O papel, por exemplo, utiliza amido, que proporciona maior aderência das fibras vegetais. O amido também está presente em resinas para a pintura de automóveis, sabão, desodorantes, cremes hidratantes e plásticos.

O milho está para a alimentação do mexicano assim como o feijão com arroz está para a alimentação do brasileiro. No México, o milho sempre tem lugar na alimentação da população mais pobre. O pão mais comum e barato, por exemplo, tem milho em sua composição, misturado à farinha de trigo. No entanto, a população mexicana corre o risco de ficar sem milho para a alimentação. Por quê?

**3.** O Brasil exporta bauxita em estado bruto e alumina (produto do beneficiamento da bauxita) para o Canadá, que é um dos grandes produtores de energia hidrelétrica e de alumínio do mundo.

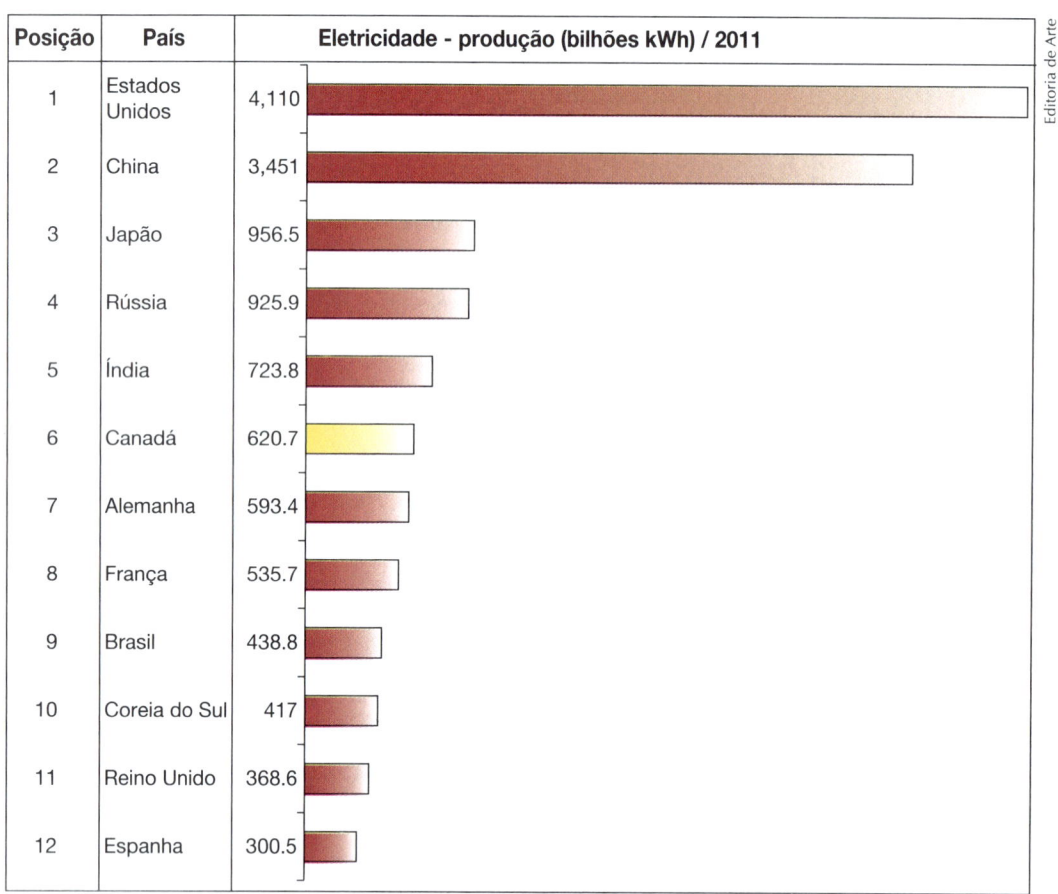

| Posição | País | Eletricidade - produção (bilhões kWh) / 2011 |
|---|---|---|
| 1 | Estados Unidos | 4,110 |
| 2 | China | 3,451 |
| 3 | Japão | 956.5 |
| 4 | Rússia | 925.9 |
| 5 | Índia | 723.8 |
| 6 | Canadá | 620.7 |
| 7 | Alemanha | 593.4 |
| 8 | França | 535.7 |
| 9 | Brasil | 438.8 |
| 10 | Coreia do Sul | 417 |
| 11 | Reino Unido | 368.6 |
| 12 | Espanha | 300.5 |

Fonte: *Index Mundi*. Disponível em: <www.indexmundi.com/g/r.aspx?c=ca&v=79&l=pt>. Acesso em: 9 abr. 2012.

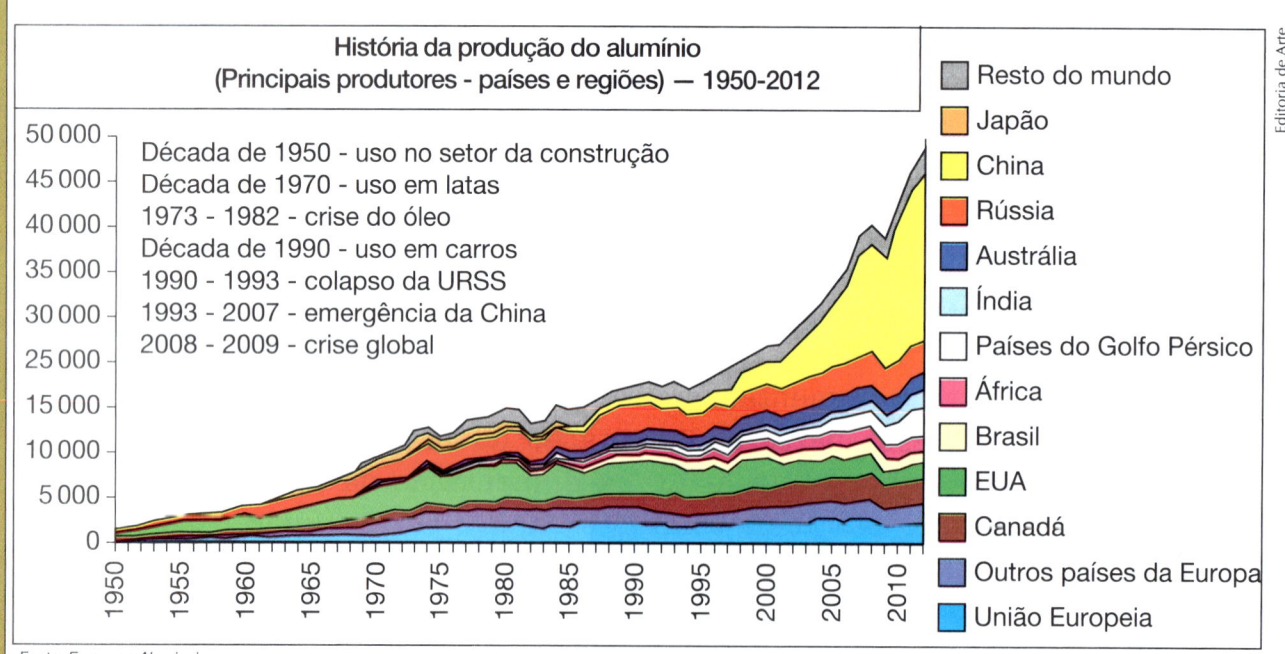

**História da produção do alumínio**
(Principais produtores - países e regiões) — 1950-2012

Década de 1950 - uso no setor da construção
Década de 1970 - uso em latas
1973 - 1982 - crise do óleo
Década de 1990 - uso em carros
1990 - 1993 - colapso da URSS
1993 - 2007 - emergência da China
2008 - 2009 - crise global

Legenda: Resto do mundo; Japão; China; Rússia; Austrália; Índia; Países do Golfo Pérsico; África; Brasil; EUA; Canadá; Outros países da Europa; União Europeia

Fonte: *European Aluminuim Association* (EAA). Disponível em: <www.alueurope.eu/?page_id=139>. Acesso em: 9 abr. 2012.

- Escreva um texto que relacione as informações contidas nos gráficos.

**4.** Observe a tabela e leia a notícia para responder às questões.

| Porcentagem de população para cada um dos componentes dos indicadores de carência social, México – 1990-2010 (%) | | | |
|---|---|---|---|
| Componentes dos indicadores de carência social | 1990 | 2000 | 2010 |
| *Formação educacional incompleta* | **26,6** | **22,5** | **19,4** |
| População de 6 a 15 anos | 14,0 | 9,7 | 5,9 |
| População de 16 anos ou mais nascida até 1981 | 39,0 | 31,2 | 28,0 |
| População de 16 anos ou mais nascida a partir de 1982 | — | 37,9 | 23,1 |
| *Carência de acesso aos serviços de saúde*[1] | **ND** | **58,6** | **33,2** |
| *Carência de qualidade e espaços na moradia* | **41,5** | **29,4** | **17,0** |
| População em moradias com carência de pisos | 20,8 | 14,9 | 5,8 |
| População em moradias com carência de tetos | 12,4 | 6,7 | 2,7 |
| População em moradias com carência de muros | 7,4 | 4,2 | 2,1 |
| População em moradias com aglomeração de pessoas | 28,7 | 20,0 | 11,8 |
| *Carência de acesso aos serviços básicos na moradia* | **44,3** | **32,3** | **19,3** |
| População em moradias com carência de água | 24,2 | 15,8 | 11,6 |
| População em moradias com carência de saneamento básico | 40,3 | 26,9 | 12,0 |
| População em moradias com carência de eletricidade | 13,1 | 4,8 | 1,9 |

[1] População não afiliada ao IMSS, ISSSTE, Seguro Popular, serviços médicos privados ou outros.
Fonte: *Consejo Nacional de Evaluacción de la Política de Desarollo Social (Coneval)*. Disponível em: <http://web.coneval.gob.mx>. Acesso em: 9 abr. 2012.

### 3,2 milhões de novos pobres, afirma o Coneval
### Somam já 52 milhões no país, disse o estudo do Conselho

A população em situação de pobreza cresceu para 52 milhões de pessoas (46,2% do total de habitantes) em 2010, o que representa um aumento de 3,2 milhões com relação a 2008, declarou o Informe de Avaliação da Política de Desenvolvimento Social 2011, do Conselho Nacional de Avaliação da Política de Desenvolvimento Social (Coneval).

O estudo estabelece que o aumento dos preços dos alimentos e a crise financeira tiveram um efeito negativo sobre o mercado de trabalho do país.

"O aumento do número de pessoas em situação de pobreza esteve relacionado com o crescimento da população que carece de acesso à alimentação, a qual aumentou 4,2 milhões entre 2008 e 2010, assim como a redução da renda real das famílias, especialmente nas áreas urbanas, afirma o organismo.

[...]

O Coneval afirma que para afrontar os problemas econômicos foram tomadas diversas decisões de políticas públicas que, embora tenham mantido o equilíbrio das finanças públicas, "o conjunto das ações têm sido insuficiente para melhorar o nível de renda da população mexicana".

Os esforços em desenvolvimento social das três instâncias de governo têm contribuído para que a população do México conte com uma maior cobertura de serviços básicos.

[...]

Segundo o estudo, as ações tomadas em políticas públicas têm mantido o equilíbrio das finanças públicas, mas "têm sido insuficientes para melhorar o nível de renda da população mexicana", afirma o documento.

Da mesma forma, se explica que os programas de desenvolvimento social são mais efetivos para proteger a população durante uma situação circunstancial do que para a geração de empregos permanentes.

"A política de desenvolvimento social conta com alguns programas de proteção, mas são insuficientes para fortalecer a renda da população ante as reduções circunstanciais, como as vividas no país em 2008-2010." [...]

<small>Fonte: MEDINA, Mariana León. 312 milhões a mais de pobres entre 2008 e 2010, diz Coneval. Jornal *El Universal*, 8 fev. 2012. Disponível em: <www.eluniversal.com.mx/nacion/193797.html>. Acesso em: 9 abr. 2012.</small>

a) Com base nos dados apresentados na tabela, compare a realidade social mexicana em 2010 com as situações vividas pelo país em 1990 e 2000. Apresente sua conclusão.

b) Apesar dos números apresentados na tabela, cerca de metade dos mexicanos ainda vive em situação de pobreza. Por quê?

## De olho no mapa

**1.** Faça uma análise da posição do Canadá e do México quanto à dependência em relação ao petróleo.

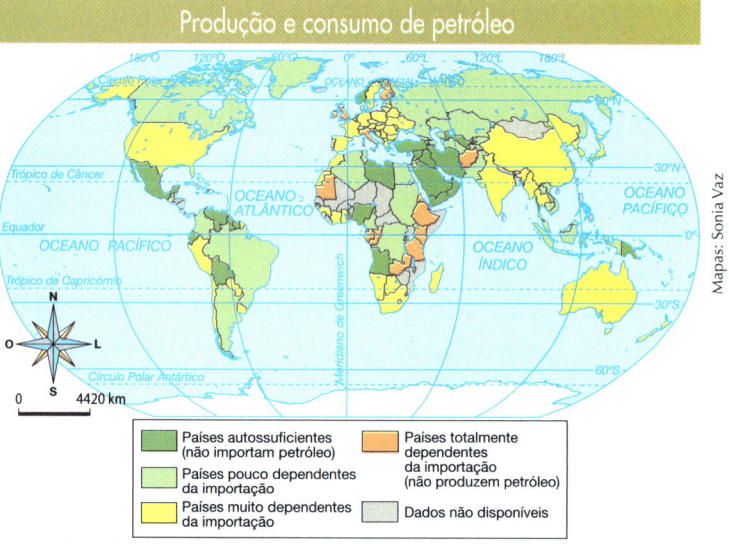

**Produção e consumo de petróleo**

- Países autossuficientes (não importam petróleo)
- Países pouco dependentes da importação
- Países muito dependentes da importação
- Países totalmente dependentes da importação (não produzem petróleo)
- Dados não disponíveis

<small>Fonte: *OPEP*, 2005. Disponível em: <www.opec.org>. Acesso em: 25 maio 2012.</small>

**2.** Quais as diferenças entre o Canadá e o México em relação ao consumo de energia?

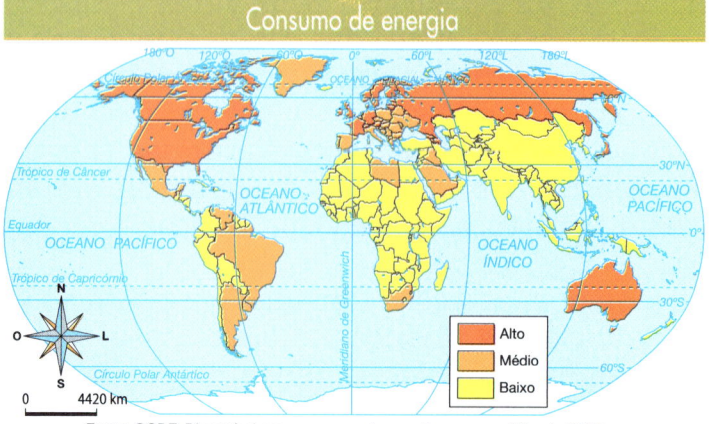

**Consumo de energia**

- Alto
- Médio
- Baixo

<small>Fonte: *OCDE*. Disponível em: <www.oecd.gov>. Acesso em: 25 maio 2012.</small>

# De olho na imagem

**1.** A agricultura itinerante e a agricultura empresarial convivem lado a lado no México. Explique cada uma delas.

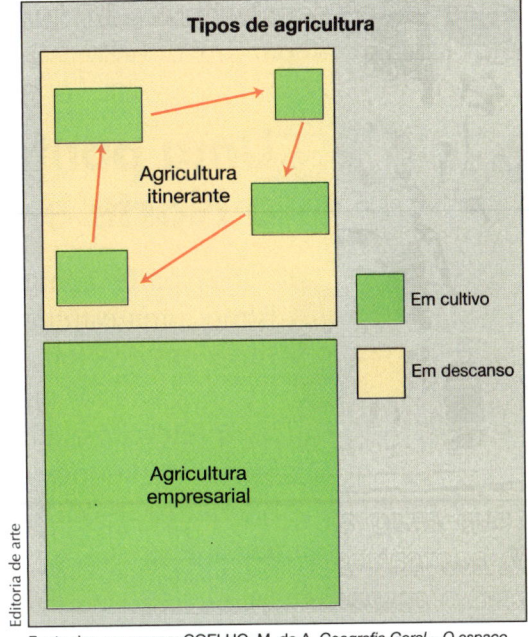

**Tipos de agricultura**

Agricultura itinerante

Em cultivo

Em descanso

Agricultura empresarial

Fonte dos esquemas: COELHO, M. de A. *Geografia Geral – O espaço natural e socioeconômico*. São Paulo: Moderna, 2005.

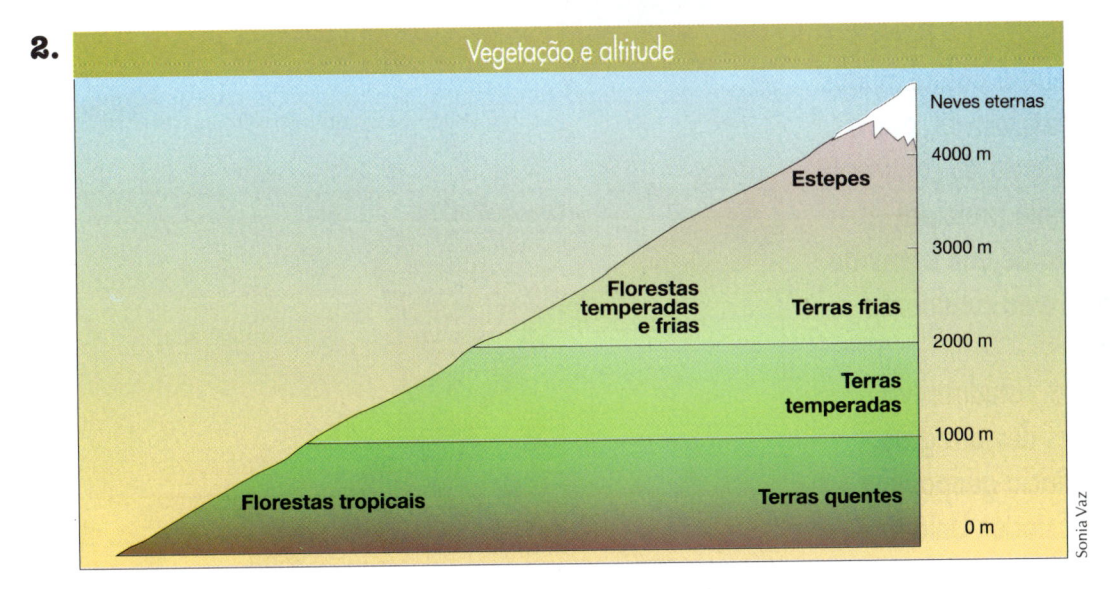

**2.**

**Vegetação e altitude**

Neves eternas — 4000 m
Estepes — 3000 m
Florestas temperadas e frias / Terras frias — 2000 m
Terras temperadas — 1000 m
Florestas tropicais / Terras quentes — 0 m

- Quais os produtos plantados no México até 1 000 metros de altitude? Quais os plantados nas áreas mais altas?

# Vamos pesquisar

Utilizando jornais, revistas, livros e a internet, faça uma pesquisa sobre os pratos tradicionais das culinárias canadense e mexicana. Relacione esse aspecto cultural com as características da agricultura, da pecuária e da pesca em cada um desses países.

# CAPÍTULO 9

# AMÉRICA CENTRAL

A América Central possui muitos aspectos naturais exclusivos, que a diferenciam do restante do continente americano. Tem como principal característica o fato de que se divide em duas porções: uma continental e outra insular.

Neste capítulo, estudaremos as particularidades dessa região, bem como a influência geopolítica e econômica dos Estados Unidos sobre grande parte dos países centro-americanos.

## Uma ponte entre o Norte e o Sul

A parte continental da América Central forma um istmo, uma estreita e alongada faixa de terras que liga as Américas do Norte e do Sul.

No interior da porção norte do istmo, na Guatemala, o relevo montanhoso constitui um prolongamento da Sierra Madre mexicana. A cordilheira é composta de dobramentos modernos, resultantes do choque de placas tectônicas.

**América Central Continental**

Fonte: BARRACLOUGH, Geoffrey (Ed.). *Atlas da história do mundo*. São Paulo: Folha de S.Paulo/The Times, 1995.

O relevo montanhoso da região é uma extensão das Montanhas Rochosas e da Sierra Madre.

Esse choque constante entre as placas dá origem a uma intensa atividade tectônica, que se manifesta principalmente sob a forma de constantes terremotos e erupções vulcânicas. Existem cerca de 80 vulcões em atividade. Alguns deles têm elevadas altitudes, como o Tajamulco (4 220 m), na Guatemala, e o Barú (3 475 m), no Panamá. Esses vulcões mostram que ainda estão ativas as forças geológicas que criaram o istmo.

**Placas Tectônicas**

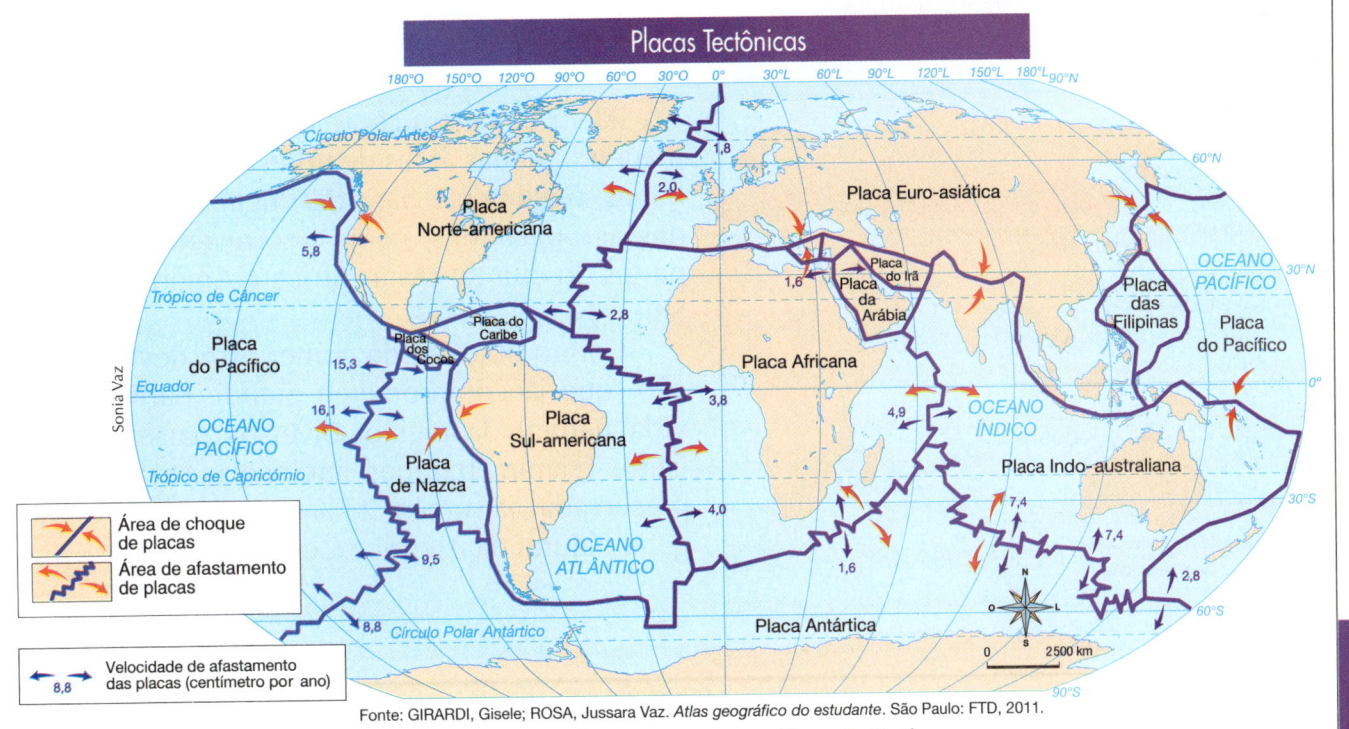

Fonte: GIRARDI, Gisele; ROSA, Jussara Vaz. *Atlas geográfico do estudante*. São Paulo: FTD, 2011.

A Placa de Cocos continua em movimento, fazendo pressão contra a Placa do Caribe.

Na porção centro-sul do istmo, as montanhas e os vulcões aparecem intercalados com bacias sedimentares recobertas de solos muito férteis. Essa extrema fertilidade é resultado da decomposição de rochas expelidas pelas atividades vulcânicas mais antigas. Indícios de erupções passadas são encontrados em alguns sítios arqueológicos, cujos fósseis estão carbonizados.

Os solos férteis são mais abundantes nas encostas voltadas para o oceano Pacífico, onde os derramamentos de lava vulcânica foram maiores. Esses solos permitem uma diversificada agricultura, em que canaviais e bananais se destacam entre outras plantações. Nos planaltos do istmo, há uma importante área de plantio de café.

Nos litorais banhados pelo Mar do Caribe, ou seja, na costa atlântica do istmo, existem extensos manguezais, que se formam em locais onde pequenos rios encontram o mar, geralmente em praias de águas calmas.

Próximo ao litoral e nas encostas das montanhas, existiam densas florestas tropicais. A extraordinária diversidade biológica dessa formação vegetal foi favorecida, sobretudo, pelas chuvas constantes trazidas pelos ventos marítimos.

Madeireiros ingleses já exploravam essas terras nos séculos XVIII e XIX. Nas últimas décadas, porém, as florestas remanescentes da América Central têm sofrido rápida devastação, com a derrubada criminosa de madeiras nobres de alto valor, como o mogno e o cedro tropical.

Ao fundo, o vulcão Barú, ponto culminante do Panamá, em fevereiro de 2008.

Manguezal na costa do Mosquito, entre Honduras e Nicarágua, uma região quente e úmida onde ocorre intensa exploração de madeira. Os manguezais e as terras menos férteis – em que a agricultura não se desenvolveu – mantiveram a região despovoada. Foto de 2006.

**Vegetação da América Central**

Além da destruição para exploração da madeira, muitas áreas de florestas são derrubadas ilegalmente para dar lugar a atividades agropecuárias, como ocorre em outras partes do mundo (Ásia, África e América do Sul).

Com o objetivo de conter essa devastação, que já comprometeu grande parte da vida natural da região, diversos países do istmo criaram parques nacionais: as áreas preservadas já somam 25% da cobertura vegetal natural da América Central.

Fonte: *UNEP/Grid-Arendal*, 2009. Disponível em: <www.unep.org>. Acesso em: 28 abr. 2012.

## As ilhas da América Central

Os arquipélagos que compõem a América Central insular formam um arco de ilhas que se estendem do sul da Flórida ao norte da Venezuela. Dividem-se em três grupos: as Grandes Antilhas, as Pequenas Antilhas e as Bahamas. Vamos conhecê-las agora.

**América Central**

Fonte: ATLAS geográfico escolar: 4. ed. Rio de Janeiro: IBGE, 2007.

As Grandes Antilhas estendem-se no sentido oeste-leste, atravessando o Mar do Caribe até o oceano Atlântico. Já as Pequenas Antilhas estendem-se no sentido norte-sul.

As Bahamas são formadas por ilhas coralíneas de enorme extensão, relativamente planas e de baixa altitude. Essas características naturais favorecem a formação de lagos, pântanos e manguezais, intercalados com florestas.

Já as Grandes Antilhas são ilhas de origem sedimentar. Na verdade, essas ilhas eram um prolongamento das planícies centrais dos Estados Unidos. Ocorre que, na fase de formação do continente, o nível dos oceanos oscilava muito, e há aproximadamente 1 bilhão de anos o mar encobriu uma grande parte do sul da América do Norte, que hoje forma o Golfo do México.

Algumas terras ficaram acima do nível do mar, formando algumas ilhas baixas e aplainadas, propícias à prática da agricultura.

As Pequenas Antilhas, em sua maior parte, constituem o topo de vulcões submarinos, que se formaram com a colisão das placas tectônicas. São 18 vulcões, que deram origem a uma das mais paradisíacas regiões do mundo.

O clima dominante nas ilhas é o tropical. Longos períodos do ano são marcados por um calor intenso. As chuvas concentram-se no verão (junho, julho, agosto, setembro); o inverno é mais seco, mas permanecem as altas temperaturas.

## A colonização da América Central

Como vimos, o processo de colonização tinha a função principal de proporcionar riqueza às metrópoles. Era assim em todas as terras colonizadas para exploração. Por volta dos séculos XVII e XVIII, por exemplo, predominavam em vastos trechos da América Central as *plantations*, cuja produção agrícola era controlada pelas metrópoles europeias.

Canaviais no Valle de los Ingenios, província de Sancti Spiritus, em Cuba, em julho de 2011. Já antes da colonização a agricultura era importante para os povos das ilhas. Depois, com a chegada dos europeus, exerceu uma função primordial no processo de colonização.

## Lembre-se

As propriedades agrícolas implantadas pelos colonizadores no continente americano ficaram conhecidas como *plantations*. Usavam mão de obra escrava, e seus produtos abasteciam exclusivamente o mercado europeu.

Gravura colorida do século XIX mostra escravos trabalhando em engenho nas Antilhas. A economia das colônias era orientada para atender aos interesses das metrópoles europeias.

Para manter sua riqueza, os governantes das metrópoles firmaram acordos comerciais com os grandes fazendeiros das colônias. Esses acordos previam que as empresas europeias comprariam toda a produção. Ou seja, os donos das propriedades agrícolas coloniais não poderiam vender sua produção a mais ninguém.

Isso fazia parte do pacto colonial. As colônias não podiam desenvolver manufaturas, pois eram obrigadas a comprar as mercadorias produzidas nas metrópoles. Sua economia dependia exclusivamente da exportação de produtos agrícolas e de produtos do extrativismo vegetal e mineral.

E por que as colônias aceitavam acordos como esses, tão prejudiciais aos interesses de sua população?

Ocorre que os fazendeiros e os grandes comerciantes residentes nas colônias tinham origem europeia e estavam interessados apenas em enriquecer. Portanto, esses negociantes, apesar de governarem os territórios coloniais, não se preocupavam com a maioria da população.

Na América Central, a exploração colonial não se limitou aos produtos agrícolas das *plantations*. No fim do século XIX, vários países que já haviam conquistado sua independência ainda forneciam minérios às potências europeias, que necessitavam dessas matérias-primas para sustentar sua revolução industrial.

Ilustração do século XVIII mostra navios chegando à França. Eles chegavam abarrotados de açúcar, madeira e algodão das Antilhas. Essas riquezas foram para a Europa sem que a população da América Central recebesse qualquer benefício.

## A área de influência dos Estados Unidos

Já nos séculos XIX e XX, os Estados Unidos transformaram a América Central em um de seus maiores fornecedores de alimentos.

Nessa época, os interesses estadunidenses na América Central tornaram-se enormes. Empresas dos Estados Unidos – alimentícias, em especial – empenharam-se em conquistar os mercados produtores da região. Para tanto, implantaram fazendas, entrepostos, transportadoras.

# O caso do Panamá

O território que atualmente corresponde ao Panamá fazia parte da Colômbia. Desde o final do século XIX, os Estados Unidos e a Colômbia mantinham conversações para a construção de um importante canal para ligar o Atlântico ao Pacífico.

Esse canal seria muito importante, pois uma passagem interoceânica de grande porte aceleraria o comércio entre o Oeste e o Leste dos Estados Unidos. Sem o canal, os grandes navios cargueiros dos Estados Unidos tinham de contornar o continente, gastando mais tempo e dinheiro.

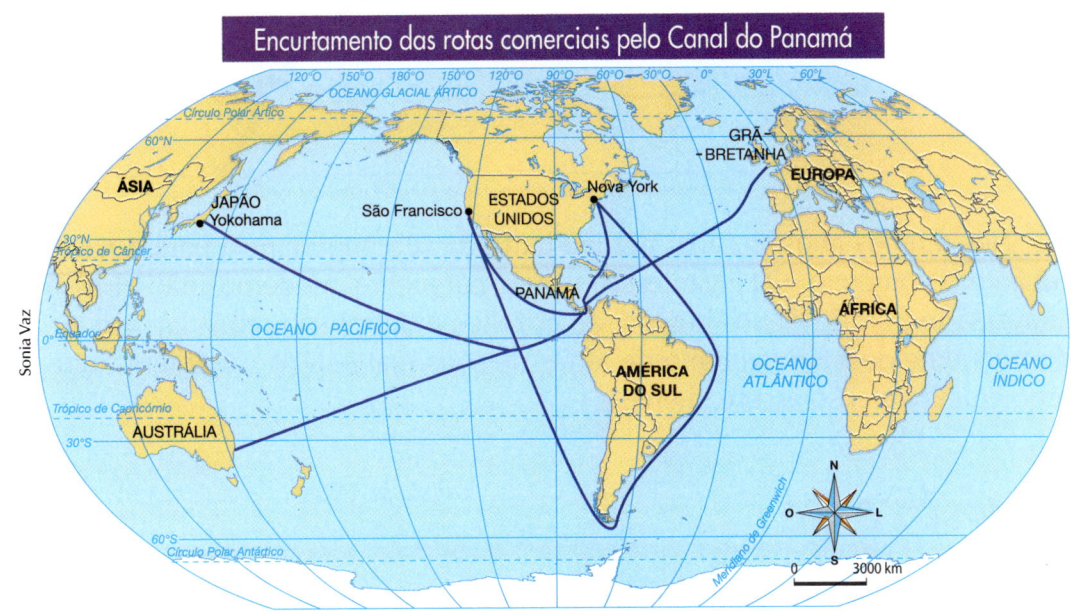

**Encurtamento das rotas comerciais pelo Canal do Panamá**

Fonte: ATLANTE Geografico De Agostini. Novara: Istituto Geografico De Agostini, 2004.

O canal encurtaria distâncias e beneficiaria muito o comércio marítimo dos Estados Unidos.

No começo do século XX, o governo dos Estados Unidos ofereceu um pagamento anual à Colômbia em troca da utilização do futuro canal. Os governantes colombianos não aceitaram o valor e julgavam que estavam sendo colocados de lado nas decisões referentes a essa importante obra.

Diante da resistência da Colômbia em assinar o acordo, os Estados Unidos passaram a incentivar a separação do Panamá, que, como vimos, pertencia à Colômbia.

Em 1903, o Panamá declarou sua independência. A Colômbia não aceitou essa separação, mas navios de guerra estadunidenses protegeram o litoral do Panamá. As Forças Armadas da Colômbia evitaram o conflito e a retomada do território por temor de uma guerra com os Estados Unidos, que já eram uma potência.

Transformado em um país, o Panamá concedeu, por meio de um acordo, o direito de construção, de administração e de uso do canal aos Estados Unidos até 1999, ou seja, durante quase todo o século XX. As obras estenderam-se de 1903 a 1914, quando o canal foi inaugurado.

Foto de 1907 mostra obras de construção do Canal do Panamá. O canal estimulou o comércio entre os países do oceano Pacífico e os do oceano Atlântico.

**O canal do Panamá**

Fonte: ATLANTE Geografico De Agostini. Novara: Istituto Geografico De Agostini, 2004.

Apesar de ser uma operação demorada e cara, a travessia do canal é fundamental. É preferível pagar o alto pedágio cobrado pela travessia do que dar a volta no continente.

Nos últimos anos, o canal perdeu parte da sua importância para a navegação e o comércio. Os gigantescos navios cargueiros modernos não podem atravessá-lo porque alguns pontos são estreitos e outros são rasos. Em virtude do frequente desmoronamento de terras de suas margens, o canal tem outro problema: o intenso assoreamento.

## Lembre-se

*Assoreamento* é a deposição de sedimentos no fundo de lagos, rios e represas. Essa deposição de sedimentos deixa tais corpos d'água mais rasos e prejudica tanto a navegação quanto os ecossistemas aquáticos.

Draga gigantesca trabalha na expansão do Canal do Panamá, em 2011. O Canal exige constantes reformas e obras de manutenção, que certamente causam impactos negativos sobre o ambiente.

No ano 2000, terminado o período de concessão, o governo dos Estados Unidos devolveu o canal ao Panamá, que tem realizado constantes obras de ampliação para que ele não se torne ainda mais obsoleto.

## O caso de Cuba

Em Cuba, a influência dos Estados Unidos também foi grande.

A ilha foi mantida durante séculos na condição de colônia espanhola e conquistou sua independência em 1901, com o apoio de tropas estadunidenses.

Desde então, cresceu a influência dos Estados Unidos sobre a economia e a política cubanas.

Mas a presença de tropas estadunidenses nunca foi suportada pelos dirigentes cubanos nem pela população, que exigiram a retirada dessas tropas da ilha.

Os Estados Unidos impuseram uma condição para sair da ilha: o direito de reocupá-la a qualquer momento. Esse direito foi garantido por meio de uma lei incluída na Constituição cubana.

Essa lei recebeu o nome de Emenda Platt, pois foi proposta pelo senador estadunidense Orville Platt, renomado advogado nacionalista. Leia uma parte do artigo III dessa lei:

*"O governo de Cuba concede aos EUA o exercício e o direito de intervir para preservar a independência de Cuba e a manutenção de um governo adequado à proteção da vida, da propriedade particular e das liberdades individuais..."*

Graças ao seu poder econômico e militar, os Estados Unidos conseguiram outros acordos muito vantajosos em Cuba. Um deles autorizou a construção de uma base militar na baía de Guantánamo, onde tropas armadas estadunidenses deveriam ficar estacionadas para intervir em possíveis distúrbios e revoltas que pudessem comprometer os interesses dos Estados Unidos na ilha.

Nem mesmo a Revolução Socialista de 1959, que levou Cuba a se aliar à União Soviética durante a Guerra Fria, foi capaz de retomar essa base. Hoje, Guantánamo é usada pelos Estados Unidos como prisão e local de tortura de estrangeiros considerados inimigos.

Limites da base de Guantánamo, em 2006.

Dentro do território cubano, os EUA possuem uma área que está isolada do resto do país.

Acima, prisioneiros com pés e mãos atados, ouvidos tapados, luvas, mordaça e venda, em 2002. Após a invasão do Afeganistão, em 2001, a base foi transformada em campo de concentração para prisioneiros capturados no exterior.

O governo cubano afirma que a presença estadunidense em Guantánamo é ilegal, pois os Estados Unidos ocuparam a área em 1903, quando um acordo entre os dois países previu a construção da base e sua utilização durante 99 anos pela marinha estadunidense. Desse modo, o acordo extinguiu-se em 2002, e a ocupação é irregular desde então.

Para o governo dos Estados Unidos, porém, o acordo de 1903 perdeu validade e foi substituído por um novo acordo em 1934. Este prevê que os Estados Unidos paguem aluguel pela utilização e ocupação da base. Além disso, estabelece que os assuntos relativos a Guantánamo somente podem ser resolvidos mediante acordo entre Cuba e Estados Unidos. Como os dois governos têm muitas rivalidades, é quase impossível que isso ocorra.

Os Estados Unidos constantemente reafirmam: a base não tem prazo para retornar às mãos de Cuba.

Por outro lado, desde 1959 os cheques estadunidenses referentes ao pagamento do aluguel da base militar de Guantánamo não são descontados pelo governo cubano.

## O ROMPIMENTO ENTRE CUBA E ESTADOS UNIDOS

A influência econômica estadunidense em Cuba já podia ser notada nos anos seguintes à independência cubana. Grande parte dos hotéis, bancos, importadoras de alimentos e propriedades rurais se tornaram propriedade de empresas estadunidenses. Essas corporações atuavam livremente no país, pagavam impostos baixíssimos e remetiam volumosos lucros para as matrizes, instaladas nos Estados Unidos.

Em contrapartida, a população cubana vivia em péssimas condições. O saneamento básico era precário, e pouquíssimos cubanos tinham acesso à educação e à saúde. A mortalidade infantil era uma das maiores do continente americano, e a miséria era geral.

Com o passar do tempo, esse precário quadro social foi se agravando mais e mais e criou um ambiente propício a revoltas entre a população cubana. Na década de 1950 multiplicaram-se os movimentos populares que protestavam e exigiam melhores condições de vida.

Foto de 1943 mostra cortadores de cana trabalhando em canavial perto de Havana, em Cuba. O pagamento pelo trabalho braçal nas fazendas era insuficiente para garantir a sobrevivência dos trabalhadores.

O maior líder desses protestos foi Fidel Castro, que organizou um movimento guerrilheiro na região montanhosa de Sierra Maestra.

Os revolucionários exigiam a queda do presidente Fulgêncio Batista, aliado dos Estados Unidos, e o fim da exploração dos trabalhadores cubanos. Ganharam a simpatia maciça da população e, em 1º de janeiro de 1959, ingressaram triunfantes em Havana, capital do país.

Logo após sua vitória, o governo de Fidel Castro tomou medidas que descontentaram muito os empresários estadunidenses, entre elas, decretou a nacionalização das empresas estadunidenses que atuavam em Cuba.

O governo dos Estados Unidos advertiu Fidel Castro de que não aceitaria essa situação. Em resposta a essa ameaça, já em 1960 Cuba se afastou da influência econômica estadunidense e aproximou-se do maior rival dos Estados Unidos, a União Soviética, país socialista que disputava com a superpotência capitalista a hegemonia mundial. Ao mesmo tempo, Fidel assumiu que seu governo adotaria a socialização dos meios de produção.

Foi firmada, então, uma aliança entre Cuba e a União Soviética. Os Estados Unidos foram obrigados a conviver, pela primeira vez, com um país socialista a poucos quilômetros da Flórida.

Reagindo à implantação do socialismo na ilha, em 1962, os Estados Unidos decretaram um embargo, isto é, um bloqueio de caráter econômico, contra Cuba. Muitas restrições foram impostas à ilha, como a proibição da compra de mercadorias cubanas e também da venda de quaisquer produtos norte-americanos para o país caribenho.

Embora essa medida tenha isolado Cuba do comércio com o bloco capitalista, a economia da ilha pôde comercializar com países socialistas, bem como contar com o apoio econômico e comercial soviético.

Inicialmente, a parceria baseou-se no fornecimento do petróleo soviético em troca do açúcar cubano. Isso permitiu que a ilha obtivesse energia e recursos financeiros para melhorar as áreas sociais.

Por isso, foi praticamente eliminada a miséria que há séculos afligia quase toda a população cubana. A prioridade atribuída à educação e à saúde tornou Cuba reconhecida mundialmente, em especial pelo elevado nível de suas pesquisas científicas na área da Medicina.

Imagem de 1957 mostra Fidel e seus comandados na Sierra Maestra. A partir dessa região montanhosa, os revolucionários partiram para a conquista de todo o país.

Fidel Castro discursa para centenas de milhares de cubanos, em janeiro de 1959. A população apoiava os líderes revolucionários porque acreditava que dariam fim aos privilégios e às injustiças sociais.

## Com amplo atendimento a mães, Cuba tem queda na mortalidade infantil

A mortalidade infantil em Cuba caiu em 2010 para 4,5 em cada mil bebês nascidos, uma média bem abaixo do resto da América Latina, um desempenho creditado ao amplo acompanhamento de gestantes propiciado pelo sistema de saúde local, apesar das dificuldades econômicas do país.

Na América Latina, segundo o Fundo das Nações Unidas para a Infância (Unicef), a proporção de mortalidade infantil é de 19 para cada mil.

O sistema de saúde cubano, que é universal e totalmente gratuito, garante às gestantes um acompanhamento que dura do momento em que a gravidez é constatada até vários meses depois do nascimento do bebê.

Com isto, 99% dos nascimentos em Cuba ocorrem em centros hospitalares, com acompanhamento médico.

Todas as grávidas cubanas são controladas periodicamente pelo médico de família ou no centro policlínico do bairro. Se algum problema é constatado nos nove meses de gestação, a mulher é levada a um centro especializado.

O médico Alexei Capote dirige um destes centros, a Maternidade Leonor Pérez, no bairro histórico Havana Velha, onde estão 110 gestantes – metade das quais recebem atendimento no ambulatório, enquanto as restantes estão internadas.

Estas maternidades surgiram nos anos 60, perto de hospitais, nas quais camponesas passavam os momentos finais de gestação. Este foi o primeiro passo para que todos os partos ocorressem com assistência médica.

Capote afirma que hoje o perfil destes locais foi ampliado, para que recebessem todos os casos em que se detecta algum tipo de problema como malformação, baixo peso da mãe ou do bebê e todos os casos de gravidez múltipla.

### Segurança

Bárbara Herrera, 27 anos, mora perto de Havana Velha e está internada na maternidade porque os médicos temem que seu filho seja superdesenvolvido. "Já tive um parto anteriormente e meu bebê pesou quase 6 kg", diz a mãe.

Ela afirma que se sente segura no centro de atendimento. "Não há nenhum risco. Sei que, para qualquer coisa que aconteça, tenho os médicos e as enfermeiras para me atender na hora", diz Bárbara.

A camareira Yalorde Maikel López, 19 anos, está internada porque os médicos perceberam que ela e o feto têm problemas de peso. "Detectaram isto quase desde o início da gravidez", diz a gestante.

Ela afirma que está satisfeita na maternidade. "Sou muito bem atendida e não sinto nenhum perigo", diz ela, que chegou ao local vomitando e com desnutrição. "Já engordei bastante, entrei com 35 kg e estou nos 45 agora".

### Histórico

Quando as futuras mães são levadas ao hospital, levam consigo um histórico que permite aos médicos saber que problemas elas podem ter, além de preparar as condições para resolvê-los, incluindo os cuidados neonatais.

O médico Eduardo Morales é responsável pelo serviço de terapia intensiva neonatal do Hospital William Soler, o maior estabelecimento pediátrico de Cuba.

"Esta especialidade é muito importante porque nunca um ser humano tem tanto risco de morrer como nesta etapa da vida", afirma.

A sala de terapia conta com incubadoras e outros equipamentos adquiridos há dois anos no Japão. Os médicos desconhecem os custos e afirmam que sua missão é salvar vidas.

Eles dão como exemplo o menino Jorge Batista, que recebeu um medicamento que custa US$ 1.000 a ampola.

O médico Eduardo Díaz, chefe do Comitê de Óbitos do hospital, afirma que, embora recebam casos graves de todo país, a mortalidade é de 8,3%, principalmente por deficiências hepáticas e malformações congênitas.

"Cada criança que morre é estudada desde a sua concepção até o momento do óbito", afirma Díaz. "Há uma comissão em cada hospital, em nível provincial e até nacional. Se analisa cada caso em busca de erros no atendimento".

RAVSBERG, Fernando. Com amplo atendimento a mães, Cuba tem queda na mortalidade infantil. *BBC Mundo em Havana*. Disponível em: <www.bbc.co.uk/portuguese/noticias/2011/02/110209_cuba_mortalidade_rp.shtml>. Acesso em: 28 maio 2012.

No entanto, a crise da União Soviética chegou ao auge na década de 1980 e acabou atingindo a economia cubana. Diversos acordos comerciais e de cooperação estabelecidos entre os dois países tiveram de ser cancelados pelo governo Gorbatchev.

Sem poder contar com as vantagens comerciais oferecidas pelo seu tradicional parceiro socialista e isolada dos negócios internacionais pelo rigoroso bloqueio econômico imposto pelos Estados Unidos, Cuba também entrou em profunda crise. Sua população foi submetida a racionamentos de alimentos e ao desemprego em massa.

Sem recursos, a ilha reduziu seus investimentos em diversas áreas sociais.

Esse quadro dramático acentuou-se na década de 1990, quando milhares de cubanos deixaram o país em busca de alternativas de sobrevivência nos Estados Unidos. Esses cubanos empobrecidos ficaram conhecidos como *balseros*, pois viajavam para os Estados Unidos em precárias embarcações feitas com pneus velhos, toras de madeira e pedaços de lona.

Quando chegou o século XXI, esse cenário já havia se transformado bastante. Muita coisa mudou em Cuba nos últimos anos. Muitos países passaram a investir na ilha, ignorando o embargo econômico imposto pelos Estados Unidos. Uma significativa parte desses recursos tem se dirigido ao setor de turismo. Aproveitando-se da posição geográfica privilegiada da ilha caribenha, onde o calor é constante e as praias são paradisíacas, hotéis sofisticados estão se multiplicando.

À crescente renda gerada pelos negócios relacionados ao setor de turismo, como hotéis, agências de viagens, restaurantes e companhias aéreas, soma-se a entrada de dinheiro remetido por cubanos que foram morar e trabalhar nos Estados Unidos. Além disso, grupos empresariais chineses, canadenses, espanhóis e franceses, entre outros, têm aberto novos negócios. Desse modo, a economia cubana apresenta crescimento na atualidade, gerando cada vez mais empregos.

Entretanto, apesar dos sucessos, a economia cubana, desde o ano de 2009, passa por uma grave crise de liquidez e enfrenta neste momento um contexto muito preocupante, cujas causas se devem a desequilíbrios internos agravados pela recente crise mundial.

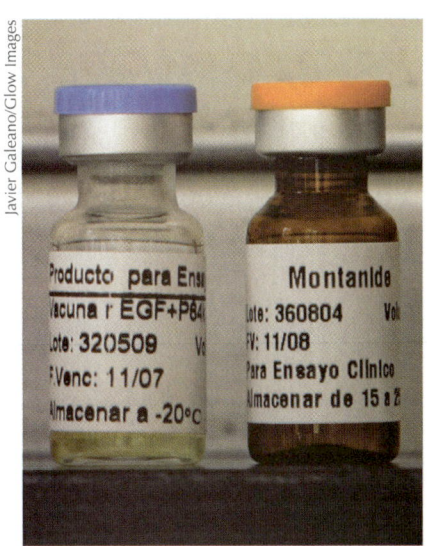

Medicamento cubano, desenvolvido para tratamento de câncer de pulmão, é apresentado em conferência, em 2008. Outros medicamentos desenvolvidos em Cuba estão sendo fabricados nos EUA e na Alemanha. A pesquisa médica e os remédios podem recuperar a economia de Cuba.

Refugiados cubanos interceptados pela Guarda Costeira dos EUA, em 1994. Naquele ano, o governo cubano não se opôs à saída de quem quisesse emigrar, mas não ofereceu nenhuma ajuda.

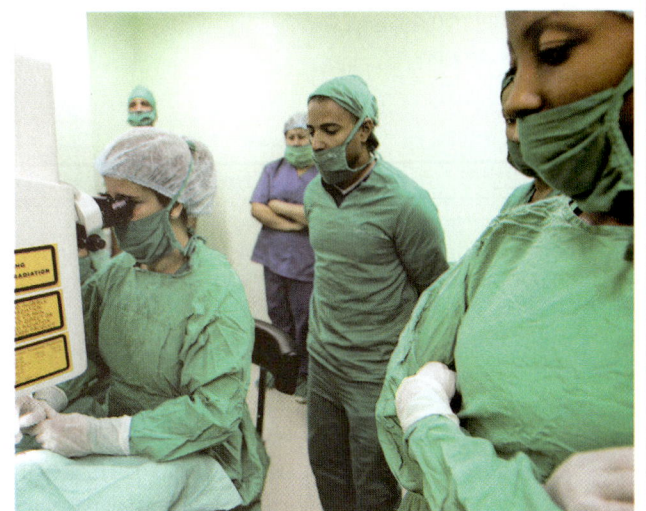

Médica cubana opera paciente em hospital de Havana, em setembro de 2006, usando equipamento de última geração. Em Cuba há um médico para cada 170 pacientes.

## Pare, pense e faça

Apesar de os países latino-americanos manterem relações diplomáticas e comerciais com Cuba, eles sofrem pressão dos EUA para que isso não ocorra. Quais são as causas dessa pressão?

**A lei Helms--Burton**

Desde 1996 o governo dos Estados Unidos tem aumentado a pressão contra Cuba. O senado estadunidense aprovou uma lei, chamada de Helms-Burton (sobrenome dos congressistas que a criaram), que prega retaliações, isto é, multas, proibição de funcionamento, rompimento de licenças, para empresas estrangeiras que funcionem nos Estados Unidos e mantenham comércio com Cuba. Muitos países protestaram contra essa iniciativa do congresso norte-americano, inclusive o Brasil. Atualmente muitas nações incentivam suas empresas a investir em Cuba.

## Porto Rico, Estado associado aos Estados Unidos

A ilha de Porto Rico foi uma colônia espanhola até 1898. Naquele ano a Espanha foi derrotada pelos Estados Unidos numa guerra de disputa por territórios e teve de abandonar a ilha, anexada em seguida pelos Estados Unidos. Desde então, Porto Rico passou a ser um Estado associado aos Estados Unidos.

A condição de Estado associado significa que a população de Porto Rico tem cidadania estadunidense. Além disso, as questões mais importantes relativas à defesa, às relações exteriores e à economia são administradas pelos Estados Unidos.

Fonte: ATLAS geográfico escolar. 4. ed. Rio de Janeiro: IBGE, 2007.

A situação política de Porto Rico é única em todo o mundo. Apesar de ser um país, está subordinado aos Estados Unidos.

Desde 1952, os porto-riquenhos podem eleger um governo próprio, que administra o país – de forma restrita – em algumas áreas, como a educação, a saúde e a infraestrutura.

A economia do país continua sob controle de empresas estadunidenses. Por exemplo, a grande maioria dos bancos e de outras grandes corporações empresariais dos Estados Unidos mantém filiais que praticamente monopolizam todos os ramos da economia de Porto Rico.

# A experiência socialista na Nicarágua

A Nicarágua localiza-se na parte continental da América Central. Como seus vizinhos, é um país pobre que foi colonizado pelos europeus até o início do século XIX. Sempre dominada por ricas famílias fazendeiras, a população nicaraguense enfrentou ao longo do século XX uma grave situação social, marcada pela miséria generalizada. Trabalhando no campo em troca de baixíssimos salários, a população não dispunha de atendimento público à saúde e à educação. Assim, a maioria dos nicaraguenses permanecia marginalizada e sem acesso ao poder, exercido exclusivamente por latifundiários.

De 1930 a 1979 o país foi administrado sob a forma de ditadura pela família Somoza, que chegou a ser proprietária de quase metade do território nicaraguense. As pessoas ligadas a essa poderosa família eram beneficiadas de todas as formas, enquanto a maior parte da população não tinha acesso aos mínimos direitos sociais, como água, esgoto e educação.

Diante da opressão exercida por essa impressionante concentração de riqueza e poder, as ações de revoltas comandadas pela Frente Sandinista de Libertação Nacional (FSLN) começaram a se multiplicar, na década de 1970.

Esse grupo armado socialista lutou durante anos para derrubar a família Somoza. Os sandinistas assumiram o poder em 1979 e, como Cuba, aproximaram-se do socialismo soviético. O governo sandinista decretou a coletivização das terras e a estatização de todas as atividades produtivas. Assim, as grandes fazendas de poderosas famílias passaram a ser controladas pelo governo e pelos camponeses de forma coletiva.

Desde os primeiros combates contra Somoza, os sandinistas foram hostilizados pelos Estados Unidos e apoiados por Cuba. Dessa forma, a Nicarágua e seu governo revolucionário passaram a enfrentar a forte oposição dos Estados Unidos, que não aceitavam de nenhuma forma a presença de mais um país socialista na América Central.

É preciso lembrar que no período vigorava a Guerra Fria, em que o socialismo, apoiado pela União Soviética, e o capitalismo, defendido pelos Estados Unidos, disputavam muitos territórios em todo o planeta.

Desse modo, na década de 1980, o governo norte-americano passou a apoiar uma guerrilha antissocialista que ficou conhecida como *contras* – receberam esse nome pela clara posição contrária aos sandinistas.

Na Nicarágua, milhares de trabalhadores passaram a viver e trabalhar de forma coletiva, pois a terra já não era mais propriedade particular. Acima, um grupo dedica-se a revolver um viveiro de mudas de café para evitar a formação de bolor, em 1980.

Patrulha de sandinistas cruza um rio em busca dos *contras*, em 1986. A Guerra Civil durou mais de 10 anos e tirou a vida de dezenas de milhares de nicaraguenses, além de arrasar a infraestrutura do país, destruindo pontes, viadutos, hidrelétricas, portos e estradas.

Com o passar do tempo, ficou cada vez mais difícil para os sandinistas realizar as mudanças que tanto almejavam para seu país. Sem poder contar com a ajuda financeira e militar da União Soviética, que já atravessava uma grave crise socioeconômica, o governo socialista nicaraguense não resistiu à pressão política externa e a uma caótica situação econômica interna.

Diante desse cenário dramático, em 1991, os sandinistas se afastaram do poder e convocaram eleições, que foram vencidas pela candidata apoiada pelos Estados Unidos, Violeta Chamorro. Então as propriedades divididas e distribuídas pelos sandinistas foram devolvidas aos antigos donos, e muitas empresas estatais foram privatizadas. Investimentos estrangeiros maciços passaram a ingressar no país que, assim, rompeu com as bases do antigo governo sandinista: a estatização e a socialização da economia.

O novo governo reaproximou a Nicarágua dos Estados Unidos, mas essa estratégia não resolveu os gravíssimos problemas sociais do país. Em 2005, 70% da população de 5,2 milhões de habitantes vivia na pobreza e sofria com a fome, o desemprego e a desesperança, que a levavam a emigrar para outros países em busca de melhor qualidade de vida.

Em 2006, o antigo líder sandinista Daniel Ortega foi eleito presidente da Nicarágua em eleições livres. Diferentemente dos anos 1970 e 1980, seu governo não está forçando a socialização da economia, apesar de estar se dedicando a resolver as questões sociais. Como resultado disso, Ortega foi reeleito pela ampla maioria por mais cinco anos, em novembro de 2011.

## O instável Haiti

O Haiti é um dos países mais pobres do mundo.

Governado por sucessivas ditaduras comandadas por poderosas famílias, a população ficou à margem da vida política, econômica e social do país.

O mais pernicioso desses governos ditatoriais foi implantado pelo médico François Duvalier (apelidado de *Papa Doc*), que assumiu o poder em 1957. Em 1971, ao falecer, o governo passou para seu filho Jean Claude Duvalier, conhecido como *Baby Doc*.

A era Duvalier foi marcada pela opressão aos opositores, que resultou no assassinato de milhares de pessoas inocentes. Essa situação afetou a economia do país e manteve a população em profunda miséria.

No fim da década de 1980, inúmeras revoltas populares encerraram a era Duvalier, com a deposição de *Baby Doc*. Foi eleito presidente o ex-padre Jean Bertrand Aristide, que passou a sofrer uma forte oposição dos aliados da família Duvalier.

Desde então, vários governos foram eleitos, e nenhum conseguiu pacificar o país. A situação é tão grave que dezenas de milhares de pessoas têm preferido fugir do país em embarcações precárias, e centenas já morreram no mar.

Mulher e filhos no Haiti, em 1963. Sem acesso à educação e sem trabalho, muitos haitianos viviam da mendicância e da ajuda humanitária.

Em 1999, a ONU aprovou uma intervenção militar internacional no Haiti para pôr fim à guerra civil e promover a reorganização do país. Boa parte dos militares que compõem esse grupo é brasileira.

Em 2010, um terremoto catastrófico devastou o país, afetando cerca de 3 milhões de pessoas. Sistemas de comunicação, transportes aéreos, terrestres e aquáticos, hospitais e redes elétricas foram danificados, o que dificultou os resgates. A ONU estima que o tremor provocou 220 mil mortes e deixou 1,2 milhão de desabrigados. Foram confirmadas as mortes de 22 brasileiros na catástrofe, inclusive de Zilda Arns, médica sanitarista e pediatra, fundadora e coordenadora internacional da Pastoral da Criança.

O Haiti depende hoje de uma enorme ajuda humanitária externa, que inclui suporte técnico para a administração pública, além de alimentos, remédios e roupas. Sem esse apoio, a população do país estará condenada a padecer em condições cada vez piores.

Soldados brasileiros a serviço da ONU tentam controlar tumulto no bairro de Cité Soleil, em Porto Príncipe (Haiti), nas eleições de 2006. Apesar das forças de paz da ONU, ainda está muito longe a solução dos problemas haitianos.

## O espaço geográfico da América Central ístmica

Diversos países da América Central mantêm a economia baseada nas atividades agropecuárias e de extração mineral.

O uso e o abuso do poder econômico foram muito comuns nessa porção do continente americano. Antigamente, muitos proprietários rurais usavam parte de sua riqueza para manter o poder de forma absoluta, exercendo governos ditatoriais, violentos e corruptos.

Os governantes dos países da América Central – que ficaram conhecidos como "repúblicas das bananas" – agiam como se fossem seus "donos". Cada um via seu país como se fosse sua própria fazenda e a população como seus empregados. Dotados de caráter precário, priorizavam seus próprios interesses. Os grandes latifundiários viviam muito bem, enquanto a população padecia na miséria absoluta.

Diferentemente da agricultura comercial praticada nos latifúndios, milhares de famílias pobres praticam a agricultura de autossustento. São pequenos proprietários que plantam alimentos como feijão, arroz, mandioca, milho e banana, além de criarem aves e pequenos rebanhos de suínos e bovinos.

Tradicionalmente, a agricultura na América Central utiliza a farta mão de obra braçal disponível. Como são países de pouca industrialização, uma parcela significativa de sua população ainda está no campo.

Agroexportadoras, essas nações não têm muitos recursos financeiros porque a produtividade é relativamente baixa. Justamente por isso, a atividade agrícola tem baixa rentabilidade, carece de investimentos e apresenta baixa mecanização. Cria-se um círculo vicioso: como utilizam poucos tratores e máquinas, o volume produzido é baixo, o que reduz os ganhos desses países com as exportações.

Camponês guatemalteco cultiva horta diante de milharal seco na região de Solola, em março de 2010. Milhões de camponeses sobrevivem em péssimas condições no meio rural da América Central.

## Costa Rica, um país bem-sucedido

A Costa Rica se diferencia de seus vizinhos desde o século XIX. Grande produtor de banana, cana-de-açúcar e café, o país conseguiu lucrar bastante com as exportações desses alimentos em alguns períodos de preços elevados, como a Primeira e a Segunda Guerra Mundial. Em momentos como esses, os Estados Unidos e a Europa, muito envolvidos no conflito, precisavam garantir o abastecimento de alimentos à própria população.

Ao contrário de seus vizinhos, a Costa Rica conseguiu tirar proveito desses momentos de preço privilegiado, porque investiu os lucros para reverter o quadro social bastante pobre. Na década de 1950, o presidente Jose Figueres Ferrer iniciou uma série de reformas no país. Instituiu a educação básica obrigatória e aboliu as Forças Armadas, que foram substituídas por uma Guarda Nacional, responsável pelo policiamento e pela proteção das fronteiras. Desde então, a Costa Rica declara-se uma nação pacífica, que não recorrerá à guerra de forma alguma.

Desse modo, muitos recursos que seriam gastos na compra de armamentos e de outros equipamentos militares passaram a ser investidos em educação, moradia, saúde e transporte.

Consequentemente, o Índice de Desenvolvimento Humano (IDH) da Costa Rica é elevado para os padrões latino-americanos: 0,744, em 2011. Outro fator que contribui para esse bom desempenho são os expressivos investimentos estrangeiros, que, em geral, produzem renda e geram emprego.

## Pare, pense e faça

Considerada de IDH médio, a América Central tem algumas exceções. Cuba, Panamá e Costa Rica são considerados países de IDH alto. Explique os motivos.

## Um país chamado Belize

Belize é o único país da América Central continental que foi colonizado pelos ingleses e o último a se tornar independente. Até 1973, era chamado de Honduras Britânicas. Apesar disso, suas estreitas ligações históricas com o México explicam um fato curioso: o espanhol também é falado por grande parte da população.

Nesse país, houve grande miscigenação de descendentes dos maias com europeus. Esses mestiços representam 50% da população, que ainda é composta de 25% de afrodescendentes, 15% de indígenas e algumas minorias de origem chinesa, indiana e europeia.

Sua economia é agrária, muito dependente da exportação de açúcar e banana. Recentemente, foi ampliado o cultivo de cítricos, que já contribuem para elevar o valor das exportações do país.

Colheita de laranjas em Pomona (Belize), em junho de 2006. O cultivo de cítricos para a produção de suco já é a principal atividade agroindustrial de Belize.

Grande parte dos belizenhos vive fora do país, muitos como trabalhadores braçais nos Estados Unidos. As remessas de dinheiro para os parentes que ficaram constituem uma importante renda para o país.

Nos últimos anos, o turismo, impulsionado por investimentos estrangeiros, tem gerado empregos e renda. As belezas naturais do país, como a barreira de corais (a maior do Hemisfério Ocidental, menor apenas que a Grande Barreira de Coral australiana), atraem cada vez mais turistas norte-americanos e britânicos, que movimentam a economia de Belize.

# O espaço geográfico da América Central insular

A região insular da América Central é mundialmente conhecida como Caribe – nome dos grupos indígenas que viviam na região quando chegaram os espanhóis. Essas ilhas e países insulares no Mar do Caribe são também chamados de Antilhas ou Índias Ocidentais, em razão da crença inicial de que o continente americano fosse na verdade a Índia.

As ilhas abrigam um riquíssimo mosaico cultural, pois são habitadas por povos de diversas origens, sobretudo europeia, africana e asiática. Os indígenas formam um grupo reduzidíssimo, pois foram massacrados pelos espanhóis durante a colonização.

Fonte: ATLAS geográfico escolar. 4. ed. Rio de Janeiro: IBGE, 2007.

Praia de Aruba, em julho de 2011. A população dos pequenos países caribenhos depende totalmente do turismo e das atividades financeiras criadas para evitar o pagamento de impostos em outros países.

Hoje, uma das principais atividades econômicas do Caribe é o turismo, que gera empregos em variados ramos – restaurantes, lojas, hotéis, *shopping centers* e em atividades ligadas ao lazer.

Muitas empresas estrangeiras mantêm escritórios comerciais nas ilhas caribenhas para evitar o pagamento de impostos de importação ou exportação nos países produtores e compradores. Essa manobra acaba constituindo uma importante fonte de renda das outras ilhas, como em Aruba. Apesar de produzirem uma renda importante, as operações financeiras e o turismo não foram capazes de acabar com a pobreza, marcante em praticamente todas as ilhas caribenhas.

As ilhas ainda têm algumas carências e dificuldades estruturais. Por exemplo, 95% das rodovias existentes nas ilhas do Caribe não são pavimentadas.

Entretanto, em certas ilhas, a atividade turística levou ao desenvolvimento de importante infraestrutura. Algumas já contam com aeroportos de grande porte, construídos, sobretudo, para receber o crescente número de turistas.

No Caribe, a industrialização é muito restrita. As poucas indústrias em funcionamento aproveitam significativas jazidas de ferro, gás e petróleo. Esses recursos naturais são particularmente abundantes em Trinidad e Tobago, que, assim, pôde implantar empresas variadas, como refinarias de petróleo e siderúrgicas, controladas por capitais ingleses.

Acima, refinaria da Petrotri, companhia petrolífera estatal de Trinidad e Tobago, em 2005. O país se destaca em relação aos seus vizinhos pelo maior grau de industrialização.

Outro país caribenho industrializado é a Jamaica. Esse país tem uma das maiores reservas mundiais de bauxita, matéria-prima a partir da qual se produz o alumínio.

Na década de 1950, grandes companhias canadenses e estadunidenses começaram a explorar essas consideráveis reservas de bauxita (a Jamaica é o quarto produtor mundial). Como o país não dispõe das vastas quantidades de hidreletricidade barata necessárias para o estágio final da produção do alumínio, a maior parte da bauxita exportada é não refinada, particularmente para os Estados Unidos. A Jamaica é um dos principais exportadores mundiais de bauxita e alumina.

Área de exploração de bauxita na Jamaica, em 2008. A atividade acarretou um importante desastre ambiental no país.

## Os "paraísos fiscais"

Alguns países recebem o apelido de "paraísos fiscais", pois oferecem muitas facilidades para a abertura de empresas por investidores estrangeiros, e seus governos garantem que a identidade desses empresários nunca será revelada. Tais países cobram impostos baixíssimos e nunca exigem informações sobre a procedência do dinheiro que está sendo levado para lá.

É comum a ocorrência, nesses "paraísos fiscais", do crime de lavagem de dinheiro. Sabe-se que muitos investidores que abrem empresas em tais territórios são traficantes, sobretudo de drogas e armas, políticos corruptos, criminosos em geral e sonegadores de impostos. Optam por depositar fortunas nesses territórios para se livrar da fiscalização exercida pelo governo em seus países de origem.

Entretanto, muitos "paraísos fiscais" já não oferecem tantas facilidades para esses investidores. Eles estão sendo pressionados por governos de diversos países do mundo a fornecer informações sobre a procedência do dinheiro lá depositado, pois este, em grande parte, é fruto de atividades criminosas.

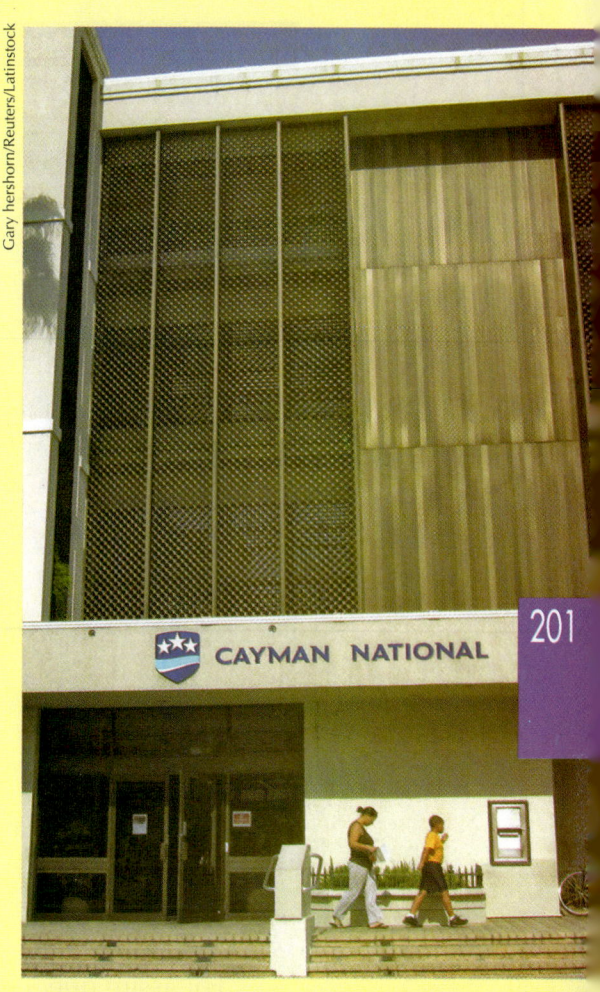

Banco em George Town, nas Ilhas Cayman, em abril de 2010. Um "paraíso fiscal". Protegidos contra qualquer tipo de fiscalização, criminosos do mundo todo podem esconder dinheiro em bancos como esse, presentes em quase todos os países das Pequenas Antilhas.

A América Central concentra grande número de "paraísos fiscais". Os mais conhecidos são Belize, Panamá, Aruba, Bahamas, Costa Rica, Santa Lucia, São Vicente e Granadinas, Ilhas Cayman.

## MCCA e Caricom

O Mercado Comum Centro-Americano (MCCA) foi criado em 1960 por Costa Rica, Guatemala, Honduras, Nicarágua e El Salvador, com o intuito de, juntos, superarem os problemas sociais e políticos.

Para alcançar esses objetivos, o MCCA criou, no ano seguinte, em 1961, o Tratado de Integração Centro-Americana, para promover um mercado comum na região. Atualmente planeja criar a União Centro-Americana, à semelhança da União Europeia.

Desde 1993, os membros do MCCA têm ampliado a integração econômica, eliminando as barreiras comerciais, representadas pelas tarifas alfandegárias. Ao mesmo tempo, as regras comerciais de todos os países estão sendo unificadas.

**Países-membros do MCCA**

Fonte: GIRARDI, Gisele; ROSA, Jussara Vaz. *Atlas geográfico do estudante*. São Paulo: FTD, 2011.

Alguns países caribenhos também tentaram criar uma organização econômica. Recém-independentes, esses países perceberam suas limitações e passaram a adotar algumas ações de cooperação para conquistar avanços na área socioeconômica.

Foi assim que, em 1973, diante da crise mundial gerada pelo "choque do petróleo", os países caribenhos, muito semelhantes econômica e culturalmente, criaram a Comunidade e Mercado Comum do Caribe (Caricom), uma grande associação comercial que hoje conta com uma população de 15 milhões de habitantes chamada atualmente de Comunidade do Caribe.

## Ler para entender

### Militarização na América Latina. Entrevista com Ana Esther Ceceña

[...]

A América Latina vive tempos de mudança com governos de esquerda e o protagonismo alcançado pelo movimento indígena. No entanto, a geopolítica nos diz que ainda não derrotamos o império. Porque os EUA estão militarizando a região com a desculpa de construir megaprojetos de infraestruturas para se apoderarem dos recursos naturais e manter o controle político com uma guerra preventiva. Para analisar este tema, segue entrevista com Ana Esther Ceceña, doutora em Relações Econômicas Internacionais pela Universidade de Paris I – Sorbonne, membro do Instituto de Investigações Econômicas da UNAM (México) e Coordenadora do Observatório Latino-americano de Geopolítica, durante a sua estadia em Lima, no Peru, para participar no seminário Emancipações num Contexto Militarizado.

**Yásser Gómez (YG)** – O que significam a Iniciativa para a Integração da Infraestrutura Regional Sul-americana (IIRSA) e o Plano Puebla Panamá para a América Latina?

**Ana Ceceña (AC)** – São dois megaprojetos que se articulam entre si, inclusive geograficamente e que são semelhantes, pois são dois projetos de construção de infraestruturas. Estão estruturados sob a ideia de canais ou linhas de comunicação para mercadorias e pessoas. Mas também vias de construção de linhas de eletricidade, energéticas, oleodutos, gasodutos. Inclusive, no caso do Plano Puebla Panamá (PPP), também se está pensando nestas mesmas linhas como autoestradas de informação. A IIRSA está muito melhor planejada, com canais interoceânicos para ligar os dois oceanos, e com isso agilizar uma saída para a Europa, Ásia e EUA. A ideia é ter vias de chegada ao mercado mais importante, os EUA, que apresenta características econômicas diferentes nas suas duas costas. O propósito é a extração de recursos da América Latina e transferir as mercadorias que há para esses mercados. Estes dois planos não estão pensados como uma forma de alargamento dos mercados internos. Por isso a IIRSA projeta-se desde o coração da América do Sul para fora e para as duas costas. E o PPP está pensado desde o Panamá para o Norte. As rotas, os canais, correm nesse sentido.

**YG – O Plano Mérida é um complemento do Plano Puebla Panamá no México? Qual o estado de concretização deste Plano?**

**AC** – O Plano Mérida (PM) é um complemento do Plano Puebla Panamá, mas na realidade o PPP, em si mesmo, já se transformou num Projeto Meso América, incorporando a Colômbia e muito explicitamente tem uma dimensão de segurança. Já o Plano Puebla Panamá assumiu as duas coisas, a integração energética que era a parte econômica mais importante, e a integração da segurança. Assim já não é preciso o Plano Mérida, pois é mais um degrau para permitir que o PM, que se desenvolve no México, se concretize de forma muito natural, sem necessidade de muita articulação com o Plano Colômbia.

Porque o Plano Mérida corresponde diretamente ao Plano Colômbia, é o mesmo projeto adaptado às circunstâncias, tanto geográficas como temporais. Já se assumiu toda a experiência adquirida com o Plano Colômbia e a estrutura é idêntica: ajuda para questões de segurança e uma muito pequena para o desenvolvimento, que é como avançam alguns dos projetos do Plano Colômbia. Temos, então, uma superposição do Plano Mérida na parte norte, projeto Meso-América, enlaçando essa parte norte com a Colômbia, o Plano Colômbia na Colômbia e Peru. Além disso há ainda a Aliança para a Segurança e Prosperidade da América do Norte (ASPAN), que também é um projeto de segurança e energético, mas que difere no sentido de que é mais a criação de um bloco regional o que está implícito nesse plano.

**YG** – Depois de concretizadas as fases de invasão denominadas Plano Colômbia e Plano Patriota pelos EUA na Colômbia, o que é que se segue?

**AC** – *A expansão do Plano Colômbia é para duas partes do continente, uma para norte, o que se está conseguindo com o Plano México e com as acusações depois do ataque da Colômbia a Sucumbios, no Equador. Arma-se um pouco o cenário que é no México que está o departamento internacional das FARC e que, por isso, se justifica o Plano México e, digamos, as mesmas políticas que na Colômbia. O outro ramo é para Sul e Leste, o que se está a tentar por vários caminhos. O que mais se projetou foi o do Paraguai como se fosse um braço do Plano Colômbia até à Fronteira Tripla e, naturalmente, o que faz isso, é o cobre na área boliviana, mas também permite um posicionamento junto do Aquífero Guarani; além disso como epicentro da parte do cone rio-platense da América do Sul.*

*Isso também se tentou em 2006, encenou-se que a irmã do ex-presidente havia sido sequestrada, o que, portanto, seria indicativo que haveria células e campos de treino das FARC no Paraguai. Com esta argumentação tão precária a intenção era montar aí uma operação do Plano Colômbia, mas também se tentava, e de fato conseguiu-se já há uns tempos, envolver o Peru no Plano Colômbia, porque os recursos deste Plano não são apenas para a Colômbia mas para toda a área. Assim, se os recursos são para aquela área, incluindo o Peru e o Equador, está-se também a incluir os que se estão a comprometer, pois esta ajuda tem sempre uma contrapartida, e essa é outro caminho de expansão.*

*Mas o que hoje está em jogo depois do Plano Patriota, que se inaugurou precisamente com o ataque a Sucumbios, é a possibilidade de os EUA poderem pôr em marcha uma política de guerra preventiva através de um terceiro país. E digo EUA porque a operação de Sucumbios foi desenhada fundamentalmente a partir da base de Manta, e os seus executantes foram em grande parte norte-americanos. Assim, está de fato inaugurada a atuação deles diretamente a partir da Colômbia, mas também a possibilidade de a Colômbia, tendo como êmulo a política norte-americana, se lançar também numa – se se quiser mais limitada regionalmente – guerra preventiva, na defesa dos seus interesses, fora do seu território, em territórios de outras nações. É a marca do modelo e, se não fora a muito enérgica reação do governo equatoriano, já se perfilaria a intervenção direta em qualquer país do continente. [...]*

Militarização na América Latina. *Confederação Intersindical Galega (CIG)*. Disponível em: <www.galizacig.com/avantar/opinion/15-4-2009/militarizacao-na-america-latina-entrevista-com-ana-esther-cecena>. Acesso em: 16 set. 2011.

## Vamos ver se você entendeu

1. Qual é o principal motivo para a criação/implementação de megaprojetos na América Latina? Identifique no texto trechos da entrevista que dão sustentação à sua resposta.

2. O que a professora Ana Esther Ceceña quis dizer ao mencionar a "política de guerra preventiva através de um terceiro país" orquestrada pelos Estados Unidos na América Latina?

# Refletindo sobre o tema

**1.** "Cuba já recebe os euros dos turistas. O euro começou a circular em Varadero, o balneário turístico mais importante de Cuba, onde a empresa Transtur anunciou que os serviços de táxi e aluguel de automóveis já podem ser pagos com a moeda."

(Gazeta Mercantil, 12 maio 2002.)

- O trecho de notícia acima revela uma atitude dos europeus em relação a Cuba diferente da atitude dos norte-americanos. Do lado dos europeus, há a valorização do turismo e do comércio; do lado dos Estados Unidos, desconfiança e tentativa de controle. Qual a causa dessa atitude do governo dos Estados Unidos em relação a Cuba ainda hoje?

**2.** Os países abaixo são paraísos fiscais. Explique o que significa incluir um país nessa classificação.

Fonte: ATLAS geográfico escolar. 4. ed. Rio de Janeiro: IBGE, 2007.

**3.** Até 1990, os problemas políticos eram constantes em diversos países do istmo da América Central, e sua economia recebia menor atenção. Na década atual, há uma inversão da situação, e os problemas econômicos passavam a ser o centro das discussões. Por que ocorreu essa mudança?

**4.** As exportações da América Central cresceram 20% em 2008. Esse fantástico desempenho é atribuído à integração econômica dos países centro-americanos. Quais os nomes dos blocos criados para promover essa integração e qual a função deles?

**5.** Quais as características climáticas e de relevo dominantes na América Central?

## De olho no mapa

Observe o mapa e responda:

a) Quais são os países numerados?

b) Aponte uma característica geográfica de cada um deles.

## De olho na imagem

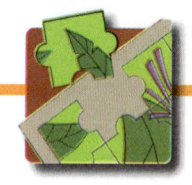

Praia com palmeiras em Placencia (Belize), em 2008.

Comente esta frase: "Os encantos naturais podem impulsionar a economia de Belize".

## De olho no gráfico

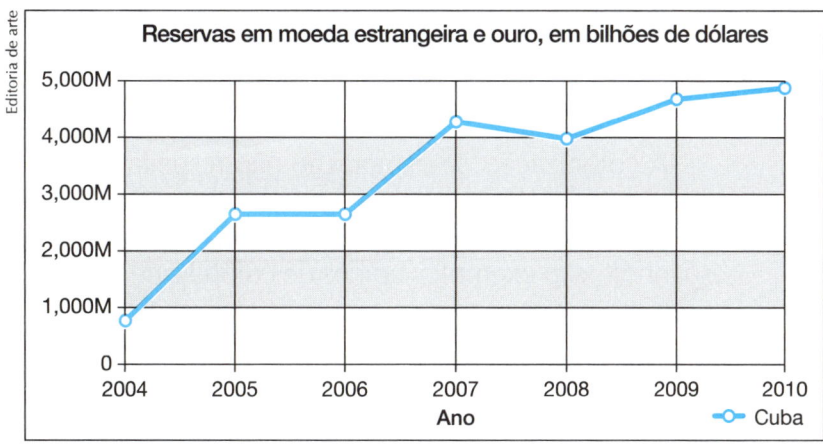

**Reservas em moeda estrangeira e ouro, em bilhões de dólares** (Cuba, 2004-2010)

Fonte: <www.theglobaleconomy.com/Cuba/>. Acesso em: 28 maio 2012.

Explique as causas desse expressivo aumento das reservas internacionais cubanas à luz de todo o processo de transição econômica em curso desde o colapso da URSS, em 1991.

## Vamos pesquisar

Pesquise as principais características geográficas de Honduras, Guatemala e El Salvador. Dê especial destaque à economia e à população desses três países.

# CAPÍTULO 10

## A colonização de exploração europeia altera o espaço geográfico sul-americano

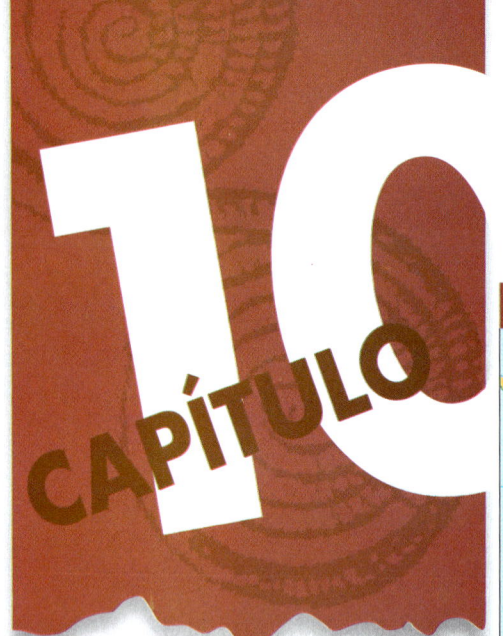

## AMÉRICA ANDINA

Entre os séculos XV e XIX, o continente americano foi partilhado entre as nações europeias. A América do Sul, por exemplo, foi dividida entre Portugal e Espanha, que a transformaram em colônia de exploração.

**Divisão da América (século XVI)**

Terras pertencentes à Espanha
Terras pertencentes a Portugal
Linha do Tratado de Tordesilhas

Fonte: ALBUQUERQUE, Manoel Maurício de e outros. *Atlas histórico escolar*. Rio de Janeiro: FAE/MEC, 1986.

A colonização de exploração não respeitava as sociedades nem o ambiente dos lugares onde era imposta. O Brasil e várias regiões da América Latina, colonizados por portugueses e espanhóis, são exemplos típicos de colônias de exploração, pois apresentavam as seguintes características:
- agricultura baseada na grande propriedade (enormes extensões de terra);
- produção destinada ao mercado externo (produtos agrícolas e metais preciosos);
- intensa utilização do trabalho escravo de indígenas e africanos.

No decorrer do século XIX, o domínio europeu na América do Sul declinou pouco a pouco e, no século XX, foi superado pelo poderio econômico e militar dos Estados Unidos, que submeteram grande parte da América Latina aos seus próprios interesses.

É importante ressaltar que continua grande a influência econômica e política dos Estados Unidos sobre a América. Essa situação persiste em vários países por meio da presença de transnacionais norte-americanas, que são muito importantes para a economia do continente.

Agora vamos conhecer a complexa realidade da América Andina. Tomaremos como ponto de partida a divisão política, e estudaremos o espaço geográfico de cada país que compõe essa parte do continente.

## Um espaço geográfico muito parecido em todos os países

A América Andina é composta por Venezuela, Colômbia, Equador, Peru, Bolívia e Chile. Esses países têm em comum, entre outros aspectos, a presença da cordilheira dos Andes em seu território.

Essa cordilheira é uma enorme cadeia de montanhas situada no extremo oeste da América do Sul. Ela se estende no sentido norte-sul por mais de 8 mil quilômetros, da Venezuela ao extremo sul do Chile. Possui vários picos que se aproximam dos 7 mil metros de altitude. Essas montanhas se elevaram em razão dos choques constantes entre duas placas tectônicas, a Sul-americana e a do Pacífico.

Fonte dos mapas: ATLAS geográfico escolar. 4. ed. Rio de Janeiro: IBGE, 2007.

Esses países possuem em comum a cordilheira dos Andes e populações com predomínio de mestiços e indígenas.

Quando os europeus chegaram à América, no final do século XV, os Andes eram habitados por várias nações ameríndias. Hoje seus descendentes habitam principalmente os altiplanos andinos, que são as terras altas entre os picos das cordilheiras.

Muitas comunidades indígenas e de pequenos agricultores praticam a agricultura de autossustento em pequenas propriedades. Seus métodos de cultivo são tradicionais. Praticam o pousio, isto é, plantam e depois da colheita deixam a terra descansar. Também aproveitam como adubo o esterco das suas poucas cabeças de gado.

Eles cultivam milho, batata e coca. Também criam gado bovino, mas principalmente vicunhas, alpacas, ovinos e lhamas. A criação desses animais é voltada principalmente para a produção de lã.

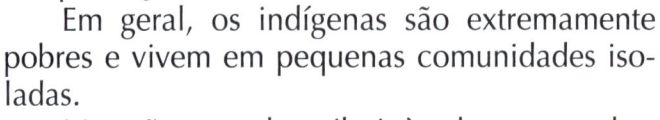

Em geral, os indígenas são extremamente pobres e vivem em pequenas comunidades isoladas.

Mas não se pode atribuir às altas montanhas o isolamento desses povos. Os sucessivos governos das colônias e, depois, dos países independentes nunca se interessaram em construir estradas ou ferrovias que interligassem essas regiões. Foram implantadas interligações somente onde havia interesse em escoar mercadorias para os portos e o exterior.

Como essas comunidades empobrecidas não produziam nada para exportação, ficaram isoladas. E o isolamento, para muitas localidades na cordilheira, significou ficar sem saneamento básico, sem escolas e sem assistência médica.

A precariedade em que se encontram as comunidades indígenas contrasta com as condições favoráveis das enormes fazendas, que ocupam os solos mais férteis e são controladas por uma poderosa elite. Essas grandes propriedades rurais são acessíveis por boas estradas, pois sua produção se destina à exportação desde os tempos coloniais. Utilizando há séculos o sistema de *plantation*, elas cultivam e exportam principalmente produtos tropicais, como café, cacau, açúcar, banana e algodão.

Indígenas quíchuas colhem diferentes espécies de batatas nativas na região de Huancavelica, no Peru, em 2007. Os métodos tradicionais de produção de alimentos dos indígenas não agridem a natureza.

Outra considerável fonte de renda da elite andina é a extração dos recursos minerais – prata, cobre, estanho, petróleo –, que são quase integralmente vendidos ao mercado externo.

Note, portanto, que os países andinos são agromineradores exportadores, pois sua economia baseia-se nas produções agrária e mineral para exportação. No mapa "América Andina – Transportes", da próxima página, observe o perfil das raras ferrovias e rodovias que cortam a América Andina. Seu traçado é perpendicular à faixa litorânea, uma vez que sua função é escoar em direção aos portos os produtos agrícolas e minerais.

Os países andinos possuem, em comum, as tradições e os conhecimentos que se estendem desde o Império Inca. Fonte: ATLAS geográfico escolar. 4. ed. Rio de Janeiro: IBGE, 2007.

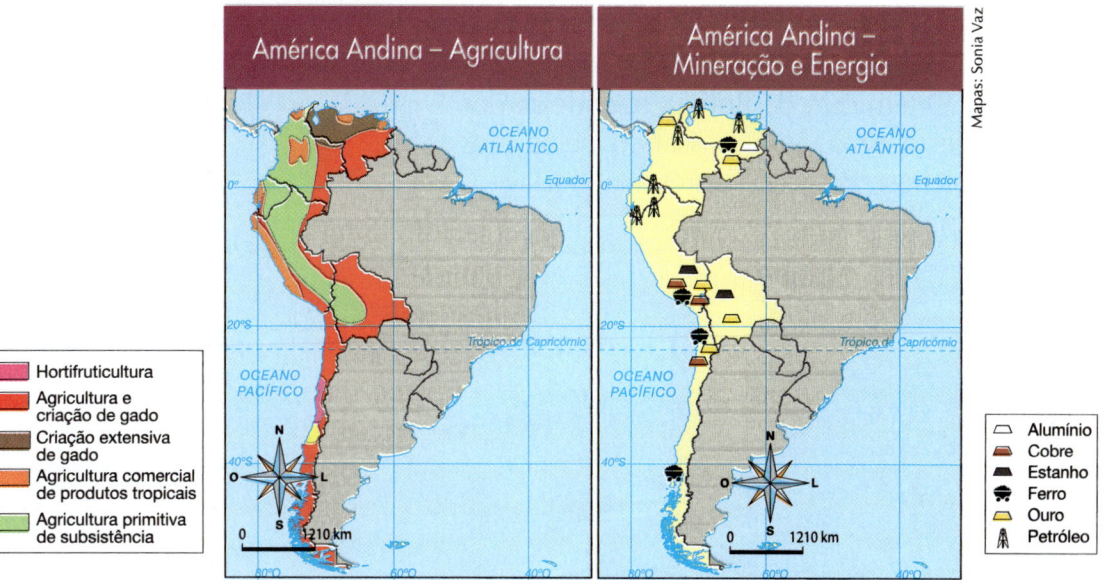

**América Andina – Agricultura**

**América Andina – Mineração e Energia**

Mapas: Sonia Vaz

Legenda (Agricultura):
- Hortifruticultura
- Agricultura e criação de gado
- Criação extensiva de gado
- Agricultura comercial de produtos tropicais
- Agricultura primitiva de subsistência

Legenda (Mineração e Energia):
- Alumínio
- Cobre
- Estanho
- Ferro
- Ouro
- Petróleo

Fonte: ATLANTE Geografico De Agostini. Novara: Istituto Geografico De Agostini, 2004.

**América Andina — Transportes**

Legenda:
- Porto
- Rodovia
- Ferrovia

Fonte: *United Nations Statistical Yearbook*, ONU, 2000. Disponível em: <www.un.org/>. Acesso em: 23 maio 2012.

| País | Produto | % sobre o total das exportações (2006) |
|---|---|---|
| Venezuela | petróleo | 62 |
| Colômbia | café | 61 |
| Bolívia | estanho | 59 |
| Chile | cobre | 53 |

Fonte: ATLANTE Geografico De Agostini. Novara: Istituto Geografico De Agostini, 2004.

Agora, vamos conhecer melhor cada país andino.

## Pare, pense e faça

Qual a grande diferença entre o modo de vida dos nativos da cordilheira dos Andes e o dos colonizadores?

# Bolívia

O território da Bolívia estende-se dos Andes à Amazônia, passando pelos frios altiplanos. Por isso, apresenta paisagens exuberantes e muito variadas.

A Bolívia é um país de grande diversidade natural. Abriga altíssimas elevações dos Andes (à direita), extensas florestas equatoriais na planície amazônica (ao centro) e uma vasta área cultivável no altiplano (acima).

No entanto, o país não possui saída para o mar, pois perdeu seu litoral para o Chile, durante a Guerra do Pacífico (1879-1881). Naquele conflito os chilenos conquistaram também algumas ricas reservas minerais bolivianas.

Anos depois, em 1903, o governo boliviano negociou um acordo com o Brasil, cedendo o Acre em troca de uma importante soma em dinheiro, terras na fronteira com o oeste do Mato Grosso e o compromisso de construir a Estrada de Ferro Madeira-Mamoré, que daria à Bolívia uma saída pelo rio Amazonas para o Atlântico.

Entre 1932 e 1935 o país foi novamente derrotado, desta vez pelo Paraguai, na Guerra do Chaco. Esse conflito ocorreu quando tropas paraguaias ocuparam terras ricas em petróleo que, historicamente, pertenciam à Bolívia. Ao final dessa guerra, o Paraguai também anexou um pedaço do território boliviano. Como se pode notar no mapa, a Bolívia era muito maior do que é hoje.

Apesar de ter sofrido tantas derrotas, que resultaram em grandes perdas territoriais, a Bolívia manteve importantes reservas de petróleo, gás natural, estanho, zinco e ferro. No século XX, esses recursos atraíram poderosas empresas transnacionais ligadas aos setores de mineração e de petroquímica. Modernas e automatizadas, essas empresas não empregavam a mão de obra indígena, não qualificada, e pouco contribuíram para melhorar a qualidade de vida da maioria da população.

**Bolívia – Terras cedidas a outros países**

- Limite atual da Bolívia
- Limites das perdas territoriais
- Capital
- Cedido ao Brasil em 1867
- Cedido ao Brasil em 1903
- Cedido ao Chile em 1904
- Cedido ao Paraguai em 1938

Fonte: GRANDE atlas universal. Barcelona: Editorial Sol 90, 2004. v. 2.

Os bolivianos mais pobres, camponeses descendentes de indígenas arruinados pela erradicação das plantações de coca (promovida pelos EUA na década de 1990), organizaram-se para exigir seus direitos. Sua luta foi vitoriosa: conseguiram eleger Evo Morales, um líder indígena autodidata, para a presidência da Bolívia.

### O presidente indígena

Como vimos na página 94, em 2005, Evo Morales foi eleito presidente da Bolívia com 54% dos votos. De origem ameríndia, adotou de imediato uma política nacionalista, especialmente para o setor petrolífero. Assim que assumiu a presidência do país, estatizou várias indústrias petroquímicas, inclusive refinarias da Petrobras. Empresas transnacionais que pertenciam a grupos particulares passaram para o controle do Estado boliviano.

Mas nem todos os bolivianos concordaram com isso. Os membros das camadas sociais privilegiadas da província de Santa Cruz – riquíssima em gás natural e petróleo – alegam que as estatizações e nacionalizações são prejudiciais ao país, pois afastam os investidores estrangeiros, que criam empregos e pagam impostos.

Em janeiro de 2009, a população aprovou, com mais de 61% dos votos, a elaboração de uma nova Constituição, que aumenta a participação do Estado, consolida a nacionalização de recursos, permite a reeleição presidencial (que potencialmente permitirá a Morales ficar no cargo até 2015) e reforça os poderes dos indígenas, que compõem 47% dos 10 milhões de bolivianos.

# Colômbia

A Colômbia é um país que depende muito da produção e exportação de café.

Exportando basicamente produtos primários – café, petróleo e carvão, além de ouro e pedras preciosas –, a Colômbia não consegue recursos suficientes para elevar a qualidade de vida de sua população. Alguns grandes fazendeiros obtêm enormes lucros exportando café, mas a maioria dos camponeses depende, ao lado de suas famílias, da agricultura de subsistência praticada em pequenas propriedades.

Os enormes contrastes sociais do espaço colombiano agravaram-se na década de 1960, quando muitas transnacionais se instalaram no país. Fixando-se principalmente nas áreas urbanas, essas grandes empresas atraíram a população do campo para as cidades, acelerando o êxodo rural. Esperançosos de encontrar trabalho nessas empresas, legiões de camponeses abandonaram ou venderam suas terras, mudando-se para as cidades. O sonho deles era conseguir melhores condições de vida, mas a maioria acabou morando em favelas nas periferias empobrecidas das áreas urbanas.

| Maiores produtores mundiais de café (milhares de t e %) | | | |
|---|---|---|---|
| Ano | 1984 | 1994 | 2004 |
| Brasil | 1 284  25% | 1 692  30% | 2 356  35% |
| Vietnã | 14  0% | 212  4% | 831  12% |
| Colômbia | 662  13% | 779  14% | 684  10% |
| Indonésia | 373  7% | 377  7% | 443  7% |
| Etiópia | 139  3% | 152  3% | 300  4% |
| Índia | 196  4% | 169  3% | 231  3% |
| Guatemala | 170  3% | 227  4% | 221  3% |
| México | 260  5% | 250  4% | 204  3% |
| Peru | 70  1% | 71  1% | 201  3% |
| Uganda | 153  3% | 144  3% | 165  2% |
| Honduras | 86  2% | 131  2% | 155  2% |
| Costa Rica | 151  3% | 150  3% | 107  2% |

Fonte: Organização Internacional do Café. Disponível em: <www.ico.org>. Acesso em: 13 abr. 2012.

O Brasil e a Colômbia estão entre os maiores produtores mundiais de café.

# O estratégico litoral colombiano

**Colômbia — Principais portos, rodovias e ferrovias**

Fonte: ATLAS escolar Colômbia. Colômbia: Mundo Litográfico, 2010.

A Colômbia possui um extenso litoral, banhado pelos oceanos Atlântico e Pacífico.

Um dos principais atrativos da Colômbia, para as empresas estrangeiras, é sua posição geográfica privilegiada. O país possui portos nos oceanos Pacífico e Atlântico, fator que barateia o custo dos transportes e impulsiona o comércio naval, que, pelo oceano Atlântico, pode dirigir-se diretamente tanto para a África, a Europa e a Costa Leste da América e, pelo oceano Pacífico, para a Ásia, a Oceania e a Costa Oeste da América.

Na década de 1970, a população rural, pobre e sem perspectivas de melhoria, cultivava principalmente coca, um arbusto andino que já era usado pelos incas há mais de 1200 anos. Para diminuir a sensação de fome, sede e cansaço nas longas peregrinações pelos Andes ou no trabalho braçal em elevadas altitudes, os incas – e seus descendentes, os camponeses pobres da América Andina – mastigavam as folhas dessa planta ou as usavam para fazer chá.

O crescimento mundial do consumo de cocaína na década de 1970 estimulou muitos agricultores colombianos, que aumentaram o cultivo de coca para vendê-la aos traficantes, que produzem a droga em laboratórios clandestinos. Em pouco tempo, a produção da folha de coca tomou conta de parte considerável do espaço rural colombiano.

Incentivados pelos lucros fabulosos proporcionados pelo narcotráfico, os líderes dessa atividade corromperam muitos fazendeiros, policiais, militares e políticos, que passaram a ter forte ligação com os narcotraficantes.

Enquanto isso ocorria, persistia a miséria da imensa maioria dos camponeses. Essa injustiça revoltou milhares de colombianos, que resolveram mudar o quadro social do país por meio da luta armada. Surgiram, assim, diversos grupos armados, entre os quais se destacam as Forças Armadas Revolucionárias da Colômbia (FARC) e o Exército de Libertação Nacional (ELN).

Para alguns analistas, as Farc e o ELN são revolucionários, pois estariam lutando pela criação de um novo quadro social, sem corrupção e injustiças. Para outros, são grupos de terroristas ligados aos narcotraficantes, que sequestram pessoas para exigir resgates milionários.

Atualmente, as Farc e o ELN ocupam grandes áreas do país, onde fazem valer suas próprias leis, constituindo um "Estado dentro do Estado". Por exemplo, eles recolhem impostos da população que habita esses territórios, inclusive de pequenos agricultores e de produtores de cocaína. Desde sua criação, tornaram-se frequentes os choques armados entre esses grupos e militares enviados pelo governo colombiano às florestas.

Colombiano cuida de viveiro de mudas de coca no departamento de Nariño, em 2007. A plantação de coca ganhou muita importância na Colômbia após a difusão mundial da cocaína como droga entorpecente.

Membro da guerrilha das Farc durante combate contra soldados colombianos em El Palo, departamento de Cauca, em 2011. A guerrilha colombiana nasceu com forte inspiração socialista, pregando uma sociedade mais justa.

## Natureza exuberante

Além dos Andes, a Colômbia possui outras deslumbrantes paisagens naturais. Situada na Zona Equatorial, predominam no interior do país altas temperaturas e chuvas constantes. Esse clima é um dos elementos da densa Floresta Amazônica, percorrida por rios caudalosos (muitos dos quais afluentes do Amazonas). A rica biodiversidade dessa região – onde são encontradas árvores de madeira cobiçada, como o cedro, o jacarandá, o mogno e o ébano – pode ser comprovada pela presença de grandes áreas florestadas ainda preservadas.

A Floresta Amazônica ocupa boa parte do território colombiano.

A agricultura é particularmente favorecida pela diversidade de paisagens naturais, que têm em comum um solo de origem vulcânica muito fértil. O café, por exemplo, um dos destaques da Colômbia, é muito cultivado nas encostas das montanhas, onde predomina um clima mais ameno; a banana e uma multiplicidade de outras frutas são cultivadas em larga escala no sopé das elevações e nas planícies aluviais, áreas onde o clima é bem mais quente. Recentemente, a Colômbia se transformou em um dos maiores exportadores mundiais de flores, que passaram a ser cultivadas em quase todo o seu território.

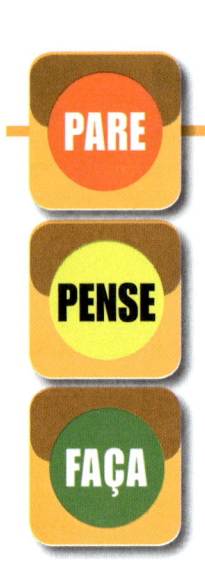

## Pare, pense e faça

Comente a frase: "O plantio de coca tornou-se uma alternativa de sobrevivência dos camponeses porque os produtos alimentares não são valorizados".

## Venezuela

A Venezuela é um dos maiores produtores de petróleo do mundo. Apesar disso, 80% dos venezuelanos eram pobres, e 31,5% deles viviam abaixo da linha de pobreza – na miséria extrema – em 2005.

Por que há tantos e tamanhos contrastes sociais num país em que os recursos naturais são tão abundantes?

Desde a década de 1910, os governantes da Venezuela permitiram que o petróleo fosse explorado por empresas transnacionais. Mas essas poderosas companhias pagavam muito pouco ao governo venezuelano por esse importante recurso natural. Em consequência do baixo faturamento e da corrupção desmedida, o país ficou sem recursos para proporcionar aos seus habitantes acesso à educação, à saúde e à moradia.

Para agravar essa situação, nas últimas décadas a população carente da Venezuela cresceu muito. Gigantescas favelas tomaram conta da periferia das maiores cidades, sobretudo da capital, Caracas.

Grande favela na periferia de Caracas, na Venezuela, em 2008. A grande quantidade de favelas em torno de Caracas revelam as condições precárias da sociedade venezuelana nas últimas décadas.

Esse quadro social precário foi pano de fundo de grande instabilidade política. Golpes de Estado, ditaduras, eleições fraudadas e muitos outros problemas geraram um forte sentimento de desesperança nos venezuelanos. No fim da década de 1980, alguns militares se rebelaram contra essa situação, e uma revolta popular destruiu grande parte do centro de Caracas.

O descontentamento era ainda maior no fim da década de 1990. Nessa época, surgiram novas lideranças políticas, que passaram a ser vistas por muitos venezuelanos como alternativas reais de mudança no panorama de desigualdade social do país. Um desses líderes era Hugo Chávez, ex-militar e ex-golpista, que em 1998, foi eleito presidente da República pela primeira vez.

Desde o início de seu governo, Chávez acusa os Estados Unidos e as empresas transnacionais de explorarem as riquezas naturais da Venezuela. Ele critica o capitalismo, afirmando que a única alternativa justa é aprofundar a igualdade, levando a sociedade venezuelana ao socialismo. Seguindo essa linha, rompeu as tradicionais ligações das transnacionais com a Venezuela e retomou o controle estatal de todo o setor petroquímico.

Os grandes contrastes no espaço geográfico da Venezuela não são apenas sociais, mas também ambientais. Contrastando com as montanhas andinas, eternamente nevadas, estendem-se a grande planície dos *llanos* e o Maciço das Guianas.

No interior da Venezuela existe uma paisagem muito diferente dos Andes, formada por uma vasta planície muito parecida com as savanas, conhecida como *llanos*. Os *llanos* são atravessados pelo rio Orinoco, o maior do país, com mais de 3 mil quilômetros de extensão. No seu alto curso, que começa no Maciço das Guianas, área fronteiriça com o Brasil, a uma altura de 1074 metros, o Orinoco alimenta grandes usinas hidrelétricas. Já o seu delta abre-se sobre gigantescas jazidas de petróleo. O centro-sul do país é recoberto pela Floresta Amazônica, com sua rica biodiversidade.

Sob o controle do governo, a PDVSA (*Petroleos de Venezuela, S.A.*, companhia estatal venezuelana de petróleo) se tornou o grande símbolo da era Chávez na Venezuela. Ao lado, plataforma de extração próximo de Maracaibo, em junho de 2006.

Fonte: ATLAS geográfico escolar. 4. ed. Rio de Janeiro: IBGE, 2007.

Como vimos, a economia venezuelana baseia-se no petróleo e na exploração do minério de ferro. A expansão dessas atividades atraiu para o país outras indústrias: químicas, de papel e celulose e de borracha.

Na Amazônia venezuelana, são explorados recursos importantes: ouro, diamantes, cobre, zinco, titânio e manganês, além do petróleo.

Apesar da quantidade e da variedade de riquezas do território da Venezuela, muitos venezuelanos têm deixado o país por causa dos problemas políticos e econômicos vividos por eles. Nas décadas de 1970 e 1980 a maioria dos venezuelanos que deixavam o país eram trabalhadores em busca de oportunidades nos Estados Unidos. Hoje, ao contrário, tem sido a população mais rica que tem deixado o país rumo aos EUA, desgostosa com a política do presidente Hugo Chávez, que afeta os centenários privilégios desse grupo social.

# Peru

Considerado um dos países com maior biodiversidade do planeta, o Peru guarda em seu território exuberantes formações naturais.

Nos Andes, encontram-se valiosas reservas minerais, destacando-se o estanho, o cobre, a prata e o zinco, que colocam o país entre os maiores produtores mundiais de metais.

A agricultura também é muito variada, pois se beneficia do solo fértil e da variação climática que o relevo elevado propicia. Assim, a cana-de-açúcar, o milho e a batata predominam nas regiões mais quentes; o café, nas regiões de altitudes médias; o trigo, nas partes mais altas e mais frias.

A atividade pesqueira peruana está entre as mais importantes do mundo, pois é beneficiada pelo fato de que a corrente fria de Humboldt passa ao longo do seu litoral, atraindo ricos cardumes.

Por causa da corrente de Humboldt, o litoral peruano é extremamente seco. As águas frias dessa corrente marinha evaporam pouco, dificultando a formação de nuvens e, consequentemente, de chuvas. Por isso, o litoral peruano é uma extensão do deserto de Atacama, que se estende pelo norte do Chile.

Os recursos naturais do Peru estão concentrados nas mãos de uma classe social minoritária formada por ricas famílias de latifundiários e empresários da indústria, comércio e serviços – neste último caso, destacam-se os proprietários dos meios de comunicação. Essa poderosíssima elite, que é praticamente a mesma em todos os países da América Latina, contrasta com a vasta maioria da população – indígena e camponesa –, empobrecida e abandonada pelos sucessivos governos.

Tantas e tamanhas desigualdades têm gerado vários movimentos de revolta no Peru. Na década de 1970, por exemplo, o *Sendero Luminoso* cresceu principalmente entre os estudantes universitários. Inspirados no comunismo, seus membros propunham tomar o poder e acabar com as injustiças sociais no Peru.

Em 1980, o *Sendero Luminoso* ("Caminho Luminoso") iniciou uma intensa luta armada contra o Estado peruano, que levou grande violência ao país, principalmente às regiões rurais do alto dos Andes. No início da década de 1990, seus principais líderes foram presos, e esse grupo armado foi diminuindo, até praticamente desaparecer.

Segundo cálculos da Comissão da Verdade e Reconciliação (que investigou a violência no Peru entre 1980 e 2000), o *Sendero Luminoso* foi responsável pela morte de mais de 31 mil pessoas, incluindo camponeses, militares e militantes de movimentos sociais e de grupos de esquerda rivais.

Porto pesqueiro de Salaverry, no Peru, defronte ao deserto de Atacama, em 2011. A abundância de peixes parece compensar a aridez do interior.

Manifestação de senderistas em penitenciária de Lima, no Peru, em novembro de 2000. O *Sendero Luminoso* foi visto como uma alternativa socialista pelos peruanos insatisfeitos com as mazelas e as injustiças sociais de seu país.

O *Sendero Luminoso* não foi o único exemplo de luta popular contra os privilégios da classe dominante. No século XVIII, os líderes indígenas do Peru já haviam se revoltado contra as péssimas condições de vida impostas pelos colonizadores.

Um desses líderes ficou conhecido com o nome de Túpac Amaru, que, no idioma quíchua, significa "Serpente Resplandecente". Túpac criou um poderoso exército, que conseguiu várias vitórias contra os colonizadores espanhóis.

Em 1781, os espanhóis capturaram e esquartejaram Túpac Amaru, além de outros líderes indígenas. Em seguida, os colonizadores tentaram apagar a história de sua luta. Mas a história de Túpac foi preservada como tradição oral e até hoje é inspiração para os descendentes dos incas.

Monumento em Urcos (Peru), em 2007, homenageia Túpac Amaru, líder indígena que estimulou a resistência contra a opressão.

## Equador

O Equador é o menor país andino, recoberto pela Floresta Amazônica. Mesmo assim, possui grandes recursos naturais.

Como nos vizinhos, as ricas e diversificadas paisagens naturais não impedem que a pobreza atinja grande parte de sua população. Cerca de 45% dos equatorianos vivem abaixo da linha de pobreza (ganham menos de US$ 2 por dia).

Uma das razões desse dramático quadro social é o perfil de sua economia. O país depende, basicamente, das exportações de alguns produtos – banana, petróleo e pescado – cujo valor de mercado não controla e que não geram recursos suficientes para melhorar a qualidade de vida no país.

No início da década de 1990, o governo equatoriano adotou medidas econômicas neoliberais. Isso significa que o governo promoveu privatizações, isto é, vendeu empresas estatais para empresas e grupos privados. O setor mais atingido por essa política foi o da exploração e refino do petróleo, que ficou nas mãos de grupos estrangeiros.

Ao lado, vista da capital equatoriana, Quito, em outubro de 2009. Cercada de favelas, é uma típica capital sul-americana.

Nos últimos anos, o aumento dos preços do petróleo beneficiou bastante as empresas petroquímicas transnacionais, que vêm lucrando muito. No entanto, não alterou as precárias condições de vida da imensa maioria da população do país.

Em 2007, o Equador manifestou a intenção de retornar à Opep, assinando um acordo para efetivar sua volta.

Visando aumentar os lucros proporcionados por esse recurso natural tão valorizado, o governo do país concedeu licenças para exploração petrolífera no interior do Parque Nacional de Yasuní, uma das reservas naturais mais importantes do planeta, graças à rica biodiversidade. Além disso, essa região é habitada por povos indígenas que mantêm um isolamento voluntário. Essas comunidades poderão sofrer com a devastação do ambiente e com as doenças introduzidas pelos trabalhadores.

Fonte: *Yasuní National Forest*. Disponível em: <www.liveyasuni.org>. Acesso em: 1º maio 2012.

Vista do rio Napo, que limita o Parque Nacional de Yasuní, em julho de 2007. Se permitir a exploração do petróleo nessa região, o governo equatoriano colocará em risco um rico patrimônio natural.

## Chile

O país andino cuja economia mais cresce desde a década de 1990 (7% ao ano) é o Chile. Seu PIB cresceu 5,3% de 2009 a 2010. Apesar desses bons indicadores econômicos (PIB e renda *per capita*, que é apenas o PIB dividido pelo número de habitantes), a economia chilena apresenta um grande defeito: a desigual distribuição de renda entre a população, o que gera grande diferença social entre ricos e pobres. Segundo informe do Banco Mundial, em 2005, apesar de estar colocado em 37º lugar no IDH, o Chile encontrava-se em 80º lugar na lista de países por desigualdade de renda. Ou seja, era o 4º colocado na América Latina (atrás de Brasil, Paraguai e Colômbia), com um desempenho pior que alguns países africanos muito mais pobres, como Zâmbia, Nigéria e Malauí, o que revela uma distorção da economia chilena que ainda não foi superada. Em 2005, os 10% mais pobres receberam 1,2% do PNB (1,4% em 2000), enquanto os 10% mais ricos controlaram 47% do PIB (46% em 2000).

Embora as transferências de renda por intermédio de programas sociais amenizem o impacto da má distribuição do PIB chileno, as desigualdades têm grande impacto negativo na renda de certas camadas da população, em especial das mulheres, dos jovens, dos indígenas, dos idosos e dos habitantes de determinadas regiões do Chile. A desigualdade de oportunidades de trabalho entre homens e mulheres prejudica o dinamismo da economia do Chile. A participação da mulher no mercado de trabalho é a menor da América Latina. Além disso, existem grandes diferenças salariais entre homens e mulheres.

De qualquer forma, o Chile é uma das economias mais competitivas do planeta, o que levou o país a diminuir a pobreza de 50% (1987) para 18,3% (2003) em 16 anos. O país foi o primeiro na América Latina na redução da pobreza. Hoje em dia conta com bons indicadores sociais, como esperança de vida, analfabetismo e mortalidade infantil no mesmo nível de países desenvolvidos.

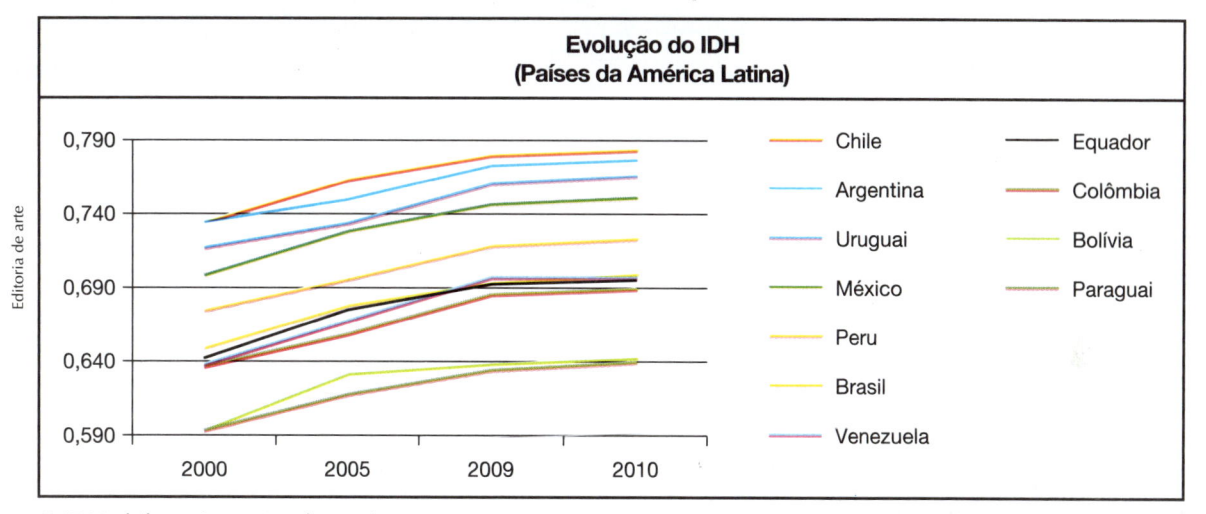

**Evolução do IDH (Países da América Latina)**

O IDH chileno é o maior da América Latina.

Fonte: <www.pnud.org.br/pobreza_desigualdade/reportagens/index.php?id01=3596&lay=pde>. Acesso em: 9 abr. 2012.

A economia chilena é, em grande parte, controlada por transnacionais, especialmente japonesas, norte-americanas e europeias. Essas poderosas companhias foram atraídas pelas enormes reservas de cobre e estanho e ingressaram no Chile nas décadas de 1970 e 1980. Embora o país tenha reduzido sua dependência das exportações de cobre de 60% (durante a década de 1970) para 35% em 2004, ainda é um nível muito alto, e grande parte do crescimento chileno está relacionado com os altos preços deste e de outros minerais.

No norte chileno, onde ficam as jazidas de cobre, estende-se o deserto de Atacama, o mais árido do mundo. Alguns de seus trechos já ficaram sem registrar uma gota de chuva sequer durante mais de 100 anos. Tal aridez deve-se à atuação da corrente fria de Humboldt. Suas águas frias são benéficas para a pesca porque trazem plâncton dos mares antárticos, que atrai enormes cardumes. Por outro lado, as baixas temperaturas dificultam a evaporação, a formação de nuvens e, portanto, a ocorrência de chuvas.

Fonte: ATLANTE Geografico De Agostini. Novara: Istituto Geografico De Agostini, 2004.

A natureza é pródiga: compensa a aridez do Atacama com uma impressionante fartura de peixes em seu litoral.

Agropecuária avançada para exportação e dinâmicos centros urbanos, como Santiago (acima, em janeiro de 2010), dividem o espaço geográfico da região central do Chile.

A região central do Chile abriga a capital Santiago e outras cidades importantes, como Valparaíso e Viña del Mar, onde se concentram as principais indústrias, em especial as siderúrgicas e as alimentícias. O espaço rural é grande produtor de frutas, especialmente uvas destinadas à fabricação de vinhos, que possuem fama internacional.

No litoral da região sul, a corrente de Humboldt, por ser fria, favorece a concentração de salmões. Como a pesca indiscriminada acarretou escassez crescente desse peixe nos últimos anos, a piscicultura ganha importância cada vez maior. Graças ao sucesso dessa atividade, o salmão já é o principal produto chileno exportado para os Estados Unidos.

No interior dessa região, o clima frio associado à cordilheira dos Andes compõe uma paisagem exuberante. Vulcões entremeados de lagos glaciais e grandes geleiras têm atraído sofisticadas redes hoteleiras e promovido a construção de novos aeroportos.

Fonte: ATLANTE Geografico De Agostini. Novara: Istituto Geografico De Agostini, 2004.

Como vimos, há décadas o Chile tem se mostrado favorável ao desenvolvimento capitalista. Por essa razão, atraiu o interesse de muitos países ricos, como o Japão, a União Europeia e os países do Nafta, com os quais assinou tratados de livre co-

Em primeiro plano, navio de cruzeiro passa diante da geleira Pio XI, no sul do Chile, em fevereiro de 2008. Cenários naturais magníficos e um litoral rico em peixes são as principais riquezas da região.

mércio. Recentemente, o país assinou tratados desse tipo também com o Mercosul e a Comunidade Andina, transformando-se num importante polo de comércio exterior.

Nos últimos 40 anos, o Chile priorizou a educação, especialmente para crianças e jovens entre 6 e 17 anos. Foram destinados mais recursos financeiros às escolas. Aos professores, por sua vez, foram dadas oportunidades para se atualizarem e se especializarem.

Tais medidas melhoraram sensivelmente a qualidade do ensino, o que elevou o nível de aprendizagem dos alunos. Outra consequência importante foi o aumento do número de profissionais especializados formados no país. A maior qualificação também contribuiu para atrair para o Chile mais empresas transnacionais.

As companhias transnacionais proporcionaram mais empregos, mas não solucionaram todos os problemas sociais do país. Por exemplo, ainda faltam moradias e saneamento básico em muitas regiões chilenas.

O modelo socioeconômico adotado pelo Chile assemelha-se ao dos Estados Unidos e da Inglaterra. Chama-se neoliberalismo e caracteriza-se pela menor intervenção do Estado na economia e corte de gastos públicos.

Catador de lixo em Valparaíso, no Chile, em junho de 2006. O Chile ainda padece das mesmas mazelas sociais que afligem os outros países da América do Sul.

A previdência social, por exemplo, em 1981 passou a ser administrada por empresas privadas. Desde então, muitos trabalhadores chilenos contribuem mensalmente com até 10% do seu salário. Ao se aposentarem, passam a receber mensalmente um valor equivalente a 70% do salário. Esse sistema previdenciário tem sido muito criticado, porque os 30% de redução nos salários dos trabalhadores que se aposentam fazem baixar muito o nível de vida deles.

Os trabalhadores têm ainda outras críticas. Eles alegam que o crescimento da economia beneficiou apenas uma privilegiada camada social. Por isso, nos últimos anos têm recorrido frequentemente a greves como forma de reivindicar melhores salários.

Muitos trabalhadores reclamam também que os tratados de livre comércio, ao mesmo tempo que ampliaram as exportações chilenas, permitiram o livre ingresso de produtos estrangeiros no país.

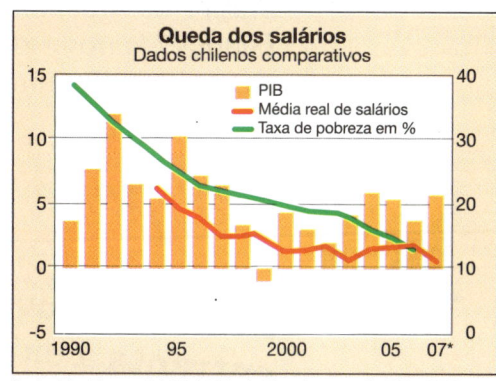

**Queda dos salários**
Dados chilenos comparativos
- PIB
- Média real de salários
- Taxa de pobreza em %

Fonte: *The Economist*, Ministério de Planejamento do Chile. 2009.

De fato, essa situação gerou mais concorrência às empresas chilenas. Muitas delas, para sobreviver à maior presença de mercadorias estrangeiras, reduziram os preços de seus produtos – só que para isso baixaram também o salário de seus funcionários.

O crescimento da economia não foi acompanhado por um aumento real dos salários: a concentração de renda chilena persiste.

Todos esses fatos sinalizam que, apesar do extraordinário crescimento econômico das últimas décadas, ainda resta um grande desafio para o Chile: superar suas persistentes diferenças sociais.

## Texto complementar

### A COMUNIDADE ANDINA DE NAÇÕES

*A Comunidade Andina de Nações, chamada também de Pacto Andino, é um bloco econômico que surgiu para ampliar a integração econômica e social dos países-membros e promover o desenvolvimento conjunto da região.*

*A ideia começou a tomar corpo em uma reunião de chefes de Estado realizada em Cartagena, na Colômbia, em 1969. A própria Colômbia, mais o Peru, o Chile, a Bolívia e o Equador iniciaram os primeiros acordos. Em 1973 a Venezuela também passou a fazer parte do bloco.*

*Em 1976 o Chile retirou-se do Pacto: dominado por uma violenta ditadura militar, passou a comercializar mercadorias diretamente com os Estados Unidos, fato que não era aceito pelos outros países do bloco.*

*Entre 1993 e 1997 o Pacto Andino definiu as regras principais para o livre comércio, permitindo finalmente que as mercadorias trafegassem de um país a outro sem pagar tarifas ou impostos.*

*Ao mesmo tempo, os membros criaram uma tarifa de importação comum. Isso significava que todos os membros do bloco cobrariam a mesma tarifa para a entrada de mercadorias de países não pertencentes ao Pacto Andino.*

*Desde 1998 o Pacto Andino está estudando a possibilidade de se unir ao Mercosul, que estudaremos em seguida, para criar uma União de Nações Sul-Americanas (Unasul).*

*Mesmo com economias muito frágeis e dependentes, as nações andinas já avançaram em alguns pontos. Por exemplo, a Comunidade Andina já tem um passaporte comum desde 2001 e permite a livre circulação da população entre os países signatários do acordo.*

*No entanto, existem dificuldades políticas e econômicas. Uma delas é representada pela Venezuela, que em 2006 se retirou do Acordo e passou a negociar sua entrada para o Mercosul.*

*Embora hoje estejam política e economicamente mais próximos do Brasil e da Argentina, os países do Pacto Andino sofrem fortes pressões dos Estados Unidos e da Europa, que têm centenas de transnacionais espalhadas pela região andina.*

Fonte: Texto elaborado pelos autores.

## Ler para entender

### Bolívia: O povo água dos Andes enfrenta a extinção

**As mudanças climáticas privam os Uru Chipaya da essência que os tem sustentado por milênios**

*Seus membros pertencem ao que se pensa ser a mais antiga cultura sobrevivente nos Andes, uma tribo que sobreviveu por 4 000 anos sobre as planícies áridas do interior da Bolívia. Mas os Uru Chipaya que sobreviveram ao Império*

Inca e à conquista Espanhola, estão alertados que agora enfrentam a extinção por causa das mudanças climáticas.

O chefe tribal, Felix Quispe, 62 anos, diz que o rio que tem mantido-os por milênios está secando. Seu povo não pode lidar com a redução drástica do Lauca, que diminuiu nas últimas décadas no meio de chuvas erráticas que transformaram a agricultura em pó e os animais em pele e ossos.

"Isto aqui costumava ser tudo água", disse ele, apontando uma árida planície. "Havia patos, caranguejos, caniços cresciam na água. Lembro-me disso. O que é que vamos fazer? Somos o povo água".

Os Uru Chipaya, que de acordo com a origem mitológica são "seres da água", em vez de seres humanos, poderão em breve ser forçados a abandonar as suas povoações e ir para as cidades da Bolívia e do Chile, disse Quispe. "Não há pasto para os animais, sem chuvas. Nada. Seca."

A tribo é famosa por sobreviver à margem de um deserto de sal, uma paisagem agreste e misteriosa que mesmo os Incas evitaram, devido a lavagem do solo com as águas fluviais. Como o Lauca tem secado, muitos membros dos Uru Chipaya tem migrado, restando menos de 2 000 na aldeia de Santa Ana e nos assentamentos próximos.

"Não temos nada para comer. É por isso que os nossos filhos estão todos partindo", disse Vicenta Condori, 52, vestida com o tradicional xale e saia. Ela tem dois filhos, no Chile.

Alguns membros da tribo atribuem a crise à negligência das divindades. O chefe tem pressionado para mais oferendas e observância aos costumes tradicionais. "Isso está em nossas próprias mãos", disse ele.

Cientistas dizem que o aumento das temperaturas têm acelerado o recuo das geleiras dos Andes por toda a Bolívia, Colômbia, Equador e Peru. Uma estação de esqui na capital da Bolívia, La Paz, a mais alta da América do Sul, fechou há vários anos por causa do recuo da geleira Chacaltaya. O Painel Intergovernamental sobre as Mudanças Climáticas alertou em 2007 que temperaturas mais elevadas poderiam derreter todas as geleiras da América Latina dentro de 15 anos. Um recente estudo do Banco Mundial soou um novo alarme sobre o tema.

Grupos indígenas de todo o mundo estão reunidos no Alaska esta semana para discutir o aquecimento global. "Os povos indígenas estão na linha de frente das mudanças climáticas", disse o anfritião, Inuit Circumpolar Council. Um novo relatório Oxfam, entretanto, já avisou que dentro de seis anos, o número de pessoas afetadas por crises relacionadas com o clima irá saltar em 54% para 375 milhões.

Evo Morales, o presidente da Bolívia, disse ao Guardian que o seu governo formaria uma frente unida com os grupos indígenas para uma "grande mobilização" em um encontro na Dinamarca, este ano, para elaborar um sucessor ao tratado de Kyoto. Eles pretendem empurrar os países industrializados a reduzir as emissões de carbono. "Estamos preparando uma equipe a partir dos ministérios da água e do ambiente para incidir não apenas no encontro, mas para além dele."

*Um dos países mais pobres da América do Sul, a Bolívia, está lutando com a disputa pelos recursos naturais. A escassez de água atingiu La Paz e sua cidade satélite, El Alto, instigando campanhas de conservação. A escassez é nacional. Os Uru Chipaya acusam as comunidades Aimara, que vivem rio acima no Lauca, de desviar mais e mais água. "É uma causa dupla: as alterações climáticas e o aumento da disputa. O resultado é uma ameaça extremamente grave para esta cultura. Estou muito preocupado", disse Alvaro Díez Astete, um antropólogo que escreveu um livro sobre a tribo.*

*Com tantos jovens migrando para as cidades, onde se fala espanhol, o idioma Uru pode desaparecer dentro de poucas gerações. Alguns Uru Chipaya temem que a batalha pela sobrevivência cultural já poderia estar perdida. As ruas de Santa Ana são amplamente desertas e pouco perturbam a quietude das planícies secas que outrora foram campos.*

*"Nós estamos em risco de extinção", disse Juan Condori, 55. "Os Chipaya poderão deixar de existir nos próximos 50 anos. A coisa mais importante é a água. Se não houver água os Chipaya não têm vida".*

CARROLL, Rory; SHIPANI, Andres. Bolívia: o povo água dos Andes enfrenta a extinção. *The Guardian*, 24 abr. 2009. Trad. Elton J. Mello. Disponível em: <http://medindoagua.blogspot.com/2009/04/guardian-bolivia-o-povo-agua-dos-andes.html>. Acesso em: 28 maio 2012.

## Vamos ver se você entendeu

A leitura do texto acima permite perceber a existência de um problema.

**1.** Qual é o problema tratado pelo texto?

**2.** Quais são as causas e as consequências desse problema?

**3.** É possível prever algum impacto social desse problema no Brasil?

## Refletindo sobre o tema

**1.** Leia o texto a seguir.

Muitas vezes nos perguntamos como os incas e os espanhóis conversavam. Ao longo de alguns meses um índio apelidado de Felipillo aprendeu a língua espanhola. Felipillo estava junto de Francisco Pizarro quando este conheceu Atahualpa, o grande líder dos incas. Junto deles estava frei Vicente Valverde, que insistiu para que Atahualpa usasse um crucifixo e lesse a Bíblia cristã. Atahualpa devolve o livro respeitosamente para o frei, que afirma: – Esses índios são contra nossa fé!

- Com base na leitura do capítulo e do texto, responda: Quais os impactos da colonização na vida das populações nativas da cordilheira dos Andes?

2. Veja o mapa e a descrição a seguir.

As chuvas são raríssimas nessa região, e o céu fica sem nuvens praticamente o ano todo. Se quisermos conhecer pessoalmente essa região, é necessário levar provisão de água.

a) Que paisagem natural é esta?

Fonte: ATLAS geográfico escolar. 4. ed. Rio de Janeiro: IBGE, 2007.

b) Caracterize as condições pluviométricas da região, explicando a ação do relevo e do oceano como fatores climáticos.

3. Em meados do século XIX o próprio Alexandre Von Humboldt não aceitava que a corrente tivesse seu nome. Ele afirmava que os habitantes dessa região já conheciam havia centenas de anos essas características e que séculos antes o jesuíta espanhol José de Acosta já havia observado tal diferença em seus trabalhos, em 1590. Humboldt dizia que somente tinha feito as medições e, portanto, dar o seu nome à corrente era um exagero.

- A partir da leitura do capítulo e do texto acima, descreva a trajetória aproximada da corrente de Humboldt e suas características, bem como as consequências para o clima e a economia do continente.

**4.** Leia o texto a seguir.

"Os camponeses cultivam a coca para ganhar dinheiro e alimentar a família. Temos de convencê-los de que correm riscos exercendo uma atividade ilegal e oferecer a eles a possibilidade de desenvolver lavouras alternativas. A coca rende mais que qualquer outra coisa que possam plantar, mas é uma atividade de risco e talvez não seja o ouro que parece ser. Aos governos cabe encaminhá-los para outra atividade econômica viável."

Rand "Randy" Beers, ex-funcionário do Departamento de Estado dos EUA, em entrevista à revista Veja, 7 jun. 2000.

- Quais as causas apontadas no texto para o crescimento do plantio de coca na Colômbia?

**5.** Leia o texto a seguir.

O modelo da economia chilena é marcadamente liberal dentro do capitalismo. Duas décadas antes da onda de acordos de livre comércio, o Chile já tinha acordos com os EUA para livre troca de mercadorias. É uma das economias mais abertas da América Latina.

- Quais as consequências dessa situação para a integração do Chile com os outros países da América Latina?

**6.** A Bolívia já nacionalizou seus recursos fósseis (hidrocarbonetos) por três vezes: em 1937, quando a Standard Oil americana detinha a totalidade dos poços no país; em 1969, foi a vez da Gulf Oil; a atual nacionalização envolve a Petrobras, do Brasil, e a Repsol, da Espanha.

- Lendo o texto acima, quais as características das nacionalizações feitas pela Bolívia ao longo de sua história?

**7.** "Nas últimas décadas, o processo de urbanização tornou mais evidente o abismo entre as elites brancas e ricas e os pobres, índios e mestiços. As divisões regionais são mais recentes. O Altiplano dos Andes, onde fica a capital, é habitado sobretudo por índios que vivem da agricultura de subsistência. Algumas províncias souberam se aproveitar do processo de abertura da economia [...], para atrair capital externo e desenvolver a economia local."

Veja, ano 38, v. 1909, nº 24, 15 jun. 2005. p. 79.

- Qual o país e as características ressaltadas por esse texto?

## De olho no gráfico

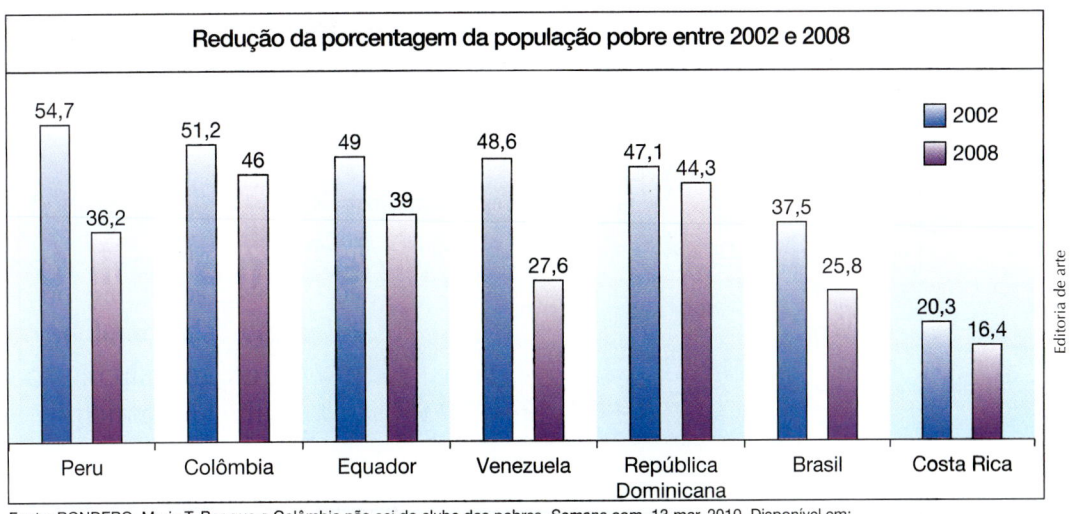

**Redução da porcentagem da população pobre entre 2002 e 2008**

| País | 2002 | 2008 |
|---|---|---|
| Peru | 54,7 | 36,2 |
| Colômbia | 51,2 | 46 |
| Equador | 49 | 39 |
| Venezuela | 48,6 | 27,6 |
| República Dominicana | 47,1 | 44,3 |
| Brasil | 37,5 | 25,8 |
| Costa Rica | 20,3 | 16,4 |

Fonte: RONDERO, Maria T. Por que a Colômbia não sai do clube dos pobres. *Semana.com*, 13 mar. 2010. Disponível em: <www.semana.com/nacion/colombia-no-sale-del-club-pobres/136288-3.aspx>. Acesso em: 9 abr. 2012.

Reúnam-se em grupos de três alunos. Escolham um dos países acima. Vejam se a redução da pobreza apresentada pelo país que vocês escolheram foi melhor percentualmente do que aquela ocorrida no Brasil. Em seguida, pesquisem em jornais, revistas ou na internet notícias que possam trazer explicações sobre o desempenho apresentado pelo país escolhido por vocês.

## De olho no mapa

**1.** Observando o mapa e usando seus conhecimentos, responda à pergunta: Quais os recursos assinalados nesse mapa da América do Sul?

Fonte: ATLAS geográfico escolar. 4. ed. Rio de Janeiro: IBGE, 2007.

**2.** Comente a frase: A Amazônia não é responsabilidade somente do Brasil.

**Floresta Amazônica**

Fonte: SADER, Emir et al. *Latinoamericana*: Enciclopédia Contemporânea da América Latina e do Caribe. São Paulo: Boitempo, 2006.

## Vamos pesquisar

Faça uma pesquisa sobre as diversas etnias que habitam a América Andina. Apresente a distribuição delas em cada país.

## CAPÍTULO 11

# AMÉRICA PLATINA

## A bacia do rio da Prata

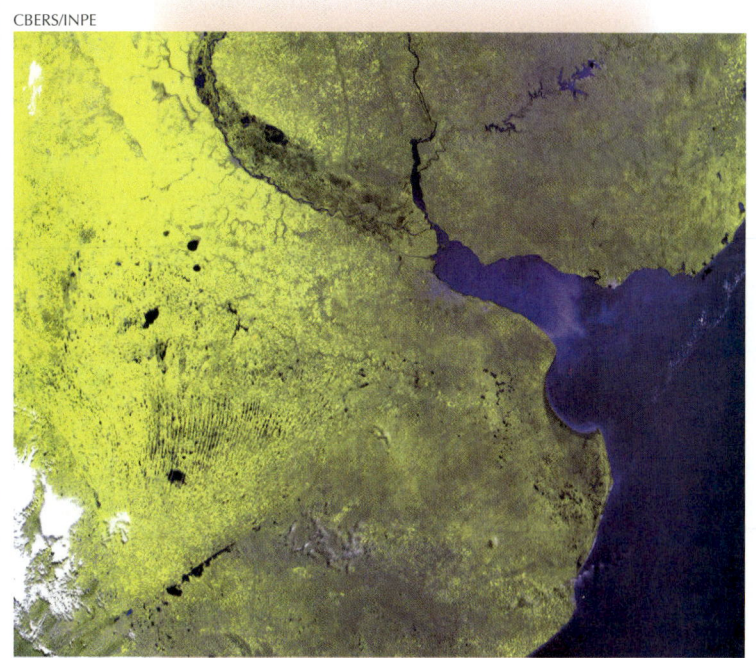

Imagem de satélite da região de Buenos Aires e do rio da Prata, em 2005. As águas dos rios Paraná e Uruguai se dispersam ao largo de Buenos Aires, formando a pluma azul mais claro que avança para o Oceano Atlântico.

**Bacia Platina**

Fonte: ATLAS geográfico escolar. 4. ed. Rio de Janeiro: IBGE, 2007.

O grande volume de água da Bacia Platina deve-se ao fato de ser formada por rios que drenam áreas bastante chuvosas, especialmente no Brasil.

A América Platina recebe esse nome porque corresponde aos países que fazem parte da bacia do rio da Prata (Brasil, Bolívia, Paraguai, Argentina e Uruguai). Esta é formada pela junção das águas dos rios Paraná-Paraguai e Uruguai.

A maior parte do espaço geográfico desses países sofre a influência de atividades que estão ligadas direta e indiretamente ao rio da Prata e seus afluentes.

Apesar disso, esses países apresentam espaços geográficos muito diferentes. Enquanto os países andinos que estudamos anteriormente têm muitas semelhanças, os platinos têm atividades econômicas e sociedades muito diferentes uns dos outros. Vamos conhecer cada um deles.

# Paraguai

O território paraguaio é dividido pelo rio Paraguai, que cruza o país no sentido norte-sul e origina duas regiões naturais muito distintas.

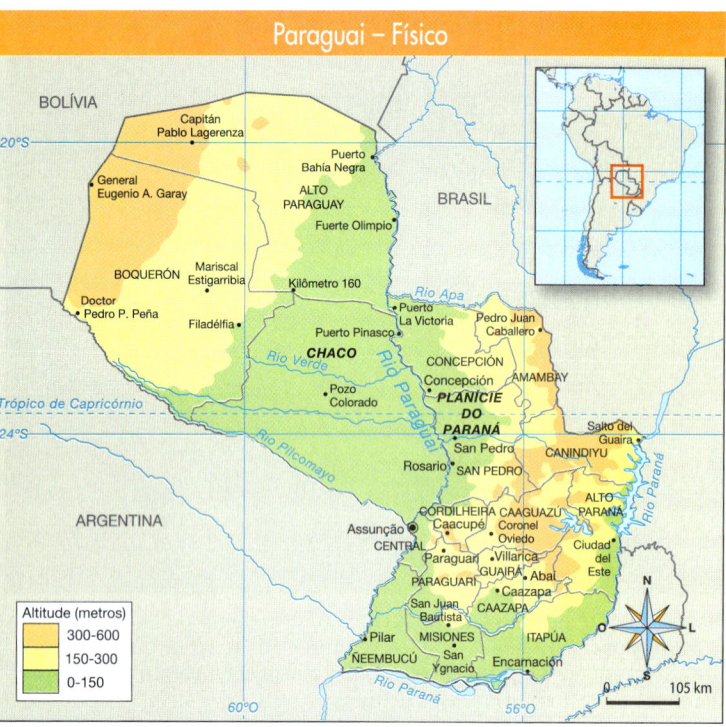

Fonte: ATLAS geográfico escolar. 4. ed. Rio de Janeiro: IBGE, 2007.

A região maior fica a oeste do rio Paraguai. Trata-se do Chaco, palavra quíchua (*Chaku*) que significa "território de caça". Essa vasta planície é muito quente. Na divisa com a Bolívia as temperaturas podem chegar a 47 ºC durante o verão. As poucas chuvas ocorrem entre dezembro e março. Nessa região a vegetação mais comum são os cactos e os arbustos de troncos ressecados e retorcidos. A água é muito escassa e precisa ser retirada de poços artesianos. A agricultura de grãos, especialmente da soja, somente é possível mediante irrigação artificial. A grande maioria das propriedades, porém, dedica-se à pecuária.

Há no Chaco uma área diferenciada. É a parte mais próxima ao rio Paraguai, onde a vegetação é variada e existem muitos pequenos rios. Nessas terras a principal atividade é a exploração do quebracho, árvore da qual se aproveita a madeira, duríssima, e de cuja casca se extrai o tanino, produto usado pelas indústrias farmacêuticas e curtumes.

O leste do Paraguai é muito diferente do Chaco. A paisagem divide-se em campos e florestas, que se estendem entre o rio Paraguai e o rio Paraná, que faz fronteira com o Brasil.

Nessa região há manchas de terra roxa, solo extremamente fértil que acarretou a expansão da agricultura, especialmente dos cultivos de soja, milho, algodão e laranja. A silvicultura (atividade de replantio de árvores) destinada à produção de madeira e o cultivo de erva-mate também são atividades importantes. Essas atividades agrícolas empregam cerca de 50% dos trabalhadores paraguaios.

Quebracho, árvore típica da província do Chaco, em outubro de 2005. Sua madeira é explorada por empresas e pequenos agricultores.

Erva-mate sendo preparada para transporte no Paraguai, em janeiro de 2006. Trata-se de uma importante fonte de renda do país.

Outra atividade que cresceu muito nos últimos anos foi o cultivo de soja. Já ocupa cerca de 2 milhões de hectares de terra e, segundo especialistas, pode provocar inúmeros problemas para a sociedade e o meio ambiente. Como todas as fases do cultivo são mecanizadas, não oferece ocupação para a mão de obra; além disso, é responsável por gigantescos desmatamentos e utiliza grandes quantidades de adubos e agrotóxicos que poluem o ar, a água e o solo.

O cultivo da soja acarreta também concentração de renda e de terras. Com o poder financeiro de que dispõem, os grandes proprietários acabam comprando as terras dos pequenos agricultores, que, sem alternativa de trabalho e renda, tentam ganhar a vida em Assunção, capital paraguaia.

Cultivo de soja em Campo Nueve (Paraguai), em dezembro de 2010. Tanto lá como no Brasil, o cultivo da soja altera radicalmente o meio ambiente.

## Os brasiguaios

Na década de 1970, milhares de agricultores brasileiros – principalmente da região Sul – venderam suas pequenas propriedades e mudaram-se para o Paraguai. Foram atraídos por terras baratas e por incentivos governamentais: o governo paraguaio queria povoar suas terras com agricultores experientes e capitalizados para fortalecer a economia.

Hoje, há mais de 400 mil brasileiros e descendentes vivendo no Paraguai. Chamados de brasiguaios (brasileiros paraguaios), em muitos casos são prefeitos, fazendeiros e homens de negócios. Mas nem todos tiveram a mesma sorte. Há milhares de brasiguaios sem terras que vivem na miséria, sem moradia fixa, como trabalhadores rurais assalariados.

Assunção, a capital, localiza-se às margens do rio Paraguai. É a maior cidade do país e abriga cerca de 1,5 milhão de habitantes na região metropolitana. Concentra também as principais atividades comerciais e de serviços, que atendem uma parte da população e atraem muitos brasileiros e argentinos, por conta dos preços mais baixos dos bens importados sem cobrança de impostos. Em Assunção também há indústrias têxteis e alimentícias, além de curtumes, que fornecem couro ao setor de produção de calçados, importante fonte de renda do Paraguai.

Comércio nas ruas de Assunção, em maio de 2005. Os produtos típicos e importados atraem compradores de muitos países vizinhos.

**Localização de Itaipu**

Como vimos no 7º ano, o Paraguai é sócio do Brasil em um dos maiores empreendimentos energéticos do mundo: a Usina Hidrelétrica (UHE) de Itaipu. Construída para aproveitar a força do rio Paraná, essa usina abastece todo o Paraguai e parte do Centro-Sul do Brasil.

Para se ter uma ideia da sua dimensão, o Brasil precisaria de mais de 500 mil barris de petróleo por dia para gerar a quantidade de energia produzida.

Usina Hidrelétrica de Itaipu, em agosto de 2007. A área inundada pelo lago da usina foi muito grande. Centenas de fazendeiros atingidos compraram terras no Paraguai com as indenizações.

## Uruguai

O Uruguai faz fronteira com o sul do Brasil e o leste da Argentina. Seu território é quase inteiramente caracterizado pelas coxilhas, baixas colinas suavemente onduladas.

Ao lado, cavaleiro e cavalos no pampa uruguaio, em 2005. O território do Uruguai é semelhante ao do extremo sul do Brasil: tem o mesmo relevo, está em latitudes próximas e sujeita-se às influências das mesmas massas de ar e correntes marítimas.

As coxilhas uruguaias são recobertas por campos naturais, mais conhecidos como pampas. São longas extensões de gramíneas e arbustos de baixo porte que dominam a paisagem de todo o país. No final do século XIX, as matas formadas por árvores de grande porte, que se localizavam às margens dos rios e no litoral, foram praticamente devastadas para aproveitar a madeira e para dar espaço à agropecuária.

Aproveitando o predomínio de solos férteis, os fazendeiros uruguaios desenvolveram a triticultura (cultivo de trigo) e a rizicultura (cultivo de arroz), que se adaptaram perfeitamente ao clima subtropical do país. Com verões quentes e chuvosos e invernos frios e úmidos, esses cultivos se desenvolveram facilmente em um solo sempre fértil. As extensas pastagens naturais favoreceram a criação de bovinos e ovinos.

Nas primeiras décadas do século XX, o Uruguai foi um dos principais fornecedores de alimentos para a Europa, que passava por crises e guerras. A produção de carne, couro, lã e arroz cresceu rapidamente. O país lucrou muito com as exportações, e esse enriquecimento atraiu milhares de imigrantes. Para se ter uma ideia, em 1830 havia apenas 70 mil uruguaios; em 1910, o Uruguai já registrava mais de 1 milhão e 200 mil habitantes.

Favorecido pelo enriquecimento do país, o governo uruguaio dispôs de recursos para proporcionar à sua crescente população educação e saúde de qualidade. Tais investimentos explicam a posição privilegiada do Uruguai no *ranking* do IDH da ONU. No relatório do Desenvolvimento Humano 2011, elaborado pelo PNUD, o país ocupa o 48º lugar entre os países com melhor qualidade de vida. Para efeito de comparação, o Paraguai é o 107º e a Bolívia o 108º nesse índice – a pior colocação entre todos os países da América.

Colheita de arroz no Uruguai, em foto recente.

Pessoas pescam e caminham despreocupadamente ao longo do passeio que se estende às margens do rio da Prata, em 2011. O Uruguai é um dos países mais seguros da América do Sul.

Apesar dessa tradição em educação e qualidade de vida, o país passou por diversas crises, sobretudo na segunda metade do século XX. A rápida recuperação econômica da Europa no pós-Segunda Guerra levou os antigos compradores dos produtos uruguaios a produzir novamente seus próprios alimentos. Consequentemente, a Europa deixou de comprar parte considerável da produção uruguaia de carne, couro, trigo e lã, fato que enfraqueceu a economia do Uruguai.

Esse problema se agravou nas décadas de 1970 e 1980, quando o país foi duramente atingido pelo "choque do petróleo". Os produtos que o Uruguai comprava de outros países ficaram mais caros com a crise. Ao mesmo tempo, os produtos primários que o Uruguai tradicionalmente exportava ficaram mais baratos, em consequência do aumento da produção agrícola resultante da intensa mecanização e modernização da agropecuária em quase todo o mundo. Isso significava uma oferta cada vez maior dos mesmos alimentos produzidos no Uruguai, onde teve início uma longa crise. Como o país arrecadava pouco com exportações e gastava muito com importações, a balança comercial ficou desfavorável.

Essa situação levou muitos agricultores e industriais à falência. E os fartos recursos que até então eram destinados às áreas sociais, como saúde e educação, desapareceram. Desse modo, milhares de uruguaios deixaram o país em busca de empregos na Argentina, no Brasil, nos Estados Unidos e na Espanha.

Essa crise também mudou o espaço geográfico do Uruguai. Milhares de agricultores migraram para a capital Montevidéu em busca de empregos. Isso criou um grave problema, uma vez que a população da capital cresceu rapidamente.

Hoje, somente na região metropolitana da capital vivem aproximadamente 50% da população do país: 1 milhão e 650 mil habitantes.

Porto de Montevidéu, em 2008. A presença do porto contribuiu muito para o crescimento da cidade.

Nos últimos anos, vem crescendo o turismo no Uruguai. Com balneários, hotéis e cassinos, cidades como Punta del Este estão se transformando em polos de atração turística. Essa atividade traz recursos financeiros que são cada vez mais importantes para a economia do país.

Praia perto de Punta del Este, em janeiro de 2010. Muitos turistas procuram o Uruguai durante o verão.

# Argentina

A Argentina é um dos maiores países da América do Sul. Seu território está situado quase totalmente na região subtropical do planeta e pode ser dividido em diversas regiões naturais.

No extremo sul argentino, encontra-se a Patagônia, cujas paisagens naturais estão entre as mais interessantes do mundo. A Patagônia Atlântica consiste em grandes extensões planas dominadas por um clima extremamente frio durante todo o ano, em função de sua proximidade com o Polo Sul. Na Patagônia Andina, que também se estende pelo território chileno, existem muitos lagos de origem glacial, de beleza deslumbrante.

A Argentina tem uma grande extensão latitudinal, ou seja, seu território é muito amplo no sentido norte-sul.

Fonte: *Instituto Nacional de Estadística y Censos* (Indec), Argentina. Disponível em: <www.indec.gov.ar>. Acesso em: 28 abr. 2012.

A vegetação da Patagônia varia em função da posição latitudinal e do relevo. Nas proximidades da cordilheira dos Andes, divisa natural entre a Patagônia chilena e a Patagônia argentina, crescem grandes bosques de coníferas. Já nas partes mais planas da Patagônia Atlântica a vegetação é marcada pela presença de gramíneas de baixo porte que aparecem em meio a pequenos arbustos. Essa vegetação, chamada de estepe, alimenta as poucas espécies de animais que vivem na região. Um deles é o guanaco, um tipo de lhama originário da região.

Geleira Perito Moreno, na Patagônia argentina, em março de 2009. A região foi moldada pela ação das geleiras durante as glaciações. Ainda é possível encontrar geleiras com mais de 30 mil anos, testemunhas dessa fase de formação do relevo.

A estepe da Patagônia argentina é muito semelhante às estepes de outros locais frios do planeta, como a da Ásia Central. Foto de 2007.

Os guanacos (mamíferos, acima) estão perfeitamente adaptados às duras condições naturais nas grandes vastidões da Patagônia, em 2007.

Um animal doméstico se adaptou bem aos ventos frios e secos do sul da Argentina: a ovelha, trazida pelos colonizadores. A Patagônia concentra cerca de 60% do rebanho ovino do país e fornece grande quantidade de lã para a indústria argentina.

Rebanho ovino na província de Chubut, na Patagônia argentina, em fevereiro de 2006. O sucesso da pecuária ovina na Patagônia despertou a cobiça sobre essa distante e fria região.

## Um perigo: a desertificação da Patagônia

As ovelhas chegaram à Patagônia no fim do século XIX. Criado de forma extensiva, esse rebanho se alimentou das pastagens naturais durante décadas.

Essa vegetação protegia os solos contra a erosão, provocada pelo gelo e pelo vento. Com o aumento das exportações de lã, o território ficou supervalorizado e atraiu outros produtores, que ampliaram o número de animais.

Desse modo, a superpopulação de ovelhas afetou sensivelmente o equilíbrio ambiental. Gradualmente, desapareceram espécies de gramíneas, que deixaram o solo descoberto, dando início a um acelerado processo de erosão e desertificação na Patagônia.

As magníficas paisagens naturais da Patagônia levaram à expansão do turismo. Nos últimos anos foram instalados novos aeroportos e conjuntos hoteleiros, elevando a presença de turistas na região.

Mas não são apenas lindas paisagens e rebanhos de ovelhas que compõem a Patagônia. Lá se encontram nada menos do que 80% das reservas de petróleo da Argentina. Essas jazidas levaram à implantação de um complexo petroquímico importante em Comodoro Rivadávia.

Ao norte da Patagônia encontram-se fazendas que desenvolvem a fruticultura, especialmente o plantio de maçãs, um dos itens de exportação da economia argentina. Essa fruta é favorecida pelo predomínio de um clima frio, que domina a região durante quase todo o ano.

## Uma guerra na América do Sul: a disputa pelas Malvinas

Localizadas no Atlântico Sul, ao largo da Patagônia, as ilhas Malvinas foram disputadas por ingleses, franceses e espanhóis desde o século XVII. Os ingleses conseguiram a posse definitiva das ilhas em 1833, quando colonos britânicos ocuparam as terras e passaram a criar ovinos em grande quantidade. A Argentina sempre protestou, alegando que as ilhas lhe pertenciam por estarem próximas do seu litoral.

Em 1982 a Argentina decidiu invadir as ilhas com tropas militares, provocando surpresa em todo o mundo.

Os ingleses não aceitaram a invasão e deslocaram uma frota naval para recuperar a posse das ilhas. Durante o conflito, os ingleses ameaçaram bombardear Comodoro Rivadávia, no litoral da Patagônia, principal região produtora de petróleo. Isso paralisaria a economia argentina.

Fonte: ATLAS geográfico escolar. 4. ed. Rio de Janeiro: IBGE, 2007.

Localizado em alto-mar, esse grupo de ilhas gerou muitas disputas.

Soldados argentinos nas Malvinas, em 13 de abril de 1982, 11 dias após a invasão das ilhas. Centenas de jovens morreram dos dois lados, em mais uma guerra absurda.

Após alguns meses de combate, a Argentina foi derrotada, e os ingleses retomaram as Malvinas.

Muitos se perguntaram o porquê de tanta disputa por ilhas insignificantes. As respostas emergiram somente muito tempo depois:

- Nessa região existem grandes reservas de petróleo no fundo do mar que um dia podem ser vitais para a economia dos dois países.
- Os ingleses, tendo a posse das ilhas, podem solicitar maior participação nas discussões sobre o futuro da Antártida, que é responsabilidade maior dos países que estão mais próximos dela.

No fim do conflito, a população argentina condenou os chefes militares, que foram taxados de irresponsáveis por envolver a Argentina e milhares de jovens e inexperientes soldados em um conflito contra uma potência nuclear aliada dos Estados Unidos.

## Argentina mira no petróleo das Malvinas

**Governo Cristina Kirchner inicia medidas legais contra empresas que atuam no arquipélago**

Depois de ter solicitado a um grupo de empresários locais que suspenda a importação de produtos britânicos, o governo da presidente argentina, Cristina Kirchner, anunciou nesta quinta-feira a decisão de iniciar ações "administrativas, civis e penais" contra bancos, investidores, empresas de auditoria e serviços logísticos que trabalhem para companhias que realizem explorações de petróleo nas Ilhas Malvinas.

[...]

A Casa Rosada, disse Timerman, "continuará defendendo esta causa porque o Reino Unido deve entender que é necessário cumprir as resoluções nas Nações Unidas, especialmente a 2065, que pede uma solução pacífica para esta disputa". O governo Kirchner argumenta que dada a existência de um conflito diplomático entre ambos os países, as licenças de exploração concedidas pelo Reino Unido são ilegais – e colocam as empresas que atuam no setor numa situação de ilegalidade.

[...]

A defesa dos recursos naturais na região das Malvinas é hoje uma das principais bandeiras da Argentina. Segundo estimativas, as reservas de petróleo nas ilhas poderiam chegar a 6 bilhões de barris, o que permitiria à Argentina suspender as importações de combustíveis por um período de até seis anos.

[...]

Fonte: FIGUEREDO, Janaína. Argentina mira no petróleo das Malvinas. O Globo, 15 mar. 2012. Disponível em: <http://oglobo.globo.com/mundo/argentina-mira-no-petroleo-das-malvinas-4324085#ixzz1pak41kIM>. Acesso em: 18 abr. 2012.

As províncias situadas na fronteira com o Chile, como Mendoza e San Juan, ficam nos **Andes Argentinos**, também conhecidos como *Cuyo*. O relevo montanhoso e o clima frio e seco propiciam condições naturais adequadas ao desenvolvimento da vitivinicultura (plantio de uvas e fabricação de vinhos). Desde meados da década de 1990, essas terras constituem referência para o mercado mundial de vinhos. Nas proximidades da cidade de Mendoza, sucedem-se as videiras e as oliveiras. Estas últimas respondem por uma grande produção de azeite, outro produto de exportação argentino.

Uma outra importante região é o Chaco argentino. Muito similar ao chaco paraguaio, é dominado por verões escaldantes e invernos amenos. Essa região era habitada por várias nações indígenas, cujos membros foram generalizadamente chamados de *chaqueños*; pouco a pouco, eles foram expulsos ou acompanharam a expansão das atividades agrícolas argentinas em direção ao norte. Muitos *chaqueños* foram trabalhar em fazendas de pecuária bovina e de cultivo de algodão.

A região argentina chamada de Mesopotâmia corresponde ao território situado entre os rios Paraná e Uruguai. Ao longo desses rios, existem grandes plantações de arroz que prejudicam o ambiente em razão do uso intenso de agrotóxicos. O território possui uma importante cobertura vegetal, composta de floresta subtropical de araucárias. A erva-mate também é muito explorada nessa região.

## As Cataratas do Iguaçu

Na fronteira entre o Brasil e a Argentina existem quedas-d'água que constituem uma das paisagens mais impressionantes do planeta.

Em tupi-guarani, *Iguaçu* significa "grandes águas". De um lado do rio Iguaçu fica a cidade brasileira de Foz do Iguaçu e, do outro, a cidade argentina de Puerto Iguazu.

Essas cataratas foram formadas por um processo erosivo que tem mais de 100 milhões de anos. O relevo da região ajudou em sua formação.

As cataratas do Iguaçu despejam um impressionante volume de água. Foto de 2010.

Perfil Oeste-Leste do estado do Paraná

As cataratas aparecem em degraus formados por sucessivos derrames de lavas que ocorreram há milhões de anos: as camadas enrijeciam umas por cima das outras.

Sabendo que a água é um importante recurso para o planeta, muitos especialistas acreditam que essa região deve receber toda a atenção para conservar esse recurso e evitar seu esgotamento. Ou seja, a região é um dos pontos mais importantes do planeta nos dias atuais.

O rio Iguaçu desce no sentido do rio Paraná e adquire enorme força por causa do desnível do terreno.

As águas das cataratas desgastam as rochas e dão continuidade ao processo erosivo. Foto da década de 2000.

**Pampa argentino**

A região do Pampa concentra a maior parte da população argentina em cidades como Rosário, Córdoba e Buenos Aires.

Fonte: ATLANTE Geografico De Agostini. Novara: Istituto Geografico De Agostini, 2004.

A região mais povoada e que apresenta o maior dinamismo econômico do país é La Pampa. Situada no centro-leste, é uma extensa planície recoberta por gramíneas.

Um dos destaques econômicos dessas terras é a agropecuária, favorecida por solos muito férteis. Essa condição tornou a Argentina um dos maiores produtores mundiais de trigo.

Tal fato não é recente. No início do século XX, a Argentina abasteceu a Europa, que se encontrava envolvida em guerras, tensões e problemas econômicos. Nessa época o país foi considerado o celeiro do mundo, ou seja, a Argentina era como uma grande reserva de alimentos para os europeus.

Nessas terras, os pampas (cobertura vegetal natural formada principalmente por gramíneas) favoreceram a criação de gado bovino. Os rebanhos encontraram boas pastagens em terras planas e produzem carne de ótima qualidade, exportada para muitos países. A natureza dos Pampas também tornou o leite argentino de excepcional qualidade. Seus derivados, como a manteiga e o queijo, são apreciados no mundo todo.

O desenvolvimento da agropecuária nos Pampas transformou as cidades dessa região – Córdoba e Rosário se destacam – nos mais importantes centros comerciais do país. Elas funcionaram como entrepostos de vendas dos produtos agrícolas, bem como sedes das fábricas que selecionavam, preparavam e embalavam os alimentos vindos do campo – processo a que se dá o nome de beneficiamento.

Buenos Aires, por sua vez, além de ser a capital do país, é o porto mais importante da Argentina e um dos mais movimentados da América.

A situação favorável da agropecuária argentina resultou em um desempenho fantástico da economia no início do século XX. A oferta de empregos crescia constantemente, o que atraiu imigrantes.

A partir do final do século XIX, a economia argentina cresceu muito. A renda das empresas também cresceu, e o governo pôde recolher os impostos para promover uma base sólida na educação e na saúde.

Essa expansão continuou nos primeiros 50 anos do século XX. O país formou reservas financeiras poderosas, fato que ajudou muito em alguns períodos de crise. Nas primeiras décadas após a Segunda Guerra Mundial, os produtos argentinos perderam valor com a recuperação da Europa e a valorização dos produtos industrializados. Mesmo com a presença de grandes indústrias em seu território e com disponibilidade de gás natural e petróleo, o país não conseguiu evitar o declínio.

Trabalhadores argentinos reivindicam reajuste salarial em 1975. A população argentina sempre se manifestou e protestou quando a situação do país não era favorável.

Pouco a pouco as condições de vida se deterioraram. Os operários e os camponeses, principalmente, sentiram a queda do poder aquisitivo.

Tentando sair dessa situação, a Argentina foi pressionada a abrir sua economia. Nas décadas de 1980 e 1990, o país efetuou profundas reformas neoliberais, que atraíram muitas transnacionais ao seu território. Mas isso expôs as empresas argentinas a uma agressiva concorrência e muitas delas faliram, gerando um aumento acentuado do desemprego.

A situação ficou tão grave que muitos argentinos acabaram emigrando para países europeus, especialmente Itália e Espanha.

Favela em Buenos Aires, em outubro de 2011. Mesmo com um passado econômico invejável, a péssima situação da Argentina na segunda metade do século XX obrigou milhões de seus habitantes a viver na miséria.

Nos últimos anos a economia voltou a atrair investidores, empolgados com o aumento do preço do petróleo e dos alimentos. Desde então se observa uma lenta recuperação da Argentina, que ainda está longe de solucionar os problemas que se acumularam ao longo de décadas. O desemprego diminuiu, mas os salários ainda são baixos e grande parte da população não conseguiu melhorar sua qualidade de vida.

## O Mercosul

As tentativas de integração do continente sul-americano existem desde o começo do século XX. Em 1915, Brasil, Argentina e Chile assinaram acordos que permitiam a comercialização de muitas mercadorias sem a cobrança de impostos.

Esse esforço de integração continuou depois da Segunda Guerra Mundial. Em fevereiro de 1960 surgiu a Associação Latino-Americana de Livre Comércio (Alalc), que visava formar rapidamente um mercado regional integrado, por meio da eliminação de impostos de importação e exportação entre os seus membros.

Em agosto de 1980, a Alalc foi substituída pela (Associação Latino-Americana de Integração (Aladi), que pretendia uma integração comercial mais lenta e gradual dos países, para que houvesse tempo suficiente de preparar as empresas nacionais para a chegada de mercadorias estrangeiras que pudessem competir com seus produtos.

O presidente do México (ao centro), Felipe Calderón, discursa como convidado em reunião da Aladi, em agosto de 2009. A intenção de criar um mercado integrado na América do Sul remonta à década de 1960.

Dando continuidade a essas tentativas, em 1988 os governos brasileiro e argentino assinaram uma série de acordos para aproximar os dois países. Brasil e Argentina acreditavam que era possível criar interesses comuns na indústria, na agricultura e no comércio.

Como esses dois países tinham as maiores economias, os vizinhos Uruguai e Paraguai mostraram interesse em fazer parte desses acordos, uma vez que sua economia, na prática, dependia do Brasil e da Argentina.

Aos poucos foi ficando claro que era possível facilitar o comércio dentro da América do Sul. Desse modo, os quatro países assinaram o Tratado de Assunção, em março de 1991. Esse acordo criou o Mercosul, Mercado Comum do Sul (Mercosul).

Uma das metas principais do Mercosul era promover a abertura econômica dos países-membros, estimulando maiores trocas comerciais. Isso significa que os produtos dos países-membros não pagariam impostos (ou que estes seriam baixíssimos) para entrar e para ser comercializados nos países parceiros.

Como entrariam mais produtos estrangeiros em cada país-membro, as empresas desses países precisaram se preparar para essa competição. Assim, fizeram grandes investimentos a fim de criar condições para enfrentar a nova concorrência.

Realmente, o comércio entre os países-membros cresceu rapidamente. Isso chamou a atenção do Chile, do Peru e da Bolívia, que assinaram um acordo como membros associados. Eles também buscam beneficiar-se do crescimento acelerado da economia sul-americana.

Símbolo do Mercosul.

A partir da década de 1990, o consumidor brasileiro pôde comprar produtos feitos em outros países do Mercosul por preços parecidos com os dos produtos nacionais.

Em 2006, a Venezuela foi aceita no bloco, mas até março de 2012 ainda não tinha direito a votar. Ela somente pode sugerir, propor e opinar sobre determinados assuntos, como comércio, energia e transporte.

Hoje, a maior meta do Mercosul é atingir integração e unidade, tal qual a União Europeia. Pensando em expandir seus negócios para a América do Norte, os líderes do Mercosul convidaram o México para uma parceria comercial.

Mas existem alguns problemas muito sérios dentro do bloco sul-americano. Um desses problemas é que cerca de 70% da economia do Mercosul é movimentada pelo Brasil, que tem vantagens em relação aos demais membros; os outros sócios compram mais mercadorias brasileiras do que o inverso. Trata-se de uma distorção, ou assimetria.

Outro problema é que os países do Mercosul têm produção econômica muito semelhante. É o caso dos produtos da agricultura e da pecuária. Além disso, tanto o Brasil quanto a Argentina produzem carros e produtos eletrodomésticos. Isso cria rivalidades que acabam atrasando a evolução do bloco, que já poderia ter implantado moeda única, legislação trabalhista única e passaporte único.

Portanto, ainda é difícil uma integração total. Inclusive porque a infraestrutura de transportes entre os países-membros e associados é bastante precária. As rodovias e as ferrovias são escassas e malconservadas, e os atuais investimentos nesse setor ainda são muito modestos.

### Mercosul

Fonte: Mercosul. Disponível em: <www.mercosul.gov.br>. Acesso em: 28 abr. 2012.

Desde dezembro de 2004 estão acontecendo negociações para aproximar definitivamente os países andinos e o Mercosul.

Sem um sistema de transporte ágil e barato, os produtos continuarão chegando com preço elevado aos consumidores, tanto dos países-membros como dos associados do Mercosul.

Nos últimos 20 anos, cresceram muito as diferenças sociais em grande parte da América Latina. A favelização, a violência urbana e a mendicância se espalharam pelos países dessa região, levando grandes contingentes populacionais a questionar o modelo econômico neoliberal, que, como sabemos, foi difundido mundialmente a partir de 1989, com o fim da Guerra Fria.

Nesse contexto, os países da América do Sul assinaram, em conjunto, em 2004, o Tratado de Cuzco, criando a Comunidade Sul-americana de Nações. Esse bloco ainda é, na verdade, um projeto estratégico de integração regional, encontrando-se ainda em estágio bastante embrionário. Porém, já estão sendo discutidos alguns temas importantes no âmbito desse bloco, como, por exemplo, a integração energética, o que, de fato, tornaria a América do Sul menos vulnerável, por exemplo, em relação às oscilações dos preços do petróleo no mercado internacional.

A Alternativa Bolivariana para as Américas (ALBA) também surgiu em 2004, nesse mesmo cenário geopolítico. Trata-se de um bloco de países – Venezuela, Cuba, Nicarágua – que têm como principal característica uma contestação mais contundente à ideologia neoliberal. Dentre suas propostas, destaca-se a integração cultural e social de todos os povos da América Latina, privilegindo assim as relações humanas em detrimento das questões meramente econômico-financeiras.

# Texto complementar

## UM PATRIMÔNIO NATURAL COMUM AOS PAÍSES PLATINOS E AO BRASIL

O aquífero Guarani é talvez o maior manancial transfronteiriço de água doce subterrânea no planeta, estendendo-se desde a Bacia Sedimentar do Paraná até a Bacia do Chaco-Paraná. Está localizado no centro-leste da América do Sul, entre 12° e 35° de latitude Sul e 47° e 65° de longitude Oeste, subjacente a quatro países: Argentina, Brasil, Paraguai e Uruguai. Tem extensão total aproximada de 1,2 milhão de km², sendo 840 000 km² no Brasil, 225 500 km² na Argentina, 71 700 km² no Paraguai e 58 500 km² no Uruguai. A porção brasileira integra o território de oito Estados: MS (213 200 km²), RS (157 600 km²), SP (155 800 km²), PR (131 300 km²), GO (55 000 km²), MG (51 300 km²), SC (49 200 km²) e MT (26 400 km²). A população atual do domínio de ocorrência do aquífero é estimada em 15 milhões de habitantes.

O termo aquífero Guarani é uma denominação unificadora de diferentes formações geológicas que foi dada pelo geólogo uruguaio Danilo Anton em homenagem à grande nação Guarani, que habitava essa região nos primórdios do período colonial [...].

Nenhum outro lugar do planeta tem tanta água subterrânea.

O aquífero se constitui pelo preenchimento de espaços nas rochas (poros e fissuras), convencionalmente denominadas Guarani. As rochas do Guarani constituem-se de um pacote de camadas arenosas depositadas na bacia geológica do Paraná, entre 245 e 144 milhões de anos atrás. A espessura das camadas varia de 50 a 800 metros, estando situadas em profundidades que podem atingir até 1 800 metros. Em decorrência [...], as águas do aquífero podem atingir temperaturas relativamente elevadas, em geral entre 50 °C e 85 °C.

[...].

*As reservas permanentes de água do aquífero são da ordem de 45 000 km³ (ou 45 trilhões de metros cúbicos), considerando uma espessura média aquífera de 250 m e porosidade efetiva de 15%. As reservas explotáveis correspondem à recarga natural (média plurianual) e foram calculadas em 166 km³/ano ou 5 mil m³/s, representando o potencial renovável de água que circula no aquífero. A recarga natural ocorre por meio da infiltração direta das águas de chuva nas áreas de afloramento das rochas do Guarani; e de forma indireta, por filtração vertical (drenança) ao longo de descontinuidades das rochas [...].*

*Sob condições naturais, apenas uma parcela das reservas reguladoras é passível de explotação. Em geral, esta parcela é calculada entre 25% e 50% das reservas reguladoras, respectivamente entre 40 a 80 km³/ano. Este volume pode aumentar dependendo da adoção de técnicas de desenvolvimento de aquíferos disponíveis; contudo, os estudos deverão ser aprofundados para definir a taxa de explotação sustentável das reservas, uma vez que a soma das extrações com as descargas naturais do aquífero para rios e oceano não pode ser superior a sua recarga natural.*

*A proteção contra os agentes de poluição que comumente afetam os mananciais de água na superfície [...], resulta numa água de excelente qualidade. A qualidade da água e a possibilidade de captação nos próprios locais onde ocorrem as demandas fazem com que o aproveitamento das águas do aquífero Guarani assuma características econômicas, sociais e políticas destacadas para abastecimento da população.*

*[...]*

*Um dos principais problemas existentes é o risco de deterioração do aquífero em decorrência do aumento dos volumes explotados e do crescimento das fontes de poluição pontuais e difusas. Essa situação exige gerenciamento adequado por parte das esferas de governo federal, estadual e municipal sobre as condições de aproveitamento dos recursos do aquífero.*

*O Projeto Aquífero Guarani visa contribuir para a superação da situação atual por meio da formulação de um modelo técnico, legal e institucional para a gestão dos recursos do aquífero de forma coordenada pelo conjunto dos países e organismos envolvidos.*

Universidade da Água: *Um patrimônio natural comum aos países platinos e ao Brasil.*
Disponível em: <www.uniagua.org.br>. Acesso em: 5 abr. 2012.

## Ler para entender

### O risco de um deserto verde na América do Sul

*A América do Sul, especialmente os países platinos, está sendo procurada por transnacionais para monocultura de árvores para a produção de papel. Antigas áreas estruturadas para a criação extensiva de gado e para o plantio de grãos vêm sendo usadas para essa nova atividade, especialmente no Uruguai, no Paraguai, no Brasil e na Argentina. Estudos apontam que a desistência dos filhos dos grandes fazendeiros em dar continuidade às atividades tem levado* os donos de terras a arrendá-las para o plantio de árvores, fato que muitas vezes gera uma renda mais confortável para os proprietários.

Desde o ano 2000, em muitos países platinos e no Brasil essa prática se intensificou, graças inclusive à concessão de incentivos fiscais pelos governos.

O pínus e o eucalipto são plantas de crescimento rápido e, por isso, absorvem muita água do subsolo. Essas árvores vão afetar os ecossistemas, assim como o solo e os mananciais de água. Em vez das monoculturas, é preferível o plantio de culturas variadas para equilibrar os nutrientes do solo.

Essas espécies são estranhas ao clima da região e em épocas de baixa umidade fazem baixar o lençol freático, secando poços e diminuindo a vazão dos pequenos córregos e riachos.

Plantação de eucalipto no Espírito Santo, em novembro de 2006.
A madeira dessas árvores é matéria-prima para a produção de celulose e papel.

Estudos apontam que um eucalipto consome mais de mil litros de água durante um ano. Isso significa que é necessária muita água para produzir pouca madeira. Por isso, muitas transnacionais recorrem aos países da região, onde se localiza o Aquífero Guarani, uma das maiores reservas naturais de água subterrânea do mundo.

Outro impacto causado pelo plantio exagerado de pínus e eucalipto é a redução da biodiversidade da flora e da fauna. Por não serem árvores frutíferas e serem "estranhas" ao ambiente em que são plantadas, essas árvores provocam, por exemplo, a fuga de pássaros, que não encontram alimentos para a sobrevivência nessas matas artificiais.

Por isso é comum afirmar-se que o plantio exagerado de pínus e eucalipto acarreta o chamado "deserto verde".

Os defensores da atividade afirmam que esses projetos geram emprego. Mas sabe-se que parte da pasta produzida por algumas fábricas aqui na América do Sul é levada para a Europa, onde – aí sim – se transforma em papel, agora em fábricas que geram muitos empregos.

Os críticos afirmam que são necessários mais de 200 hectares de árvores plantadas para gerar um emprego, enquanto os pequenos sítios e as propriedades familiares geram um emprego por hectare e preservam muito mais o meio ambiente.

Fonte: Texto elaborado pelos autores.

## Vamos ver se você entendeu

Utilizando seus conhecimentos e o texto anterior, responda:

1. O que são desertos verdes?

2. Quais são os recursos, especialmente nos países platinos, que atraem os investimentos estrangeiros?

## Refletindo sobre o tema

1. O Paraguai utiliza somente 5% da cota de energia gerada pela Usina Hidrelétrica de Itaipu. O restante da energia é comercializado para o Brasil.
   - Com base na informação acima e na sua leitura do texto, por que podemos afirmar que o Paraguai é uma potência hídrica se é um país tão pobre?

2. Distante dos grandes centros, praticamente desértica e muito gelada. Imensa e silenciosa. Suas reservas energéticas ironicamente geram calor.
   a) Qual o nome da região?
   b) Quais os recursos que ela produz?
   c) Por que esses recursos são tão importantes?

3. Recentemente a Argentina restringiu a entrada de pneus brasileiros e derivados de alumínio produzidos no Brasil. Essas medidas são consideradas protecionistas para o acordo do Mercosul. Por quê?

4. População da Argentina – 40,8 milhões, aproximadamente.

   População de Buenos Aires – 12 milhões, aproximadamente, na região metropolitana.

   População do Uruguai – 3,4 milhões de habitantes.

   População de Montevidéu – 1,6 milhão na região metropolitana.

   (Dados de 2011, PNUD.)

   - Apesar de números bem diferentes, Uruguai e Argentina têm algumas características semelhantes. Qual é a característica apresentada pelos números acima?

5. Em 2000, os presidentes sul-americanos iniciaram conversações sobre a necessidade de uma maior integração da América do Sul. Surgiu então a Iniciativa de Integração da Infraestrutura Sul-americana. A meta é que o continente tenha autonomia em energia e transportes. O Brasil tem um papel fundamental nesse processo. Quais as relações que o Brasil mantém com seus vizinhos no setor energético?

# De olho no mapa

**1.** Os países platinos e o Brasil mantêm relações diplomáticas, comerciais, políticas e também hídricas.
Comente essa frase.

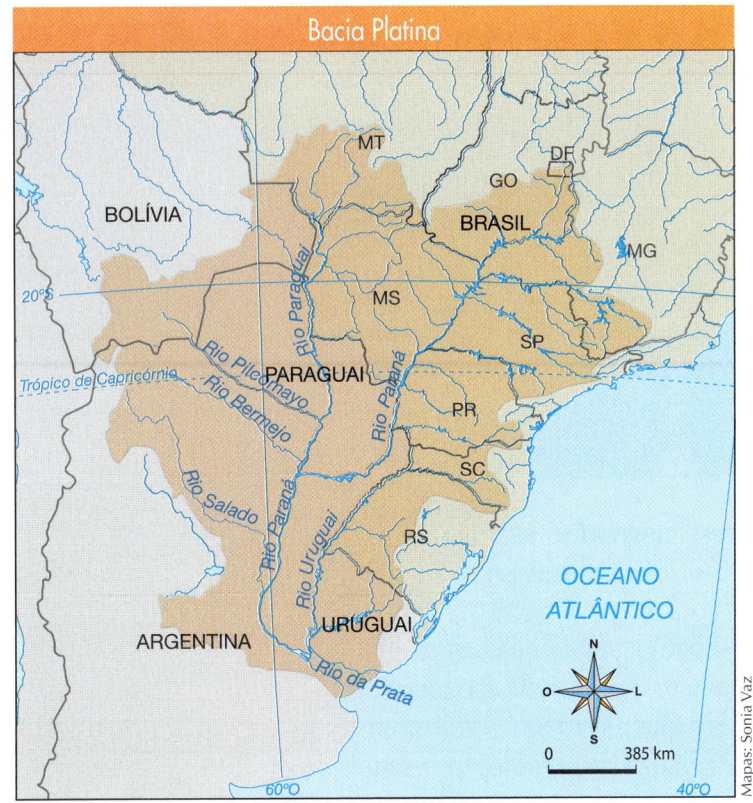

Fonte: ATLAS geográfico escolar. 5. ed. Rio de Janeiro: IBGE, 2009.

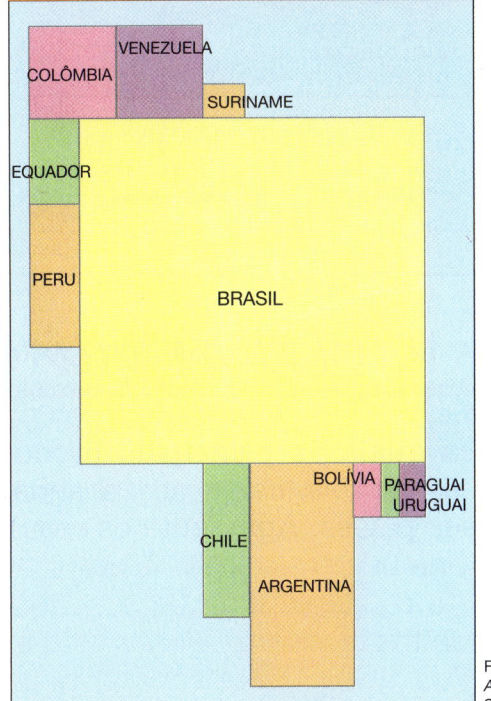

**2.** No mapa ao lado, os países estão representados conforme a produção de riquezas, ou seja, quanto maior, maior é a produção de riquezas. Sabendo disso, o que se pode afirmar com relação aos países do Mercosul?

Fonte: GIRARDI, Gisele; ROSA, Jussara Vaz. *Atlas geográfico do estudante*. São Paulo: FTD, 2011.

**3.** O mapa abaixo representa um bloco econômico regional. Em sua formação original, o bloco era formado por quatro países, tendo o quinto aderido em julho de 2006.

a) Qual o nome desse bloco econômico?
b) Quais são os países-membros assinalados no mapa?
c) Explique um objetivo da criação desse bloco.

Fonte: ATLAS geográfico escolar. 4. ed. Rio de Janeiro: IBGE, 2007.

## Vamos pesquisar

Faça uma pesquisa e descubra quais os principais produtos que o Brasil compra da Argentina, do Uruguai e do Paraguai e quais os produtos que vende a esses países. Apresente os resultados para seus colegas de classe.

# CAPÍTULO 12

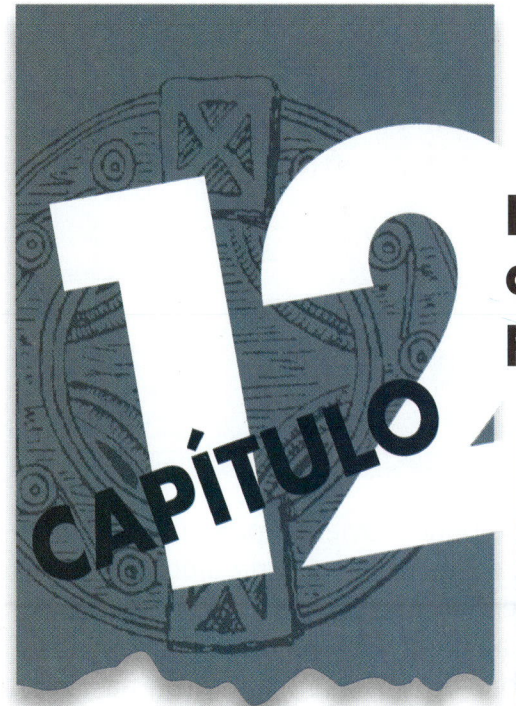

## Imediato pós-Segunda Guerra: a Europa vulnerável ao poderio das superpotências

Ruínas de Varsóvia, capital da Polônia, em 18 de fevereiro de 1946. Quando acabou a Segunda Guerra Mundial, milhões de europeus estavam desabrigados e sem emprego.

# UNIÃO EUROPEIA

No fim da Segunda Guerra Mundial, a Europa estava devastada.

Países como Inglaterra, França, Itália e Alemanha atravessavam uma grave crise. Não podiam mais exercer a influência que tinham até esse momento. Aproveitando a situação, os Estados Unidos e a União Soviética ocuparam a posição de liderança que antes era dos países europeus.

Os Estados Unidos e a União Soviética defendiam sistemas políticos e socioeconômicos muito diferentes para administrar suas nações. Enquanto os Estados Unidos defendiam a liberdade econômica com presença de empresas privadas, a União Soviética praticava uma economia estatizada, em que o governo controlava toda a produção.

Os dois países rivais passaram a disputar a hegemonia mundial, tentando expandir suas áreas de influência, inclusive na Europa. Esse cenário, que perdurou até o final da década de 1980, foi denominado **Guerra Fria**.

Em 1945, a União Soviética já exercia uma forte influência sobre a Europa Oriental, que foi obrigada a adotar o sistema socialista. Diante dessa situação, muitos jornalistas passaram a chamar os países dessa região da Europa de "satélites" da União Soviética.

Tropas soviéticas marcham na então Tchecoslováquia, em 1956. Os soviéticos estavam presentes não somente na economia, mas também militarmente.

O crescente poder soviético preocupou os líderes capitalistas, em especial os norte-americanos e os ingleses, que temiam uma possível expansão do socialismo sobre a Europa Ocidental.

Em setembro de 1946, em Zurique, na Suíça, Winston Churchill sugeriu que a Europa se unisse como resposta à crescente força soviética no continente: "... nós devemos construir uma espécie de Estados Unidos da Europa".

Outro líder da época, o francês Charles De Gaulle, disse, em 1948, que "a Europa deverá ser uma federação de povos livres".

Mas o sonho de Churchill e De Gaulle, de unir a Europa, esbarrava num problema criado pela guerra: a fragilidade econômica da Europa Ocidental e as rivalidades internas.

De Gaulle (à esquerda) e Churchill (à direita), na França, em 1958. Franceses e ingleses estavam extremamente preocupados com o futuro da Europa Ocidental.

## Os Estados Unidos financiam a Europa Ocidental

A União Soviética, apesar das perdas significativas durante a Segunda Guerra Mundial – mais de 20 milhões de mortos, indústrias destruídas, campos arrasados –, possuía um poder militar descomunal em relação aos demais países europeus. Esse desequilíbrio de forças gerava uma enorme tensão na Europa, que se sentia ameaçada por um possível expansionismo do socialismo soviético.

Para afastar o risco de colapso econômico da Europa e o seu possível distanciamento do capitalismo norte-americano, diante do crescente poderio soviético, os Estados Unidos (que saíram da guerra praticamente sem perdas) ofereceram à Europa cerca de 13 bilhões de dólares – valor que equivale a mais de US$ 130 bilhões em nossos dias. Essa ajuda econômica poderia recuperar o capitalismo no continente.

Chamada oficialmente de Programa de Recuperação Europeia, essa iniciativa ficou mais conhecida pelo nome de Plano Marshall (o nome do secretário de Estado estadunidense na época era George Marshall).

O senador e secretário de Estado George C. Marshall, em maio de 1951. Ele foi o idealizador do plano de auxílio financeiro à Europa – o Programa de Recuperação Europeia. A meta dos Estados Unidos era evitar que a simpatia pelo socialismo crescesse na Europa Ocidental.

## Você sabia que...

... curiosamente, a União Soviética e os países da Europa Oriental foram convidados a participar do Plano Marshall? Mas o líder da superpotência socialista, Josef Stalin, viu o plano como uma ameaça à autonomia do bloco socialista, pois quem aceitasse ficaria devedor dos Estados Unidos. Desse modo, pressionou para que nenhum país do Leste Europeu tomasse emprestado dinheiro dos Estados Unidos.

O dinheiro do Plano Marshall foi bem aproveitado. Quatro anos após sua aplicação, a economia dos países da Europa Ocidental já era maior do que antes da guerra.

Por outro lado, a dívida com os Estados Unidos obrigava os países importantes da região, como França, Itália, Inglaterra e Alemanha Ocidental, a serem grandes aliados dos Estados Unidos.

## A Europa Ocidental busca retomar sua soberania

No início da década de 1950, a Europa Ocidental já estava reconstruída. Mas precisava resolver alguns problemas, como a ameaça de novos conflitos e a dependência de sua economia – criada pelo Plano Marshall – em relação aos Estados Unidos.

Mas quando e como resolvê-los?

Jean Monnet (1888-1979), renomado político francês, sugeriu o agrupamento dos Estados do continente "numa Federação ou entidade europeia".

Para tanto, seria necessário, antes, evitar novos conflitos, fato que só seria possível após o fim das antigas rivalidades em todo o continente.

Um grande passo para superar as rivalidades entre franceses e alemães foi dado em 1950. Naquele ano, Monnet propôs que a França e a Alemanha compartilhassem a administração da Alsácia-Lorena.

Essa proposta foi prontamente aceita pelos dois países, que acabaram assinando a Declaração de Schuman.

A Declaração de Schuman inspirou outros quatro países: Itália, Bélgica, Holanda e Luxemburgo. Em 1951, convencidos da necessidade de uma efetiva integração continental, assinaram, juntamente com a França e a Alemanha, o Tratado de Paris, que estabeleceu a Comunidade Europeia do Carvão e do Aço (Ceca).

A Ceca, que vigorou até 2002, reunia esses países produtores de carvão e aço. A principal meta do grupo era reduzir as tarifas de importação e exportação desses produtos, facilitando sua circulação entre os países-membros.

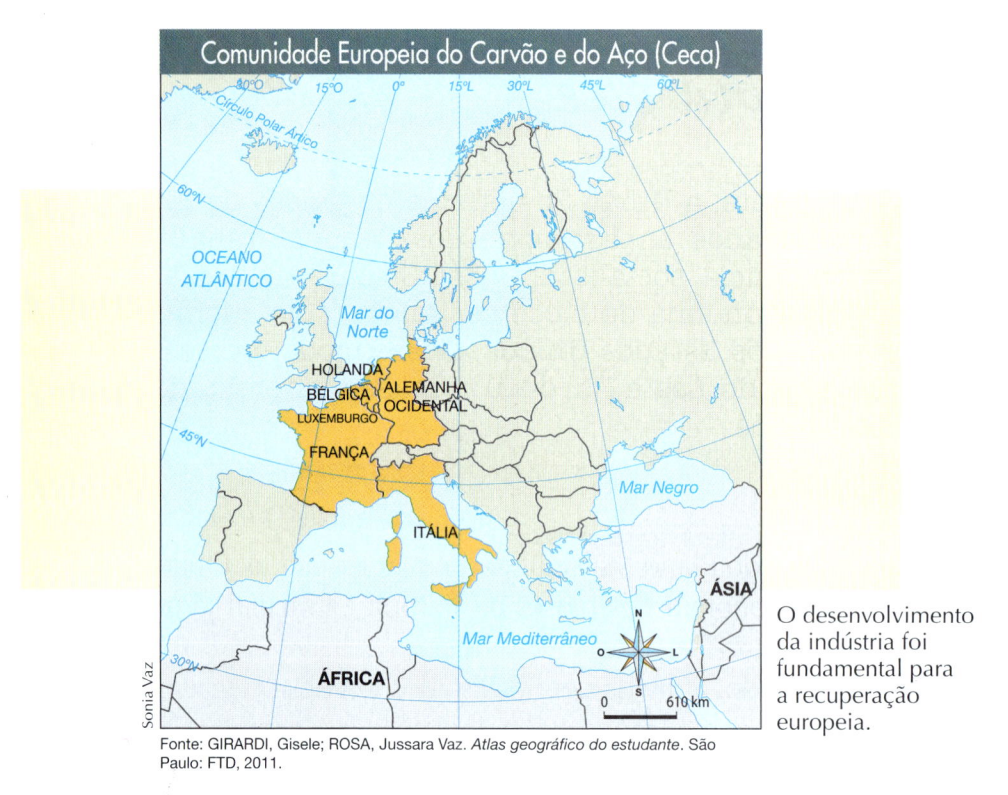

Comunidade Europeia do Carvão e do Aço (Ceca)

Fonte: GIRARDI, Gisele; ROSA, Jussara Vaz. *Atlas geográfico do estudante*. São Paulo: FTD, 2011.

O desenvolvimento da indústria foi fundamental para a recuperação europeia.

Um dos principais resultados da implantação da Ceca foi o aumento do volume de carvão e aço produzidos. A maior oferta desses produtos levou ao seu barateamento, o que elevou bastante o seu consumo.

## A Ceca dá origem à CEE

Os bons resultados da Ceca levaram muitos de seus líderes políticos dos anos 1950 a buscar maior integração econômica. Pensava-se na possibilidade de ampliar as trocas, incluindo bens de consumo, como roupas, sapatos, alimentos etc.

Nesse período, já funcionava informalmente uma aliança entre Bélgica, Holanda e Luxemburgo (Benelux), que permitia a livre troca de mercadorias entre esses três países.

Os outros países europeus foram influenciados pelo sucesso do Benelux, um dos primeiros e mais bem-sucedidos casos de integração europeia.

## O Benelux

Em 1944, em plena guerra, quando seus países estavam ocupados pelos nazistas, os governos belga, holandês e luxemburguês instalados no exílio resolveram criar o Benelux.

A palavra Benelux é formada pelas letras iniciais dos nomes dos seus três países-membros: Bélgica, Holanda ou Países Baixos (*Nederland*, em holandês) e Luxemburgo.

Mas, afinal, o que foi o Benelux?

O Benelux funcionava como se fosse um único país, já que havia um livre comércio isento de tarifas. Assim sendo, um par de sapatos holandês podia ingressar na Bélgica ou em Luxemburgo para ser vendido sem pagar impostos de importação, e vice-versa.

Ao eliminar a cobrança de tarifas internas, o Benelux barateou suas mercadorias, tornando-as mais acessíveis à população. O aumento do consumo, por sua vez, elevou a produção industrial e a agrícola desse bloco de países. Mais e mais empresas surgiram, gerando, por sua vez, mais empregos. Tudo isso elevou a qualidade de vida no interior do Benelux.

Um outro fator contribuiu para essa prosperidade: a transformação do bloco em uma União Aduaneira.

E o que é uma União Aduaneira?

Além de estarem integrados, os países participantes de uma União Aduaneira cobram uma tarifa única para importar mercadorias dos países que não pertencem ao grupo. Desse modo, um determinado produto importado pode ser encontrado em todos os países do grupo.

Vamos imaginar que o Benelux importa café brasileiro. Se não houvesse uma União Aduaneira, a Bélgica cobraria uma tarifa de importação desse produto diferente das tarifas cobradas por Holanda e Luxemburgo. A partir do momento em que formaram uma União Aduaneira, passaram a cobrar uma mesma tarifa.

O sucesso do Benelux encorajou os integrantes da Ceca a assinarem o Tratado de Roma, em 1957, que criou a Comunidade Econômica Europeia (CEE). Seu objetivo principal foi aprofundar a integração já existente.

Uma das primeiras decisões tomadas pela CEE foi eliminar qualquer restrição ao comércio entre seus membros. Assim, deixaram de ser cobradas tarifas alfandegárias sobre grande parte das mercadorias fabricadas nos países-membros.

Os resultados apareceram rapidamente. Mais mercadorias passaram a circular no interior da comunidade. Mais empregos foram gerados, elevando a qualidade de vida da população em geral. Desde a fundação da CEE até 1970, o comércio entre os países-membros cresceu seis vezes, e as trocas de mercadorias do bloco com o mundo triplicaram.

Navio atracado no porto de Roterdã (Holanda), em junho de 2005. O crescimento da economia era visível em todos os países do bloco.

Preparação da terra para plantio em Cáceres, na Espanha, em setembro de 2006. A partir da década de 1960, a produção agropecuária aumentou em todos os países da Comunidade Econômica Europeia.

Na verdade, o Tratado de Roma era um projeto de integração continental que ia muito além do livre comércio de produtos. Por exemplo, em 1962 entrou em vigor a Política Agrícola Comum (PAC). Esse programa, composto de financiamentos, subsídios e ajuda técnica, aumentou consideravelmente a produção agropecuária de toda a CEE. Gerou também autossuficiência na produção de alimentos e elevou os rendimentos dos agricultores.

Em 1974, a CEE criou o Fundo Europeu de Desenvolvimento Regional, com a função de transferir recursos financeiros das regiões ricas para as mais pobres. Os seus recursos deviam ser investidos na melhoria da infraestrutura de transportes e sistemas de comunicações.

À medida que as regiões mais carentes recebiam recursos financeiros, geravam mais empregos. Esse resultado favorável explica por que, atualmente, um terço do orçamento europeu é destinado a esse fundo.

Linha de montagem de fábrica automobilística italiana na província de Nápoles, no sul da Itália, em janeiro de 2009. As regiões mais pobres, como o sul da Itália, foram beneficiadas com transferências de recursos da CEE.

## A expansão da Comunidade Econômica Europeia (CEE)

O dinamismo da economia não foi o único resultado alcançado pela CEE. Pouco a pouco, o bem-estar da população foi ficando mais patente. Esse fato chamou a atenção de outros países europeus, que passaram a solicitar seu ingresso no bloco.

### Você sabia que...

... respeitar a democracia era uma das condições básicas para um país ingressar na CEE? Isso significa que os países-membros garantiam eleições diretas, liberdade de expressão, justiça independente e respeito às leis.

Esses princípios continuam válidos para a União Europeia, nome atual da CEE. Países que não respeitam esses fundamentos da democracia não são aceitos como membros.

A primeira expansão da CEE se deu em 1973, quando ingressaram a Dinamarca, a Irlanda e o Reino Unido. É bom lembrar que nesse ano os conflitos no Oriente Médio provocaram o "choque do petróleo".

Nessa época, o Reino Unido iniciava uma intensa exploração petrolífera no Mar do Norte. Por isso, ao aceitar o ingresso do Reino Unido, a Comunidade Econômica Europeia passou a contar com um membro rico em recursos energéticos, tão necessários naquele período.

Fonte: ATLAS geográfico escolar. 4. ed. Rio de Janeiro: IBGE, 2007.

Plataforma de extração de petróleo no Mar do Norte, em maio de 2010. Com o aumento brusco dos preços do petróleo, em 1973, as reservas exploradas pela Inglaterra no Mar do Norte propiciaram uma forte ligação entre o Reino Unido e a Europa.

Na década de 1980 foi a vez da Grécia, da Espanha e de Portugal ingressarem na comunidade. Apesar de serem mais pobres do que os demais membros da CEE, esses países foram aceitos porque são grandes produtores de alimentos. Outro atrativo desses países era sua mão de obra abundante e barata, um item importante para as grandes empresas dos países ricos.

O ingresso de novos Estados na CEE transformou-a, gradativamente, no grande polo de estabilidade política e econômica da Europa. A crescente influência do bloco na política e na economia mundiais tornou necessária sua participação nas mais importantes reuniões internacionais, como fóruns econômicos e ambientais.

## Nasce a União Europeia

Desde 1957, os membros da CEE têm como meta aprofundar sua integração. Por isso, em 1992, foi assinado um novo documento na cidade holandesa de Maastricht. Nesse tratado foram definidas as regras gerais de um bloco mais avançado que a CEE. Nasceu, assim, a União Europeia.

E o que significa União Europeia?

A União Europeia é a substituta imediata da CEE. Começou a vigorar um ano após a assinatura do Tratado de Maastricht, quando as "quatro liberdades

Plantação de oliva na Espanha, em julho de 2006. Muitos cidadãos da Espanha, Grécia e Portugal puderam melhorar suas vidas ao contarem com mais empregos e oportunidades, pricipalmente nos olivais.

fundamentais" começaram a sair do papel. Além da livre circulação de mercadorias, também os serviços, as pessoas e os capitais devem circular livremente no interior da comunidade.

Na prática, isso significa uma mudança radical na vida dos cidadãos de todo o bloco. Um cidadão da Alemanha pode comprar móveis na Itália. Um cidadão da Espanha pode contratar um contador francês. Um cidadão belga pode trabalhar livremente em Portugal. E assim por diante.

Em 1995, a Áustria, a Suécia e a Finlândia entraram para a União Europeia. Assim, a comunidade ficou conhecida como "Europa dos Quinze".

Em 1999, houve um avanço ainda maior rumo à unidade europeia. Criou-se a União Monetária e Econômica, um modelo de integração de nações baseado em uma moeda única, que foi batizada com o nome de euro (em março de 2012, a zona do euro abrangia 17 países).

Para administrar a integração monetária e econômica foi criado o Banco Central Europeu. Essa instituição financeira é responsável por importantes questões, como a emissão de euros.

O euro circula livremente nos países da zona do euro desde 2002. Usa-se a mesma moeda para pagar um bilhete de metrô em Madri, um almoço em Roma, um sapato em Paris etc.

O euro é uma das mais importantes moedas do mundo.

## Você sabia que...

... três países da União Europeia – Dinamarca, Reino Unido e Suécia – não permitem a livre circulação do euro em seu território? Eles não quiseram adotar a moeda porque temem perder sua autonomia. De fato, na Zona do Euro, os assuntos econômicos são decididos em conjunto, e não individualmente.

Ou seja, os países que aderiram à moeda única devem acatar as decisões do Banco Central Europeu.

Da esquerda para a direita, notas de coroa dinamarquesa; notas de coroa sueca; e notas e moedas de libra esterlina. Essas moedas continuam circulando em seus países.

## Pare, pense e faça

O Tratado de Maastricht preocupou-se em aprofundar a unificação europeia. Do ponto de vista da livre concorrência, quais foram os avanços desse tratado?

## Os mais novos membros da União Europeia

À medida que evoluía a integração da União Europeia, ou seja, que as pessoas circulavam livremente entre os países-membros, que as mercadorias iam e vinham com facilidade, que os serviços e capitais eram contratados sem que se questionasse sua nacionalidade, mais e mais países mostravam interesse em entrar para o bloco.

Vários países-candidatos tinham sido satélites da União Soviética durante a Guerra Fria. Eram socialistas e, como sabemos, enfrentaram uma profunda crise econômica na década de 1980. Para superar essa condição, passaram por uma transição para a economia capitalista nos anos 1990.

O cotidiano dos habitantes desses países também mudou bastante. Antes de 1990, o Estado controlava toda a economia e centralizava as decisões. As empresas e os meios de comunicação eram estatais, assim como os transportes, a educação e a saúde.

Esse sistema socialista modelado pela União Soviética não conseguiu satisfazer algumas necessidades da população. Por isso, no início da década de 1990, vários governantes do Leste Europeu permitiram o ingresso de empresas privadas em seus países, o que transformou o cotidiano. Ao mesmo tempo, as relações capitalistas foram fortalecidas, e muitas das antigas empresas estatais foram privatizadas.

Portanto, ficava bem evidente a aproximação desses países com o modelo econômico da União Europeia (UE).

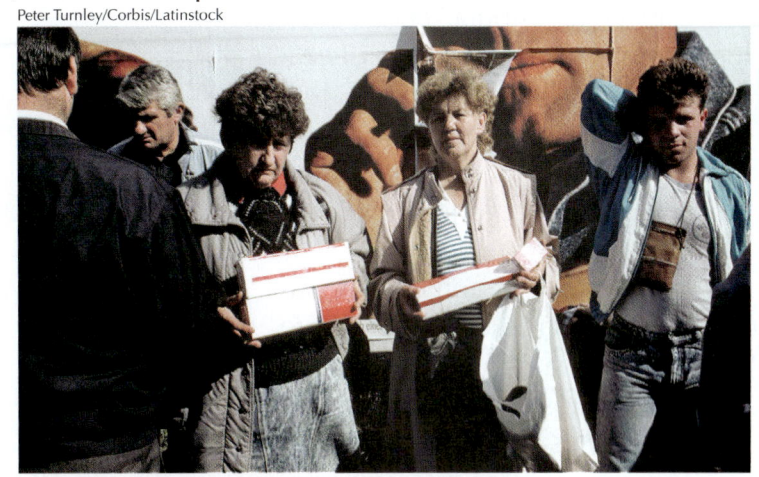

Acima, feira clandestina na Alemanha Oriental, em 1990. A pressão popular por mudanças e melhor qualidade de vida acabou derrubando o socialismo no Leste Europeu. Lá não se conseguia mais abastecer a população, que recorria a feiras clandestinas.

O Leste ficou parecido com o Oeste da Europa, graças à presença das mesmas empresas e marcas globais nos dois lados do continente.

Nos últimos anos, diversas transnacionais europeias e estadunidenses têm investido no Leste Europeu, atraídas pela mão de obra extremamente barata. Outra vantagem dessa mão de obra é a sua elevada escolaridade. Apesar de receber salários mais baixos em relação aos trabalhadores da Europa Ocidental, grande parte dessa mão de obra é qualificada – herança da fase socialista, que priorizava a excelência na educação e no esporte.

Isso impulsionou uma nova industrialização em algumas cidades do Leste Europeu, que começaram a ficar conhecidas por sua capacidade produtiva. Indústrias automobilísticas ocidentais têm se instalado em Budapeste, na Hungria. Essa cidade é chamada de Detroit do Leste, uma referência à cidade norte-americana que é considerada a Capital do Automóvel.

A Estônia é outro caso interessante. Por atrair capitais ligados ao setor de informática, o país foi apelidado de Vale do Silício do Báltico, uma referência à região da Califórnia onde estão as principais empresas especializadas nessa área tecnológica.

Eslovênia, Estônia, Letônia, Lituânia, Polônia, República Checa, Eslováquia e Hungria ingressaram no bloco europeu em 2004. Mas seus governos ainda estão se adequando às condições impostas pela União Europeia.

Entretanto, em conjunto, esses oito países acrescentam somente 5% à economia da União Europeia. Alguns estudiosos afirmam que serão necessários 15 ou 20 anos para que atinjam o mesmo estágio de desenvolvimento socioeconômico do restante do continente.

Como vimos, a União Europeia transfere riquezas para as regiões menos favorecidas do bloco. Assim, a UE decidiu investir nesses países €114,00 por habitante para a construção de estradas, sistemas de telecomunicações, saneamento e outras obras de infraestrutura.

Juntamente com esses oito ex-países socialistas, as ilhas de Malta e Chipre também ingressaram, em 2004, na União Europeia. Em 2007 entraram a Bulgária e a Romênia, que também fizeram parte do bloco socialista.

Montagem de carros em Novo Mesto, na Eslovênia, em 2010. A produção industrial e a economia do Leste tomaram como modelo as empresas ocidentais.

Mendigo idoso em rua de Budapeste, na Hungria, em novembro de 2011. Mesmo com todos os avanços das duas últimas décadas, a vida no Leste ainda é muito mais difícil do que nos países ocidentais da Europa.

## Chipre, uma ilha dividida

A ilha de Chipre está localizada no mar Mediterrâneo. Essa ex-colônia inglesa tem uma população majoritariamente cristã de origem grega, mas possui uma importante minoria muçulmana de origem turca, que habita o norte do país.

Na década de 1960, os habitantes de origem grega declararam a independência da ilha e prometeram que a vice-presidência ficaria sempre com um cipriota turco.

Em 1974, militares de origem grega lideraram um golpe de Estado que afastou os cipriotas turcos do poder. Diante dessa situação, no mesmo ano a Turquia invadiu o norte da ilha e apoiou a criação de um país chamado de República Turca do Norte do Chipre.

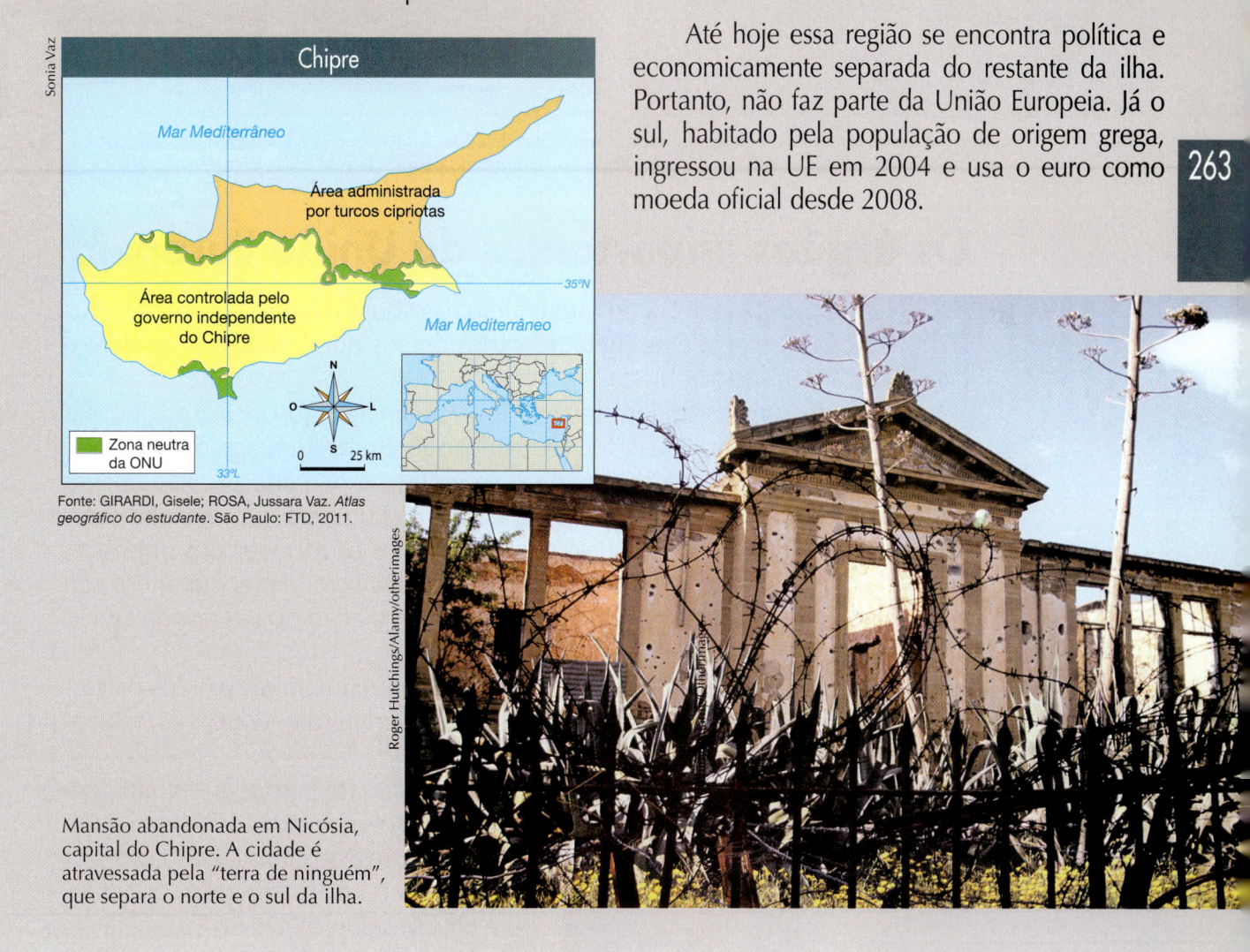

Até hoje essa região se encontra política e economicamente separada do restante da ilha. Portanto, não faz parte da União Europeia. Já o sul, habitado pela população de origem grega, ingressou na UE em 2004 e usa o euro como moeda oficial desde 2008.

Fonte: GIRARDI, Gisele; ROSA, Jussara Vaz. *Atlas geográfico do estudante*. São Paulo: FTD, 2011.

Mansão abandonada em Nicósia, capital do Chipre. A cidade é atravessada pela "terra de ninguém", que separa o norte e o sul da ilha.

---

Com o ingresso da Romênia e da Bulgária em 2007, a União Europeia passou a ter mais de 500 milhões de habitantes.

A Bulgária e a Romênia registram agora a mesma situação vivida pelos outros ex-países socialistas que ingressaram no bloco em 2004. Estão recebendo uma grande ajuda financeira da União Europeia, estimada em mais de 40 bilhões de euros. Esses recursos estão sendo usados para a ampliação e a melhoria das rodovias, ferrovias, aeroportos e sistemas de telecomunicações. Esse dinheiro também se destina ao desenvolvimento da agropecuária associada a projetos de proteção ao meio ambiente e ao investimento em educação e segurança, entre outros fins.

Romênia (à esquerda) e Bulgária (à direita), em junho de 2006. Serão necessárias algumas décadas para que atinjam o mesmo nível de desenvolvimento – e o mesmo padrão de vida – dos demais países da UE.

# Os órgãos importantes da União Europeia

A União Europeia avançou muito além das "quatro liberdades fundamentais". A prova disso é a existência de vários órgãos que fiscalizam, apoiam e executam as decisões do bloco.

Um desses órgãos administrativos é o *Parlamento Europeu*, sediado em Estrasburgo, na França. Seus 785 deputados são eleitos diretamente pelos cidadãos dos 27 países-membros por um período de cinco anos. O Parlamento Europeu é responsável pelo orçamento da União Europeia, ou seja, são esses deputados que decidem onde devem ser investidos os recursos dos impostos. Além disso, nos últimos anos, o Parlamento Europeu vem se preocupando com as leis trabalhistas para garantir a liberdade de circulação no interior da União aos trabalhadores do bloco.

O *Conselho da União Europeia* é o órgão que reúne ministros dos países-membros para discutir questões internas, como agricultura, educação, telecomunicações.

A *Comissão Europeia*, situada em Bruxelas, é o órgão executivo da União Europeia. É responsabilidade sua aplicar os tratados e as decisões do Parlamento e do Conselho da União Europeia.

Outro órgão importante é o BCE (Banco Central Europeu), sediado em Frankfurt, na Alemanha. Esse banco é o gestor do euro. Sua função é manter a estabilidade dos preços de mercado, além de supervisionar os bancos privados e as instituições financeiras estatais, pertencentes aos países da Zona do Euro.

Sede da Comissão Europeia em Bruxelas (Bélgica), em 2008. Esse órgão é a voz da União Europeia nas questões internas e internacionais.

# Entenda a crise da dívida da Grécia

País receberá mais um pacote de ajuda, mas líderes europeus já discutem alternativas caso o plano fracasse.

**Da BBC**

Os políticos gregos aprovaram uma nova série de medidas de austeridade necessárias para obter um pacote de resgate para a economia do país.

As medidas eram exigidas pela 'troika' — o grupo de negociadores internacionais formados pelo Fundo Monetário Internacional (FMI), Banco Central Europeu (BCE) e União Europeia.

Na madrugada de terça-feira (21)* foi anunciado que o acordo permitirá que o governo grego tenha acesso a 130 bilhões de euros em empréstimos e permitir uma redução de 100 bilhões de euros na dívida que o país tem com bancos privados.

[...]

*21 de fevereiro de 2012.

**O que são as medidas de austeridade exigidas da Grécia?**

[...]

A Grécia foi pressionada a aceitar cortes de gastos mais profundos, relativos a 1,5% do seu PIB, além de cortes previdenciários e de empregos, altamente impopulares entre os cidadãos gregos.

[...]

**Mas a Grécia já não tinha implementado medidas de austeridade?**

Sim, a Grécia já tinha acordado medidas de contenção de despesas e aumentos de impostos que elevarão a arrecadação em 3,38 bilhões de euros em 2013.

No setor público, já haviam sido feitos cortes de salários e de bônus. Cerca de 30 mil funcionários públicos devem ser suspensos, e as pensões que ultrapassarem o teto de 1000 euros sofrerão cortes de 20%.

[...]

**As medidas vão funcionar?**

[...] O objetivo dos cortes orçamentários é reduzir o deficit grego de 160% de seu PIB para 120% até 2020.

**O que acontece se o plano fracassar?**

Nesse caso, a Grécia não terá como pagar seus credores. [...]

[...]

O país também poderia ser forçado a deixar a zona do euro.

**Por que a Grécia está tão mal?**

A Grécia tem gastado mais do que arrecada desde antes de entrar na zona do euro. Após a adoção da moeda comum, os gastos públicos cresceram ainda mais, e os salários do funcionalismo praticamente dobraram.

E ao mesmo tempo em que o dinheiro saía facilmente dos cofres estatais, pouco recursos entravam, já que a evasão fiscal é amplamente praticada na Grécia.

[...]

Em outubro de 2011, a zona do euro conseguiu convencer os bancos a 'cortar' 50% de seus títulos gregos, além de acordar previamente um pacote de mais 130 bilhões de euros. [...]

Desde então, a situação grega se deteriorou ainda mais, e o acordo agora em debate envolve uma redução ainda maior na dívida grega por parte dos bancos.

**Por que a crise não foi resolvida com os pacotes de resgate prévios?**

Apesar de o caso da Grécia ser o mais grave, ele é um indicativo de problemas que têm afetado outros países da zona do euro na última década, como altos déficits [...].

[...]

Enquanto isso, a UE tenta estabelecer medidas para o caso de mais algum país mostrar-se insolvente. Em outubro, o bloco entrou em acordo quanto ao Fundo Europeu de Estabilidade Financeira, com 1 trilhão de euros para enfrentar futuras crises de dívida soberanas. O dinheiro, porém, ainda não foi levantado.

Fonte: BBC Brasil. *Grécia tem dia decisivo para tentar evitar calote financeiro.* Disponível em: <http://g1.globo.com/economia/noticia/2012/02/entenda-a-crise-da-divida-da-grecia.html>. Acesso em: 18 abr. 2012.

## As divergências na União Europeia (UE)

Após sucessivos avanços, a União Europeia encontrou uma barreira para continuar sua unificação. Desde o final da década de 1990, os líderes europeus vêm se manifestando contra ou a favor de uma antiga proposta, a adoção de uma Constituição única para o bloco.

Mas o que isso significa?

Uma Constituição única seria o auge do processo de unificação, pois levaria a União Europeia a ter leis comuns para todos os países-membros.

Assim que o projeto de Constituição ficou pronto, começou a ser votado por plebiscitos internos em cada país.

**A Constituição da União Europeia**

A Constituição da União Europeia determina os objetivos do bloco e os direitos de seus cidadãos. Seu texto trata de vários assuntos, como o mercado interno, a economia, a concorrência entre empresas e disputas comerciais.

No entanto, ainda há muitas outras polêmicas em torno de o que fica a cargo de cada país e o que será decidido pela União Europeia. Duas dessas polêmicas envolvem o tema da segurança e o da política externa, que, por enquanto, estão sob responsabilidade de cada país.

Os plebiscitos para aprovar ou não a Constituição única do bloco começaram em 2004. Em muitos países, ela foi aprovada pela grande maioria da população, que, assim, demonstrou que acredita realmente numa Europa unida.

Mas em alguns países a população se mostrou contrária a esse projeto. Os plebiscitos da França e da Holanda rejeitaram a Constituição única. Muitos analistas afirmam que essa rejeição tem duas origens. A primeira é que ela seria uma resposta aos governantes impopulares desses dois países, que pregam a aprovação da Constituição Europeia enquanto a população sofre graves crises econômicas, que geram desemprego.

A segunda causa da rejeição – e muito mais provável – é que a França e a Holanda receiam perder a autonomia de seus governos. Além disso, as populações dos dois países temem que uma Europa unificada seja ainda mais aberta aos imigrantes.

O fato é que as rejeições francesa e holandesa adiaram a implantação da Constituição única para a União Europeia, indicando a necessidade de novas rodadas de negociações.

Desempregados franceses fazem fila para serem atendidos na estação ferroviária de Marselha, em março de 2009. As dificuldades econômicas têm levado muitos europeus a perderem a confiança na União Europeia.

## O espaço e a cooperação Schengen

O espaço e a cooperação Schengen assentam no Acordo Schengen de 1985. O espaço Schengen representa um território no qual a livre circulação das pessoas é garantida. Os Estados signatários do acordo aboliram as fronteiras internas a favor de uma fronteira externa única. Foram adotados procedimentos e regras comuns no espaço Schengen em matéria de vistos para estadas de curta duração, pedidos de asilos e controles nas fronteiras externas. Em simultâneo, e por forma a garantir a segurança no espaço Schengen, foi estabelecida a cooperação e a coordenação entre os serviços policiais e as autoridades judiciais. A cooperação Schengen foi integrada no direito da União Europeia pelo Tratado de Amesterdão em 1997. No entanto, nem todos os países que cooperam no âmbito do acordo Schengen são membros do espaço Schengen, quer porque não desejam a supressão dos controlos nas fronteiras quer porque ainda não preenchem as condições necessárias para a aplicação do acervo de Schengen.

[...]

### Participação da Irlanda e do Reino Unido

Em conformidade com o protocolo anexo ao Tratado de Amesterdão, a Irlanda e o Reino Unido podem participar na totalidade ou em parte das disposições do acervo de Schengen, após uma decisão do Conselho votada por unanimidade pelos Estados-Membros signatários do Acordo Schengen e pelo representante do Governo do Estado em causa.

[...]

### Relações com a Islândia e a Noruega

A Islândia e a Noruega, juntamente com a Suécia, a Finlândia e a Dinamarca, pertencem à União Nórdica dos Passaportes, que suprimiu os controlos nas suas fronteiras comuns. A Islândia e a Noruega foram associadas ao desenvolvimento dos Acordos de Schengen desde 19 de Dezembro de 1996. [...]

Fonte: *O espaço e a cooperação Schengen*. Disponível em: <http://europa.eu/legislation_summaries/justice_freedom_security/free_movement_of_persons_asylum_immigration/l33020_pt.htm>. Acesso em: 19 abr. 2012.

## Os imigrantes: problema ou solução?

O tema da imigração é um dos mais complicados. Quanto mais a Europa se unifica, maiores as facilidades de deslocamento interno da população.

As migrações tradicionalmente vão dos países mais pobres do bloco para os mais ricos. Mas muitos imigrantes chegam de países pobres de outros continentes, principalmente das ex-colônias dos países europeus.

Quando se fala de população e imigração no continente europeu, dois aspectos têm de ser abordados. O primeiro se refere às baixas taxas de natalidade europeias. Desde o final da Segunda Guerra Mundial, o trabalho feminino, a competição do sistema capitalista e o alto custo de vida levaram os europeus a optar por ter poucos filhos. Dessa forma, o número de idosos e aposentados cresce em relação ao total da população, como veremos no próximo capítulo. Essa situação cria a necessidade de imigrantes para substituir esses trabalhadores que se aposentam e para manter a economia em crescimento.

O segundo aspecto é que os índices de desemprego vêm aumentando no continente. Isso leva o imigrante a ser visto como um competidor no mercado de trabalho do país onde vive. Muitos habitantes da Europa Ocidental adotam uma postura intolerante contra os imigrantes, especialmente contra aqueles que vêm de fora da Europa. Eles pregam sua expulsão e o fechamento das fronteiras do bloco para os estrangeiros. Desenvolvem um sentimento de repulsa e ódio aos estrangeiros, que é conhecido como **xenofobia**.

Um estudo da ONU de 2000 estimou que a União Europeia necessitará de 159 milhões de imigrantes até o ano 2025 para compensar o aumento do número de aposentados e a redução dos índices de natalidade. No entanto, estimativas da Comissão Europeia apontam para um déficit de 20 milhões de imigrantes entre 2010 e 2030.

Segundo o relatório, nos últimos anos os estrangeiros foram responsáveis por 89% do crescimento demográfico na Europa. Sem eles, a população do continente teria sido reduzida em 4,4 milhões de indivíduos.

Manifestação de neonazistas europeus em Berlim (Alemanha), em 2010. A intolerância e o racismo levam à violência, como tem ocorrido em várias partes da União Europeia.

Imigrantes paquistanesas em Manchester (Grã-Bretanha), em 2008. Nas grandes cidades europeias, os imigrantes com trajes típicos criam um ambiente multicultural.

Muitos países têm se transformado em polos de atração de imigrantes procedentes de outros continentes. A Inglaterra é um dos principais destinos desses estrangeiros. A cada ano, mais de 200 mil paquistaneses, indianos, jamaicanos, nigerianos, entre tantos outros, têm chegado ao país em busca de oportunidades. Já a França se transformou num polo de atração da população de suas ex-colônias africanas, principalmente da Argélia. Na Alemanha vivem mais de 6 milhões de imigrantes, metade dos quais é turca. Esses estrangeiros têm uma ligação histórica com o país desde a Primeira Guerra Mundial. Muitos operários turcos passaram a trabalhar na Alemanha a partir da década de 1960, especialmente no ramo da construção civil.

Outros países, como Portugal, Espanha, Itália e Grécia, são usados como porta de entrada, graças à sua posição geográfica.

## As importantes ausências no bloco

Nem todos os países situados no continente europeu integram a União Europeia. É o caso da Suíça, país que adota uma política de neutralidade desde o início do século XX. Ela não participa de nenhum acordo, pacto ou aliança. Um dos fatores que explicam essa situação é sua economia, que depende de poderosos bancos, conhecidos por serem seguros e manterem estrito sigilo sobre tudo o que diz respeito aos clientes. Esses bancos atraem muito dinheiro do mundo todo, inclusive fruto de atividades ilegais. As lideranças suíças acreditam que a adesão ao pacto abalaria a confiança desses investidores nos seus bancos, pois eventualmente as leis europeias prevaleceriam sobre as suíças e o sigilo seria violado.

A Suíça tem um sistema democrático extremamente aperfeiçoado, segundo o qual as cidades, conhecidas como comunas, e os cantões, províncias autônomas, têm leis próprias. Adequar essa situação às regras da União Europeia também seria muito difícil.

Imigrantes da Tunísia chegam de barco à ilha italiana de Lampedusa, em março de 2011. Milhares de pessoas tentam chegar à Europa diariamente, fugindo da miséria e de perseguições em seus países de origem.

Vista de Genebra (Suíça), em 2007. Para manter boas relações com o bloco europeu, os suíços têm feito diversos acordos na área trabalhista e na economia em geral. Essas medidas buscam evitar um isolamento exagerado do país.

Outro caso é a Noruega, que se destaca pelos impressionantes avanços em educação, moradia e saúde, refletidos no primeiro melhor Índice de Desenvolvimento Humano (IDH) do mundo (PNUD 2011). A população teme que o ingresso de seu país na União Europeia facilite o acesso de imigrantes e que faltem recursos para atender os imigrantes e suas famílias, criando problemas sociais inexistentes hoje, como desemprego e falta de moradia.

Por não participarem do bloco, os noruegueses mantêm uma posição independente em assuntos internacionais. O país também não aceita compartilhar suas reservas de petróleo localizadas no fundo do Mar do Norte. Apesar disso, a Noruega mantém vários acordos com outros países do continente, inclusive com membros do bloco, e tem aumentado suas exportações de gás natural e petróleo para a União Europeia.

Oslo (Noruega), em maio de 2008. A Noruega optou por não participar do bloco europeu. A população teme que a adesão à UE possa atrair imigrantes e baixar seu elevado IDH.

Dois outros pequenos países, a Islândia e Liechtenstein, também não aderiram ao bloco. No caso de ambos, porque preferem manter sua autonomia política e econômica.

## A situação da Turquia

A Turquia negocia seu ingresso na União Europeia desde a década de 1990. Ocorre que o bloco europeu faz muitas exigências para aceitá-la como Estado-membro.

Inicialmente, foram feitos ajustes na economia turca para permitir a elevação dos salários, até então muito baixos para os padrões europeus. Em seguida, a Turquia foi pressionada a retirar de sua Constituição cláusulas que permitiam a pena de morte, proibida em toda a União Europeia.

Atendendo a essa exigência do bloco, o governo turco finalmente aboliu a pena de morte em 2002.

Mas surgem sempre outros problemas, dificultando a adesão do país ao bloco europeu. Em primeiro lugar, existe a questão dos direitos humanos. As mulheres e os homossexuais, por exemplo, sofrem forte discriminação na Turquia, o que escandaliza os europeus.

Os curdos são outra vítima de discriminação na Turquia. Esse grupo étnico habita o sudeste do país, na fronteira com o Iraque, e luta para criar seu país, o Curdistão. Para intimidá-los, o exército turco os reprime violentamente, fato que prejudica a imagem da Turquia perante a Europa.

Manifestação de curdos em Istambul (Turquia), em junho de 2008. Os curdos constituem o maior povo sem pátria do mundo.

Além de antigas disputas com a Grécia – há rivalidades entre turcos e gregos em Chipre –, o governo turco não reconhece o g*enocídio armênio* de 1915, durante a Primeira Guerra Mundial, quando 1,5 milhão de armênios foram mortos em poucos meses pelo exército turco. Muitos países, como a França, exigem que a Turquia reconheça esse crime para ser membro da União Europeia.

As barreiras para a entrada da Turquia como membro pleno da União Europeia estendem-se também à religião. A Turquia seria o primeiro país de maioria muçulmana a ingressar no bloco europeu.

Essa situação é complicada porque a população europeia é majoritariamente cristã. Como veremos em breve, desde os ataques de 11 de setembro de 2001, alguns importantes meios de comunicação criam um mito ao denunciar o suposto perigo que o Islamismo representa para o Ocidente cristão.

Pesando a favor do ingresso da Turquia na União Europeia, há justamente a sua grande população. Mais de 70 milhões de habitantes poderiam fortalecer o mercado consumidor do bloco, situação que interessa às grandes transnacionais europeias.

## Pare, pense e faça

Alguns jornais, revistas, emissoras de rádio e televisão colocam o Islamismo, erroneamente, como uma ameaça. O problema não é religioso, e sim econômico. Caso a Turquia seja rejeitada, não será a religião a causa do problema. Aponte uma causa provável da rejeição sofrida pela Turquia.

## Refletindo sobre o tema

1. Leia os prós e os contras sobre a entrada de um determinado país na União Europeia.

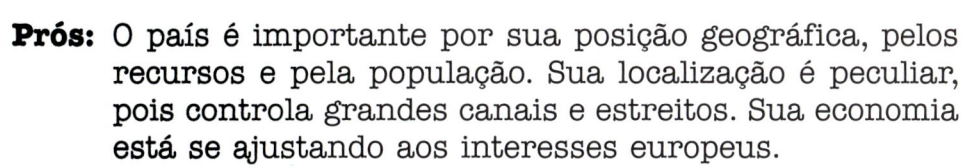

    **Prós:** O país é importante por sua posição geográfica, pelos recursos e pela população. Sua localização é peculiar, pois controla grandes canais e estreitos. Sua economia está se ajustando aos interesses europeus.

    **Contras:** O país faz fronteira com países que estão sob fortes tensões, como a Geórgia e o Iraque. Seria o único país da UE com uma maioria religiosa totalmente diferente da europeia. Internamente, existem minorias sublevadas que geram confrontos militares. Nem todos os países europeus têm com ele uma relação histórica de amizade. Sua entrada no bloco europeu poderia facilitar a infiltração de terroristas no continente.

    • Qual é esse país e quais são as características referidas no texto?

**2.** Leia o texto a seguir:

A União Europeia é uma parceria econômica e política entre 27 países. Os principais objetivos são promover o livre comércio e a livre circulação de pessoas entre os países-membros, além de assegurar a manutenção da segurança e da democracia. A UE tinha como uma de suas missões colocar um ponto final às frequentes guerras entre os países da Europa. A moeda oficial é o euro, adotado por 15 dos 27 países-membros: Alemanha, Áustria, Bélgica, Eslovênia, Espanha, Finlândia, França, Grécia, Irlanda, Itália, Luxemburgo, Holanda, Portugal, Chipre e Malta. O euro foi usado pela primeira vez em janeiro de 1999, somente para transações comerciais e financeiras. Em janeiro de 2002, o euro se tornou a moeda comum a todos os cidadãos da UE. Alguns países, apesar de não comporem a Zona do Euro, têm hotéis, lojas e restaurantes que aceitam a moeda, como forma de oferecer facilidades ao turista. Tal qual um país, a União Europeia tem hino, bandeira, data comemorativa e um lema – "Unida na Diversidade". O hino é a Nona Sinfonia, de Beethoven. A música não substitui os hinos nacionais dos países-membros.

- Quais as características do bloco europeu que são consideradas exemplo para os outros blocos?

**3.** Leia o texto do escritor.

"A instauração do capitalismo significou um retrocesso para todos os países da Europa Oriental, tanto no plano econômico quanto no social. Segundo um estudo recente da Unicef, uma em cada três crianças dos antigos países do Leste Europeu vive hoje na miséria. Um milhão e meio de crianças vivem em orfanatos. Na Rússia, o número de crianças abandonadas foi duplicado, apesar da forte diminuição da taxa de nascimentos. Desde a instauração do capitalismo, a Europa Oriental é cada vez mais formada por países onde o desemprego é muito grande e preocupante."

Marc Vandepitte, em <www.solidaire.be>.

- O autor tem uma visão pessimista da situação no Leste Europeu. Quais as mudanças feitas no Leste Europeu para se adaptar à União Europeia?

**4.** Um dos mais bem-sucedidos novos membros da União Europeia que faziam parte do Leste Europeu é a Hungria, que se transformou em um grande país exportador de produtos industrializados de empresas multinacionais (70% das exportações do país).

- Aponte como a Hungria se integrou tão efetivamente à União Europeia.

**5.** No dia 23 de julho de 2002 foi encerrado o tratado da Comunidade Europeia do Carvão e do Aço (Ceca). Esse acordo foi criado por Bélgica, Holanda, Luxemburgo, França, Itália e Alemanha Ocidental em 1951 e foi fundamental para o desenvolvimento da União Europeia.

- Quais as características da Ceca que ajudaram a construir a unidade da Europa?

# CAPÍTULO 13

# EUROPA: ASPECTOS FÍSICOS

A Europa e a Ásia são, na verdade, duas grandes partes de uma única massa continental conhecida como Eurásia.

## A Europa faz parte da Eurásia

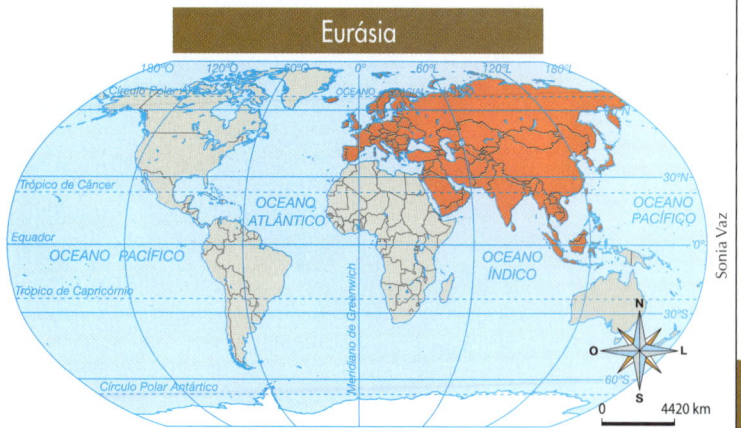

Eurásia

Fonte: ATLAS geográfico escolar. 4. ed. Rio de Janeiro: IBGE, 2007.

A Eurásia é uma gigantesca massa continental que está embasada, quase inteiramente, na placa tectônica Euro-Asiática.

Mas então por que existem dois continentes? Ocorre que, por constituir uma impressionante massa de terras com 54 milhões e 500 mil quilômetros quadrados, quase oito vezes maior que o Brasil, a Eurásia apresenta enormes diferenças ao longo dessa vastidão.

Essas diferenças, que se manifestam no relevo, no clima, na vegetação, na posição geográfica e até mesmo – ou principalmente – nas características históricas e culturais, tornaram necessário analisar e estudar essas terras separadamente.

Para poder separar a Europa da Ásia, foram estabelecidos limites físicos para os dois continentes.

Chineses, indianos, árabes, europeus: diferentes fisionomias, diferentes culturas, diferentes hábitos e costumes. A Europa e a Ásia desenvolvem diferenças marcantes há milhares de anos.

**Montes Urais**

Fonte: GIRARDI, Gisele; ROSA, Jussara Vaz. *Atlas geográfico do estudante*. São Paulo: FTD, 2011.

Os montes Urais estendem-se, na Rússia, de norte a sul.

Há muito tempo se convencionou usar a cadeia dos montes Urais para separar essas terras. Dessa forma, a Europa fica a oeste dessas elevações e a Ásia, a leste delas.

Mais ao sul essas elevações juntam-se a um grande conjunto de montanhas chamadas de cordilheira do Cáucaso, e a linha divisória segue pelo Mar Negro, finalmente definindo o limite entre Europa e Ásia. Dessa forma, somente Turquia e Rússia podem ser considerados países eurasiáticos, ou seja, que têm terras tanto na Europa quanto na Ásia.

Neste capítulo, estudaremos a natureza europeia. Lembre-se de que é fundamental o entendimento do meio natural porque é com ele que a sociedade interage, construindo o espaço geográfico.

# Um pouco da história da Terra na formação da Europa

Quando estudamos o continente europeu, percebemos claramente que existem diferenças marcantes entre o Norte, o Centro e o Sul. Isso não se deve somente à posição geográfica e, portanto, aos climas, que são diferentes, mas também à origem dos terrenos do continente.

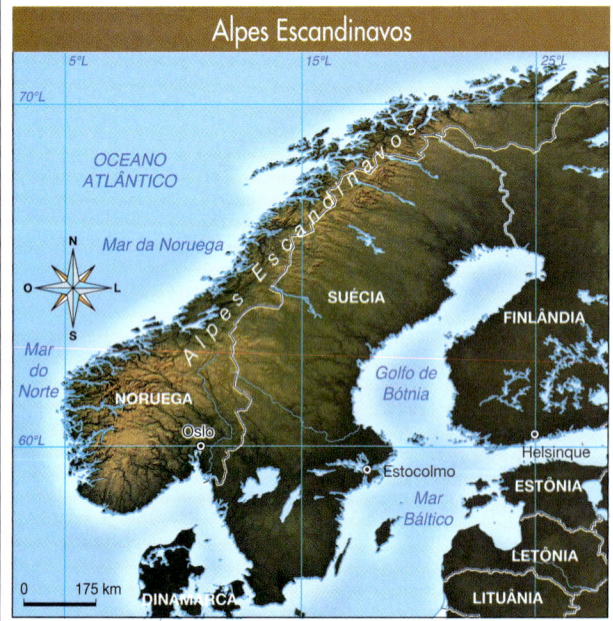

**Alpes Escandinavos**

Fonte: ATLANTE Geografico De Agostini. Novara: Istituto Geografico De Agostini, 2004.

Ao lado, aspecto da aldeia norueguesa de Flam, nos Alpes Escandinavos, em maio de 2009. Esse tipo de relevo surgiu logo após a formação da Terra, e as elevações eram mais altas no passado. A ação da chuva, do sol e dos ventos – os agentes do intemperismo – desgastou as rochas.

## AS TERRAS DO NORTE DA EUROPA

Na parte norte da Europa encontramos os terrenos mais antigos. São os maciços cristalinos. Essa estrutura de relevo originou formas como os Alpes Escandinavos (ver mapa ao lado), que são elevações levemente arredondadas, de baixa altitude. O ponto mais alto tem apenas cerca de 2 mil metros.

Nessa parte norte da Europa também existem extensas áreas mais baixas, como na Finlândia.

Em toda essa região ocorreu no passado longínquo uma forte ação das geleiras durante as glaciações. Os numerosos lagos que pontilham o território da Finlândia, por exemplo, formaram-se por causa da ação das geleiras que cobriram essa região durante milhares de anos, nas glaciações. O gelo extremamente pesado se depositou sobre o solo e este afundou. Depois, com o degelo e o reaquecimento da Terra, essas geleiras derreteram e formaram uma infinidade de lagos. Mesmo após milhões de anos eles continuam existindo, pois como estão em áreas mais baixas recebem a água das chuvas e do degelo das regiões mais altas.

Uma outra evidência da existência das geleiras nessa região fica no litoral da Noruega. Observe o mapa **Noruega: Fiordes** ao lado.

Esses recortes surgiram como resultado da ação de geleiras que tinham coberto todo o território da Noruega. Deslocando seu peso gigantesco, afundaram o solo e abriram vales profundos. Em muitos pontos essas geleiras encostaram-se ao litoral e o atrito abriu passagens para entrada da água do mar após seu derretimento. Dessa forma, surgiram canais formados pela água do mar e cercados por montanhas.

Nessas elevações do norte da Europa, principalmente entre a Noruega e a Suécia, nascem centenas de rios. Provêm de regiões altas e formam corredeiras, de modo que a força das águas pode ser usada para mover turbinas e gerar energia. Aproveitando esse potencial, tanto a Noruega quanto a Suécia situam-se entre os maiores produtores de energia hidrelétrica do mundo.

Fonte dos mapas: ATLANTE Geografico De Agostini. Novara: Istituto Geografico De Agostini, 2004.

O litoral da Noruega é extremamente recortado em razão do deslocamento de pesadas geleiras nas épocas de glaciação.

Grande transatlântico navega em um fiorde da Noruega, em 2005. Essas paisagens estão entre as maiores atrações turísticas do país.

Represa de usina hidrelétrica na Noruega, em 2011. Grande parte da energia produzida na Noruega e na Suécia provém da utilização dos rios como fonte geradora.

**PARE**
**PENSE**
**FAÇA**

## *Pare, pense e faça*

Quais são as evidências de que o norte da Europa sofreu ação intensa do intemperismo, ou seja, do sol, da chuva, dos ventos e das geleiras?

## AS BACIAS SEDIMENTARES DA REGIÃO CENTRAL DA EUROPA

As maiores bacias sedimentares da Europa estão concentradas na região central do continente. Nessas localidades, durante as glaciações e as mudanças no clima e no relevo do planeta, muitas florestas morreram e foram soterradas por espessas camadas de sedimentos durante milhões de anos. A lenta decomposição da matéria orgânica soterrada – árvores mortas e sedimentos marinhos incorporados por deslocamentos dos terrenos – deu origem a ricas jazidas de carvão mineral.

Alguns dos mais importantes rios europeus cortam essa região. Como o terreno é baixo e relativamente plano, muitos desses rios são navegáveis em grande parte de seu curso.

O rio Reno nasce nos Alpes suíços e percorre mais de 1 300 quilômetros pelo território de Suíça, França, Alemanha e Holanda, desaguando no Mar do Norte.

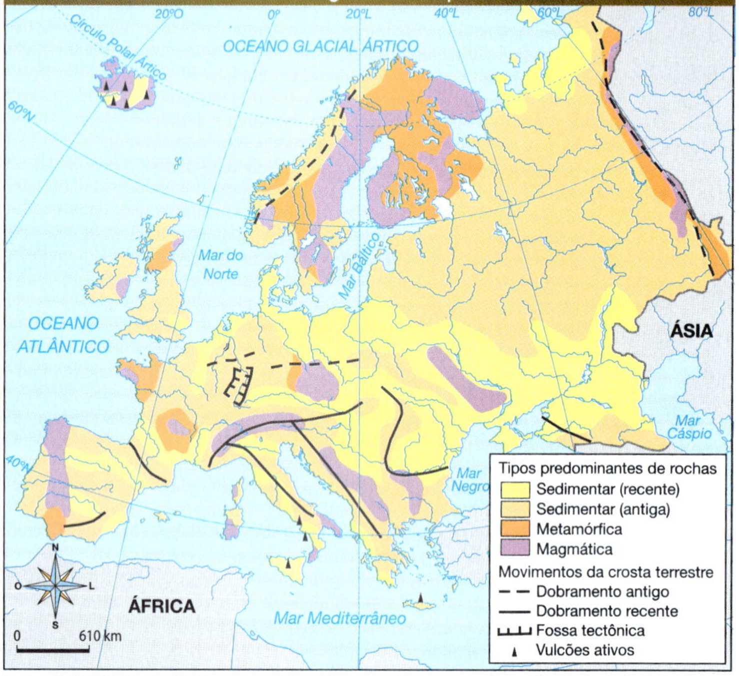

Fonte: GIRARDI, Gisele; ROSA, Jussara Vaz. *Atlas geográfico do estudante*. São Paulo: FTD, 2011.

Na parte central da Europa, o relevo é baixo e plano. As bacias sedimentares recentes abrigam grandes jazidas de carvão.

O rio Reno em Colônia, na Alemanha, década de 2000. O Reno atravessa algumas das principais regiões econômicas da Europa.

Fonte: ATLAS geográfico escolar. 5. ed. Rio de Janeiro: IBGE, 2009.

Às suas margens, perto da foz, encontra-se o porto de Roterdã, na Holanda, um dos mais movimentados do mundo. Portanto, as águas do Reno são via de transporte importante dos produtos produzidos e exportados pela Europa, principalmente pela Alemanha.

O rio mais extenso da Europa é o Volga, que percorre quase 3 mil quilômetros nas extensas planícies da Rússia. O Volga nasce na parte mais alta da região do Valdai, ao norte de Moscou, e segue para o sul, desaguando no Mar Cáspio. Ao longo de toda a sua extensão, alimenta inúmeros canais artificiais e recebe diversos outros rios. É navegável em grande parte de seu curso. Em certos trechos existem eclusas, pois o rio forma quedas-d'água – que são aproveitadas para geração de energia. Em torno do Volga, de seus afluentes e canais, concentra-se quase a metade da população e das atividades econômicas da Rússia.

Os canais permitem uma ligação do Mar Báltico, no norte da Rússia, ao Mar Negro, no sul. Na foto, o canal que liga o rio Volga ao rio Don no dia da inauguração, em 1952.

Fonte dos mapas: NOVO Atlas Geográfico Universal e do Brasil. São Paulo: Oceano, 2006.

O rio Danúbio nasce na parte oeste da Alemanha, da junção de dois pequenos rios que vêm de morros da Floresta Negra. Em seguida, cruza muitos países da Europa, até desaguar no Mar Negro, no litoral da Romênia.

Pequeno vale típico da região da Floresta Negra em Baden-Württemberg, na parte sudoeste da Alemanha, em abril de 2011. A região apresenta algumas das mais exuberantes paisagens do continente europeu.

Trecho do Danúbio em Budapeste (Hungria), em julho de 2011. O rio sempre foi uma importante via de interligação entre a Europa Ocidental (oeste) e a Europa Oriental (leste).

Por intermédio de canais e grandes obras, o rio Danúbio liga-se ao Reno, formando uma enorme hidrovia.

Enfim, podemos concluir que os rios da região central da Europa são navegáveis, pois essa vasta área é dominada, em sua maior parte, por enormes planícies sem grandes desníveis de altitude.

## As montanhas no sul da Europa

Os territórios situados na parte centro-sul da Europa são caracterizados por montanhas muito altas. São dobramentos modernos, como os Andes e as Montanhas Rochosas, na América.

Essas elevações surgiram graças ao choque da Placa tectônica Euro-asiática com a placa Africana, que deslizava para o norte e pressionava as terras da Europa. A Placa Euro-asiática, então, começou a se enrugar, dobrando e elevando uma parte dos terrenos localizados ao sul.

Esses intensos movimentos tectônicos separaram muitas terras e acabaram abrindo canais marinhos, conhecidos como estreitos. Os mais importantes estreitos nessa região são Gibraltar, Bósforo e Dardanelos.

São comuns as cadeias de montanhas originárias de dobramentos nas bordas das placas tectônicas. Na Europa se destacam os Pireneus, os Alpes (acima, na Itália, em fevereiro de 2011) e os Cárpatos.

### Sul da Europa – Principais estreitos

Fonte: NOVO Atlas Geográfico Universal e do Brasil. São Paulo: Oceano, 2006.

Essas passagens marinhas surgiram no mesmo período em que foram formadas as montanhas altas do sul da Europa.

### Lembre-se

*Estreitos* são canais que unem mares e oceanos e separam duas massas de terras. Eles são considerados importantes porque orientam relevantes rotas comerciais.

Na região sul da Europa, também são encontrados importantes rios.

O rio Ródano, por exemplo, nasce nos Alpes suíços e segue para o sul da Europa. Ele recebe águas do derretimento de gelo das altas montanhas e nesse trecho forma grandes quedas-d'água, muitas delas aproveitadas para a geração de energia. No Ródano foram realizadas importantes obras que o tornaram navegável em boa parte dos seus mais de 800 quilômetros.

O Ródano é importante para a economia da França, pois permite o escoamento de muitos produtos fabricados na região de Lyon, que é uma rica cidade industrial. Ele deságua no mar Mediterrâneo, próximo da cidade de Marselha, formando um grande delta.

Canal que liga Arles a Sète, em Aigues-Mortes na região de Languedoc, sul da França, em outubro de 2011. Na prática, o canal é uma segunda desembocadura do Ródano.

Fonte: NOVO Atlas Geográfico Universal e do Brasil. São Paulo: Oceano, 2006.

Outro rio do sul da Europa é o Pó, que cruza o norte da Itália. Ele nasce nas montanhas, na divisa com a França, e corre no sentido leste, indo desaguar no Mar Adriático.

É o maior rio italiano, com mais de 650 quilômetros de extensão. Seu curso estende-se entre os Alpes e os Apeninos. Dessas montanhas descem os principais afluentes, cujas cachoeiras e quedas-d'água permitiram a construção de várias hidrelétricas.

## A vegetação da Europa também reflete o clima

No planeta Terra, a natureza obedece a uma regra fundamental: todos os seus elementos – relevo, clima, vegetação, entre outros – interagem uns com os outros o tempo todo.

Uma das mais conhecidas dessas interações é a que ocorre entre o clima e a vegetação. Isso significa que as plantas são diferentes em cada região climática do planeta e que elas também influenciam o clima.

A mesma lógica prevalece na Europa. Por isso, agora vamos estudar suas principais paisagens vegetais com base nas condições climáticas.

## A Europa subpolar

O extremo norte europeu está situado nas proximidades do Polo Norte. Essa região é atravessada pelo Círculo Polar Ártico, e o frio é intenso, inclusive durante o verão.

Casa de um criador de renas na Finlândia, em março de 2009. Nessa parte da Europa, as temperaturas são muito baixas durante todo o ano.

Podemos perceber isso com a análise do gráfico abaixo.

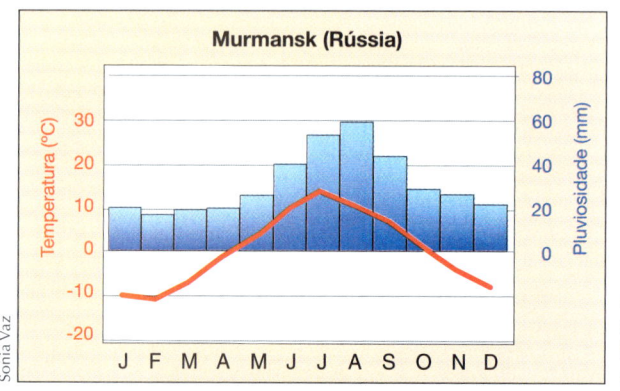

Murmansk (Rússia)

Fonte: ATLANTE Geografico De Agostini. Novara: Istituto Geografico De Agostini, 2004.

As temperaturas são muito baixas durante o ano todo.

### Por que os polos são frios?

Os polos terrestres são frios, gelados, porque os raios solares não incidem diretamente sobre a região. O contrário acontece na região da linha do equador, onde os raios solares alcançam a Terra de forma mais direta e intensa. Isso ocorre em função da inclinação do nosso planeta.

Incidência dos raios solares sobre a Terra

Fonte: ATLAS Geográfico Melhoramentos. Rio de Janeiro: Melhoramentos, 2006.

Observe que os raios solares atingem de forma diferenciada cada região da Terra.

Durante um curto período do ano, o extremo norte da Europa tem um leve aquecimento, com o aumento da luz solar. Nessa fase o gelo que cobria a região desaparece com o derretimento. As águas do degelo e a luz solar, atuando em conjunto, fazem florescer musgos e liquens. Essa vegetação é conhecida como tundra.

Nessa vegetação brotam somente plantas pequenas como os musgos, líquens e algumas ervas e arbustos. Elas são rasteiras, pois o tempo de exposição ao sol é muito curto. Suas raízes são pouco profundas porque o subsolo da região permanece congelado constantemente.

## Permafrost

É uma camada de gelo sob o solo que pode variar de 2 a 200 metros de espessura em toda a região subpolar. Ela é fundamental para a estabilidade dos solos rasos da região, pois, quando derretida, forma um imenso e profundo lamaçal. Quando ocorre um novo inverno e as temperaturas caem bem abaixo de 0 °C, o *permafrost* se forma novamente.

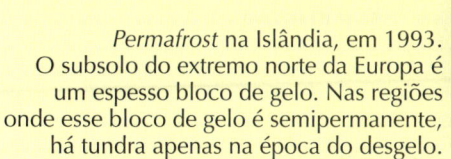

*Permafrost* na Islândia, em 1993. O subsolo do extremo norte da Europa é um espesso bloco de gelo. Nas regiões onde esse bloco de gelo é semipermanente, há tundra apenas na época do desgelo.

As ameaças à tundra são constantes. O aquecimento global da atmosfera, motivado pela poluição, pode prejudicá-la. Quanto menos gelo e neve se formarem, menor será a quantidade de água que ajudará a vegetação a nascer. Se diminuir a quantidade de vegetais, muitos animais morrerão de fome. Outros irão migrar para o sul à procura de alimento e, assim, vão competir com outras espécies, gerando um profundo desequilíbrio.

## A EUROPA TEMPERADA E SUAS FORMAÇÕES VEGETAIS

A maior parte do território europeu situa-se na região de clima temperado, cuja característica principal é a marcante diferença entre as quatro estações do ano.

O clima temperado sofre a influência de dois fatores muito marcantes: a *maritimidade* e a *continentalidade*.

O litoral atlântico da Europa é banhado pela Corrente do Golfo, massa de água quente que começa no Golfo do México e se dirige para o litoral norte da Europa. Graças a ela, nas proximidades do litoral a umidade é sempre maior do que no interior do continente.

O calor dessas águas leva a uma evaporação maior e, consequentemente, à formação de mais nuvens. Dessa forma, a região da Europa banhada por essa corrente é mais chuvosa do que a parte interiorana do continente.

Esse clima recebe o nome de *temperado oceânico*.

Fonte: ATLANTE Geografico De Agostini. Novara: Istituto Geografico De Agostini, 2004.

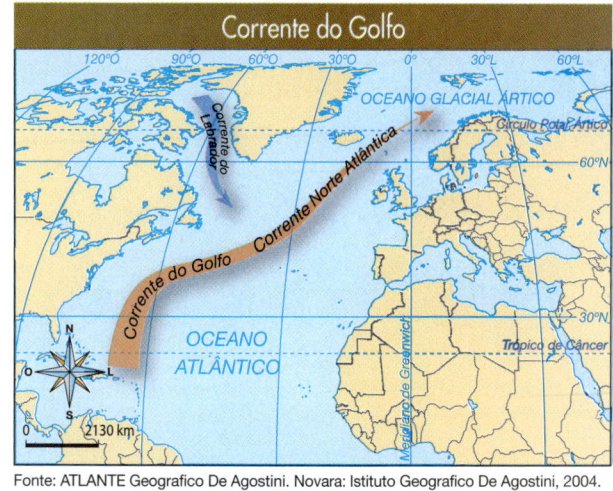

A Corrente do Golfo percorre enormes distâncias e, mesmo assim, continua quente, pois nasce em uma região tropical, em que o calor é intenso na maior parte do ano.

Uma outra característica desse clima é que a diferença anual entre a temperatura mais elevada e a temperatura mais baixa registradas é muito menor que no interior do continente. Isso porque as águas do mar retêm o calor recebido por mais tempo. Assim, quando o inverno chega, o continente esfria rapidamente, mas as regiões próximas do litoral recebem ainda o calor guardado pelo mar, e por isso faz menos frio. Esse fenômeno é conhecido como *maritimidade*.

No interior do continente, o fator que mais influencia o clima é a *continentalidade*. Por estarem mais longe do mar, as terras interioranas europeias recebem uma quantidade de chuva menor durante o ano. Além disso, a distância do mar faz com que as diferenças entre as temperaturas máximas e mínimas anuais sejam muito maiores que as das localidades próximas do litoral. Esse clima recebe o nome de *temperado continental*.

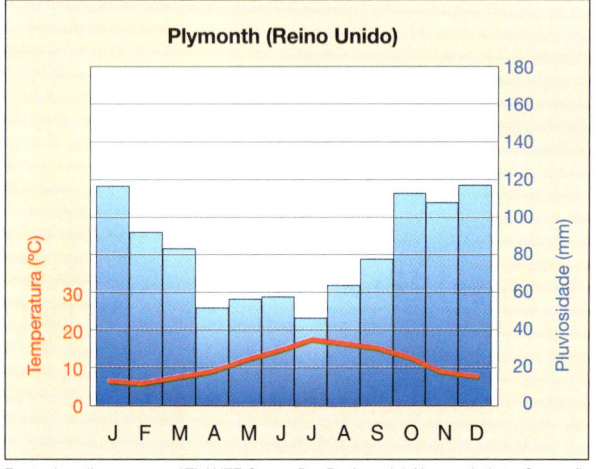

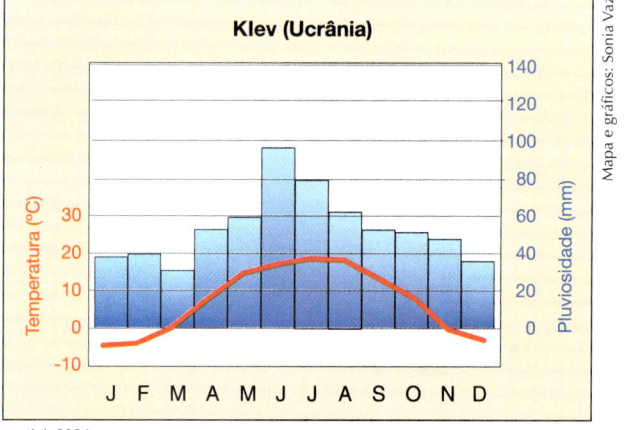

Fonte dos climogramas: ATLANTE Geografico De Agostini. Novara: Istituto Geografico De Agostini, 2004.

Reduzida oscilação da temperatura e chuvas fartas e bem distribuídas são características do clima temperado oceânico.

Nas regiões de clima temperado continental, a temperatura cai muito no inverno, e as poucas chuvas concentram-se no verão.

## Lembre-se

A diferença entre a maior e a menor **temperatura** de uma localidade ao longo do ano é a **amplitude térmica anual**.

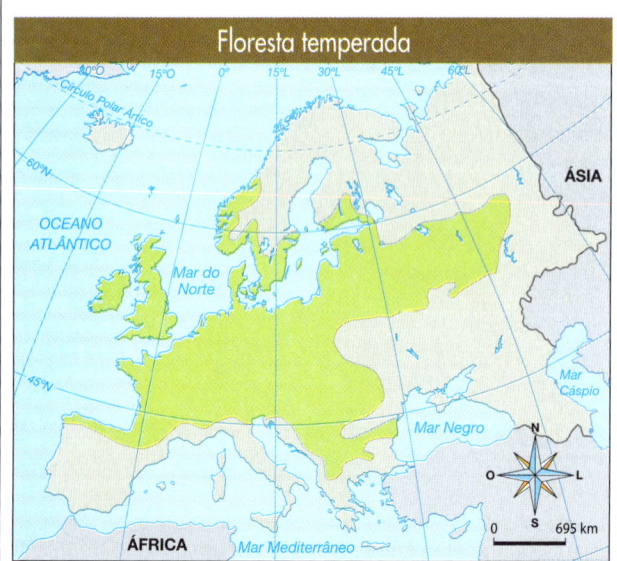

Certamente essa variação climática provoca a mudança de paisagens vegetais. Onde predomina a maritimidade, a vegetação típica é a floresta temperada. Essa formação vegetal também recebe o nome de floresta caducifólia.

Quando se aproxima o inverno, essas árvores deixam cair suas folhas. Isso acontece para que a árvore possa poupar nutrientes para sobreviver ao inverno, mais escuro, com menos calor, menos umidade e menor fotossíntese, os elementos básicos para a sobrevivência das plantas.

Fonte: ATLAS geográfico escolar. 4. ed. Rio de Janeiro: IBGE, 2007.

À medida que se avança para o interior da Europa, as florestas vão diminuindo e vão surgindo amplos campos, as estepes. Nessas regiões o efeito da continentalidade é ainda mais presente. A umidade geralmente é menor, e as diferenças de temperatura ao longo do ano são brutais. As plantas que conseguem se desenvolver nessa região são rasteiras, especialmente gramíneas e herbáceas. Essa vegetação suporta maiores períodos sem chuva, pois exige menos água que uma planta maior.

Floresta na Alemanha, em outubro de 2011. Apesar de ainda existirem algumas áreas preservadas, a floresta temperada europeia foi intensamente devastada ao longo do tempo.

Campo de centeio na Rússia, em agosto de 2011. As vastas estepes russas têm solos férteis e são intensamente utilizadas pela agricultura.

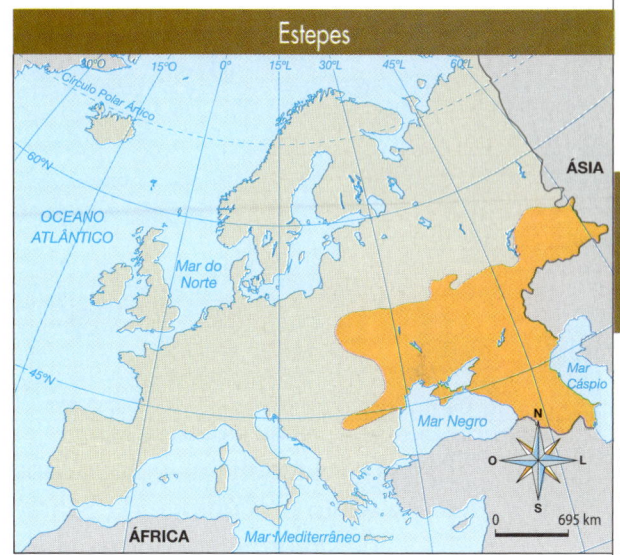

Fonte dos mapas: ATLAS Geográfico Escolar. 4. ed. Rio de Janeiro: IBGE, 2007.

## UMA IMPORTANTE FLORESTA NO NORTE DA EUROPA

A taiga, conhecida também como floresta boreal ou de coníferas, é a principal formação vegetal no norte da Noruega, Suécia e Finlândia. Na Rússia ela é gigantesca, e a estudaremos separadamente.

A floresta estende-se em torno do Círculo Polar Ártico, e o clima apresenta temperaturas médias muito baixas. A taiga resiste bem ao clima frio porque as folhas das árvores são finas e cobertas por uma cera que retém calor, para resistir ao longo inverno, quando a temperatura pode chegar a -20 °C.

A taiga na Finlândia, perto de Kuusamo, em maio de 2005. É uma floresta homogênea de coníferas, ou seja, não apresenta variedade de espécies vegetais, limitando-se a pinheiros.

## NA PARTE SUL DA EUROPA, A FLORESTA MEDITERRÂNEA

No sul da Europa predomina o clima mediterrâneo, com o mesmo nome do mar que banha essa região.

O clima mediterrâneo tem como principal característica a existência de duas estações muito bem definidas: verão seco e inverno chuvoso. Nessas localidades, a primavera e o outono são estações instáveis, ora mais quentes, ora mais frias.

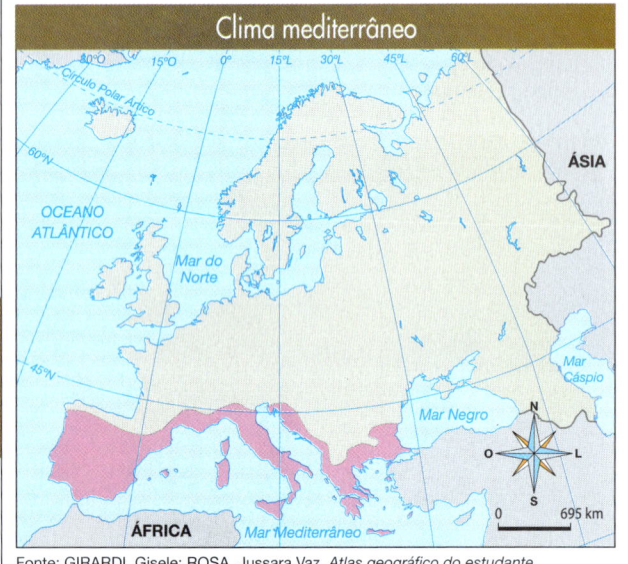

Fonte: GIRARDI, Gisele; ROSA, Jussara Vaz. *Atlas geográfico do estudante*. São Paulo: FTD, 2011.

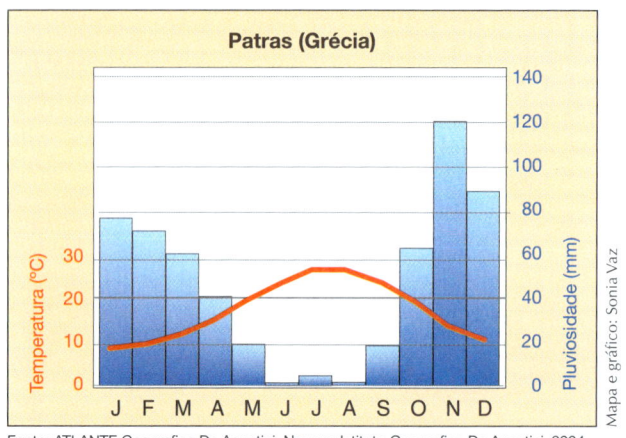

Fonte: ATLANTE Geografico De Agostini. Novara: Istituto Geografico De Agostini, 2004.

Observe como o verão é extremamente seco; as chuvas, em grande quantidade, coincidem com o inverno.

Durante o verão, o litoral do Mediterrâneo é atingido por fortes rajadas de vento procedente do Saara, o grande deserto africano. Esse vento é chamado de *simum* e traz forte calor para o sul da Europa.

Durante o inverno mediterrâneo, diminui o ar seco e quente vindo do Saara. Assim, ocorrem as chuvas frontais, quando as frentes frias vindas das montanhas e do extremo norte da Europa se encontram com as frentes quentes do litoral.

Nessas condições, em que o calor muitas vezes atinge valores extremos, as poucas plantas que resistem precisam adaptar-se. No sul da Europa a vegetação dominante são os **maquis** e **garrigues**.

Os *maquis* são matagais que podem atingir um pouco mais que três metros de altura. São formados por uma enorme diversidade de árvores retorcidas, arbustos e plantas rasteiras.

Esses matagais crescem em volta de uma árvore típica do sul da Europa, o sobreiro. Trata-se de uma árvore da família do carvalho, muito resistente. É o principal fornecedor de cortiça natural.

Outra árvore típica e muito importante no sul da Europa é a oliveira. Há mais de 4 mil anos descreve-se sua utilização na região mediterrânea. O azeite e a azeitona são componentes indispensáveis em praticamente todos os pratos da culinária dos países mediterrâneos.

Ao longo dos séculos, as florestas do Mediterrâneo foram destruídas para aproveitamento da madeira e para dar lugar à agricultura e ao pastoreio. Como o calor é intenso, essas atividades muitas vezes não prosperavam, e o território era abandonado. Os matagais conhecidos como maquis e garrigues restaram como substitutos da vegetação original.

Oliveiras amadurecendo na região da Úmbria (Itália), em 2011. Essas ávores, típicas do sul da Europa, podem ser cultivadas ou surgir naturalmente em meio aos maquis e garrigues.

## Texto complementar

### HISTÓRIA DA FLORESTA, HISTÓRIA DOS SERES HUMANOS

*Conselho Europeu de Jovens Agricultores*

A floresta sempre ajudou o Homem: na alimentação, na indústria, nas guerras e até mesmo na saúde. Em determinadas alturas, a floresta desaparecia, porque havia uma grande necessidade de madeira. Noutras alturas, criavam-se novas florestas. A floresta tem uma história, a nossa.

Durante a Idade Média (século V ao XVI), as florestas da Europa diminuíram. Toda a população participou nessa grande devastação. A madeira era muito utilizada para cozinhar os alimentos e para o aquecimento. Os monges instalavam os seus mosteiros, os senhores feudais construíram as suas propriedades. A população aumentava, e era preciso alimentar mais gente. A agricultura estava em desenvolvimento, e tomava o lugar das florestas na Europa.

Essa desflorestação continuou ainda durante muito tempo. Atualmente, já quase não resta nada da floresta original. Ainda é possível encontrar uma parte dessas florestas nos países do norte da Europa.

[...]

No século XVII, o transporte de mercadorias, a descoberta de novos continentes e as guerras marítimas implicavam o uso de muitos navios. Os grandes navegadores ingleses, espanhóis, portugueses, holandeses e franceses precisavam de madeira para construir os seus navios. A Espanha, por exemplo, utilizou muito das suas florestas para construir os navios que foram usados na descoberta da América e no transporte de mercadorias. As florestas também foram usadas para construir os navios de guerra de Portugal, que construiu muitos barcos a partir das suas florestas na época dos descobrimentos. A madeira era tão utilizada que Colbert, ministro do rei Luís XIV da França, declarou: "A França irá sofrer de falta de madeira", e isso no século XVII.

Ele tinha feito a seguinte conta: para cada cem navios construídos pela Inglaterra, a França poderia construir somente vinte com as florestas que tinha. Era preciso replantar as florestas o mais depressa possível, ou buscar madeira em outros lugares.

As fábricas, especialmente as metalúrgicas e as fundições, também utilizavam muita madeira. Nesse período a madeira era a única fonte de energia, mais importante que a água.

[...]

As florestas ajudaram e ainda ajudam muito também na saúde humana. Algumas árvores contêm substâncias que servem de medicamento: a casca de salgueiro contém ácido salicílico, matéria-prima da aspirina; o eucalipto e a tília também contêm substâncias utilizadas em farmácia. Mas outras árvores podem ser perigosas: a acácia, por exemplo, tem uma flor que se utiliza em culinária, mas cujas sementes são tóxicas!

Conta-se que, no tempo dos Romanos, um esquilo podia viajar do Norte ao Sul da Espanha sem sair das árvores, uma vez que a floresta abrangia quase todo o país. O mesmo acontecia também em muitos outros países da Europa. Mas ao longo da História, os homens foram cortando a floresta para cultivarem as terras, construírem embarcações, usarem nas fábricas...

[...]

É necessário refletir bem sobre a melhor forma de cuidar de uma floresta. A floresta cresce devagar. Não podemos cortar qualquer árvore em qualquer momento. Só devemos retirar aquelas que podem ser replantadas. É a este processo que chamamos de silvicultura durável. É necessário pensar nas gerações futuras: temos que deixar florestas vivas, com árvores de todas as idades.

Atualmente, na Europa cortam-se árvores que germinaram há várias centenas de anos, como os carvalhos que germinaram no tempo de Luís XV e outras árvores do tempo de Napoleão III, ou seja, árvores de mais de 200 anos!

[...]

Fonte: As florestas da Europa. Ceja (Conselho Europeu de Jovens Agricultores). Disponível em: <www.ceja.educagri.fr/por/enseignant/livret5/forpt_1.pdf>. Acesso em: 25 maio 2012.

## Ler para entender

### A Finlândia não se sustenta sem a sua natureza

A Finlândia está situada no extremo norte da Europa. Como a região é muito fria, possui pouca fertilidade, o que obriga a sua população rural a se dispersar, procurando locais adequados para plantações.

A agricultura e a silvicultura são condições vitais para um país extenso. Estas atividades permitem manter todo o país habitado e assim surge uma rede rodoviária e ferroviária que funciona bem para interligar as regiões. Podemos afirmar que graças à agricultura e à silvicultura a infraestrutura cresceu no país. Esses setores também ajudam no turismo, pois no alto inverno existem pessoas nas regiões mais distantes para guiar e receber turistas. Os tratores usados na agricultura, no verão, servem para abrir caminho na neve para a passagem dos turistas.

A Finlândia é capaz de produzir os gêneros alimentícios básicos para a sua população. As terras de cultivo vão dos 60 graus de latitude norte até à zona situada ao norte do Círculo Polar Ártico. A autossuficiência tem sido considerada na Finlândia, desde sempre, como um fator importante. A garantia de abastecimento dos gêneros alimentícios básicos tem sido consolidada nos princípios de uma agricultura familiar sustentável, ou seja, que não agrida o meio ambiente.

O ciclo vegetativo, ou seja, o período no qual os alimentos são produzidos, é de 170 dias no máximo. A variedade de alimentos é limitada. O país investiu em pesquisas e conseguiu desenvolver variedades que se dão bem em um verão fresco e luminoso. Trata-se de variedades que amadurecem num curto ciclo de crescimento.

A Finlândia se preocupa em produzir alimentos seguros. O solo, o ar e as águas da Finlândia são os mais limpos de toda a Europa. Os limites dos teores máximos fixados de produtos químicos nos fertilizantes são muito rigorosos. Os pesticidas são utilizados em quantidades muito pequenas. Na Finlândia os animais são bem tratados e hoje o país se orgulha de estar classificado como um país livre de doenças animais. Um exemplo disso é que o leite mais limpo da Europa é ordenhado das vacas finlandesas.

Na Finlândia pratica-se uma silvicultura familiar. As florestas são essenciais para a economia finlandesa. As famílias tratam e exploram a sua propriedade florestal de um modo sustentável, recebem dela os indispensáveis proveitos da venda de madeira e investem nas novas culturas florestais para as gerações futuras.

A exploração florestal representa a maior atividade econômica do país. A exploração rentável torna possíveis os investimentos. No controle dessa atividade procura-se atender às necessidades tanto da indústria de papel, celulose, móveis e construção, quer dos outros utilizadores das florestas, obrigando assim a um respeito ainda maior com a natureza. Todos esses fatores colaboram para a Finlândia ter uma alta qualidade de vida.

Fonte de pesquisa: A Finlândia não é sustentável sem agricultura e silvicultura. Disponível em: <www.mtk.fi/>. Acesso em: 24 maio 2012.

# Vamos ver se você entendeu

Ao longo do texto existem inúmeras características naturais mencionadas, típicas do norte da Europa. Quais são essas características?

# Refletindo sobre o tema

1. Nas regiões de altas latitudes do Hemisfério Norte, próximas ao Círculo Polar Ártico, a superfície do solo e vários metros abaixo dele permanecem gelados. É comum, durante poucas semanas do ano, no verão, a ocorrência de um tipo de vegetação de pequeno porte constituído, basicamente, por musgos e liquens, formando um tapete colorido em que predomina o verde.

   • Qual o nome da vegetação que aparece nessa região e quais as causas dessas características?

2. Observe os desenhos abaixo e responda:

   • Em qual região da Europa é mais provável que esse processo tenha ocorrido? Por quê?

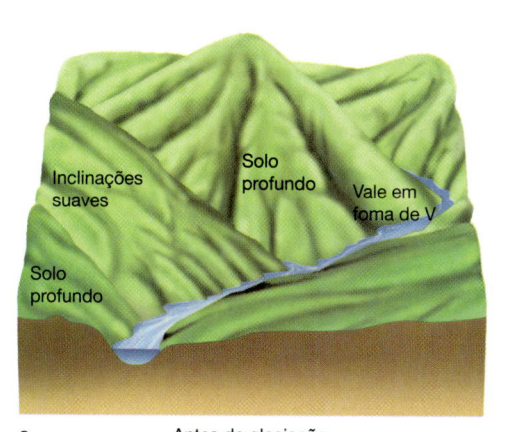

a — Antes da glaciação
b — Durante a glaciação 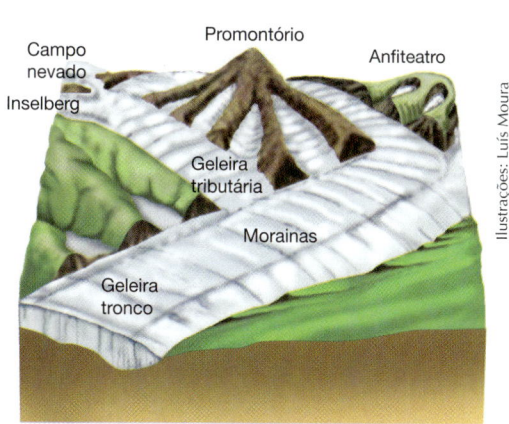
c — Depois da glaciação

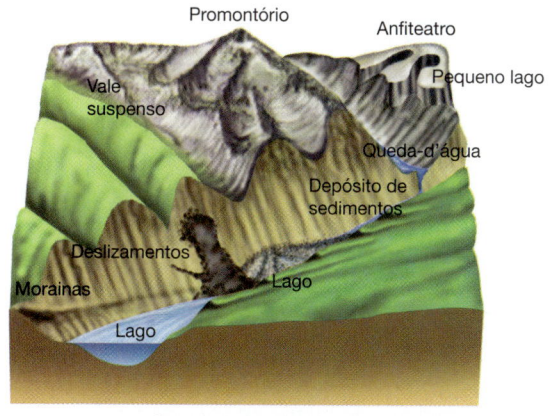

Fonte: GUERRA, Antonio T. *Novo Dicionário Geológico – Geomorfológico*. Rio de Janeiro: Bertrand Brasil, 2011.

**3.** Observe o mapa da Europa e as descrições a seguir.

Viajávamos pelo interior da Rússia, e o calor era intenso. Em poucos dias, porém, a temperatura caiu drasticamente. Até o fim de nossa viagem havíamos chegado perto de 0 °C. Em poucas semanas a temperatura foi de um calor insuportável para um frio assustador.

Ao chegarmos a Londres, consultamos a temperatura média na cidade. Durante os dois últimos meses, a temperatura se mantivera na média de 16 °C. Não ocorrem grandes oscilações, o céu está sempre nublado, e os termômetros praticamente não se mexem.

- Quais as diferenças climáticas entre as duas regiões descritas e quais os fatores responsáveis por essas características?

Fonte: ATLAS Geográfico Escolar. 4. ed. Rio de Janeiro: IBGE, 2007.

## De olho no mapa

**1.** Observe o mapa e responda:

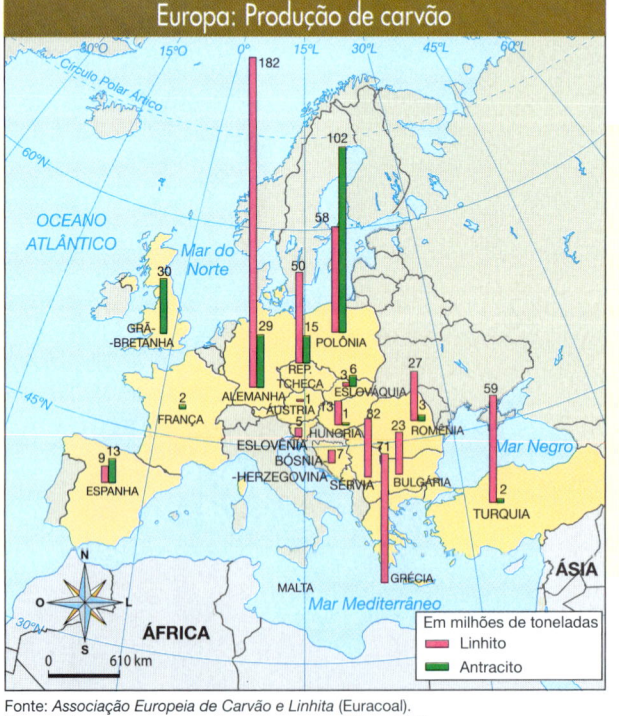

Fonte: *Associação Europeia de Carvão e Linhita* (Euracoal). Disponível em: <www.euracoal.be>. Acesso em: 23 abr. 2012.

- Por que as grandes reservas de carvão da Europa estão concentradas na região assinalada?

**2.** Observe o mapa e responda:

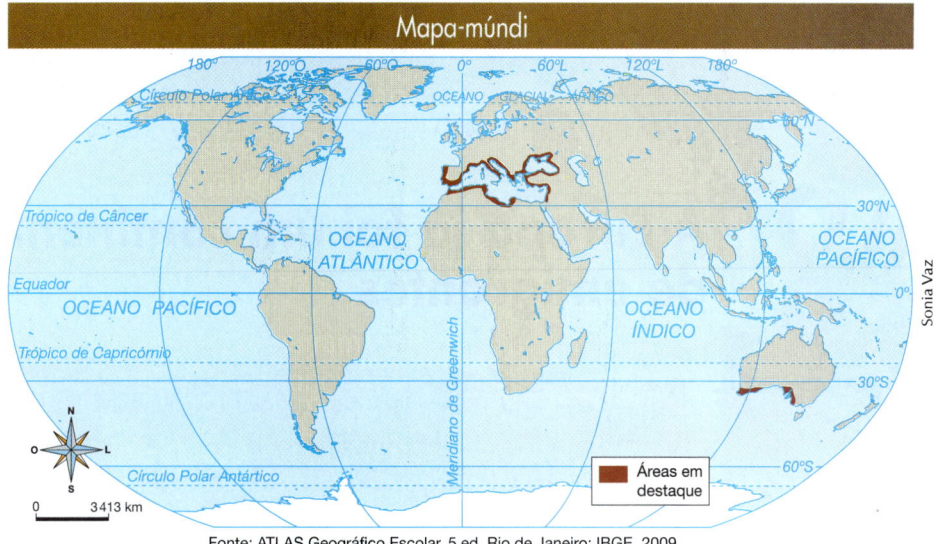

Mapa-múndi

Fonte: ATLAS Geográfico Escolar. 5 ed. Rio de Janeiro: IBGE, 2009.

a) Qual o nome do clima dessa região?

b) Qual a principal característica desse clima?

c) Quais as principais formações vegetais na região destacada?

## De olho na figura

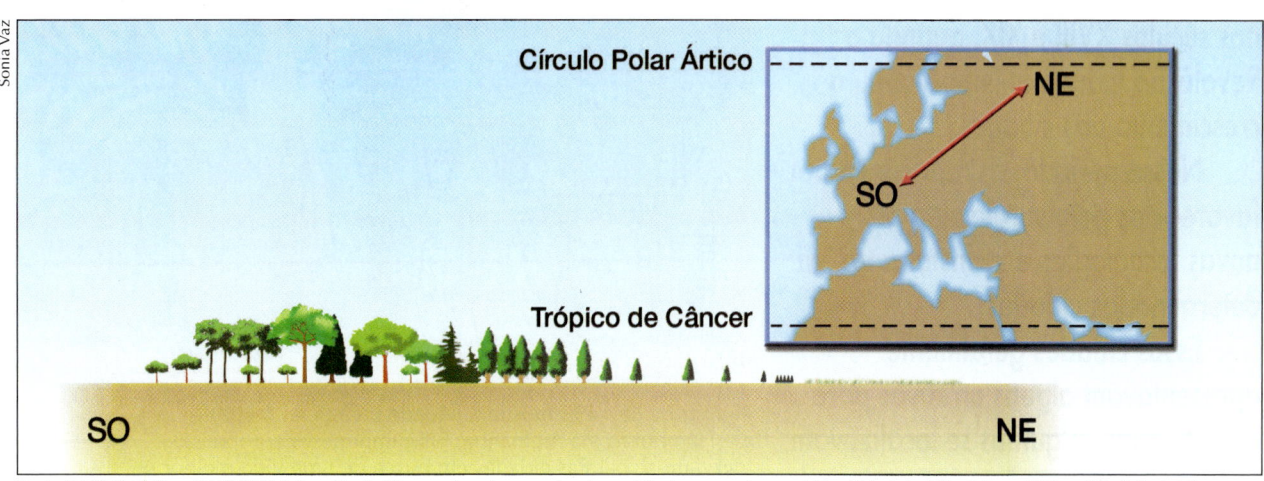

Fonte: STRAHLER, Alan; STRAHLER, Arthur. *Physical Geography, science and systems of the human environment*. New York: John Wiley & Sons, 1996. p. 568. (Adaptado).

Observe o esquema acima e indique quais as formações vegetais que estão ao longo da linha NE-SO, antes de chegar à tundra.

## Vamos pesquisar

Faça uma pesquisa sobre as tempestades de areia que atingem a Europa. Destaque sua origem.

# CAPÍTULO 14

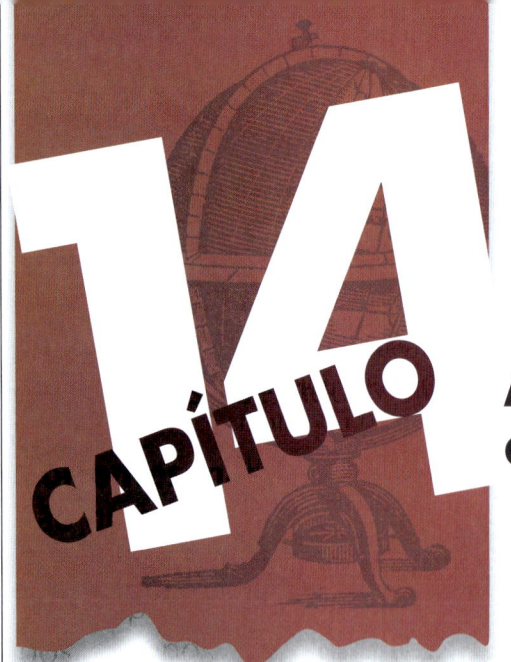

## A Europa já foi um continente de emigrantes

# EUROPA: POPULAÇÃO E NACIONALISMOS

A população da Europa sofreu profundas transformações nos séculos XVIII e XIX, quando a Revolução Industrial impulsionou o crescimento das cidades.

Nesse período, as fábricas foram favorecidas pelo surgimento de novas tecnologias e se instalaram em determinadas cidades.

Essas cidades geralmente apresentavam alguns atrativos para as indústrias. Algumas se localizavam próximo de minas de carvão mineral ou de ferro. Outras ficavam às margens de rios navegáveis, o que favorecia o escoamento da produção. Mas a principal vantagem que as cidades ofereciam para as fábricas era a sua população, que, ao mesmo tempo, servia como mão de obra e mercado consumidor.

Iluminura de 1497 mostra atividade comercial no porto de Hamburgo, na Alemanha. Os camponeses europeus dirigiam-se para as cidades em busca de uma vida melhor ou, no mínimo, de uma garantia de sobrevivência.

À medida que cresciam, as cidades transformavam todo o espaço geográfico europeu. O campo foi se esvaziando. Gradativamente, a população camponesa, que vivia nas terras em que trabalhava, foi se mudando para os centros urbanos. Ali passava a viver em péssimas condições, ocupando moradias precárias – que se multiplicavam rapidamente – em locais carentes de saneamento.

A maioria dessa população era composta de operários extremamente pobres, submetidos a jornadas diárias de até 18 horas dentro de fábricas imundas. Suas habitações e vidas miseráveis contrastavam com as residências opulentas e a vida fácil e prazerosa dos empresários, sobretudo industriais e banqueiros.

Os contrastes urbanos da Europa não foram a única característica do espaço geográfico constituído pela Revolução Industrial, nos séculos XVIII e XIX. Conflitos e guerras constantes dizimavam e mutilavam milhares de pessoas.

Portanto, apesar dos notáveis avanços econômicos dessa época, a maioria da população europeia não tinha uma vida tranquila.

Enquanto o quadro social europeu se agravava, cresciam as oportunidades de uma vida melhor em outros continentes, principalmente na América. Países como Estados Unidos, Canadá, Argentina e Brasil faziam campanhas para atrair a mão de obra europeia e, assim, fortalecer sua economia.

Pintura do século XVIII mostra a cidade de Dresden, na Alemanha. A área das cidades industriais destinadas às habitações e ao convívio dos industriais e banqueiros era muito bem cuidada.

Bairro operário de Paris, na França, em 1906. O saneamento precário dos bairros proletários das cidades industriais europeias favorecia a ocorrência de epidemias.

## Lembre-se

Todas as populações indígenas **americanas** foram massacradas durante os séculos de domínio **europeu**.

Em algumas colônias, como o Brasil e os Estados Unidos, o genocídio indígena foi acompanhado pela escravidão de africanos e de seus descendentes, um dos fatos **mais vergonhosos** em toda a história da humanidade.

Mesmo com o fim da escravidão, milhões de afrodescendentes permanecem sendo as pessoas mais pobres e as mais excluídas da vida social e política, no Brasil e também nos Estados Unidos.

Grupo de negros libertos em cidade do sul dos EUA na década de 1860, logo após o fim da Guerra Civil. Apesar de já disporem dos trabalhadores negros, Brasil e EUA decidiram atrair trabalhadores europeus como forma de promover o crescimento da economia e o "branqueamento" da população.

Às vezes incentivados até pelos próprios governos de seus países, os europeus emigraram aos milhões para os territórios coloniais. Calcula-se que mais de 70 milhões de europeus deixaram seus países de origem e se dirigiram à América entre 1870 e 1930.

A Primeira e a Segunda Guerras Mundiais forçaram outros milhões a deixarem a Europa. Foi tão grande a mortalidade nessas guerras, que alguns países europeus tiveram alterações notáveis na pirâmide etária.

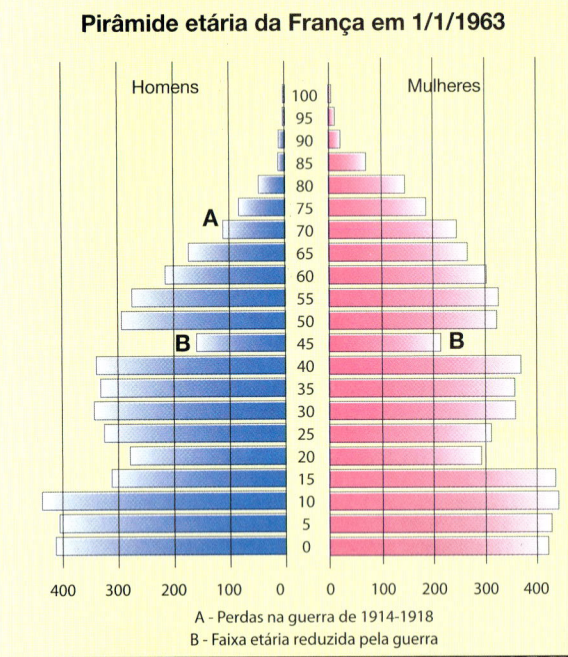

Emigrantes do Leste da Europa no convés de navio em 1899. As guerras, os baixos salários, as doenças e a fome levaram milhões de europeus a fugir do continente no século XIX.

**Pirâmide etária da França em 1/1/1963**

A - Perdas na guerra de 1914-1918
B - Faixa etária reduzida pela guerra

Fonte: ATLANTE Geografico De Agostini. Novara: Istituto Geografico De Agostini, 2004.

Ao lado, rua de Berlim após a chegada das tropas Soviéticas. Acima, pirâmide etária da França em 1963. Muitos anos depois da guerra a composição das populações de vários países ainda mostrava os reflexos da tragédia que se abateu sobre a Europa.

# As mudanças de comportamento

Após 1945, quando a Segunda Grande Guerra acabou, as empresas europeias, principalmente aquelas sediadas na parte ocidental do continente, voltaram a produzir, recontratando muitos trabalhadores. O dia a dia na Europa, pouco a pouco, voltava à rotina.

Mas a reestruturação da Europa foi acompanhada por uma profunda mudança na economia capitalista. Grandes empresas europeias começaram a instalar filiais em outros continentes. A expansão dessas grandes corporações visava, sobretudo, aproveitar as matérias-primas e a mão de obra mais baratas nos países pobres para elevar suas margens de lucro.

Ao mesmo tempo, houve uma sensível melhoria nas condições de trabalho dos operários europeus. Com a elevação gradativa dos salários, o padrão de vida da população europeia pôde evoluir.

Mas o custo de vida subia à medida que a economia se recuperava. Os preços dos alimentos, dos transportes e das contas de água e de luz ficavam cada vez mais altos. Como a renda dos trabalhadores não acompanhou o aumento do custo de vida, mais e mais mulheres saíram de casa para trabalhar, complementando o orçamento da família para manter o padrão de vida. Pela mesma razão, passaram a evitar filhos. O planejamento familiar tornou-se hábito comum no continente europeu. Ou seja, cada família passou a programar o número de filhos em função de sua renda.

O planejamento familiar era defendido pelos neomalthusianos, economistas preocupados com a explosão populacional em países pobres e a falta de alimentos para sustentar essa população.

Cotidiano de Paris em 1960. Após a guerra, a população da Europa passou a desfrutar de melhor qualidade de vida.

## O neomalthusianismo

No início do século XIX, vários estudiosos escreveram textos nos quais advertiam que o crescimento da população é um dos mais graves problemas da humanidade. O inglês Thomas Malthus afirmava que a produção de alimentos não acompanharia o ritmo da reprodução humana. E que, portanto, chegaríamos um dia a uma catástrofe alimentar.

Depois da Segunda Guerra Mundial, economistas ligados à Universidade de Princeton, nos Estados Unidos, retomaram a ideia, afirmando que o crescimento populacional era uma ameaça à economia dos países pobres. Por isso, os países pobres deveriam promover campanhas de controle de natalidade. Essa ideia recebeu o nome de *neomalthusianismo*.

Hoje, o neomalthusianismo é muito questionado. Afinal, com os atuais métodos agrícolas, o planeta Terra tem condições de produzir alimentos para 20 bilhões de pessoas. Lembre-se de que a população mundial é composta de mais de 7 bilhões de habitantes. Além disso, o ritmo de crescimento populacional tem caído em todo o mundo. Em diversos países europeus, por exemplo, as mortes superam os nascimentos, fenômeno chamado de crescimento negativo.

Malthus foi um dos grandes responsáveis pelo estabelecimento de discussões sistemáticas sobre o crescimento populacional.

## A urbanização da população europeia

A reconstrução e a reorganização do campo, das cidades e das atividades econômicas logo após a Segunda Guerra Mundial influíram na distribuição da população pelo espaço geográfico europeu. As indústrias produziam cada vez mais máquinas e equipamentos para a agricultura, e as propriedades rurais passaram a oferecer menos empregos. Por isso, milhões de trabalhadores rurais migraram para as cidades.

Nações como Inglaterra, França, Holanda, Bélgica e Alemanha tornaram-se extremamente urbanizadas em função de um intenso processo de industrialização.

Mas esse ritmo acelerado de urbanização não ocorreu em toda a Europa. Em alguns países, como Grécia, Itália, Portugal e Espanha, ainda há uma forte tradição agropecuária. Por isso, são menos urbanizados.

As cidades da Europa têm algumas diferenças em relação àquelas localizadas em outros continentes. Em geral possuem menos habitantes, e mesmo as grandes metrópoles europeias têm dimensões menores que a maioria das metrópoles americanas e asiáticas.

Por que predominam cidades menores em um continente tão populoso, com mais de 500 milhões de habitantes? Ocorre que as cidades europeias são muito antigas e o seu crescimento é controlado por leis rígidas. Isso evita a ocupação desordenada, que dá origem a metrópoles gigantescas e problemáticas, relativamente comuns em outros lugares do mundo.

Outro fator contribui para que a urbanização europeia ocorra de forma ordenada e planejada: um sistema de transporte eficiente, que interliga rapidamente todas as cidades. A rede urbana é bastante dinâmica, permitindo que as pessoas morem em cidades pequenas, mas trabalhem e realizem negócios em outras maiores, e vice-versa. Desse modo, a Europa evitou o inchaço urbano.

**Dez maiores metrópoles do mundo em 2015\***

| Cidade | População em milhões | Taxa de crescimento anual em % |
|---|---|---|
| Tóquio (Japão) | 35,5 | 0 |
| Mumbai (Índia) | 21,9 | 1,8 |
| Cidade do México (México) | 21,6 | 0,8 |
| São Paulo (Brasil) | 20,5 | 1 |
| Nova York (EUA) | 19,9 | 0,5 |
| Nova Délhi (Índia) | 18,6 | 1,8 |
| Xangai (China) | 17,2 | 1,7 |
| Calcutá (Índia) | 17 | 1,8 |
| Dacca (Bangladesh) | 16,8 | 2,8 |
| Jacarta (Indonésia) | 16,8 | 2 |

\* Projeções.
Fonte: *Images economiques du monde*. Paris: Armand Colin, 2010.

Observe que, em 2015, a Europa não terá nenhuma cidade entre as 10 maiores do mundo.

Acima, à esquerda, dois trens-bala, o alemão ICE e o francês SNCF, em Paris, em agosto de 2011. À direita, uma *Autobahn* (autoestrada) alemã sem limite de velocidade, perto de Leichlingen, em fevereiro de 2010. Com boas opções de transporte rápido, a população pode morar nas suas cidades de origem e deslocar-se todos os dias para trabalhar.

## *Lembre-se*

Dá-se o nome de **inchaço urbano** ou **macrocefalia urbana** ao processo que leva as cidades a crescerem desordenadamente. As cidades vítimas do inchaço urbano são caracterizadas pela carência generalizada de infraestrutura, escolas, hospitais, creches etc.

Por isso, nessas áreas urbanas imperam mazelas sociais, como a fome, a subnutrição, o desemprego, a violência, a marginalidade, as moradias sub-humanas e as doenças epidêmicas.

Esse fenômeno é típico dos países pobres, nos quais muitas vezes uma ou duas cidades concentram a maior parte da população do país.

Outros fatores ajudaram a evitar o problema do inchaço urbano na Europa. Nas décadas de 1960 e 1970, as indústrias europeias cresciam aceleradamente, gerando um sensível agravamento dos problemas ambientais, como a poluição atmosférica. Diante dessa situação, a sociedade europeia se organizou e passou a reivindicar melhores condições de vida, impedindo a instalação indiscriminada de indústrias. Isso evitou que as maiores cidades crescessem ainda mais.

## O envelhecimento da população europeia

Na segunda metade do século XX, as áreas sociais básicas – saúde, educação e moradia – desenvolveram-se muito na Europa. Graças a isso, a população europeia ampliou sua expectativa de vida, e os europeus passaram a viver, em média, mais tempo.

| Expectativa de vida da população europeia, 2009 | | |
|---|---|---|
| Países | Homens | Mulheres |
| Bélgica | 77,3 | 82,8 |
| Bulgária | 70,1 | 77,4 |
| República Tcheca | 74,2 | 80,5 |
| Dinamarca | 76,9 | 71,1 |
| Alemanha | 77,8 | 82,8 |
| Estônia | 69,8 | 80,2 |
| Irlanda | 77,4 | 82,5 |
| Grécia | 77,8 | 82,7 |
| Espanha | 78,7 | 84,9 |
| França | 78,0 | 85,0 |
| Itália | 79,1 | 84,5 |
| Chipre | 78,6 | 83,6 |
| Latvia | 68,1 | 78,0 |
| Lituânia | 67,5 | 78,7 |
| Luxemburgo | 78,1 | 83,3 |
| Hungria | 70,3 | 78,4 |
| Malta | 77,8 | 82,7 |
| Holanda | 78,7 | 82,9 |
| Áustria | 77,6 | 83,2 |
| Polônia | 71,5 | 80,1 |
| Portugal | 76,5 | 82,6 |
| Romênia | 69,8 | 77,4 |
| Slovênia | 75,9 | 82,7 |
| Slováquia | 71,4 | 79,1 |
| Finlândia | 76,6 | 83,5 |
| Suécia | 79,4 | 83,5 |
| Reino Unido | 77,8 | 81,9 |

Fonte: União Europeia. Disponível em: <http://europa.eu/>. Acesso em: 30 abr. 2012.

A melhoria das condições de vida acarretou grande aumento da expectativa de vida na Europa.

Simultaneamente a esse aumento da longevidade da população, passaram a nascer menos crianças na Europa. A junção desses dois fatores – aumento da expectativa de vida e redução da taxa de natalidade – alterou radicalmente a composição etária da população europeia. Década após década, a porcentagem de idosos tem crescido em relação à de adultos e jovens, e a expectativa é de que esse processo se mantenha.

Evidentemente, o envelhecimento populacional é preocupante. Se perdurar o aumento da expectativa de vida, em poucas décadas faltarão trabalhadores em número suficiente para movimentar a economia, uma vez que a maioria dos habitantes estará aposentada.

Alguns países europeus, como a Espanha e a Itália, só apresentaram um radical envelhecimento nos últimos anos; outros, como a Suécia, a Noruega e a Finlândia, já convivem com essa situação há mais tempo.

## Expectativa de vida alta desafia economia da Europa

Da Espanha à França, passando da Alemanha à Grécia, governos buscam fórmulas mágicas para recriar um sistema de aposentadorias e de contribuição social que seja sustentável, não apenas para enfrentar a crise econômica, mas também para lidar com um número cada vez maior de idosos na economia.

### Bomba relógio

Economistas dizem que a maior bomba relógio não é a dos déficits dos governos, mas o fato de que a população europeia está envelhecendo.

Segundo a Organização para a Cooperação e Desenvolvimento Econômico (OCDE), para cada aposentado na Europa existem quatro trabalhadores pagando impostos. Em 2050, a taxa chegará a um aposentado para cada dois trabalhadores.

Isso sem contar com o fato de que, em 20 anos, 10% da população europeia terá mais de 80 anos, o dobro da atual taxa, o que significa que os gastos com saúde pública se multiplicarão.

Expectativa de vida alta desafia economia da Europa. *Estado de S. Paulo*, 24 out. 2010. Disponível em: <www.g1.globo.com/economia-e-negocios/noticia/2010/10/expectativa-de-vida-alta-desafia-economia-da-europa.html>. Acesso em: 24 abr. 2012.

## *Pare, pense e faça*

Por que a Europa tem uma população mais velha do que a de outros continentes?

## Os imigrantes

Nas décadas de 1960 e 1970, a Europa, principalmente a parte ocidental, vivia um excepcional crescimento econômico. Os europeus, de maneira geral, encontravam facilmente empregos na indústria e no comércio, atividades que se expandiam rapidamente. Por isso, não se interessavam em exercer atividades braçais, geralmente menos valorizadas, como a limpeza pública, a construção civil e os trabalhos domésticos. Essas vagas eram preenchidas por imigrantes vindos principalmente das ex-colônias europeias da África e da Ásia.

Naquela época ainda não havia atritos entre esses imigrantes e a população europeia. Na década de 1980, porém, o mundo viveu uma grave crise econômica decorrente do "choque do petróleo" e do aumento da concorrência internacional. Então, muitas empresas demitiram grande número de empregados.

Sem alternativas, milhões de desempregados europeus foram obrigados a disputar com os imigrantes os empregos antes desprezados, de menor remuneração. Em muitos casos, os imigrantes acabaram favorecidos na disputa porque aceitavam receber salários ainda menores.

Essa situação causou revolta em muitos europeus, que acusavam os imigrantes de roubar seus empregos. Os mais intolerantes e violentos passaram a ser conhecidos como neonazistas (o prefixo grego *neo* significa *novo*), já que seu comportamento lembrava o dos nazistas nos momentos tristes vividos por povos perseguidos na Europa durante a Segunda Guerra Mundial.

Milhares de desempregados marcham em Londres antes da reunião de cúpula do G20, em março de 2009. As crises de desemprego, esporádicas desde 1980, tornaram-se uma constante na Europa a partir de 2008.

À esquerda, desfile de jovens nazistas alemães em Berlim (Alemanha), em 1934. À direita, jovens fascistas espanhóis gritam *slogans* contra imigrantes em Madri (Espanha), em 2005. A violência e a intolerância dos grupos neonazistas são assustadoras e preocupantes, pois remetem aos horrores da Segunda Guerra Mundial.

Tornaram-se muito comuns os atos violentos contra os imigrantes. Ainda hoje, grupos neonazistas são frequentemente flagrados espancando imigrantes e incendiando suas residências.

Apesar de hostilizados, é preciso lembrar que os imigrantes foram e são fundamentais para o funcionamento da economia de muitos países europeus. Eles possuem famílias muito numerosas, e sua presença significa um percentual maior de trabalhadores e consumidores.

Portanto, a xenofobia, ou seja, o ódio aos imigrantes, é um comportamento irracional que ameaça o futuro da Europa.

## Muros e violência

Por que as pessoas mudam de um país para outro? Por que existem grandes migrações mundiais?

Certamente, as respostas para essas perguntas estão ligadas à diferença na qualidade de vida entre os países pobres e os ricos.

A consolidação da União Europeia certamente atraiu a atenção de milhões de pessoas do mundo todo, que buscavam mais oportunidades de trabalho e melhor qualidade de vida.

Um caso bem particular é o movimento migratório que sai do norte da África em direção ao sul da Espanha.

Essa migração envolve principalmente a cidade espanhola de Ceuta, uma das últimas possessões coloniais europeias na África. Ceuta é um dos pontos preferidos para os imigrantes ilegais africanos ingressarem na Europa, porque está bem próxima da Europa e porque os imigrantes que conseguem atingi-la têm fácil acesso às embarcações que fazem diariamente a travessia do Mediterrâneo rumo à Espanha.

O Estreito de Gibraltar é o ponto de menor distância entre a Europa e o norte da África. A proximidade incentiva muitas pessoas a tentarem chegar ao continente europeu, mesmo como clandestinos.

Fonte: NOVO Atlas Geográfico Universal e do Brasil. São Paulo: Oceano, 2006.

Diante disso, a União Europeia construiu em Ceuta muros equipados com câmeras, para evitar a entrada desses imigrantes.

Soldados espanhóis patrulham a cerca de arame que separa Ceuta do Marrocos, em 2005. Imigrantes invasores já morreram ao tentar romper a cerca. A violência representa ainda mais sofrimento para populações já muito maltratadas.

Outra questão importante é o forte contraste entre o padrão de vida dos europeus e a realidade dos imigrantes e de seus descendentes. Estes, em geral, têm condições de vida bem inferiores às da população europeia.

## Ricos e pobres também na Europa

Os contrastes sociais, tão comuns na América Latina, também fazem parte do espaço geográfico europeu.

As dificuldades dos europeus para conviver com os imigrantes acabam fazendo dessas pessoas uma população marginalizada, explorada. Em muitos países da Europa persistem os guetos, bairros pobres segregados e específicos de uma etnia.

À esquerda, mulheres muçulmanas em Londres, na Inglaterra, em 2008. Acima, homens muçulmanos oram em Paris, na França, em 2005. A população do mundo pobre continua desprovida no mundo rico.

Em 2006, ocorreram graves distúrbios na periferia de Paris e de outras grandes cidades francesas. Jovens descendentes de imigrantes queimaram carros e vandalizaram lojas e prédios públicos em protesto contra as péssimas condições de vida e o desemprego. Morando em residências precárias e vivendo do subemprego, essas pessoas exigem direitos iguais aos dos cidadãos franceses.

Manifestação de jovens parisienses contra lei que cancela direitos trabalhistas, em março de 2006. As constantes revoltas mostram que a Europa ainda tem problemas muito sérios para resolver.

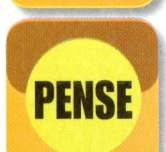

## Pare, pense e faça

A Espanha enfrentou, em 2001, uma das maiores avalanches de imigrantes ilegais em toda a sua história. Em apenas dois dias, foram interceptadas cerca de 800 pessoas que chegaram à costa do país em barcos ou botes infláveis. A maioria é composta por marroquinos e subsaarianos.

Fonte: *Folha de S.Paulo,* 21 ago. 2001.

A partir do texto, responda:
a) Que característica geográfica facilita o ingresso ilegal em território espanhol a partir do Marrocos?
b) Por que motivos essas pessoas são atraídas para a Europa?

## O povoamento do território

O povoamento da Europa é relativamente homogêneo. Sua população é distribuída regularmente pelo território, sendo raras as regiões que não apresentam uma densa ocupação humana.

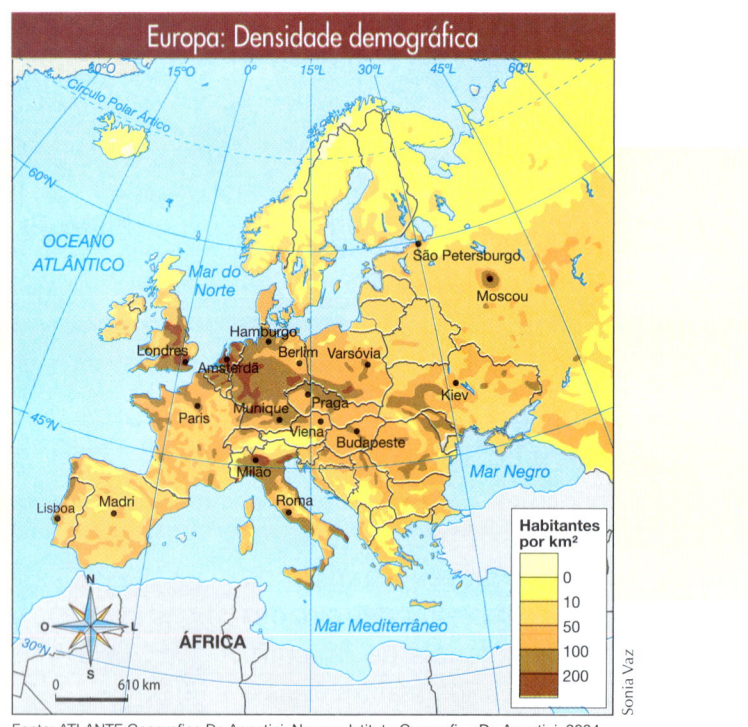

Fonte: ATLANTE Geografico De Agostini. Novara: Istituto Geografico De Agostini, 2004.

A população europeia não ocupa o extremo norte, porque são muito custosas as soluções técnicas para morar em regiões com temperaturas abaixo de zero em grande parte do ano.

Já estudamos que a Europa é um continente extremamente urbanizado, mas não abriga nenhuma das 10 maiores cidades do mundo. Na tabela a seguir estão as cidades europeias com mais de 1 milhão e 500 mil habitantes.

## Maiores cidades europeias (mais de 1 500 000 habitantes)

| Cidade | População | País |
|---|---|---|
| Paris | 11 175 000 | França |
| Moscou | 10 125 000 | Rússia |
| Istambul | 7 910 000 | Turquia |
| Londres | 7 355 000 | Reino Unido |
| Essen | 6 480 000 | Alemanha |
| Madri | 5 085 000 | Espanha |
| Milão | 4 250 000 | Itália |
| São Petersburgo | 4 160 000 | Rússia |
| Barcelona | 3 765 000 | Espanha |
| Frankfurt | 3 605 000 | Alemanha |
| Cracóvia | 3 425 000 | Polônia |
| Berlim | 3 315 000 | Alemanha |
| Atenas | 3 190 000 | Grécia |
| Nápoles | 3 100 000 | Itália |
| Düsseldorf | 3 030 000 | Alemanha |
| Colônia | 2 985 000 | Alemanha |
| Kiev | 2 810 000 | Ucrânia |
| Roma | 2 645 000 | Itália |
| Birmingham | 2 576 000 | Reino Unido |
| Manchester | 2 514 000 | Reino Unido |
| Bucareste | 2 340 000 | Romênia |
| Varsóvia | 2 220 000 | Polônia |
| Hamburgo | 2 200 000 | Alemanha |
| Leeds | 2 089 000 | Reino Unido |
| Munique | 2 000 000 | Alemanha |
| Budapeste | 1 910 000 | Hungria |
| Viena | 1 825 000 | Áustria |
| Copenhague | 1 815 000 | Dinamarca |
| Bruxelas | 1 800 000 | Bélgica |
| Minsk | 1 741 000 | Belarus |
| Lille mais Kortrijk | 1 730 000 | França, Bélgica |
| Kharkov | 1 680 000 | Ucrânia |
| Lyon | 1 650 000 | França |
| Marselha | 1 515 000 | França |

Fonte: Programa das Nações Unidas para o Desenvolvimento (PNUD), 2008.
Disponível em: <www.undp.org>. Acesso em: 30 maio 2012.

Um dos destaques da ocupação populacional na Europa é a grande densidade no vale do Reno. Esse rio, quase totalmente navegável, é uma importantíssima via de transporte que interliga o Sudeste ao Noroeste do continente.

Muitas cidades europeias surgiram, cresceram e se juntaram por conurbação ao longo do vale do Reno. Por isso, muitos especialistas apelidaram essa extensa mancha urbana de *Megalópole Renana*.

Fonte: ATLAS geográfico escolar. 4. ed. Rio de Janeiro: IBGE, 2007.

## Lembre-se

*Conurbação* é a fusão da paisagem urbana de municípios vizinhos.

As cidades da Megalópole mantêm um forte fluxo interno de mercadorias e pessoas, formando uma intensa rede de circulação.

Fonte: ATLANTE Geografico De Agostini. Novara: Istituto Geografico De Agostini, 2004.

# O desenvolvimento humano

Depois da Segunda Guerra Mundial, a qualidade de vida se elevou muito no continente europeu.

Um dos fatores dessa evolução foi a recuperação dos empregos graças à reconstrução das empresas. Outro fator, igualmente importante, foi a participação da população nas decisões sobre investimentos públicos. As questões de governo passaram a ser discutidas pela população em geral. As decisões mais importantes até hoje são submetidas a plebiscito.

**Eleição, plebiscito e referendo**

O povo não participa da política somente quando há eleições. Numa **eleição**, votamos em alguém, escolhemos nossos representantes.

O **plebiscito** é outra forma de participação popular. Ocorre o plebiscito quando o povo é chamado para decidir sobre uma proposta que lhe seja apresentada, geralmente por votação do tipo sim ou não, servindo seu resultado para orientar a ação do governo. Por exemplo: A Bélgica deve ser dividida?

Além dessas duas formas de participação popular, existem ainda os **referendos**. Eles ocorrem quando o povo é convocado a aprovar ou rejeitar uma decisão tomada pelo governo.

Manifestação em Bruxelas, na Bélgica, em 1950. As grandes disputas políticas que ocorriam na Europa eram fundamentais para discutir e decidir o futuro dos países.

Essas inovações não se deram ao mesmo tempo em toda a Europa. Em alguns países, essa mudança foi mais acentuada do que em outros. De modo geral, a população, por meio de seus representantes, os políticos, decidiu investir em saúde, educação e moradia. Os difíceis anos do imediato pós-Segunda Guerra foram sendo deixados para trás.

Consequentemente, a vida das pessoas mudou. Países como Noruega, Suécia, Finlândia, Dinamarca, Bélgica, Holanda, Luxemburgo, Reino Unido, França, Alemanha Ocidental, Áustria e Itália evoluíram rapidamente. É certo que todos eles tinham ainda muitos problemas internos, mas em poucas décadas a população passou a exercer plenamente a **cidadania**.

À esquerda, mulher e crianças em perigo na França sob bombardeio, em 1940. À direita, excursão de estudantes na França décadas depois, em 2004. Todos os europeus logo passaram a ter acesso garantido à educação e à saúde.

## Cidadania e política

Os homens gregos chamaram suas cidades de *polis*, e os homens romanos as chamaram de *civitas*. Ao criar a cidade, além de dar ordem ao espaço, os homens deram ordem à vida: tiveram de criar novas formas de conviver, tiveram de harmonizar os seus comportamentos, foi preciso atribuir extrema importância aos direitos e às obrigações. A essa nova dimensão da vida pública os gregos deram o nome de **política**; os romanos a denominaram **cidadania**.

Assim, como se pode perceber, cidadania e política são conceitos muito próximos desde os tempos mais antigos.

A partir da década de 1990, quando foi criado o IDH (Índice de Desenvolvimento Humano), a ONU passou a classificar os países em função de suas condições de vida. Esse índice é baseado principalmente em dados sociais, como renda, saúde e educação.

Comparadas aos demais países do mundo, quase todas as nações europeias se destacaram no *ranking* do IDH, como se nota no mapa-múndi.

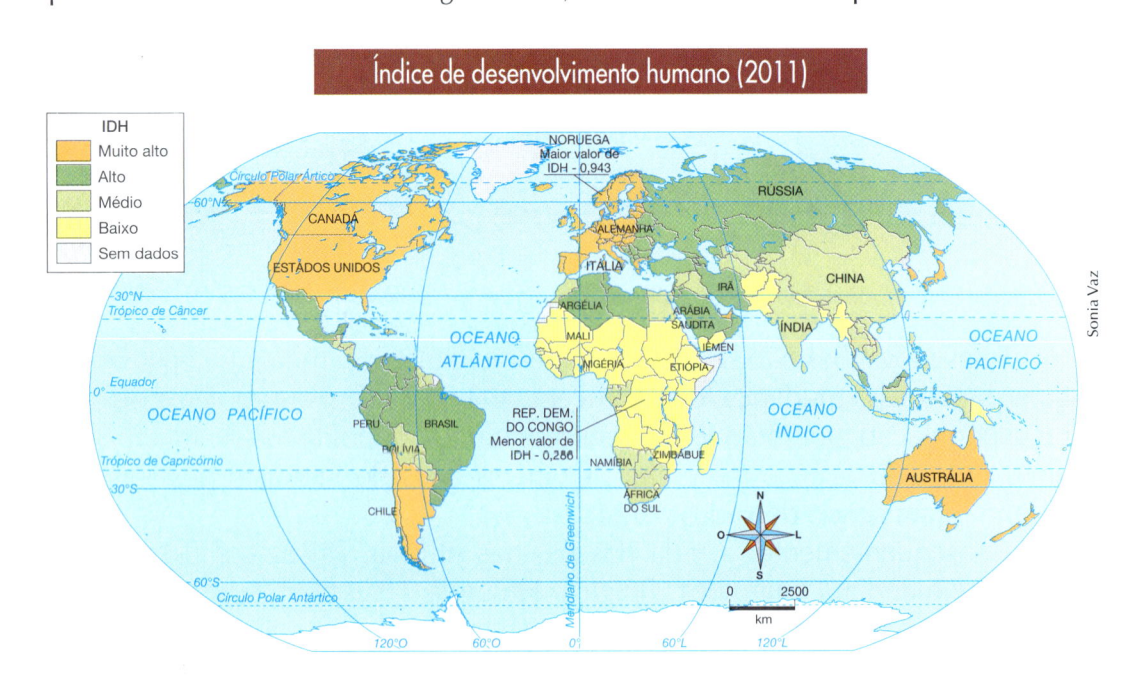

### Índice de desenvolvimento humano (2011)

IDH
- Muito alto
- Alto
- Médio
- Baixo
- Sem dados

Noruega - Maior valor de IDH - 0,943
Rep. Dem. do Congo - Menor valor de IDH - 0,286

Fonte: Organização das Nações Unidas (ONU). Disponível em: <http://dr.undp.org/es/datas/mapa/>. Acesso em: 20 maio 2012.

Mas nem todos os países europeus realizaram profundas reformas sociais logo após a Segunda Guerra. Portugal, Grécia, Espanha e Irlanda ainda enfrentaram décadas de dificuldades políticas e sociais. Isso explica por que muitos de seus habitantes optaram por emigrar para outros países europeus e outros continentes.

Muitos fatores contribuíram para que esses países permanecessem numa situação menos favorável. O principal deles é que sua economia ainda era voltada para a agricultura e os seus rendimentos não eram tão elevados quanto os dos países industriais.

Imigrantes irlandeses no convés do navio que os levou a Nova York, em 1949. As dificuldades sociais e políticas levaram milhares de habitantes da Grécia, Portugal, Espanha e Irlanda a buscar em outros países uma melhor qualidade de vida.

Enquanto os países mais ricos exportavam produtos industriais de alto valor e espalhavam filiais de suas indústrias pelo mundo, os países agrícolas não conseguiam obter muitos recursos. Portanto, não dispunham de recursos suficientes para investir em educação, moradia, saúde.

Para piorar a situação, não havia democracia em muitos desses países. Seus governantes mantinham regimes autoritários e centralizavam todas as decisões, o que dificultava ainda mais os projetos de melhoria da qualidade de vida da população.

Da esquerda para a direita, o ditador português Oliveira Salazar (1968) e o ditador espanhol Francisco Franco (1973). Os governos ditatoriais mantidos à força impediram que Portugal e Espanha contassem com a participação da população e atrasaram o desenvolvimento dos dois países.

Somente a partir do fim da década de 1970 esses países europeus puderam seguir o mesmo caminho dos demais. Os ditadores que os oprimiam foram obrigados a deixar o poder, e um processo de redemocratização permitiu maior participação popular. Seus habitantes passaram a opinar sobre o futuro e as necessidades do país.

## A recuperação de Grécia, Irlanda, Espanha e Portugal

Quando esses países passaram a fazer parte da CEE, uma nova realidade começou a ser construída em seus espaços geográficos.

O crescimento das exportações e a entrada de empresas estrangeiras ampliaram o número de empregos e permitiram investimentos na área social. Na Grécia, na Espanha e em Portugal, evoluíram notavelmente o setor turístico hoteleiro e a indústria de alimentos.

Hoje, Portugal e Espanha são considerados canteiros de obras da Europa, uma vez que estão remodelando seu espaço geográfico. A Irlanda é um dos países que mais recebem investimentos na área de informática, pois as grandes corporações internacionais encontraram ali mão de obra extremamente qualificada, de língua inglesa, com salários menos elevados e regras trabalhistas mais flexíveis.

Nos últimos anos, nota-se uma unificação profunda da Europa. Os países do Leste Europeu, ex-países socialistas, também têm IDH relativamente elevado. Apesar de terem enfrentado graves problemas econômicos e sociais, esses países têm excelente qualidade nas áreas sociais básicas, como saúde e educação.

## Pare, pense e faça

Sabemos que o Índice de Desenvolvimento Humano (IDH) leva em conta três aspectos básicos: uma vida longa e saudável (longevidade); acesso ao conhecimento (educação); e um padrão de vida decente (renda).

Na Europa, um desses aspectos tem gerado muita preocupação. Aponte-o e explique por que há essa preocupação.

De fato, as áreas sociais sempre foram prioritárias durante a fase socialista que, nesses países, se estendeu da década de 1940 à de 1990.

Portanto, a população europeia tem, em geral, qualidade de vida bastante elevada, mesmo apresentando diferenças internas marcantes.

## Os conflitos europeus

Em alguns países europeus, o desenvolvimento econômico e os avanços sociais contrastam, muitas vezes, com problemas antigos, conflitos que resultam de choques históricos entre nações.

### Nação e Estado

A nação consiste na reunião de pessoas que falam uma determinada língua, têm os mesmos costumes, seguem uma religião, independentemente do território que habitam. Já o Estado é uma forma política que se estabelece sobre um território, dando a ele determinada organização.

Um Estado pode conter várias nações. Mas a existência de uma nação independe de uma organização política. Um exemplo é a nação basca, que se distribui por dois Estados: Espanha e França.

Muitas nações, ao longo da história, foram dominadas por Estados que contestavam sua existência e reprimiam sua liberdade de expressão. Assim, durante muito tempo, tais nações foram proibidas de usar seu idioma, professar sua religião, praticar seus costumes etc.

Vamos conhecer alguns desses problemas.

# O País Basco

A Espanha é uma monarquia parlamentarista. Seu chefe de Estado é o rei Juan Carlos de Bourbon, e o governo é exercido pelo primeiro-ministro, que pode ser substituído por meio de eleições. O rei apenas representa o país em alguns encontros diplomáticos, enquanto o primeiro-ministro administra o governo e toma as principais decisões políticas.

Apesar de parecer estável, a Espanha é, na verdade, um país muito diverso. Sua diversidade pode ser notada no País Basco.

Desde o século XVIII, essa região constitui algumas províncias governadas pelo rei da Espanha. Mas grande parte da população basca nunca aceitou essa situação. Desde o início do século XX, esses habitantes exigem do governo espanhol maior liberdade de expressão.

Muitas dessas manifestações são violentas e contam com a participação de um movimento armado clandestino conhecido pela sigla ETA, cujas letras correspondem às iniciais, no idioma basco, de País Basco e Liberdade (*Euskadi Ta Askatazuna*).

# A Irlanda do Norte

Outra região bastante conturbada é a Irlanda do Norte, que faz parte do Reino Unido.

O Reino Unido é um único país, que congrega as seguintes nações: Inglaterra, Escócia, País de Gales e Irlanda do Norte. Todas reconhecem como chefe de Estado a rainha Elizabeth II da Inglaterra.

Essa forma diferente de organização política surgiu ao longo de séculos, enquanto as nações eram unificadas por meio de acordos e alianças.

País Basco

Fonte: ATLANTE Geografico De Agostini. Novara: Istituto Geografico De Agostini, 2004.

O povo basco ocupa grande parte dos Pirineus, cadeia de montanhas que constitui a fronteira entre a Espanha e a França.

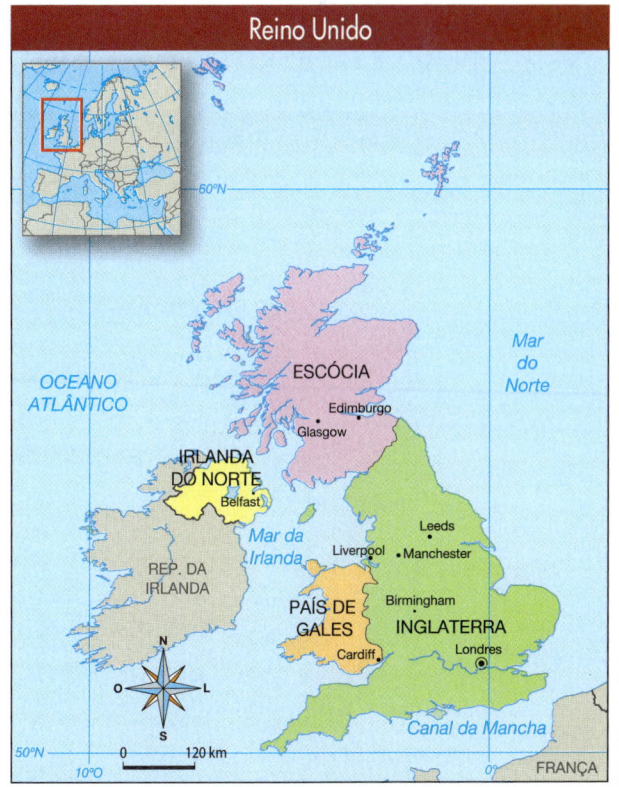

Reino Unido

Diversas nações se unem em um único reino.

Fonte: ATLAS geográfico escolar. 4. ed. Rio de Janeiro: IBGE, 2007.

No caso da Irlanda do Norte, porém, essa união não foi tranquila. No início do século XVI, o rei inglês Henrique VIII entrou em conflito com o papa, chefe da Igreja Católica. A razão principal era a disputa por terras e impostos e o desejo do monarca de acabar com o poder do papa sobre seus súditos. Havia uma disputa pessoal entre o soberano e o papa. Henrique VIII era católico, mas rompeu com o papa quando este se recusou a dissolver seu casamento com Catarina de Aragão, que não lhe havia dado um filho homem. Ignorando a decisão papal, o rei casou-se, em 1533, com Ana Bolena, sendo excomungado pelo papa Clemente VII. Henrique VIII fundou a Igreja Anglicana, separando-a da Igreja Católica.

Os irlandeses não aceitaram esse rompimento e mantiveram-se fiéis à Igreja Católica, que manteve sua influência na região. Após anos de conflitos com os ingleses, os irlandeses foram derrotados, e os vitoriosos enviaram uma legião de anglicanos para o norte da Irlanda. Esses invasores receberam terras e ganharam poder político, enquanto os católicos que lá viviam passaram a ser discriminados.

No início do século XX, os irlandeses revoltaram-se e passaram a lutar contra o domínio inglês na Irlanda. A parte sul da ilha da Irlanda declarou independência e, em seguida, proclamou a República. Assim, conseguiu separar-se totalmente do Reino Unido.

Enquanto isso, na parte norte da ilha os católicos e os anglicanos continuaram em conflito. Os católicos organizaram-se em torno de um partido político chamado *Sinn Fein*; os mais radicais organizaram o IRA (sigla formada pelas letras iniciais de Exército Republicano Irlandês, em inglês), que passou a praticar atos violentos contra o domínio exercido pelo Reino Unido na Irlanda do Norte.

Depois de 2000, alguns acordos minimizaram o conflito, mas não solucionaram totalmente o problema.

## UMA SITUAÇÃO NOVA: A DIVISÃO DA BÉLGICA

A Bélgica tem um território dividido em duas grandes regiões. O norte é a Flandres, região onde se fala um dialeto de origem holandesa, o flamengo. No sul fica a Valônia, mais ligada às tradições francesas e também um pouco alemã.

Nas últimas décadas, a Flandres se destacou economicamente. A indústria, o comércio e o setor financeiro geram a maior parte da renda no país. A Valônia é a região mais pobre e depende de recursos vindos da Flandres. Calcula-se que são cerca de 5 a 10 bilhões de euros por ano para auxiliar o sul. Essa situação gerou descontentamento no norte, levando à evolução de um sentimento separatista.

Fonte: ATLANTE Geografico De Agostini. Novara: Istituto Geografico De Agostini, 2004.

Embora a Bélgica possua um território muito pequeno, nela habitam nacionalidades diferentes.

Em 2007, a tensão entre as partes cresceu ainda mais, pois as duas regiões não se entendiam para formar um governo central para a Bélgica. Dessa forma, prospera cada vez mais a ideia da separação: os flamengos do norte ameaçam proclamar a independência ou então se juntar à Holanda; os valões do sul seriam facilmente absorvidos pela França; Bruxelas, que é sede da União Europeia, poderia se tornar uma cidade-Estado independente.

## OS PROBLEMAS DA ITÁLIA

Apesar de não possuir grande diversidade cultural, a Itália convive há séculos com as diferenças entre os seus territórios do norte e do sul.

Essas diferenças se expressam principalmente pelo padrão de vida. No norte, a economia é muito desenvolvida. Isso se explica pela proximidade com países que tiveram uma forte industrialização. Nessa região, as indústrias já eram poderosas no século XIX, graças à presença de algumas reservas de carvão e do rio Pó, que até hoje é um importante meio de transporte regional.

No sul, a economia se desenvolveu baseada em atividades primárias, como a agricultura e a pesca. Sua renda, portanto, é muito menor, pois é gerada pela venda de produtos primários, que têm baixo valor comercial em comparação com os produtos industrializados. A vida sempre foi mais difícil no sul, e por isso sua população é tradicionalmente emigrante.

Com o passar do tempo, essas diferenças se aprofundaram, gerando grande rivalidade entre as duas regiões.

Desde o fim da Segunda Guerra Mundial, o governo da Itália distribui parte de suas verbas às regiões mais pobres do país. Apesar de contar com essa ajuda, o sul ainda apresenta muitas dificuldades nas áreas social e econômica. Por isso, muitos de seus habitantes tentam uma vida melhor no norte do país, onde são discriminados.

Essa situação se agravou na década de 1980, quando parte da população do norte exigiu sua separação do restante da Itália. Esse grupo afirmava que as riquezas que o norte produzia eram, em parte, destinadas injustamente ao sul.

Mas esses argumentos não são verdadeiros, pois a pobreza do sul está muito ligada a séculos de concentração de renda no norte. Ou seja, o sul não chegou a essa situação somente por fatores locais, mas também em razão da histórica usurpação promovida pelos capitais do norte.

Até hoje essas regiões cultivam rivalidades, em vez de tentarem superá-las. O sul continua menos industrializado que o norte. Além disso, suas propriedades rurais não utilizam tecnologia tão avançada quanto, por exemplo, a empregada no Vale do rio Pó.

A região sul é conhecida como *Mezzogiorno* (em português, meio-dia: a região sul é mais quente e, por isso, popularmente apelidada de região onde sempre é meio-dia). Nas últimas décadas, muitos investimentos foram feitos nessa região, até mesmo pela União Europeia, como forma de impulsionar a economia. Mesmo assim o sul da Itália ainda apresenta graves problemas.

## Os conflitos ocultos na antiga Iugoslávia

A República Federativa da Iugoslávia surgiu depois da Segunda Guerra Mundial, quando houve a unificação política de diversas nações da região dos Bálcãs sob o governo de um grupo político socialista liderado por Josip Broz, mais conhecido como marechal Tito.

As antigas rivalidades dessas nações que compunham a Iugoslávia foram ofuscadas pela forte liderança de Tito. Ele centralizou o poder, impedindo que líderes de cada nação expressassem qualquer rivalidade interna. Além disso, o bom desempenho da economia e o avanço da qualidade de vida contribuíram para o sucesso de seu governo.

Na Iugoslávia, grande parte das empresas era controlada pelos trabalhadores. O governo de Tito também permitia que prosperassem empresas privadas de pequeno porte.

Mas esse dinamismo chegou ao fim em 1981, quando o marechal Tito morreu sem deixar um sucessor ou qualquer linha política a ser seguida. Pouco a pouco, a economia perdeu sua força, e os problemas começaram a se avolumar.

A renda dos assalariados caiu, gerando grande insatisfação. A tensão tomou conta do país. Diante do caos iminente, os líderes que sucederam Tito não conseguiam reorganizar a nação.

Em 1991, os estados-membros da federação iugoslava começaram a questionar a existência do país. A Eslovênia, então, declarou independência. No mesmo ano foi seguida primeiramente pela Croácia e depois pela Macedônia, sem conflitos graves.

Em 1992 foi a vez de a Bósnia-Herzegovina declarar sua independência. Nesse momento a Sérvia, a maior das nações, recusou-se a aceitar essa separação, e começaram os conflitos armados. A causa principal da discórdia era a presença de dezenas de milhares de sérvios na Bósnia, que seriam discriminados com a independência. Esse temor se justificava porque os bósnios, majoritariamente muçulmanos, tinham rivalidades históricas com os sérvios.

Fonte: ATLANTE Geografico De Agostini. Novara: Istituto Geografico De Agostini, 2004.

Ao lado, marechal Tito em 1954. Milhões de pessoas de vários países concordaram em unir-se sob sua liderança.

Slobodan Milosevic é levado ao Tribunal Penal Internacional em julho de 2001. Governante da Sérvia durante a guerra da Bósnia, Milosevic foi preso, julgado e condenado pela corte internacional, acusado de vários crimes de guerra.

Os sérvios opuseram-se também aos croatas e muçulmanos em uma guerra civil sangrenta marcada pela prática de limpeza étnica dos dois lados. Os sérvios (católicos) matavam muçulmanos na Bósnia enquanto os croatas matavam minorias sérvias na Croácia. Esse conflito ficou conhecido como "Guerra da Bósnia".

Após anos de conflitos nos quais morreram milhares de pessoas, principalmente muçulmanos, tropas de uma coalizão internacional bombardearam a Sérvia para acabar com as matanças.

Outros Estados da ex-Iugoslávia também seguiram o caminho de independência iniciado pela Eslovênia. Montenegro conseguiu sua independência em 2006 sem conflitos graves, mas sob protestos da Sérvia, que perdeu parte de seu poder sobre a região dos Bálcãs.

Em fevereiro de 2008, uma província da Sérvia, o Kosovo, declarou sua independência e renovou os problemas. Sua população, majoritariamente muçulmana de origem albanesa, foi submetida ao domínio sérvio durante décadas. Agora, luta para se tornar um Estado livre, apesar da resistência da Sérvia e da oposição de vários países, entre os quais a Rússia e a Espanha.

Manifestantes em Pristina, no Kosovo, em 2001. O surgimento de Kosovo como um novo país é mais um desafio para a União Europeia, pois muitos países recusam-se a reconhecer sua independência.

## *Pare, pense e faça*

Diferencie **Estado** e **nação**, usando como exemplo a antiga Iugoslávia.

## A ESPANHA REIVINDICA GIBRALTAR

Além de ser palco de intenso movimento migratório, o Estreito de Gibraltar se destaca por ser objeto de uma disputa. Nessa região, do lado espanhol encontra-se a cidade de Gibraltar, possessão inglesa desde 1752. A Espanha protesta contra essa situação e mantém a reivindicação sobre o território, o que não é aceito pela população local.

Num referendo de 1967, a população de Gibraltar votou maciçamente por permanecer uma dependência britânica. Em um segundo referendo, que ocorreu em 2002, 99% dos votantes rejeitaram qualquer proposta de partilha de soberania entre o Reino Unido e a Espanha.

**Cidade de Gibraltar**

Mesmo encravada no mapa espanhol, essa cidade continua sob controle do Reino Unido, apesar dos protestos insistentes dos espanhóis.

Fonte: ATLANTE Geografico De Agostini. Novara: Istituto Geografico De Agostini, 2004.

## Pare, pense e faça

Explique o significado da afirmação: "Ainda existem muitas contradições na Europa. A unificação convive com a fragmentação".

## Texto complementar

**ESTUDO MOSTRA ALTERAÇÕES DEMOGRÁFICAS NA UE**
*Expectativa de vida aumenta em dois meses por ano na União Europeia e a taxa de fecundidade volta a crescer – mas ainda está abaixo do necessário, revela relatório da Comissão Europeia*

*A União Europeia (UE) passa por importantes alterações demográficas. Enquanto a população envelhece e a expectativa de vida aumenta cada vez mais, a taxa de fertilidade volta a crescer, mas ainda está abaixo do necessário. Os dados fazem parte do terceiro Relatório Demográfico publicado pela Comissão Europeia em conjunto com a Agência Federal de Estatísticas da Europa (Eurostat).*

*Segundo o estudo, nos últimos 50 anos, a expectativa de vida nos 27 países do bloco europeu aumentou em 10 anos, ficando em 82,4 anos para as mulheres e 76,4 anos para os homens, conforme dados de 2008. A cada ano, a longevidade aumenta em dois a três meses.*

"A expectativa de vida está aumentando, enquanto a força de trabalho da Europa está diminuindo e, em alguns Estados-membros, isso está acontecendo muito rápido. Temos de adaptar nossas políticas para promover um melhor equilíbrio entre trabalho e vida, para que os pais possam ter filhos, continuando a trabalhar. Precisamos também de políticas para incentivar os europeus a permanecerem ativos por mais tempo", destacou o Comissário da UE para o Emprego, Assuntos Sociais e Inclusão, László Andor.

### Fertilidade

Depois de uma queda acentuada entre os anos 1980 e o início dos anos 2000, a taxa de fertilidade na UE está novamente em expansão. Em 2003, a taxa era de 1,47 filhos por mulher e, em 2008, passou para 1,60. Para que a população europeia atinja o equilíbrio, no entanto, é necessário que o índice seja de 2,1 filhos por mulher, aponta o relatório.

Os países com maiores taxas de fecundidade são a Irlanda (2,07), a França (2,00), o Reino Unido (1,96 em 2008) e a Suécia (1,94). As menores taxas foram observadas na Letônia (1,31), na Hungria e em Portugal (ambos com 1,32) e na Alemanha (1,36).

### Imigração

O crescimento populacional entre os Estados-membros tem sido impulsionado, principalmente, pelos imigrantes. Conforme o relatório, cerca de 3 milhões de estrangeiros por ano se instalaram na União Europeia entre 2004 e 2008.

A Alemanha (com 7,1 milhões de estrangeiros), a Espanha (com 5,7 milhões), o Reino Unido (com 4,4 milhões), a Itália (com 4,2 milhões) e a França (com 3,8 milhões) concentram quase 80% dos cidadãos estrangeiros que vivem na UE.

LEMOS, Tatiana. Estudo mostra alterações demográficas na UE. *Brasil Alemanha News*. 4 abr. 2011. Disponível em: <www.brasilalemanhanews.com.br/Noticia.aspx?id=1340>. Acesso em: 30 maio 2012.

## *Ler para entender*

### União Europeia abre as portas para mão de obra qualificada

Com o objetivo de se tornar mais atrativa a profissionais qualificados de outros países, a União Europeia (UE) deve flexibilizar normas e abrir suas fronteiras. A proposta da Comissão Europeia visa criar o "cartão azul", que dará benefícios financeiros e habitacionais, além de reduzir a burocracia. O bloco tenta competir com o "green card" norte-americano e com iniciativas de outros países desenvolvidos na disputa pela mão de obra estrangeira mais capacitada, cada vez mais importante nessas economias ricas devido ao envelhecimento da população nativa.

O novo esquema oferece aos candidatos uma via rápida para obter visto de trabalho, facilita a instalação dos familiares, o acesso a moradias públicas e obtenção do visto de permanência definitivo. Com o "blue card", o estrangeiro seria tratado como um cidadão da União Europeia no que diz respeito a benefícios fiscais, assistência social e a pagamento de pensões quando se transferir a outro país. [...]

Para se candidatar ao "blue card", o interessado precisa ter um contrato de trabalho de pelo menos um ano em algum país do bloco, recebendo mais que o triplo do salário mínimo local, além do seguro-saúde. Para os menores de 30 anos, o valor é reduzido para o dobro do salário mínimo. Os governos podem, ainda, suspender a exigência salarial caso o candidato tenha se graduado ou pós-graduado num país da UE. O documento será válido por até dois anos, renováveis; entretanto, poderá ser cancelado caso o detentor perca o emprego e passe mais de três meses desempregado.

A iniciativa ainda precisa ser aprovada por todos os integrantes da União Europeia. [...]

A UE está tendo dificuldades em atrair pessoal com melhor qualificação profissional, que, na maioria (55%), prefere estabelecer-se nos Estados Unidos. Apenas 5% tentam o Velho Continente. Em contrapartida, a mão de obra não qualificada, a maioria (85%) busca a Europa. [...]

Fonte: *Mondo Italiano*, 29 out. 2007. Disponível em: <http://midiamigra.wordpress.com/2007/11/07/uniao-europeia-abre-as-portas-para-mao-de-obra-qualificada/>. Acesso em: 30 maio 2012.

## Vamos ver se você entendeu

Em que pontos o *blue card* ou "cartão azul" da União Europeia tenta se assemelhar ao *green card* americano? A seu ver, por que o cartão americano tem atraído maior número de estrangeiros qualificados?

## Refletindo sobre o tema

1. A taxa de crescimento populacional atual da Rússia é negativa: a população do país chegou a diminuir em 800 mil pessoas num ano. O número de mortes no país é quase o dobro do número de nascimentos. Quais as causas desses fenômenos?

2. Após a Segunda Guerra Mundial, a Europa tornou-se uma importante área de atração de fluxos de população provenientes de vários países do mundo, principalmente da África e da Ásia.

A partir da década de 1980, a maioria dos países europeus tentou conter o ingresso de imigrantes em seus territórios. Quais os motivos que levaram os países europeus a mudarem sua postura perante os imigrantes?

**3.** Analise esses textos

a) Na Itália, a persistência do desequilíbrio regional entre o norte e o sul faz crescer os movimentos separatistas do norte desenvolvido e industrializado, que quer se desligar da pobre região sul, conhecida como *Mezzogiorno*. Os separatistas chegaram a proclamar simbolicamente, em 1996, a independência da Padânia (denominação genérica dada às áreas drenadas pelo rio Pó, no Norte do país).

b) A Espanha enfrenta há décadas o problema do separatismo basco. O povo é culturalmente bem distinto dos espanhóis, especialmente no que diz respeito à língua. Os bascos lutam por uma nação independente que se localizaria junto à porção norte dos Pireneus, se estendendo em território espanhol e francês.

c) As rivalidades entre católicos e protestantes na Irlanda do Norte existem desde o século XVII. São histórias de confrontos entre irlandeses protestantes, ligados ao domínio britânico (pequena maioria), e católicos nacionalistas que atrelam sua identidade nacional à resistência religiosa, lutando pelo fim da dominação inglesa e posterior unificação com a República da Irlanda.

- Ao ler os textos acima, escreva em seu caderno um pequeno texto sobre esses movimentos separatistas.

**4.** No mundo atual, as reações negativas e os conflitos envolvendo imigrantes e seus descendentes evidenciam que os europeus passam a vê-los cada vez mais como uma fonte indesejável de problemas.

a) Explique o papel desempenhado pelos imigrantes nos países mais desenvolvidos da Europa, nas décadas seguintes à Segunda Guerra Mundial.

b) Apresente um argumento de ordem econômica e outro étnico-cultural utilizado por aqueles que, na Europa, veem, hoje, os imigrantes como indesejáveis.

**5.** *França: com a penúria de mão de obra, debate sobre imigração volta à tona.*

"O debate sobre a imigração está de volta. Aparentemente, houve uma reviravolta entre as forças que participam desse debate. Há vários meses, os movimentos de empresários vêm argumentando em favor de uma abertura das fronteiras para a imigração de trabalhadores. A Câmara de Comércio e Indústria de Paris propôs, num relatório publicado em 27 de dezembro de 2000, 'o estímulo à abertura das fronteiras para novos assalariados', com o objetivo de lutar contra as dificuldades encontradas em vários setores para recrutar trabalhadores. Esse documento insiste sobre o fato de que a 'penúria' de mão de obra passou a afetar tanto os setores de novas tecnologias da informação e comunicação, como as companhias de seguros e até mesmo os bancos."

Le Monde, 12/2/2001.

Além da França, diversos países da União Europeia, como Alemanha, Holanda, Itália etc., após terem adotado medidas limitando drasticamente os fluxos imigratórios nos anos 1970, debatem atualmente um processo de reabertura seletiva das fronteiras, a fim de suprir as necessidades do mercado de trabalho em diversos setores econômicos.

- Explique de que maneira a evolução recente da demografia dos países da União Europeia contribuiu para esta situação.

**6.** Quais as razões destas diferenças de idades entre os países?

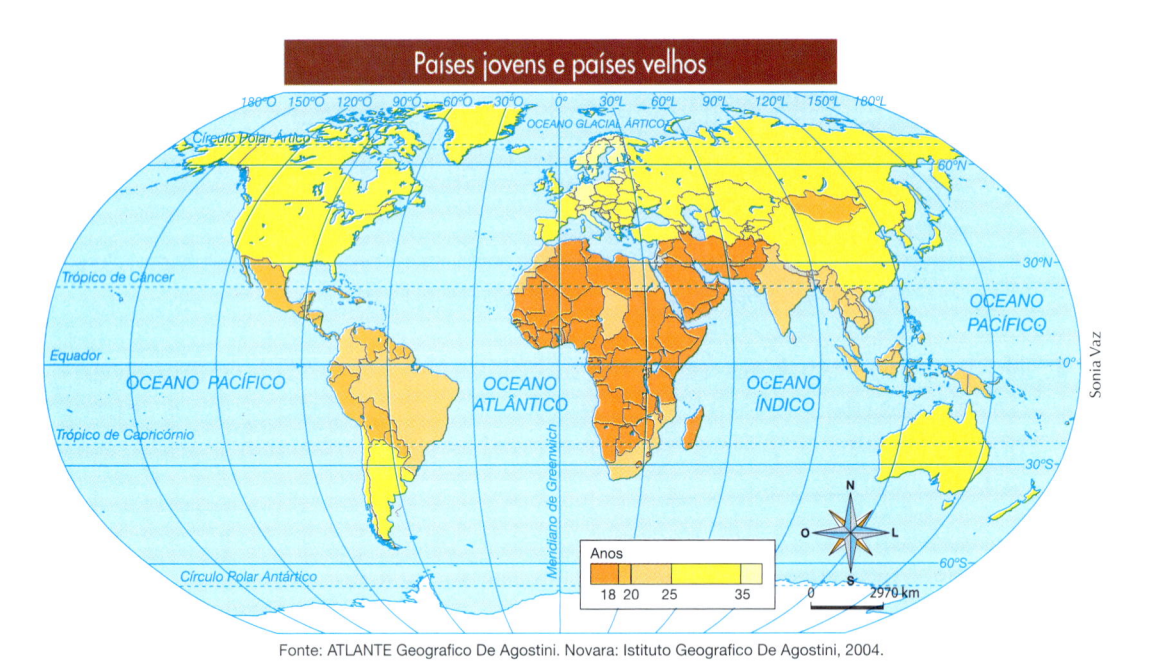

Países jovens e países velhos

Fonte: ATLANTE Geografico De Agostini. Novara: Istituto Geografico De Agostini, 2004.

**7.** "O governo francês decidiu em 2005 que pagaria uma licença de 750 euros (cerca de R$ 2 050,00) por mês, durante um ano, a famílias que decidirem ter um terceiro filho."

(Folha de S.Paulo, 23/9/2005.)

- Essa notícia mostra que a baixa taxa de natalidade é uma preocupação cada vez maior entre os países europeus. Quais as causas de resoluções como essa do governo francês?

# De olho no gráfico

Ao estudarmos o gráfico e a tabela abaixo, podemos perceber que as maiores aglomerações não estão em países europeus. Explique por que isso ocorre.

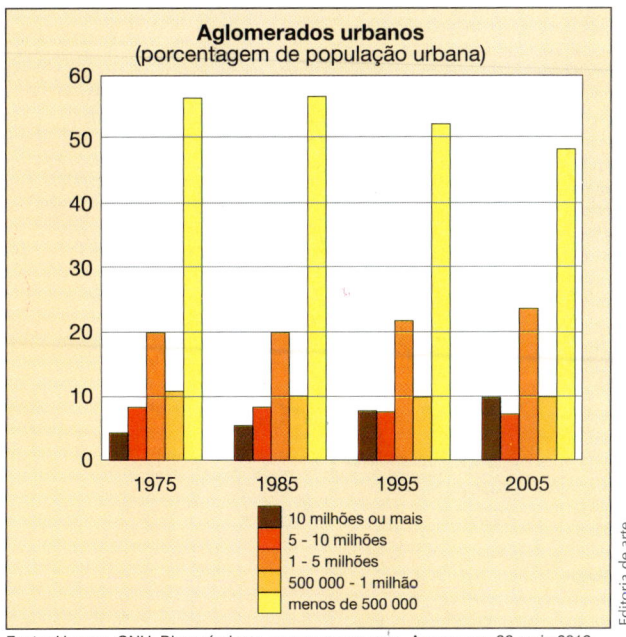

**Aglomerados urbanos** (porcentagem de população urbana)

Legenda:
- 10 milhões ou mais
- 5 - 10 milhões
- 1 - 5 milhões
- 500 000 - 1 milhão
- menos de 500 000

Fonte: Unesco, ONU. Disponível em: <www.unesco.org>. Acesso em: 30 maio 2012.

| Aumento da população: as 10 maiores aglomerações urbanas (populações em milhões de habitantes) ||||| 
|---|---|---|---|---|
| Posição | Aglomeração, país | População em 1975 | População em 2005 | População em 2015 |
| 1 | Tóquio, Japão | 26,6 | 35,1 | 35,4 |
| 2 | Bombaim (Mumbai), Índia | 7,0 | 18,1 | 21,8 |
| 3 | Cidade do México, México | 10,6 | 19,4 | 21,5 |
| 4 | São Paulo, Brasil | 9,6 | 18,3 | 20,5 |
| 5 | Nova Iorque, EUA | 15,8 | 18,7 | 19,8 |
| 6 | Délhi, Índia | 4,4 | 15,0 | 18,6 |
| 7 | Xangai, China | 7,3 | 14,5 | 17,2 |
| 8 | Calcutá, Índia | 7,8 | 14,2 | 16,9 |
| 9 | Daca, Bangladesh | 2,1 | 12,4 | 16,8 |
| 10 | Jacarta, Indonésia | 4,8 | 13,2 | 16,8 |

Fonte: United Nations Department of Economic and Social Affairs (2005). Disponível em: <www.un.prg>. Acesso em: 30 maio 2012.

## De olho no mapa

Observe com atenção o mapa abaixo.
Explique o que ocorreu com Portugal, Espanha, Grécia e Irlanda, levando em conta os dois períodos considerados.

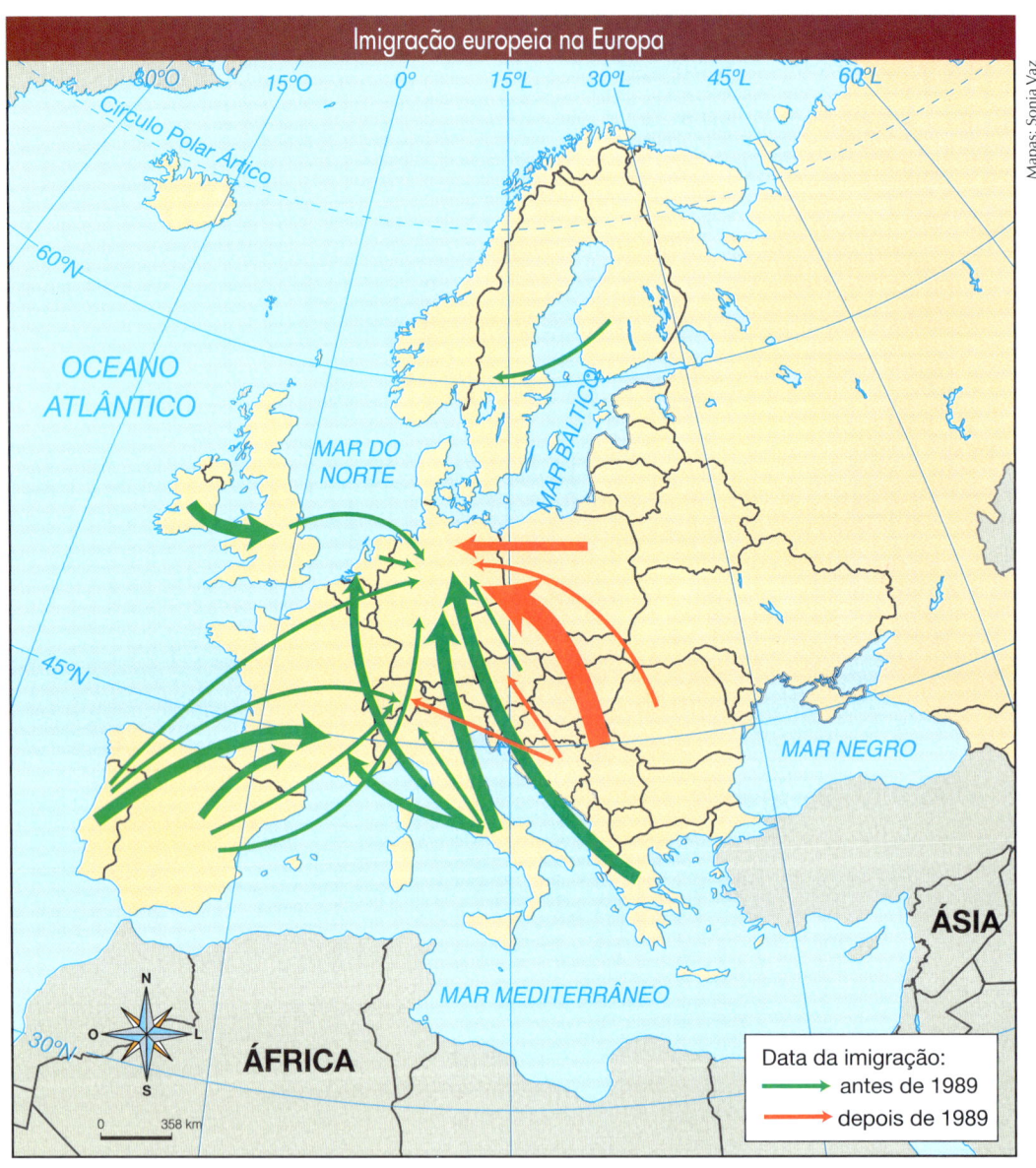

**Imigração europeia na Europa**

Data da imigração:
→ antes de 1989
→ depois de 1989

Fonte: *Le monde diplomatique*. Disponível em: <www.diplomatique.org.br>. Acesso em: 24 abr. 2012.

## Vamos pesquisar

Procure na internet, em jornais e revistas notícias a respeito dos imigrantes na Europa e dos movimentos xenófobos.

# Glossário

**Afluente**
Corrente de água que deságua em outra corrente maior ou num lago; rio tributário.

**Agricultura comercial**
Cultivo de produtos agrícolas destinados à venda. É chamada também de **agricultura de mercado**.

**Agroindústria**
Atividade que se baseia num vínculo muito estreito entre as produções agropecuárias e industriais. Cada vez mais comum no interior do Brasil, é marcante nos espaços rurais modernos, que abrigam um crescente número de indústrias, especializadas no beneficiamento dos produtos rurais.

**Agropecuária**
Conjunto de diversas atividades ligadas à agricultura e à criação de gado.

**Amplitude térmica**
É a diferença entre a temperatura mais alta e a mais baixa no decorrer de um dia, um mês, um ano ou entre a média de temperatura do mês mais quente e a média do mês mais frio.

**Aquecimento global**
Aumento da temperatura média dos oceanos e da parte da atmosfera que fica em contato com a superfície da Terra. Esse aumento de temperatura é causado pela destruição das florestas e pela liberação de $CO_2$ na atmosfera, por causa da queima de combustíveis fósseis.

**Autonomia**
Direito de um país se dirigir segundo suas próprias leis; soberania.

**Balança comercial**
Diferença entre o valor total das importações e das exportações de um país, em determinado período de tempo. Se o valor das exportações for maior que o valor das importações, a balança comercial será positiva ou superavitária. Se o valor das importações for maior do que as exportações, a balança comercial será negativa ou deficitária.

**Bem de consumo**
Produto industrial destinado ao consumo individual, como roupas, alimentos e eletrodomésticos.

**Bem de produção**
Produto industrial destinado a produzir outros bens em outras indústrias, como máquinas e matérias-primas industrializadas.

**Biocombustível**
Qualquer combustível de origem biológica, desde que não seja fóssil. Provém de várias plantas, como cana-de-açúcar, mamona, soja, cânhamo, canola, babaçu, e até do lixo orgânico.

# Glossário

**Biodiversidade**
Variedade de espécies de plantas e de animais em uma comunidade ou ecossistema. Ainda não se pode precisar com segurança o número de espécies vivas existentes. A maior diversidade de espécies encontra-se nas Zonas Tropicais. Os principais processos responsáveis pela diminuição da biodiversidade são a exploração excessiva de espécies animais e vegetais e a contaminação do solo, da água e da atmosfera.

**Biomassa**
Do ponto de vista da geração de energia, o termo *biomassa* abrange os derivados recentes de organismos vivos utilizados como combustíveis ou para a sua produção. Do ponto de vista da ecologia, biomassa é a quantidade total de matéria viva existente em um ecossistema ou em uma população animal ou vegetal. Os dois conceitos estão interligados, embora sejam diferentes.

**Biotecnologia**
Biotecnologia é o conjunto de conhecimentos que permite a utilização de agentes biológicos (organismos, células, organelas, moléculas) para obter bens (especialmente na agricultura) ou assegurar serviços (especialmente na Medicina).

**Bipolaridade**
Divisão geopolítica mundial que caracterizou o espaço geográfico da Guerra Fria. Nessa época, duas superpotências – Estados Unidos e União Soviética – exerciam influência sobre seus respectivos blocos de países, capitalistas e socialistas.

**Bird**
Sigla de Banco Internacional de Reconstrução e Desenvolvimento – Banco Mundial. O Bird fornece empréstimos e assistência para o desenvolvimento a 184 países associados.

**Cartel**
Acordo comercial entre empresas visando a divisão da produção e do mercado, com a finalidade de determinar os preços e limitar a concorrência.

**Choque do petróleo**
O primeiro choque do petróleo ocorreu em 1973, quando os países produtores diminuíram a produção, quadruplicando o preço do barril em apenas três meses.

**Cidade-dormitório**
Cidade de caráter principalmente residencial, cujos moradores trabalham em uma cidade próxima, maior e mais importante.

**Cidade global**
Cidades que exercem influência na economia, política e cultura mundiais.

**Cinturão Verde**
Áreas agrícolas fornecedoras de produtos hortifrutigranjeiros, situadas em torno dos grandes centros urbanos.

**Círculo do Fogo do Pacífico**
Designação da área ao longo das costas do Pacífico, onde se encontram centenas de vulcões ativos.

## Chuva ácida
Alguns elementos químicos poluentes expelidos pela indústria e pelos carros reagem com as gotas de água das chuvas e formam dois ácidos (sulfúrico e nítrico), que são trazidos pela chuva para a superfície. Denominada chuva ácida, essa água tem alto poder de corrosão e ataca a vegetação, o solo, as construções, os monumentos, revestimentos de fios elétricos, os metais e até as águas, que ficam impróprias para consumo humano.

## Clima de monções
Neste tipo de clima, as estações são bem distintas. Na época das chuvas, que corresponde ao verão, as chuvas são torrenciais; durante a seca, no inverno, as chuvas escasseiam ou faltam por completo. No inverno, os ventos se dirigem do interior montanhoso para os oceanos; no verão, dos oceanos para o continente.

## Colônia
Possessão de um Estado fora do seu território. Inglaterra, França, Espanha e Portugal são exemplos de países colonizadores, que dominavam grandes áreas em outros continentes.

## Colonialismo
Fase do capitalismo caracterizada pelo Pacto Colonial, que estabelecia a dependência das colônias em relação às metrópoles.

Ilustração de Frans Post (engenho de açúcar) do século XVII. Os empresários holandeses ficaram muito interessados na rica produção açucareira do Nordeste, a ponto de financiar a invasão e ocupação dessa parte do Brasil.

## Combustível fóssil
Combustível produzido por restos de organismos vivos, rico em carbono ou em hidrogênio, como o carvão, o petróleo e o gás natural.

# Glossário

**Conurbação**
União espacial de duas ou mais cidades. O fenômeno deriva geralmente de forte aceleração da urbanização, quase sempre desencadeada por processo intenso de industrialização.

**Correntes marítimas**
São grandes massas de água com características diferenciadas que se deslocam por longas distâncias, através dos oceanos. As correntes marinhas são impulsionadas diretamente pela ação do vento e modificadas pelo aquecimento provocado pelo Sol, pela rotação da Terra e pela disposição dos continentes. De acordo com a região da qual se originam, as correntes podem ser frias ou quentes.

**Corrida armamentista**
Processo em que um país se arma para se proteger de outro, dando origem a um círculo vicioso: ambos os países se armam em decorrência da desconfiança mútua, fenômeno recorrente durante a Guerra Fria, quando a URSS e os Estados Unidos disputavam a hegemonia mundial.

**Crescimento vegetativo**
É a diferença entre o número de nascimentos (taxa de natalidade) e o número de mortes (taxa de mortalidade) durante um período, em determinado país ou região. O crescimento vegetativo pode ser de três tipos: *positivo* (quando a taxa de natalidade é maior do que a taxa de mortalidade), *negativo* (quando a taxa de natalidade é menor do que a taxa de mortalidade) e *de reposição* (quando a taxa de natalidade é semelhante à taxa de mortalidade).

**Demografia**
Ciência que estuda as populações humanas sob vários aspectos. Em seus estudos, a demografia permite medir a intensidade de diversos fenômenos que ocorrem com as populações humanas, tais como casamento, divórcio, movimento migratório, nascimento e morte.

**Densidade demográfica**
É o número de habitantes por quilômetro quadrado. Devido a diversos fatores, a população humana não se espalha uniformemente na Terra: existem áreas com poucas pessoas (desertos, regiões polares e montanhas) e áreas com grande concentração populacional.

**Descapitalização**
Diminuição de valor no capital; perda (ou gasto) de capital (bens disponíveis; patrimônio).

**Desenvolvimento sustentável**
Processo de desenvolvimento econômico em que se procura preservar o meio ambiente, levando-se em conta os interesses de futuras gerações.

**Desertificação**
Transformação de uma região em deserto pela ação da natureza ou por interferência humana. A ação humana que mais colabora para a ocorrência da desertificação é o desmatamento, seguida pela agropecuária predatória e pela atividade mineradora.

## Desmatamento

É o corte ou abate de matas ou florestas. Quando realizado sem planejamento provoca grandes problemas no meio ambiente. O desmatamento das encostas das montanhas pode causar queda de barreiras; o das cabeceiras dos rios provoca a diminuição do leito dos mesmos e quando feito em grandes áreas provocará no futuro a desertificação do local. Nas construções de cidades, ferrovias e rodovias o desmatamento deve ser realizado de maneira planejada para tornar possível a obra e agredir pouco o ambiente.

## Dobramentos modernos

Termo que designa as montanhas que se formaram devido ao choque das bordas das placas tectônicas.

São comuns as cadeias de montanhas originárias de dobramentos nas bordas das placas tectônicas. Na Europa destacam-se os Alpes (acima, geleira nos Alpes franceses, região de Chamonix, agosto de 2011).

## Eclusa

Dique artificial que forma pequeno canal em águas onde há grandes desníveis, a fim de possibilitar a descida ou a subida de embarcações.

# Glossário

**Ecossistema**
Sistema formado pela interação dos organismos vivos (animais e vegetais) com o meio ambiente em que vivem. Há ecossistemas terrestres, aquáticos e lacustres.

**ELN**
Sigla de Exército de Libertação Nacional, na Colômbia. É uma organização guerrilheira de inspiração comunista e caráter político-militar, criada em 1965 e inspirada na experiência bem-sucedida da Revolução Cubana. É o segundo maior grupo rebelde da Colômbia (após as Forças Armadas Revolucionárias da Colômbia – Farc).

**Embargo**
No comércio internacional e na política, é a proibição do comércio com determinado país, a fim de isolá-lo e criar para seu governo uma difícil situação interna, pois os efeitos de um embargo são capazes de arruinar a economia. É usado como um castigo para os políticos e/ou os atos políticos do país embargado, mas a sua natureza econômica levanta dúvidas sobre os verdadeiros interesses da proibição.

**Erosão**
Processo em que ocorre um desgaste e a desagregação das rochas que sempre modifica a superfície terrestre, formando sulcos, ravinas e voçorocas. Pode ser provocada pela ação humana, das chuvas, dos ventos, das geleiras, dos rios, dos mares e pela variação da temperatura ambiente. A erosão é um fenômeno lento, que pode ser acelerado pela ação da humanidade.

**Espaço geográfico**
É o espaço resultante das relações que a sociedade humana estabelece com o meio em que vive.

**Estatização**
Apropriação de empresa particular pelo Estado.

**Eurásia**
Junção da Europa e Ásia, em função de sua unidade como massa terrestre. Os continentes são formalmente divididos pelos montes Urais, que ficam em território russo.

**Excedente**
O que sobra ou excede.

**Expectativa de vida**
Projeção da duração da vida das pessoas no momento em que nascem.

**Extrativismo**
Atividade econômica do setor primário caracterizada pela simples extração de recursos naturais, sem beneficiá-los.

**Farc**
Sigla de Forças Armadas Revolucionárias da Colômbia. É uma organização de inspiração comunista, autoproclamada guerrilha revolucionária marxista-leninista, que opera mediante uso de métodos terroristas e táticas de guerrilha. As Farc são consideradas uma or-

ganização terrorista pelos governos da Colômbia, dos Estados Unidos, do Canadá e da União Europeia. Os governos de outros países latino-americanos, como Equador, Bolívia, Brasil, Argentina e Chile, não lhes aplicam essa classificação.

Soldados das Farc em Los Pozos, departamento de Caquetá. A guerrilha colombiana nasceu com forte inspiração socialista, pregando uma sociedade mais justa.

### Feudalismo
Sistema econômico dominante na Europa durante a Idade Média. Caracterizava-se pela organização da sociedade e da economia em torno dos feudos, grandes propriedades rurais voltadas para a agricultura de subsistência e nas quais se desenvolvia uma relação de vassalagem entre o senhor do feudo e os camponeses.

### Fiorde
Antigo vale glacial cujo leito está invadido pelas águas do mar.

### FMI
Sigla de Fundo Monetário Internacional. É uma organização internacional que pretende assegurar o bom funcionamento do sistema financeiro mundial pelo monitoramento das taxas de câmbio e da balança de pagamentos, por meio de assistência técnica e financeira. Sua sede é em Washington, capital dos Estados Unidos da América.

### Fóssil
Resto ou traço de um ser vivo de período geológico passado, preservado nos estratos da crosta terrestre sem perder as características essenciais.

### Genocídio
Crime contra a humanidade que consiste em destruir, total ou parcialmente, um grupo nacional, étnico, racial ou religioso.

### Geopolítica
Disciplina das Ciências Humanas que mescla Teoria Política e Geografia, considerando o papel político internacional que as nações desempenham em função de suas características geográficas, como localização, território, posse de recursos naturais, população etc.

# Glossário

### Glasnost
Foi uma medida política implantada juntamente com a **Perestroika** na URSS durante o governo de Mikhail Gorbatchev. A meta principal desta política era tornar transparentes as atividades governamentais.

### Globalização
Processo desencadeado no final do século XX. Como os países passaram a apresentar características cada vez mais semelhantes do ponto de vista da economia, da política e da cultura, ocorreu forte aceleração das trocas comerciais, financeiras e informacionais. Segundo o geógrafo Milton Santos, a globalização é comandada pelo capital, constituindo-se num processo perverso, uma vez que aprofunda as diferenças sociais, tanto em nível do lugar como nos níveis nacional e mundial.

Exemplo de videoconferência em Brasília, março de 2011. Funcionários de um departamento do Ministério da Justiça tomam depoimento por videoconferência de piloto norte-americano que se encontra nos EUA. Reuniões que demorariam meses para ocorrer podem se realizar a qualquer momento.

### Golfo Pérsico
Braço do mar da Arábia, é uma área rica em petróleo. Os países banhados pelo Golfo são: Omã, Emirados Árabes Unidos, Arábia Saudita, Catar, Barein, Kuwait, Iraque e Irã.

### Golpe de Estado
Tirar do poder o governante que foi eleito legitimamente pela maioria da população, desrespeitando as regras constitucionais.

### Gramíneas
Família de plantas que englobam vegetais conhecidos vulgarmente como capins e bambus. Numerosas gramíneas têm valor econômico, como arroz, milho, trigo, cana, aveia etc.

### Gueto
Bairro de uma cidade onde vivem os membros de uma etnia ou grupo minoritário por causa de injunções, pressões ou circunstâncias econômicas ou sociais.

Policiais franceses enfrentam jovens rebelados em Nanterre, subúrbio de Paris, outubro de 2010. As manifestações violentas despertaram a sociedade francesa para um problema comum nos países em crise financeira: os excluídos se manifestam com violência para exigir respeito e igualdade de direitos.

### Hidrovias
Rios, canais marítimos e canais artificiais usados como sistema de transporte de mercadorias ou pessoas.

### IDH
Sigla de Índice de Desenvolvimento Humano. É um índice que serve de comparação entre os países, com o objetivo de medir o grau de desenvolvimento econômico e a qualidade de vida oferecida à população.

### Indústria de base
Ou indústria de bens de produção: transforma a matéria-prima em produtos que servirão para outras indústrias. São exemplos de indústria de base a extração de minérios, a petroquímica, a produção de máquinas e de energia.

### Infraestrutura
Conjunto de equipamentos e serviços que atendem à população em geral e compõem as condições materiais graças às quais funcionam as sociedades humanas, como portos e aeroportos, redes de água e esgoto, ruas e estradas, sistemas de energia e de comunicações.

### Intertropical
Relativo ou pertencente à zona que se situa entre os trópicos.

### Istmo
Estreita faixa de terra que liga uma península ao continente ou um continente ao outro.

### Keynesianismo
Teoria econômica que defende a intervenção do Estado na economia para evitar crises de falências e desemprego generalizado.

Em Nova York (EUA), em novembro de 1933, cerca de 5 mil desempregados fazem fila para se inscrever no programa de empregos do governo federal. A maior parte da população mundial sofreu as consequências da crise de 1929.

# Glossário

**Latifúndio**
Propriedade rural de grande extensão e baixa produtividade.

**Latitude**
Distância de um ponto qualquer da superfície terrestre até a linha do equador. Esta distância é medida em graus. Quando um local está situado ao norte do equador, dizemos que ele está na latitude norte. Quando um local está situado ao sul do equador, dizemos que ele está na latitude sul.

**Lençol freático**
Reserva de água subterrânea. Geralmente é armazenado em rochas permeáveis, sobrepondo-se a rochas impermeáveis.

**Liberalismo**
Doutrina que enfatiza a ausência de interferência governamental na economia.

**Maciço cristalino**
Relevo montanhoso bastante erodido, pouco elevado e com fracos declives. Os maciços foram formados no Pré-Cambriano e no Paleozoico e são constituídos de rochas plutônicas e metamórficas.

**Mangue**
Terreno pantanoso situado às margens de lagoas ou de estuários. Apresenta formação vegetal de mata típica de reentrâncias litorâneas e de estuários de rios.

Manguezal na Flórida (EUA), em dezembro de 2010. Por se desenvolverem em áreas impróprias para a agricultura, os manguezais mantiveram-se relativamente conservados até recentemente, quando passaram a ser destruídos para dar lugar a indústrias e casas de veraneio.

**Manufaturas**
Produtos industrializados tradicionais, como têxteis, alimentos, bebidas, couro. A rigor, os produtos manufaturados diferenciam-se dos industrializados porque estes demandam um processo mais complexo de transformação.

### Maritimidade
Características climáticas de umidade e temperatura determinadas pela proximidade do mar.

### Massas de ar
Grandes volumes de ar atmosférico com características uniformes de pressão, temperatura e umidade. As massas de ar podem ser quentes ou frias, úmidas ou secas. Quando as massas de ar se deslocam, levam consigo suas características de umidade e temperatura. Ao encontrarem condições diferentes na atmosfera, provocam mudanças no tempo. A chegada da massa de ar frio ocasiona queda de temperatura, assim como a chegada de uma massa de ar úmido normalmente ocasiona chuva. O deslocamento das massas de ar ocorre devido às diferenças de pressão acarretadas por aquecimento ou esfriamento da superfície e da atmosfera.

### Megalópole
Região que apresenta um conjunto de metrópoles cujos limites se interpenetram. Cada megalópole engloba milhões de habitantes e muitos núcleos urbanos.

### Miscigenação
Fusão de culturas por meio de casamentos ou uniões entre indivíduos pertencentes a etnias diferentes.

### Monocultura
Cultivo de um único produto em uma área.

### Monopólio
Situação de mercado em que uma só empresa controla toda a oferta de uma mercadoria ou de um serviço.

### Neocolonialismo
Domínio que um país exerce sobre o outro, menos desenvolvido, não por sistema ou orientação política, mas pela influência econômica e/ou cultural.

### NICs
Sigla inglesa de *Newly Industrializing Countries* (Novos Países Industrializados), isto é, países subdesenvolvidos que tiveram um grande crescimento industrial após a Segunda Guerra Mundial.

### Nômade
Grupos humanos que não têm habitação fixa.

### OMC
Sigla de Organização Mundial do Comércio. É uma organização internacional que trata das regras sobre o comércio entre as nações. Os membros da OMC negociam e assinam acordos que depois são ratificados pelo parlamento de cada nação e passam a regular o comércio internacional. Possui 153 membros, e a sua sede fica em Genebra, na Suíça.

# Glossário

## Opep
Sigla de Organização dos Países Exportadores de Petróleo. A organização agrupa os maiores exportadores de petróleo e exerce grande influência na economia mundial, determinando o preço pelo qual o barril de petróleo é comercializado internacionalmente.

## PEA
Sigla de População Economicamente Ativa. A população economicamente ativa, ou população ativa, compreende todas as pessoas com 10 anos ou mais de idade, que constituem a força de trabalho do país. Abrange os empregados e empregadores, os trabalhadores autônomos e os trabalhadores que estão temporariamente desempregados.

## PIB
Sigla de Produto Interno Bruto. Valor de todos os bens e de todos os serviços produzidos internamente em um país.

## Pirâmide etária
Representação gráfica da população por grupos de idade e sexo, em um determinado momento.

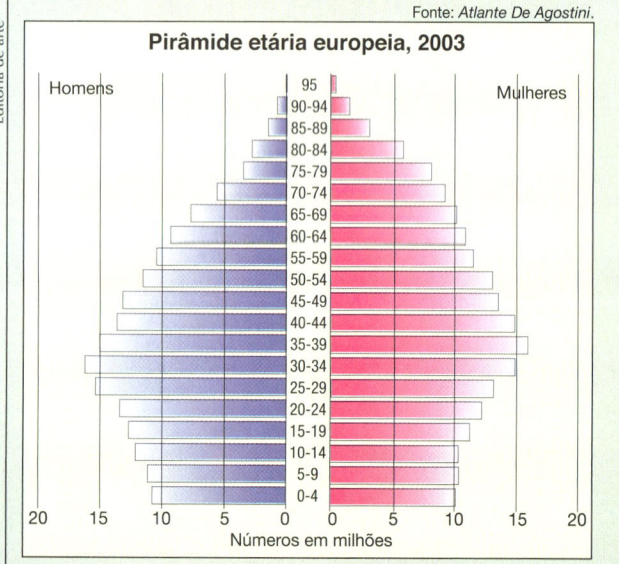

Fonte: *Atlante De Agostini*.

**Pirâmide etária europeia, 2003**

## Placas tectônicas
Porções da crosta terrestre que compõem a superfície do planeta. As placas tectônicas, que são rígidas, apoiam-se sobre uma camada mais viscosa (plástica) que se denomina Astenosfera, composta de material mais ou menos fundido. Abaixo desta encontramos a Mesosfera, que é rígida.

## *Plantation*
Durante a fase colonial, sistema de cultivo em grandes propriedades rurais monocultoras (latifúndios) que usavam trabalho escravo.

## PNUD
Sigla de Programa das Nações Unidas para o Desenvolvimento. O PNUD é o órgão da Organização das Nações Unidas (ONU) que tem por incumbência promover o desenvolvimento e eliminar a pobreza no mundo. Entre outras atividades, o PNUD produz relatórios e estudos sobre o desenvolvimento humano sustentável e as condições de vida das populações, bem como executa projetos que contribuam para melhorá-las, nos 166 países onde possui representação.

## Policultura
Cultivo de vários produtos agrícolas em determinada área.

## Precipitação
Transformação do vapor-d'água atmosférico em água ou gelo, originando o orvalho, a neve, o granizo e a chuva.

**Pressão atmosférica**
Corresponde ao peso que o ar atmosférico exerce por unidade de área acima de um observador, em um dado instante e local. A pressão varia conforme o estado da atmosfera e decresce à medida que aumenta a altitude.

**Previdência Social**
Instituição que aplica um conjunto de normas de proteção e defesa do trabalhador ou do funcionário, como aposentadoria, pensão, amparo nas doenças etc.

**Protecionismo**
Prática de proteção aos produtos de um país ou região, em geral pela imposição de tarifas alfandegárias para a importação de produtos concorrentes estrangeiros.

**Protocolo de Kyoto**
Tratado internacional com compromissos rígidos para a redução da emissão dos gases que provocam o efeito estufa e o aquecimento global.

**Renda *per capita***
Soma de todos os rendimentos obtidos pelos habitantes de um país ou de uma região em determinado período, dividida pelo total da população. É calculada a partir do Produto Nacional Bruto, excluindo-se os impostos e a desvalorização do capital.

**Revolução Industrial**
Período da história que corresponde à segunda metade do século XVIII e a primeira metade do século XIX. Caracteriza-se por profundas transformações na forma de produção, marcadas pela introdução da máquina a vapor na indústria e nos transportes.

Ilustração de locomotiva a vapor em Londres (Inglaterra), em 1839.

**Revolução Médico-sanitária**
Extensão da Revolução Industrial propriamente dita, constitui uma extraordinária evolução das áreas do conhecimento humano ligadas à saúde, como a medicina e o saneamento. Isso permitiu também uma acentuada melhoria na quantidade e na qualidade dos produtos de higiene e limpeza disponíveis para a população.

# Glossário

**Saneamento básico**
Conjunto de condições urbanas essenciais para a preservação da saúde pública, em especial o fornecimento de água encanada e a implantação de rede de esgotos.

Caminhão de coleta de lixo em Parati (RJ), em julho de 2010.

**Segregação racial**
É o ato de separar diferentes raças nas mesmas instituições, como restaurantes, transporte público, instituições educacionais e religiosas etc. É um ato de violência cultural cometido de forma consciente, com base em teorias pseudocientíficas, como a superioridade de uma raça, gênero ou nacionalidade sobre outros.

**Siderurgia**
Atividade de produção de ferro-gusa – que é o produto imediato da redução do minério de ferro pelo coque ou carvão e calcário num alto-forno – e aço.

**Silo**
Reservatório fechado, acima ou abaixo do solo, próprio para armazenamento de material granuloso, como cereais, cimento etc.

**Sismo**
Movimento ou abalo da crosta terrestre. É também conhecido como terremoto, tremor de terra e abalo sísmico.

**Sítio arqueológico**
Área ou local onde se encontram vestígios de antigas civilizações ou de ocupação humana em passado remoto.

**Subemprego**
Situação de pessoas que, embora tenham ocupação remunerada, exercem atividades de baixa produtividade ou só têm emprego parte do tempo.

**Subsídio**
Concessão de auxílio financeiro, em geral sob forma de benefício fiscal, do governo a determinada atividade (indústria, agricultura etc.) para manter ou tornar competitivos os preços de seus produtos ou gêneros e/ou para estimular as exportações do país.

**Superávit**
Situação da balança comercial em que o valor das exportações supera o valor das importações.

**Taxa de mortalidade**
Relação entre o total de habitantes e a quantidade de pessoas que morrem, em determinado período.

### Taxa de natalidade
Relação entre o total de habitantes e a quantidade de pessoas que nascem, em determinado período.

### Terceira Revolução Industrial
Fase atual da industrialização, marcada pela implantação de inovações tecnológicas como a automação e a robotização, além da busca da chamada qualidade total.

Linha de montagem da Ford nos EUA, com 380 robôs, em 2005. Tecnologias revolucionárias substituíram a mão de obra operária, produzindo mudanças na estrutura e nas relações do trabalho.

### Tigres Asiáticos
O termo refere-se às economias da Coreia do Sul, Hong Kong, Cingapura e Taiwan, que apresentaram grandes taxas de crescimento e rápida industrialização entre as décadas de 1960 e 1990.

### Tríplice Aliança
Aliança entre os Impérios Alemão, Austro-Húngaro e Turco-Otomano na Primeira Guerra Mundial. Essa aliança foi derrotada pela **Tríplice Entente** (aliança de Inglaterra, França e Império Russo).

### Truste
A associação de bancos com indústrias deu origem a grandes corporações transnacionais, donos de gigantescos patrimônios espalhados por vários lugares do mundo. Em grandes corporações foram denominados *trustes*.

### Unipartidarismo
Sistema político no qual existe um só partido, sempre no governo. Ocorre em regimes autoritários, ou seja, que não dão liberdade total à população.

### Ventos alísios
Ventos regulares que sopram constantemente das regiões de altas pressões subtropicais (regiões tropicais) em direção às de baixa pressão equatorial (região equatorial).

### Xenofobia
Desconfiança, temor ou antipatia por pessoas estrangeiras ou pelo que é incomum ou vem de fora do país.

### Zona de subducção
Área de convergência de placas tectônicas, na qual uma das placas desliza para debaixo da outra. As zonas de subducção são potenciais focos de terremotos, porque a fricção das duas placas pode provocar a liberação brusca de enormes quantidades de energia.

# Bibliografia

ALCOFORADO, Fernando. *Globalização*. São Paulo: Nobel, 1997.

BEAUD, Michel. *História do capitalismo*: de 1500 aos nossos dias. 2. ed. São Paulo: Brasiliense, 1989.

BECKOUCHE, Pierre. *Indústria*: um só mundo. São Paulo: Ática, 1997. (Série Geografia Hoje).

BENKO, Georges. *Economia, espaço e globalização*. São Paulo: Hucitec, 1996.

BOWEN, Ezra. *Estados Unidos*. Rio de Janeiro: Time Life/Cidade Cultural, 1988. (Coleção Nações do Mundo).

BRANDÃO, Carlos Rodrigues. *Plantar, colher e comer*. São Paulo: Graal, 2000.

BRAUDEL, Fernand. *A dinâmica do capitalismo*. São Paulo: Rocco, 1987.

CARLOS, Ana Fani Alessandri. *Espaço e indústria*. São Paulo: Contexto, 1990.

CARNEIRO, Ruy de Jesus Marçal. *Organização da cidade*: planejamento municipal, plano diretor, urbanização. São Paulo: Max Limonad, 1998.

CARRERAS, Carlos. O Novo Mapa da Europa. In: SANTOS, M.; SOUZA, M. A. (Orgs.). *Fim de século e globalização*. São Paulo: Hucitec/Anpur, 1993. (Coleção O Novo Mapa do Mundo).

CASTELLS, Manuel. *A sociedade em rede*. São Paulo: Paz e Terra, 1999.

_____. *Fim de milênio*. São Paulo: Paz e Terra, 1999.

CHORLTON, Windsor et al. *Europa Oriental*. Rio de Janeiro: Time Life/Abril Livros, 1992. (Coleção Nações do Mundo).

_____. *Canadá*. Rio de Janeiro: Time Life/Cidade Cultural, 1988. (Coleção Nações do Mundo).

CHOSSUDOVSKY, Michel. *A globalização da pobreza*: impactos das reformas do FMI e do Banco Mundial. São Paulo: Moderna, 1999.

COLEÇÃO NAÇÕES DO MUNDO. Rio de Janeiro: Time Life/Cidade Cultural, 1989.

CORRÊA, Roberto Lobato. *O espaço urbano*. São Paulo: Ática, 1995.

DREW, David. *Processos interativos homem-meio ambiente*. 4. ed. Rio de Janeiro: Bertrand Brasil, 1998.

GEORGE, Pierre. *Geografia industrial do mundo*. São Paulo: Bertrand Brasil, 1979.

_____. *Os grandes mercados do mundo*. São Paulo: Difusão Europeia do Livro, 1954.

GORENDER, Jacob. *Globalização, revolução tecnológica e relações de trabalho*. São Paulo: IEA/USP, 1996. (Coleção Documentos).

HAESBAERT, Rogério. *Blocos internacionais de poder*. São Paulo: Contexto, 1990.

HARLEY, David. *Condição pós-moderna*: uma pesquisa sobre as origens da mudança cultural. 2. ed. São Paulo: Loyola, 1993.

HOBSBAWN, Eric J. *A era do capital*. Rio de Janeiro: Paz e Terra, 1982.

_____. *Era dos extremos*: o breve século XX. São Paulo: Companhia das Letras, 2000.

MAGNOLI, Demétrio. *O mundo contemporâneo*. São Paulo: Ática, 1992.

MAIA, Jayme de Mariz. *Economia internacional e comércio exterior*. São Paulo: Atlas, 1994.

MAUREL, Joaquín Bosque. Globalização e regionalização da Europa dos Estados à Europa das regiões: o caso da Espanha. In: SANTOS, Milton et al (Orgs.). *Território – globalização e fragmentação*. São Paulo: Hucitec, 1994.

MORAES, Antonio Carlos Robert. *Ideologias geográficas*: espaço, cultura e política no Brasil. 5. ed. São Paulo: Hucitec/AnnaBlume, 2005.

_____. *Geografia crítica*: a valorização do espaço. São Paulo: Hucitec, 1993.

MOREIRA, Rui. *O que é geografia*. São Paulo: Brasiliense, 1981.

OLIVEIRA, Ariovaldo Umbelino de. *Modo capitalista de produção e agricultura*. São Paulo: Ática, 1986.

SANTOS, Milton. *Por uma outra globalização*. Rio de Janeiro: Record, 2000.

_____. *A urbanização brasileira*. São Paulo: Hucitec, 1993.

_____. *Metamorfoses do espaço habitado*: fundamentos teóricos e metodológicos da Geografia. São Paulo: Hucitec, 1988.

_____. *O espaço do cidadão*. São Paulo: Nobel, 1987.

# Bibliografia

SANTOS, Milton et al. *Fim de século e globalização*. São Paulo: Hucitec/Anpur, 1993. (Coleção O Novo Mapa do Mundo).

SASSEN, Saskia. *As cidades na economia global*. São Paulo: Nobel, 1998.

SPINK, Peter; CLEMENTE, Roberta (Orgs.). *20 experiências de gestão pública e cidadania*. Rio de Janeiro: FGV, 1999.

TAVARES, Hermes Magalhães. Complexos de alta tecnologia e reestruturação do espaço. In: SANTOS, Milton et al. *Fim de século e globalização*. São Paulo: Hucitec/Anpur, 1993. (Coleção O Novo Mapa do Mundo).

WALKER, Bryce S. *As Montanhas Rochosas*. 3. ed. Rio de Janeiro: Time Life/Cidade Cultural, 1988. (Coleção As Regiões Selvagens do Mundo).

WALLACE, Robert. *O Grand Canyon*. 6. ed. Rio de Janeiro: Time Life/Cidade Cultural, 1988. (Coleção As Regiões Selvagens do Mundo).

ZARUR, George de Cerqueira (Org.). *Região e nação na América Latina*. Brasília/São Paulo: EdUnb/IOESP, 2000.

ZIERER, Otto. *Pequena história das grandes nações – Estados Unidos*. São Paulo: Círculo do livro, 1987.